KB209491

김경현의 역사·문화·논개 비평

진주 죽이기

김경현의 역사·문화·논개 비평

진주 죽이기

글쓴이 : 김경현

발행일 : 2024년 11월 20일

발행인 : 이문희
발행처 : 도서출판 곰단지
주　소 : 경남 진주시 동부로 169번길 12, 윙스타워 A동 1007호
전　화 : 070-7677-1622
팩　스 : 070-7610-2323
이메일 : gomdanjee@hanmail.net

ISBN : 979-11-89773-92-2　03900

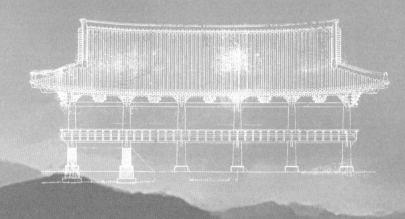

"계실젠 진주기생,
떨어지니 나랏넋"

김경현의 역사 · 문화 · 논개 비평

진주 죽이기

곰단지

진주만의 고유한 무엇인가가 있다.
이 책은 그것을 찾는 과정이다.
'부지불식'의 맹목적 편견에서 벗어나
많은 생각과 깨달음을 갖기를 기대한다.

진주에는 저항과 인권으로 대표되는 '진주정신'이 있고,
이 정신을 살리는 문화가 곧 진주정신을 지키는 것으로 보았다.
그래서 당시 진주의 역사와 문화를 죽이는
모든 것에 저항하는 것을 수단 삼아
'진주역사문화 지키기'에 동분서주했다.
이 책은 진주정신을 바로 세우는 작업이자 운동이다.

나, 진주사람 김경현이오!

조세열(민족문제연구소 상임이사)

김경현 선생이 올해 초 『진주이야기 100선』의 증보판 『김경현의 진주이야기 100선』을 출간한 데 이어, 『진주 죽이기』란 도발적인 제목의 책을 다시 내놓았다. 『진주이야기 100선』의 후속편에 상당하는 책으로, 오랜 기간 여러 곳에 기고한 칼럼과 단상들을 엮어 재구성하였다.

『진주 죽이기』는 역설적으로 저자의 '진주의 역사와 문화'에 대한 사랑과 '진주 살리기'에 대한 염원을 웅변하고 있다. 진주는 흔히 영남의 추로지향(鄒魯之鄕)으로 일컬어질 정도로 반향(班鄕)이었으면서도, 동시에 진주대첩이나 진주농민항쟁, 3·1운동, 형평운동에서 드러나듯 저항정신의 상징이기도 하였다. 얼핏 이해하기 어려운 '진주정신'–남녀귀천을 막론하고 진주 사람들이 내내 간직해왔던 그 고유의 정서는 무엇일까?

『진주 죽이기』에 실린 진주역사 죽이기와 진주문화 살리기 그리고 논개를 위한 변명은 진정한 '진주정신'이 무엇인지 탐색해가는 과정의 일단을 보여준다. 방대한 문헌자료를 섭렵하고 새로운 시각으로 재조명한 김경현 선생의 작업은 진주의 역사와 문화 콘텐츠를 더욱 풍부하게 하면서 이를 객관화하는 데 기여하고 있다. 김 선생이 주목하고 탐구해온, 또 앞으로도 지속해갈 진주의 역사와 문화에 대한 일련의 추적과 분석은 '진주정신'의 실체를 드러낼 디딤돌이 될 것으로 믿어 의심치 않는다.

김경현 선생과 민족문제연구소의 인연은 2000년 《경남도민일보》에 실린 『명석면사』 관련 기사로부터 시작되었다. 이를 계기로 김 선생의 역저 『일제강점기 인명록 I −진주지역 관공리·유력자』를 연구소에서 출간하게 되었으며, 김 선생은 이 저서로 2005년 〈임종국상〉 학술부문 초대 수상자로 선정되었다. 당시 『친일인명사전』을 편찬하고 있던 연구소로서는 지방 연구자의 부재를 실감하고 있던 상황이었는데, 향토사 연구의 전범(典範)이 될 연구자가 등장한 것이다.

그때부터 지켜봐 온 연구자 김경현은 지금까지도 변함없이 우리 역사와 문화에 대한 열정과 사명감으로 충만해 있다. 실사구시(實事求是)와 법고창신(法古創新)을 화두로 박제화한 역사가 아닌 살아있는 역사를 발굴하고 기억과 기록을 위해 분투하고 있는 김 선생에게 격려의 박수를 보낸다.

김경현 선생은 역사정의 실현에 참여하고자 공직에 몸담은 지 20여 년 만에 퇴직을 앞두고 있다. 이제 얽매이지 않은 자유인으로서, 진주와 나라를 위해 보다 성숙하고 알찬 저술 활동을 지속해나가기를 기원한다.

"나, 진주사람 김경현이오!"

1985년 학업을 위해 이방인으로 진주에 왔던 저자는 어느덧 진짜배기 진주사람이 되었다. 향토사가 제대로 서야 역사의 전모를 밝힐 수 있다. 저자가 "말도 안 되는 꿈"이라고 겸사(謙辭)를 했지만, '진주의 천일야화' 저술—그 말도 안 되는 목표를 반드시 이루기를 바라마지 않는다.

그는 탁월한 이야기꾼이며 문장가였다

김주완(작가, 전 기자)

김경현은 그야말로 기록 대마왕(大魔王)이다. 오죽했으면 임헌영 소장(민족문제연구소)이 예전 그의 저작을 읽고 "이렇게 철저하고 완전히 모든 자료를 섭렵한 작업은 한 번도 없었다"라고 탄복했을까.

이 책에서도 논개라는 한 인물을 이야기하기 위해 그가 찾아 들이민 기록물의 숫자만으로 기가 질릴 정도다. 온갖 서책과 문서, 기사, 석각문 뿐 아니라 시, 소설, 민요, 연극, 뮤지컬, 오페라 등 문학 예술작품에 이르기까지 모든 기록을 동원해 전방위적 조명과 해석을 시도한다. 덕분에 나는 이 책 한 권으로 논개를 둘러싼 그간의 모든 의문과 궁금증을 풀 수 있었고, 조선시대 기생은 어떤 존재였는지를 비로소 알 수 있었다.

그는 또한 탁월한 이야기꾼이며 문장가였다. 흔히 역사라면 건조하고 딱딱한 사실의 나열만을 생각하기 쉬운데, 이 책에서는 진주라는 지역과 그 역사 속 인물들에 대한 저자의 뜨거운 애정과 무한 상상력을 느낄 수 있었다.

개인적으로는 진주를 수식하는 '천릿길'이란 표현에 대한 내 협량한 시선을 반성할 수 있었고, 진주에 세워진 변영로의 「논개」 시비 중 '아미(蛾眉)'를 둘러싼 강동욱–서성룡 논쟁도 흥미로웠다. 논쟁에 임하는 지식인의 태도는 어떠해야 하는지 생각할 거리를 주었기 때문이다.

진주 역사·문화와 논개에 관한 도발적인 생각들

"오랜만에 촉석루에 올라 남강에 떠 있는 달을 보았다. 우리가 알고 있던 과거는 어땠는가. 우리가 자랑스럽게 여겼던 역사·문화와 논개는…. 지금은 과연 죽었는지 살았는지 과거와 현재의 꿈과 희망은 어디에 있는지, 또 미래의 모습은 어떠할지 궁금하다."

이 책은 필자가 과거에 일간지와 대학신문, 소식지 등에 썼던 신문칼럼과 기타 글들을 모아 놓은 것이지만, 역사·문화 칼럼과 논개에 대해 비평한 글을 톺아보고 다시 설명한 일종의 특별한 주해서이다. 필자는 2000년대 초중반, 한 달에 한두 번꼴로 칼럼을 썼다. 주로 진주역사와 문화에 대한 주제로 쓴 단편적인 글이지만 시사적인 글답게 주제와 소재를 넓게 잡았고 비판적으로 썼다. 칼럼에 담긴 이야기에는 일회성의 해프닝 같지만, 그냥 단순하게 웃어넘길 수 없는 뼈있는 에피소드가 있다. 대개 칼럼은 글의 성격상 시의성을 적절히 반영하기 때문에 시간이 지나면 '글빨'의 효과가 떨어지고 진부해지기 마련이다. 그렇지만 이 글은 역사와 문화라는 변함없는 보편적 가치 때문인지 함축된 의미가 아직도 읽힌다.

첫 칼럼은 「진주 죽이기」라는 도발적인 제목으로 시작했지만, 마지막 칼럼은 「진주를 만드는 일념」이란 따스함마저 느껴지는 다짐의 글로 맺어진다. 앞으로 '진주(晉州)'가 매혹적인 로즈가든이 되는 장밋빛 기대가 충족되지 않는다고 하더라도 끝없는 꽃밭이 펼쳐지기를 꿈꾼다. 이름이 없지만 화사한 들꽃들이 남강에서 지천으로 피어날 수만 있다면 이보다 더 좋은 것은 없겠다고 생각한다. 지천으로 널린 들꽃에서 진주이야기를 발견하고 꿈처럼 장밋빛 비전이 하늘을 수놓는다는 멋들어진 상상을 해본다. 마치 진주가 진짜 '진주(眞珠)'든 보배로운 '진주(珍珠)'든 모두 조개에서 나온 영롱한 진줏빛을 말하는 것처럼 말이다.

이러한 진주와 같이 아름다운 보석을 만들겠다는 일념이 없었다면 어디에서 보배를 얻을 수 있겠는가. 어떤 구슬이라도 상관없다. 물론 '구슬이 서 말이라도 꿰어야 보배'란 말이 있지만, 실에 꿰어 진주목걸이를 만들지 않는다고 해도 진주는 그 자체만으로도 충분히 빛날 수 있다. 설령 진주가 아니더라도 그냥 유리구슬이면 어떠한가. 구슬도 얼마나 꿰어내는지에 따라 진주목걸이 못지않게 빛을 낼 것이다.

따라서 진주가 보석이 아니라 도시를 가리킨다고 해도 마찬가지다. 그 누구라도 진주에 사는 사람들의 마음속에는 역사와 예술을 사랑하고, 세상을 밝히는 아름다운 화원이 펼쳐질 것이다. 꽃밭을 만들겠다는 큰 그림이 그려지면 어떤 오물이라도 거름으로 만드는 힘이 생기지 않을까. 그래야만 버려진 하찮은 것이라도 닦으면 빛나 보이고 쓸모없는 것들도 얼마나 애정을 갖고 사용하느냐에 따라 가치가 달라진다는 것을 알게 된다. 그렇게 하면 보석이 아니더라도 진주를 사랑하는 마음이 절로 자리 잡을 것이다. 필자도 처음에는 몰역사적이고 몰상식적으로 형편없는 난장판으로 전락한 진주의 모습을 보며 얼마나 많이 충격받고 실망했는지 모른다.

이런 역사·문화를 몰각(沒覺)하는 모습에 분노했지만, 점차 숨겨진 진주 역사와 문화를 알고부터는 그러한 마음이 조금씩 사그라들었다. 분노가 희망으로 바뀌면서 오히려 무한히 솟아나는 애정이 차고 넘치게 되었다. 그래서 이 책의 제목을 이렇게 정했다. 먼저 제목 앞에 '김경현의 역사·문화·논개 비평'이란 부제를 붙이고 책 제목을 『진주 죽이기』라고 지었다. 물론 『진주 죽이기』라는 제목을 달았지만, 이 말에는 역설적으로 "진주 살리기"란 염원도 담고 있다. 그래서 구슬처럼 '역사·문화·논개 비평'이란 말을 달았다. 사실 구슬을 어디에 어떻게 꿰어야 진주처럼 빛을 낼까 하는 고민을 담은 것이다.

먼저 진주의 역사·문화를 훑어보고, 다음으로 그 속에 들어있는 논개의 비밀스러운 이야기를 살펴보려 한다. 전체적으로 이 책은 총 3부로 구성되어 있다. 제1부 '진주역사 죽이기'는 《경남도민일보》에 칼럼으로 연재된 글이다. 그동안 역사비평에 대한 화두를 놓고 늘 고민해 왔는데, 칼럼을 통해 일정부분 해소해 왔다. 그래서 제1부 칼럼은 주로 진주의 역사에 초점을 맞추었고, 문화와 생활사 및 세계사적 의미에도 일정하게 내용을 할애했다.

제2부 '진주문화 살리기'는 《경상대신문》에 쓴 글인데 제1부에 비하면 분량이나 내용 면에서 다소 빈약하다. 그렇지만 나름대로

진주의 문화적 자산에 대해 연민과 애정을 갖고 쓴 것이므로 얕은 수준이지만 문화비평의 새로운 가능성을 보여주었다고 생각한다. 당시 필자는 《경상대신문》에「김경현의 진주문화 엿보기」라는 코너를 맡아 의욕적으로 문화칼럼을 연재하였으나, 안타깝게도 기대했던 진주문화사를 완성하기는커녕 형태조차 잡지 못한 채 미완의 과제로 남기고 연재를 중단하고 말았다. 그런 아쉬움으로 이 책에서는 문화에 대한 부족함과 갈증을 채우기 위해 특별히 다룬 주제가 있다. 바로 논개이다.

그래서 제3부의 글은 '논개를 위한 변명'으로 채웠다. 이 글은 진주 역사와 문화의 중심축에 있으면서도 한편으로 경계와 변방에 있었던 논개에 대해 집중적으로 조명했다. 그동안 그녀를 둘러싸고 수많은 논란이 있었는데, 논개에게 일어났던 여러 가지 논쟁을 다섯 가지의 큰 범주로 나누어 정리하고 비평했다. 주로 우리 사회에 만연한 논개에 대한 이상한 소문과 그녀를 폄훼하고 모략하고 비난하는 흑색선전을 정리하고 반박한 것이다. 비록 제3부의 구성은 5개 꼭지에 불과하고 분량도 단행본을 낼 만큼 많지 않지만, 여타의 칼럼과 비평글에 뒤떨어지지 않는 강렬함을 던져주고 있다. 진주문화사의 가장 뜨거운 핵심인 '논개 논쟁'에 대한 소회를 이 책의 한 부분으로 구성할 수 있게 되어 나름 다행이라고 생각한다.

이처럼 이 책은 3부로 나누었는데, 제1부는 역사편, 제2부는 문화편, 제3부는 논개편이라고 할 수 있다. 특히 이 중 마지막 제3부는 나름대로 심혈을 기울여 다시 쓴 글인데, 논개를 둘러싸고 일어났던 수많은 논쟁을 압축하여 심도 있게 다루었다.

책의 제목을 『진주 죽이기』로 정한 것은 이 책의 시작인 제1부 첫 칼럼 제목 '진주 죽이기'처럼 발칙하고 도발적이지만, '죽이기'에는 '살리기'라는 함의가 있다는 점에서 착안했다. 또한 제3부를 구성한 것과 같이 논개를 죽이는 여러 가지 '마타도어(악의적으로 거짓 정보를 유포하고 흑색선전을 가하는 행위)'에 대한 비평을 실었다는 이유도 있다. '죽이기'는 강렬한 메시지를 던지기 위해 사용한 일종의 반어법이다. 죽이거나 죽기보다 어려운 살기를 결단하는 이야기이다. 비록 예정된 죽음이라고 해도 죽은 땅에서 새 생명이 태어날 수 있고, 그릇은 비워야만 채울 수 있는 것과 같은 이치이다. 제1부 마지막 칼럼에서 '진주를 만드는 일념'이란 다짐으로 끝마치면서 도발적인 제목이 갖는 의미가 무엇인지 설명하고 있다.

또 제2부의 마지막 칼럼에서 '의암별제가 뿌린 씨앗이 발아했기 때문이다'라고 희망을 암시했다. 어차피 '죽이기' 속에는 이미 '살리기'란 씨앗이 내재하고 있다고 생각한다. 씨앗이란 생명과 희망을 의미하고, 싹이 자라나면 나무가 되고 무성한 숲을 이루는 단초가 되는 것이다. 아울러 '진주역사 죽이기'와 '진주문화 살리기'에는 제3부에서 보여주는 이른바 '논개 죽이기와 살리기'와도 깊은 연관을 맺고 있으므로 이 책의 '죽이기'란 제목은 논개 살리기뿐만 아니라 '진주 살리기'란 말과도 부합한다고 본다.

이렇게 하여 이 책의 제목이 『진주 죽이기』로 정해졌다. 다시 한번 강조하지만, 책 제목은 진주 역사와 문화에 대해 적의감(敵意感)이 넘치는 '죽이기의 절망'을 넘어서 과거를 치유하고 상생하는 '살리기의 희망'을 생각해 보자는 취지에서 붙인 것이다. 그러므로 이 책의 제목은 '죽이기'이지만 '진주역사 살리기'와 '진주문화 살리기' 및 '논개 살리기'를 의미하고 그런 뜻에서 『진주 죽이기』의 부제로 '김경현의 역사·문화·논개 비평'이라고 붙이게 되었다. 어차피 죽고 사는 문제는 얼마나 서로를 잘 이해하고 생각하느냐, 앞으로도 역사와 문화를 얼마나 공유하며 얼마나 공동체 정신을 갖고 살아가느냐에 달려 있다고 생각한다.

필자는 한때 '오래전부터 진주는 죽어버렸다'라고 냉소적이고 삐딱한 시선으로 바라보는 등 발칙한 생각을 한 적이 있다. 하지만 칼럼을 끝낸 후부터는 이미 죽어버렸기 때문에 더는 죽을 만한 것도, 더 죽어야 할 꿈도 악몽도 없으므로 앞으로는 "진주와 논개 죽이기"가 계속될 이유가 없다고 보았다. 그렇지만 진주 역사·문화가 여전히 시민사회와 역사문화 전문가의 뜻과는 무관하고 시민의 염원과 괴리된 채 보여주기식의 전시효과에만 급급하다는 생각이 드는 것도 부정할 수 없는 사실이다.

예컨대 대진고속도로에서 서진주톨게이트로 들어오면 이현동 서진주터널 입구 위에 설치된, 진주를 상징하는 문구가 눈에 뜨인다. 이름하여, '문화 예술 유네스코 진주'를 말한다. "문화 예술 유네스코"라니 도대체 무슨 뜻인가? 유네스코가 지정한 유무형의 세계문화유산이라도 진주에 있다는 말인가. 아마도 진주의 자랑스러운 문화유산인 진주성, 의암별제, 유등축제를 유네스코 세계문화유산 목록에 등재하기 위한 소망을 말하는 것이 아닐까. 그것이 아니라면 2019년 진주시가 공예 및 민속예술 분야로 유네스코 창의도시 네트워크에 가입되었다는 것을 말하는 것이리라.

하지만 문화 속에 예술이 들어가고, 나아가 유네스코 문화유산도 문화라는 큰 틀 안에 포함되는 것이 아닌가. 아직 진주에는 유네스코 세계문화유산으로 지정된 것이 하나도 없는데, 유네스코 창의도시 네크워크에 가입되었다는 것만으로 어떻게 유네스코라는 말을 진주에 붙일 수 있는지 모르겠다. 소망하면 무엇이든 다 붙여도 좋다는 말인가. 문화적 자산이 아무리 많아도 창의성을 기반하지 않은 문화산업은 공허한 메아리와 같다. 한때 진주시에서 붙인 '명품도시 진주'라는 말도 그렇다. 이 말로 '럭셔리한 브랜드 시티'로 보이길 바랐겠지만, 오히려 이 말은 진주가 가진 고유의 브랜드 가치를 훼손하는 것이다. 차라리 '명품'이나 '유네스코' 같이 억지로 얹은 상표를 떼어버리고, '브랜드리스 시티'로서 진주가 상징하는 자체상표를 다시 찾아내 진주만의 도시 이미지를 보여주는 것은 어떨까.

진주는 역사와 정신을 빼놓고 이야기할 수 있는 것이 그리 많지 않다. 마땅히 '문화 예술 유네스코'가 아니라 '역사·문화 진주정신'이라고 해야 옳을 것이다. 엷어져 가는 진주정신을 바로 세우고 실천하기는커녕 이렇게 캐치프레이즈에서조차 담지 못한다면 아무리 자랑스러운 역사와 문화라고 외쳐보아야 공허할 뿐이다.

어쨌든 만물이 그렇듯이 죽은 뒤에야 새로 시작하는 법. '진주 죽이기'는 이렇게 죽어야 비로소 새롭게 태어난다는 희망을 품은 '진주 살리기'의 선언이다. 그래서 앞으로는 '죽이기의 절망'과 같은 차가운 죽음의 공포에서 벗어나 '살리기의 희망'이 봇물 터지듯 터지는 뜨거운 소망도 꿈꾸어본다.

제2부에 덧붙인「가칭 '봄축제' 프로그램 위원 사퇴 이유서」라는 글을 보면 진주문화 살리기의 희망은 당시까지만 해도 상당히 요원해 보였던 게 사실이다. 하지만 그래도 꿈은 남아있다. 전쟁이 일어난 것처럼 모든 것이 재앙적으로 파괴되어 폐허로 변한 황무지에도 계절이 바뀌면 언제나 거친 대지를 뚫고 새싹이 머리를 내밀지 않는가. 싹을 틔우기 위해서는 적당한 수분과 씨앗, 그리고 햇빛이 있으면 된다. 무엇보다 씨앗에는 발아하려는 생존의지가 필요하다. 물을 뿌리고 거름을 주고 돌보는 것은 사람의 몫이다. 또한 애정과 성실이 모이면 생명을 유지하는 기본요건이자 씨앗의 운명을 결정하는 인자가 되는 것이다. 진주에는 이미 전례가 있다. 그때 시민들과 문화인들이 기울인 정성으로 발아한 의암별제의 씨앗이 시행착오를 거듭했지만, 결국 뿌리를 내려 현재는 진주논개제로 자라나고 '실경(實景) 역사 뮤지컬'이 되어「의기 논개」란 꽃으로 피어나고 있지 않은가.

이제 그 꿈을 얼마나 어디까지나 이룰 수 있는지 알 수 없지만, 어쩌면 전혀 달라지지 않았을지라도 싹을 틔우거나 꿈을 꾸는 데는 아무런 지장이 없을 것이다. 아무리 풀어야 할 과제가 사방에 널려 있고 방해물이 곳곳에 산적해 있다고 해도 새싹처럼 꿈은 피어난다. 꿈의 비현실성으로 인해 무엇이든 꿈꿀 수 있고 싹을 틔우는 상상만으로도 꽃을 피울 수 있듯이 가능성은 무궁하고 무한하다. 그러기 위해서는 오직 진주가 자랑스러운 고장으로 거듭나리라는 자기 확신이 필요하다. 그래야만 그리고 싶은 꿈을 꿀 수 있고, 진주라는 역사·문화적 소재를 마음껏 활용해 무엇이든 자신

있게 그릴 수 있는 것이다.

혹시 아는가. 조선시대 안견의 위대한 걸작 '몽유도원도(夢遊桃源圖)'처럼 현대판 '진주의 몽유도원도'가 나올지 누가 아는가. 진주의 역사·문화는 몽유도원도 못지않은 꿈을 그릴 수 있도록 우리에게 소중한 캔버스와 환상적인 공간을 제공해 줄 것이다. 이제 붓을 잡아보자. 그 꿈을 놓지 않고 부지런히 붓대를 움직여 보자. 진주가 유·무형의 가능성과 가진 것이 많은 부러운 고장이란 점을 안다면 말이다.

진주의 향기가 아직도 기억되는 것은 고유한 멋이 있기 때문이지 물질적 자산이 충분하기 때문이 아니다. 진주만의 고유한 무엇인가가 있기 때문이다. 외관적 아름다움보다 내면적 아름다움이 더 오래간다는 것과 같은 이치이다. 이 책은 그것을 찾는 과정이고 그 과정에서 나온 산물이다. 한때 가망 없는 꿈이라고 생각했지만, 그것은 현실사회에서 충분히 보여줄 수 있는 것이므로 현재의 모습에서 투영되는 꿈에서도 어렵지 않게 찾아볼 수 있다.

아직도 진주에는 역사와 문화에 대해 애정을 갖고 꿈꾸는 사람이 많다. 이들의 기대와 성원으로 필자의 애정도 꿈도 마냥 커간다. 남의 것을 모방하거나 새로운 것을 만들어내기보다 지금 가진 자산을 잘 닦아 활용하면 좋겠다. 가장 진주적인 것이 가장 한국적이고, 동시에 가장 세계적이라는 점은 너무나 당연한 말이다. 오래 전의 영광은 박제된 듯 멈추었지만, 죽었던 진주의 역사와 문화가 이제 잠에서 깨어나 기지개를 켤 준비를 하고 있다. 이에 새로운 숨결과 온기를 불어넣고 새 생명의 날개를 달아줄 때가 왔다고 본다. 첫술에 배부를 수는 없겠지만 이미 시작이 반이지 않겠는가.

필자의 전작 『듣도 보도 못한 진주역사, 김경현의 진주이야기 100선』을 읽은 많은 분이 참 대단하구나 싶어 하면서도 여러모로 아쉬운 부분이 적지 않다고 지적했다. 필자도 아쉬운 부분이 많았는데, 우선 이 책으로 그 아쉬움을 달래보려 한다. 백석의 시 「흰 바람벽이 있어」의 한 구절이 가슴을 적시며 필자의 마음을 토닥이며 추슬러 준다.

"이 세상을 살아가는데 / 내 가슴은 너무도 많이 뜨거운 것으로 호젓한 것으로 사랑으로 슬픔으로 가득 찬다 / 그리고 이번에는 나를 위로하는 듯이 나를 울력하는 듯이 / 눈질을 하며 주먹질을 하며"

2024년 가을을 붉게 물들이는 남강에서
푸른 새벽의 여명을 기다리며
삼가 김경현 씀

차례

제3부 논개를 위한 변명

※일러두기

* 글의 순서는 (이전 칼럼*)을 넣고, 후에 필자의 (* 현재 주해서)를 넣었습니다.
* 제3부 끝에 넣은 찾아보기는 제3부에 기록된 내용으로 한정하였습니다.
* 표기에 관한 부호 사용은 『책 제목』(작가, 출판사, 연도), 「부제, 시, 칼럼」, '소제목, 극단, 축제명, 밴드명, 모임', 《신문, 소식지》, 〈영화, 노래, 뮤지컬, 판소리, 단가, 가사, 공연〉, [주해], (인용, 필자 첨언, 한자부기, 부연 설명)입니다.
* (부연 설명)에 들어간 연도의 표기는 '년'을 빼고, 나이는 '세'를 빼고 표기합니다.
* 제1차, 제2차 진주성전투를 1차, 2차 진주성전투로 통일합니다.
* 신문 '몇월 몇일자'는 붙여 씁니다.
* 나열에서 가운뎃점(·)을 쉼표(,)로 통일하였고, 다만 부제 부분의 역사·문화·논개와 악·가·무 등 하나의 단어로 쓰일 때는 예외로 둡니다.
* 말줄임표(……)는 모두 (…)로 사용합니다.
* 단독 인용문은 쌍따옴표("")를 사용합니다.
* 용어 정리 : '일제 때'는 '일제강점기에'로, '한일합병'은 '경술국치'로 표기합니다. (예외적인 경우 제외)
* 한자어 해석 및 한문 인용 및 해석은 대괄호([ ])로 표시합니다.

제1부
진주역사 죽이기

제1부 진주역사 죽이기
- 진주역사를 둘러싼 온갖 논란에 관한 생각

제1부는 이 책의 제목이 된 「진주 죽이기」를 시작으로 시사적 주제를 다룬 '역사편'이다. 여기서 '죽이기'란 말이 나온 연유를 정리해본다. 1961년 미국에서 퓰리처상을 수상한 하퍼 리의 소설 『To Kill a Mockingbird』가 영화로 제작되었는데, 번역은 '모킹버드 죽이기'가 아니라 '알라바마 이야기'란 제목으로 국내 극장에서 개봉되었다. 당초 《조선일보》는 그녀의 소설을 국내에 처음 소개할 때 『앵무주살(鸚鵡誅殺)』이란 이름을 붙였으나 이 소설이 한국에서 처음 번역되었을 때는 의역되어 『아이들이 심판한 나라』로 붙여졌다. 그러나 1992년 한겨레출판사에서 재차 이 소설을 번역할 때는 『앵무새 죽이기』라고 제목을 붙이면서 마침내 '앵무새'와 '죽이기'란 말로 고정되었다.

사실 '모킹버드'는 앵무새(Parrot)가 아니라 엄밀히 말해 미국에 서식하는 흉내지빠귀과의 새 이름이다. 아마도 이 새가 소리를 잘 흉내 낸다고 해서 하퍼 리의 책을 번역할 때 통칭해 앵무새라고 한 것 같다. 무엇보다 그녀가 책 제목에 붙인 '죽이기(To Kill)'를 단순하게 볼 수 없는 이유는 그 죽음이라는 단어 속에 생각해볼 만한 많은 화두를 안고 있기 때문이다. 어쨌든 『앵무새 죽이기』란 제목으로 인해 '죽이기'란 타이틀이 확산하기 시작했다. 그 실례로 들수 있는 것이 1994년 겨울에 개봉된 강우석 감독의 코믹영화 〈마누라 죽이기〉이다.

이후 '죽이기'는 많은 패러디와 유행어를 낳았는데, 특히 정치평론에서 상당한 위력을 발휘했다. 정치평론에서 사용된 '죽이기'는 어쩌면 '살리기'를 갈망하는 절실한 구원의 의미를 담고 있었다고 봐야 할 것이다. 대표적으로 전북대 신문방송학과 강준만 교수가 정치적 박해를 일삼는 '죽이기 세력'의 실체를 파헤치기 위해 저술한 정치평론집 '죽이기 시리즈'가 '죽이기'를 유행시키는 데 결정적인 역할을 했다. 그가 1995년 저술한 『김대중 죽이기』와 『전라도 죽이기』를 시작으로 2001년 『대한민국 죽이기』와 2003년 『노무현 죽이기』를 연달아 펴냄으로써 한때 '죽이기'란 말이 유행처럼 사람들의 입에 오르내리면서 사방으로 널리 퍼졌다. 막상 죽이기가 시작되자 '김대중 죽이기'나 '노무현 죽이기'가 외부 수구세력의 공격에 더해 내부의 진보세력까지 가세함으로써 당초 희망했던 살리기라는 의도는 멀어지면서 무차별적인 죽이기로 피아(彼我)를 난타하며 방향을 잃었다.

마찬가지로 2020년 성추문에 휩싸여 극단적 선택으로 삶을 마감한 박원순 서울시장에 대한 책이 나왔는데, 제목이 『박원순 죽이기』이다. 또 2023년에 나온 이재명 민주당 대표에 대한 책도 있었는데, 『이재명 죽이기』이다. 이 책 제목에 붙인 부제는 『열린 사회의 적들과 싸워 이재명이 이기는 법』이었다. 실로 이기기 위해, 혹은 살리기 위해 죽이기를 감행해야 하는 이러한 현실을 비꼰 반어

법적인 작명이 아닐 수 없다. 그래서 필자가 쓴 첫 칼럼의 제목「진주 죽이기」는 그런 맥락에서 비롯된 현상과도 무관하다고 할 수 없을 것이다. '죽이기'는 무엇인가가 누군가를 죽이려 하는 사회적 분위기가 만든 현상이 아닐까.

이와 같이 우리 사회의 '죽이기' 현상은 인물이나 정치비평뿐만 아니라 영화문화적 현상으로도 확대되었다. 이를테면 2003년 미국영화 〈Anger Management〉가 한국에서 개봉될 때 〈성질 죽이기〉로 번역되어 제목이 붙여졌다. 원제를 직역하면 '화(Anger) 다스리기(Management)' 정도로 번역되어야 하므로 앞에서 말한 상대방을 절멸시키려는 '죽이기(To Kill)'처럼 살벌한 적의감을 뜻하는 말과는 거리가 멀다. 그렇지만 굳이 '죽이기'로 제목을 붙인 것은 아무래도 한국사회에 널리 퍼진 '죽이기' 현상이나 그 말의 영향이 전혀 없었다고 부인하기 어렵다. 한국사회에도 죽이기 현상이 만연하고 있지만 하퍼 리가 『앵무새 죽이기』에서 던진 화두처럼 이 책도 '부지불식'의 맹목적 편견에서 벗어나 많은 생각과 깨달음을 갖는 계기가 되었으면 한다.

이 책의 제1부 구성을 구체적으로 살펴본다. 제1부는 역사편답게 당시의 사회적 이슈나 역사적 평가, 문화적 진단에 맞춰 진주적 요소를 소재 삼아 시의적절하게 쓴 글들이다. 여기에 실린 25개 꼭지는 《경남도민일보》의 칼럼코너인「열린 아침 곧은 소리」에 발표한 글이다. 지면에 게재한 순서대로 칼럼을 이 책에 실었지만, 18번째의 글은 여기에 게재한 칼럼이 아니다.「김경현 씨 진주 떠난다」라는 제목의 짧은 글은 《경남도민일보》의 주말판 신문인 《Weekly경남》의 '동정란'에 실린 기사이다.

《Weekly경남》의 단신기사와 기사에 대한 설명문은 필자가 당시 칼럼을 중단하고 진주를 떠날 수밖에 없었던 이유를 비교적 자세하게 이야기하고 있다. 필자의 칼럼 중단에 대한 사정을 잘 밝히고 있어 전체적인 칼럼 연재의 맥락을 이해하기 위해 포함하게 되었다. 이 기사를 근거로 칼럼을 중단한 이유와 재개한 사정을 설명했고, 이를 통해 그동안 연재된 칼럼의 전후를 연결하는 매개로 활용해 제1부 18번째 자리에 넣었다. 이렇게 하여 후속 칼럼까지 포함하여 이 책의 제1부에는 모두 25꼭지의 글이 실렸다.

제1부에 수록한 글은 신문 지면에 발표했던 칼럼의 원문이다. 신문에 게재된 당시의 글을 손대지 않고 그대로 수록하고자 하여 문맥이나 맞춤법을 바로잡는 것으로 한정했다. 대신에 추가적인 설명이나 수정사항은 각주처럼 각 칼럼 뒤에 붙인 설명을 통해 보완했다. 그래서 제1부의 설명글은 일종의 주해문이 되는 셈이다.

제1부의 일부 꼭지는 제목도 바꾸었는데, 원래 칼럼에 달려 있던 제목을 수정하고 이 책의 내용에 맞게 손질했다. 이해를 돕기 위해 설명문에는 제목의 전후를 비교해 밝혀 놓았다. 또 매우 예외적이지만 칼럼에 쓴 사실관계를 확인해 설명문에서 다시 밝혀 오류를 바로잡은 것도 있다. 이 밖에 《경남도민일보》에 칼럼을 연재할 때마다 편집국에서 매번 중간제목을 뽑아 놓았는데, 의미 있다고 생각되어 이 책 제1부에도 그 중제를 그대로 붙여 놓았다. 참고로 밝히면 신문에 연재한 칼럼은 총 34개 꼭지였으나 이 책에는 역사와 문화에 관련된 24개를 수록했다.

1. 진주 죽이기*

정신파괴한 분서갱유

개천예술제 야시장 전락

한때 '죽이기'란 패러디가 유행한 적이 있다. 그야말로 '엽기'적이다. 그런데 필자 역시 이 죽이기란 엽기어를 쓸 수밖에 없다. 이른바 '진주 죽이기'라 한다.

과연 누가 진주를 죽인다는 말인가. 아름다운 진주를 얻기 위해 조개라도 죽여야 한다는 말인가. 차라리 인간의 사치와 허영을 위해 조개가 죽어야 한다면 살신성인이란 찬사를 조개의 넋에 붙여주겠노라.

하지만 불행하게도 여기서 말하는 진주는 보석이 아니라 경상남도 진주(晉州)라는 한 지방의 역사와 문화를 말한다. 무엇이 죽음을 불러왔든 아무튼 진주는 현재 죽을 지경인 것만은 분명하다. 아니 이미 진주는 죽어버렸는지도 모른다.

진주 역사를 통틀어 봐도 이토록 처참한 정신파괴적인 분서갱유는 없었다. 역설적으로 진주 스스로 자폭적인 진주 죽이기를 더욱 심화시키고 있다.

진주는 수천 년 동안 이룩한 엄청난 역사적인 문화유산을 가진 보고의 고장이었다. 그런데 어디 보자. 그 엄청난 역사와 문화의 보고가 어떻게 파괴되고 있는지를⋯. 우리나라 최대의 고고학적인 성과로 평가받고 있는 진주의 남강선사유적은 댐 건설로 수장되어 사라졌다.

겨우 건져낸 그 엄청난 유물은 보관할 장소가 없어 전국에 흩어져 버렸으며, 진주지역 곳곳에 널려 있는 가야시대의 고분들 역시 모조리 도굴로 파괴되고 그 유물은 팔려나갔다.

어디 그뿐이랴. 임진왜란 3대 대첩지로 유명한 진주성에서 느껴야 하는 반외세 민족 저항정신은 하나도 없다.

여인의 힘으로 조선의 자존심을 지킨 논개의 사당은 일개 개인의 재실보다도 볼품없고 그 엄장하고 정통성을 지닌 유서 깊은 논개 제향인 '의암별제(義巖別祭)'는 정통성 없는 논개제 때문에 제자리를 찾지 못하고 있고, 논개사당에 걸린 친일화가의 영정은 논개의 순결한 영혼을 암세포처럼 갉아먹고 있다.

왜적과 싸워 7만 민관군이 옥쇄한 성스러운 장소에서 가장 항일적인 영혼에 덮어씌운 가장 친일적인 영정…. 그리고 논개가 순국한 강물은 4백여 년이 지나 다이옥신 함유량 1위라는 오명을 둘러썼다.

조선시대 최초의 본격적인 농민항쟁으로 평가되는 진주농민항쟁은 아직도 진주민란이란 용어로 낙인찍힌 채 그 흔한 기념비마저 없고, 동학혁명사에서 일본군과 단독으로 전투를 벌인 진주갑오농민전쟁은 물론 일제강점기에 농민운동의 횃불을 치켜올렸던 전국 최초의 소작노동자대회는 아예 흔적도 없다.

특히 세계사적으로 유례를 찾아보기 힘든 인권운동의 시발점이 되었던 형평사 창립축하식이 열린 옛 진주극장 앞의 기념표지석이

철거되었을 뿐만 아니라 민족사학이 세운 진주여성교육(일신여고
보)의 산실인 옛 금성초교 건물이 백화점을 짓기 위해 불에 태워지
고 부서졌다.

　또 무형문화재의 현실은 어떠한가. 진주 삼천포 12차농악이 진
주농악이 아니라는 몰역사성으로 인해 진주에서 쫓겨났고, 예로부
터 북평양 남진주로 인구에 회자될 만큼 유명했던 진주기생의 고
급문화인 기생문화는 천박한 문화인식으로 말미암아 각종 이벤트
와 사이비 행사에 밀려 왜곡 내지 말살되었고, 지방예술제의 효시
가 되었던 개천예술제는 발전을 거부한 채 문화기득권에 의해 동
네 축제보다 못한 야시장으로 전락했고, 우리나라 소싸움의 대명
사로 군림했던 유서 깊은 진주소싸움 역시 박제화되어 그 명성을
다른 지역에 넘겨주었고, 논개정신의 구현인 의암별제의 음복연은
축제성을 부정하는 문화권력층에 의해 고사당하고 있다.

　진주 죽이기가 이토록 다양하게 행해진 때도 없었으리라. 자
멸하는 진주. 다만 그 가속도가 얼마인지 그것만 모를 뿐이다.
(2001. 5. 8.)

* 이 글의 첫 문장은 "한때 '죽이기'란 패러디가 유행한 적이 있다"라고 시작하고 있다. 이 칼럼을 쓸 당시가 2001년이었으므로 그때를 기준으로 '진주 죽이기'의 양상을 표현한 것이다. 당시만 해도 우리 사회에서는 '죽이기'의 현상이 곳곳에 출몰하고 있었다.

예컨대 칼럼 내용에서 "어디 그뿐이랴. 임진왜란 3대 대첩지로 유명한 진주성에서 느껴야 하는 반외세 민족 저항정신은 하나도 없다"라고 한 이유는 필자가 대학시절을 보내던 80년대 중후반 진주성에서 느낄 만한 임진왜란과 민족 저항의 흔적이 거의 없었기 때문이다.

1970년대부터 진주성지정화사업을 시작했지만 일단 성내에 남아있는 임진왜란의 흔적이 거의 없고 분위기도 나지 않았다. 그리고 진주성 안에 있는 국립진주박물관은 1984년 11월 개관했으나 당시에는 이름이 가야문화박물관이었다. 그러다가 1998년 1월에 와서야 임진왜란 전문 역사박물관인 '국립진주박물관'으로 재개관했다. 천년고도라는 도시에서 불과 몇백 년 전의 분위기도 느낄 수 없는 이유가 무엇인지 의아스럽게 생각했는데 나중에야 그 이유를 알게 되었다. 한국전쟁 때 미 공군의 무차별적인 폭격에 의해 촉석루 등 무수한 문화유산과 역사 유물들이 초토화된 것이었다.

특히 "논개사당에 걸린 친일화가의 영정은 논개의 순결한 영혼을 암세포처럼 '갉아먹고' 있다"라고 쓴 이유는 당시 진주성 의기사에 걸려 있던 논개 영정을 친일화가 김은호가 그렸기 때문이다. 김은호는 조선왕조의 마지막 어용화가로 순종의 어진을 그린 궁중화가 출신이다. 그는 경술국치 후 중일전쟁이 시작되자 일제의 식민통치에 협력해 조선 부녀자들이 일본군 장성에게 금비녀를 헌납하는 광경인 '금차봉납도(金釵奉納圖)'를 그린 친일부역화가였다. 따라서 그가 그린 논개 영정은 논개의 항일정신에 반하고 그녀의 순국정신을 모독한다는 여론이 비등해졌다. 결국 2005년 진주시민들에 의해 뜯겨 나갔고 지금은 다른 이가 그린 영정이 사당에 모셔져 있다.

한편 이 글에서 '진주 죽이기'의 사례로 든 것 가운데 형평사 창립축하식이 열린 옛 진주극장 앞의 기념표지석이 철거되었다는 부분은 현재 상황이 달라졌으므로 이 설명글에서 그 내용을 덧붙인다. 예컨대 칼럼을 쓸 당시에는 표지석이 철거되고 없었으나 현재는 그 자리에 새로운 형평사 관련 기념조형물이 설치되어 있으므로 이런 점을 추가해서 밝힌다.

2. 논개, 그 화려한 외출*

의암별제 다시 태어나는 날
우리가 함께 안아야 할 과제

'얼마나 살 터지고 뼈 부러져야만 멈출 수 있는 고통인가 / 천형을 간직한 프로메테우스의 운명처럼 / 죽음의 저편에서 미소 짓던 그녀 / 비명소리는 어둠에 갇혀 / 애정의 결핍은 끝이 없는데 / 무덤의 풀이 무성할 때 / 비로소 시작되는 그녀의 화려한 외출 / 그 불멸의 시간은 시작되었다 / 고흐의 광기와 렘브란트의 빛을 위해 / 마지막 검무의 칼 사위가 끝나는 그 순간을 위해 / 술잔 가득히 우리들의 계절은 / 그녀의 봉분에 켜켜이 쌓이고….'

조선의 여인 논개가 남강에서 순국한 지 400년이 지나 서울로 화려하게 외출한다. 바로 의암 논개의 민족정신을 현창하는 유서 깊은 제전인 의암별제가 역사상 처음으로 진주가 아닌 서울에서 올려지게 된 것이다. 6월 10일 서울 예술의 전당 야외특설무대에서 선보이는 의암별제는 매우 뜻깊다. 그날은 논개가 진정한 민족의 여성으로서 다시 태어나는 날이다.

1868년 진주에서 창제된 의암별제는 논개의 불멸성을 확인하는 진주기생들의 헌사이며 위안이다. 초헌관, 아헌관, 종헌관이 모두 덕망 있고 기예가 뛰어난 노기들이 맡아 진행하는 것은 물론 진주검무가 의암별제의 헌무로 올려지는 것만 봐도 그렇다. 종묘제례가 왕을 위한 왕가의 제사였다면 의암별제는 논개를 위한 기생들의 제사였다.

의암별제에 올려지는 모든 제관은 유가에서 감히 상상도 할 수 없는 여성들이 맡고 있다. 더구나 그 여성들은 모두 당시의 신분제 사회에서 천민으로 분류되던 기생들이었다. 그러나 그들은 논개의 후예답게 예인들로서 이날의 주역으로 당당히 논개의 신위를 모신 것이다. 사대부들도 의암별제 때만큼은 왕이나 제후의 제사로 그녀를 기렸다.

무엇이 당시 유교의 법도를 어겨가면서까지 여성들로 하여금 제관이 되도록 허용했을까. 여성일 뿐만 아니라 천민이었다는 그녀를 위해 이토록 대우한 것은 무엇이었을까. 그것은 임진왜란으로 허망하게 무너진 조선의 자존심을 구원한 한 민족여성의 불멸성 때문이었으리라.

그동안 논개는 비생산적인 진주논개, 장수논개로 대변되는 출신지 다툼과 천민이냐 아니냐로 대변되는 신분제 다툼, 그리고 전설이냐 역사냐로 대변되는 역사성 다툼 등으로 만신창이가 되어버렸다. 그러나 분명한 것은 그녀가 순국한 남강의 바위에는 진주의 사대부가 남긴 '의암(義巖)'이란 말이 각자(刻字)되어 있고 조선 고종 초에는 논개의 민족정신을 기리는 악·가·무인 의암별제가 시작되었다는 점이다.

아무리 논개를 천민으로 여기고 관향을 따지는 봉건적인 사고방식이 끈질기게 남아있다고 해도 그 어둠은 논개의 불멸성을 시기하고 질투하는 빛의 결핍일 뿐이다.

논개정신 속에 내재한 민족과 여성은 의암별제의 영원한 화두이고 우리 겨레가 함께 안고 가야 할 숙명적인 과제이다.

이번에 서울에 올려지는 의암별제의 의미는 비록 제향에 국한된 것이지만 음복연을 왜곡, 부정하는 진주에서의 닫힌 논개제가 아니다. 그것은 진정으로 우리가 소중하게 지켜나가야 할 무형의 정신적인 문화유산으로서 민족과 여성의 음복연으로 거듭날 의암별제를 자리매김하는 데 있다.

열린 공간에서 꽃으로 수놓을 제향의 화려함과 옛 진주기생의 기개가 맞물려 온 마음과 온몸이 집중되어 정성으로 올려질 서울의 의암별제는 분명히 진주만의 사치가 아닐 것이다. 편협한 지역성을 벗어나 민족의 제전으로서 의암별제가 높이높이 승화되기를 굳게 믿어본다. (2001. 6. 5.)

* 논개가 누구인지 모르는 한국인은 없을 것이다. 그러나 그녀가 누구인지 묻지 않을 수 없다. 우리는 논개를 잘 아는 듯하면서도 그녀를 잘 모르기 때문이다. 논개는 임진왜란 이래 진주의 역사와 문화를 이해하는 데 빠질 수 없는 핵심 열쇠 말이다. 하지만 그녀는 '진주역사문화'의 중심축이면서도 진주 역사와 문화의 변방에서 진실과 허구의 경계선상에 서 있는 중의성을 지닌 인물이기도 하다. 그래서 논개의 세계는 간단치 않은 것이다. 그동안 여러 가지 역사적 논란에 휩싸이기도 했고, 그 때문에 많은 이야기의 소재가 되어 왔던 것도 사실이다. 그런 관계로 많은 허구성 논란과 험담거리가 생겨날 수밖에 없었다. 그렇지만 조선 말 창제된 의암별제는 논개의 역사성과 존재의미를 확고하게 만든 한국문화사에서 특유한 일대사건이었다.

그러한 의암별제가 진주가 아닌 서울에서 봉행된 것 역시 역사상 처음 있는 일이다. 의암별제를 서울에서 봉행하게 된 저간의 배경에는 뜻밖의 이유가 있었다. 그동안 의암별제를 지원하던 진주시가 지방자치단체장의 업적용으로 내세우기 위해 이질적인 행사들을 모아 놓은 가칭 '봄축제'에 의암별제를 통합하려는 움직임에 대해 반대하는 입장을 분명히 보여주기 위해서였기 때문이다. 특히 서울 봉행은 의암별제의 고유성과 예술성을 국내외적으로 인정받기 위한 차원에서 비롯되었다. 또한 천박한 기생 논란을 종식시키고 교방문화의 우수성과 예술성을 알리려는 의도도 있었다.

의암별제는 조선 말 진주에서 창제된, 논개를 위한 특별한 제례이며 기생들이 올리는 종합가무제이다. 의암별제는 조선 말 고종 초기에 박원 정현석이 진주목사로 부임한 이듬해(1868년)에 논개의 사당인 '의기사'를 중수(重修)하면서 직접 설시(設施)한 풍류제례(風流祭禮)이자 『교방가요』에 정재종목(呈才種目)으로 기록한 가무악이다. 그동안 논개의 제삿날에 사당에서 지내오던 제사를 종묘제례와 문묘제례에 버금가는 규모의 유교식 제례로 만들고 기생의 가무를 곁들였다. 의암별제는 진주기생들로 하여금 제향을 올리면서 풍악을 울리며 노래를 부르고 춤을 추게 한 예술적 제전이 되었다. 의암별제에 대한 개괄적인 설명은 『교방가요』를 주해한 성균관대 국문학과 성무경 박사의 「교방가요 보론(補論)」을 요약해 살펴본다.

"의암별제는 논개의 혼을 위로하는 별제(別祭)로 매년 6월 초 길일을 기려 제사는 지낸다. 악공을 제외한 헌관 및 참여자가 모두 여기(女妓)로만 구성된 특이한 제례이다. 제례의 절차에 따라 영신곡(迎神曲)을 마치고 상향례, 초헌례, 아헌례, 종헌례를 치르면서 순서에 따라서 가곡악장을 애절하게 계면조(界面調)로 초창─중창─삼창에 이어 우락조(羽樂調)를 부르고, 가사 「의암별곡(義

嚴別曲)」을 '처사가(處士歌)' 조(調)로 부른다. 제례의 절차는 악
(樂)[영신곡]−가곡(歌曲)[당상악]−무(舞)[당상당하악]−축문(祝
文)−가곡[당상악]−무[당상당하악]−가곡[당상악]−무[당상당하
악]−가곡[당상악]−무[당상당하악]−가사[당상악]−무[당상당하
악] 등의 순서로 진행되는데, 제사에 '악·가·무'가 어우러진 풍류
제례이다. 정현석 목사의 의암별제 설시 이후 이 별제는 그 축제적
성격으로 인해 대단한 성황을 이루었던 것으로 보이는데, 고로(古
老)의 증언에 의하면 전국의 명기명창들이 운집한 가운데 3일 여
에 걸쳐 여흥이 성대하게 베풀어졌다고 한다. 1992년 진주민속예
술보존회 성계옥 여사가 주축이 되어 의암별제를 복원해 매년 제
례를 봉행하고 있다.”

이때 논개를 기리는 진주기생들의 마음은 의암별제의 제단에서
노래 부르는 다음과 같은 세 편의 시조를 통해 확인할 수 있다.

"촉석루(矗石樓) 밝은 달이 논낭자(論娘子)의 넋이로다
나라 향한 일편단심(一片丹心) 천만년(千萬年)에 비치오니
아마도 여중충의(女中忠義)는 이뿐인가 하노라

맑고 맑은 남강수(南江水)야 임진(壬辰) 일을 네 알리라
충신(忠臣)과 의사(義士)들이 몇몇이나 빠졌는고
아마도 여중장부(女中丈夫)란 논낭자인가 하노라

우리나라 삼천리(三千里)에 허다(許多)한 바위로다

풍마우세(風磨雨洗) 하면 어느 돌이 안 변(變)하리

그중에 일편의암(一片義巖)은 만고불변(萬古不變)하리라"

이 세 편의 시조는 의암별제를 지낼 때 각각 초헌악장, 아헌악장, 그리고 종헌악장으로 사용했다. 의암별제에서 연행되는 노래와 춤을 '의암별제가무(義巖別祭歌舞)'라고 하는데, 제례를 올리는 순서마다 풍악을 울리고 춤을 추었다. 춤이 그치고 풍악이 다시 울리면 의암별곡을 노래했다. 이때 헌무로 올려진 춤은 진주검무였고 이들 춤을 비롯해 진주교방의 전통적인 춤들이 선보였다.

이처럼 엄장한 의암별제가 일제강점기에 단절되었다가 해방 후 진주교방문화 발굴과 전승에 평생을 바친 운창 성계옥 여사에 의해 촉석루에서 복원 봉행되어 오늘에 이르고 있다. 의암별제에 대해서는 이 책 제1부 5번째 칼럼과 제2부에서 다시 살펴보기로 한다.

그런데 이 칼럼에서는 "그동안 논개는 비생산적인 진주논개, 장수논개로 대변되는 출신지 다툼과 천민이냐 아니냐로 대변되는 신분제 다툼, 그리고 전설이냐 역사냐로 대변되는 역사성 다툼 등으로 만신창이가 되어버렸다"라고 표현했다. 무슨 소리일까. 당시 '논개 죽이기'는 실로 금도를 넘어서고 있었다. 지역별로 서로 논개를 끌어들이며 도토리 키재기 식으로 "자기네 논개"라고 주장하는 난맥상을 보인 것이다. 출생지(出生地)로 장수논개, 순국지(殉國地)로 진주논개, 영면지(永眠地)로 함양논개, 문중지(門中地)로 화순논개라고 일컫는 주장들을 말한다. 심지어 영혼결혼지(靈魂

結婚地)로 일본논개라고 일컫는 어처구니없는 주장까지 나왔다.

그래서 이 칼럼을 쓴 후 필자는 『의암별제』 소식지에서 논개를 둘러싼 마타도어에 대해 많은 시간을 할애하며 이를 해명하고 반박했다. 그동안 온갖 악의적인 공격으로 상처 입은 논개에 대해 적극적으로 대응하며 항변했는데, 그 부분을 이 책 제3부 '논개를 위한 변명'에 다섯 꼭지(총 5개장)로 나누어 자세히 정리했다.

3. 신중해야 할 역사 발굴 보도*

어느 인터넷신문의 기사
증언 확대 해석은 금물

어느 인터넷 미디어가 2001년 6월 7일자로 올린 기사를 보면 '보도연맹원 학살이 1949년에도 일어났다'라는 내용이 나온다. 그 것을 보고 착잡한 마음을 감출 수 없었다. 자칫 잘못하면 보도연맹 의 비극이 과대포장되어 본질에서 왜곡될 수 있으며, 정말 그렇게 된다면 현재 의욕적으로 진행되고 있는 '6·25전쟁 예비검속에 의 한 양민학살 진상규명 및 피학살자 명예회복'이 엉뚱한 부분에서 설득력을 잃게 될 우려도 있기 때문이다.

이 기사는 보도연맹 관련자 등 민간인 368명이 1949년 여름 경 남 산청군 덕산에서 재판도 없이 집단학살되었다는 이야기로서 어 떤 인물의 증언을 토대로 썼다. 증언한 그 면담자는 당시의 학살 현장을 직접 목격하지도 않았던 데다 그 이야기도 간접적으로 들 었다고 한다. 또 그에게는 '백골부대' 김종원 부대장에게 얻어맞은 상처가 남아있다는 것이다.

그러나 아무리 증언을 토대로 보도했다고 해도 사실확인에서 치 밀한 접근과 역사적인 고찰 없이 액면 그대로 보도하게 된다면 엄 청난 파장을 초래할 수 있다. 보도연맹원이 6·25전쟁 이전에 대규 모로 학살되었다면 한국근현대사를 다시 써야 한다. 그리고 백골부대로 널리 알려진 3사단에 대한 육군의 역사도 다시 써야 한다. 그러나 그 기사는 어느 것 하나도 제대로 알고 쓴 것이 아니다. 최소한의 신빙성마저 의심스럽게 만든 증언일 수밖에 없다.

사실상 1949년 6월 중앙차원에서 국민보도연맹이 결성된 후 그해 11월부터 경남의 보도연맹도 본격적으로 결성되기 시작한다. 그러나 전쟁 전에는 보도연맹원을 학살할 이유가 없었다. 보도연맹원은 당시 좌익척결에 매우 유용한 가치를 지니고 있었다. 그리고 백골부대장이라는 김종원은 한마디로 백골부대장이 아니다. 강원도 철원에 주둔하고 있는 현 백골부대의 전신인 18연대를 그 당시 지휘한 적이 없으며, 또 1949년에 백골중대라는 명칭을 공식적으로 얻었던 해병대 7중대와도 무관하다. 다만 그때 그는 16연대의 부연대장으로 있었다.

이와 같이 증언이란 것이 진실하지 못하면 오히려 역사를 왜곡하는 근거로 작용하는 모순도 발생한다. 진주형무소에 수감 된 여순사건 관련자나 사상범 등도 6·25전쟁이 터지자 보도연맹원처럼 모조리 같은 시기에 학살되었다. 그런데 복역수도 아닌 보도연맹원 같은 민간인이 전쟁도 일어나기 전에 수백 명씩이나 한꺼번에 끌려가 학살되었다니 이는 증언을 확대해석함으로써 사실을 오인했거나 글쓴이의 역사지식이 모자랐기 때문에 빚어진 일이다.

무엇보다 언론의 보도는 시대상을 반영하기에 먼 훗날 당대를 연구하는 사료로 인용될 수 있으므로 신중히 처리해야 한다. 사실상 면담자와의 인터뷰가 의도적이든 비의도적이든 거짓말을 내포할 수 있다. 그래서 진실이 포함된 점을 확인하기 위해서는 반드시 증언이 아닌 증거가 필요하다. 면담자가 진실을 말했다는 것은 인터뷰를 시도한 사람이 얼마만큼 제대로 된 역사지식을 갖고 있느냐의 능력으로 판단된다.

이를 위해 외적인 증거, 즉 면담자 이외의 다른 어떤 문헌들에 의해서 수집된 배경적인 정보는 증언의 전반적인 신뢰도를 높이는 데 가장 좋은 자료가 된다. 예를 들면 한국정신대문제대책협의회가 일본군 '위안부' 문제와 관련해 자료를 은폐하고 있는 일본정부를 상대로 집요하게 자료공개를 요구하는 것도 바로 이 때문이다.

아울러 내적인 증거는 증언을 뒷받침할 만한 문서자료나 증거물이 발견되지 않은 상태에서 어느 한 증언만 단독으로 고려될 때의 논리성과 일관성을 의미한다. 일관성은 특히 사실적인 정확성에 대해 유용한 척도가 된다. 이러한 내외적인 증거 없이 증언이라는 말만 붙여 함부로 발표했다가는 진상조사의 어려움과 불신감만 심어 줄 수밖에 없다. (2001. 6. 25.)

＊1950년 6월에 일어난 한국전쟁이 아니었다면 보도연맹원들이 떼죽음을 당하는 일은 없었을 것이다. 이들은 전쟁범죄에 의한 만행으로 무차별적으로 학살되었다. 처음에는 이들의 죽음을 지칭해 '양민학살'이라고 표현했으나 2000년 '민간인학살문제해결을 위한 경남지역 시민모임' 때 성공회대 김동춘 교수의 제안으로 '민간인학살'로 바꾸어 이들이 당한 죽음에 대해 명확한 의미를 부여함으로써 현재는 이 용어를 사용하고 있다.

그런데 만약 이때 전쟁이 없었다면 이들은 오히려 반좌파투쟁의 선봉장으로 역할을 했을 가능성이 더 컸다. 그런데 왜 그토록 무자비하게 대량학살을 당했을까? 1948년 8월 남한 단독정부 수립 후 정부는 좌익 혐의자에 대한 사상전향과 교화를 위해 이듬해인 1949년 서울을 시작으로 각 지역에 보도연맹을 결성하기 시작했다. 보도연맹원들 중에는 과거에 남로당 등 좌익진영에 있었다가 자의 반 타의 반 우익진영으로 전향했던 사람이 많았던 까닭에 반좌파 관변단체로 유용했다. 그래서 전국 곳곳에서 경찰서 주도로 보도연맹이 만들어졌고, 경찰서장이 보도연맹 이사장을 맡았다. 이들은 더는 좌익분자가 아니라 정부를 대변하는 관변단체의 구성원이며 경찰이 보증하는 우익인사들이었다.

그러나 한국전쟁이 터진 직후 정부는 돌변했다. 정부는 보도연맹원들이 인민군이나 빨치산 등 적대세력에 동조할 것이라고 예단하고 군경을 동원해 이들을 긴급히 형무소와 창고 등에 구금했다. 전세가 불리하게 돌아가자 군경은 후퇴하면서 곳곳에서 이들을 즉결처형했다. 그렇게 벌어진 학살은 그 참상이 생지옥을 방불케 할 만큼 끔찍했다는 사실이 현재 발굴되는 피학살자의 유해를 통해 적나라하게 확인된다. 이들의 유해는 보도연맹원 학살의 역사가 왜 바로 기록되어야 하는지를 처절하게 말해주는 피맺힌 인간 말살의 증거가 아닐 수 없다.

이와 관련해 필자는 2010년 6월 30일 경상대에서 열린 '한국전쟁 60주년 기념학술대회'에 나가 주제발표를 했는데, 이를 통해 한국전쟁 당시 경남지역에서 희생당한 민간인의 원혼을 달래려면 피해조사를 계속해 진실을 규명해야 한다는 주장을 펼친 바 있다. 필자는 "곳곳에서 살해당한 희생자의 원혼과 가족 등의 마음을 달래려면 한국전쟁 당시 민간인 집단희생지 유해 발굴과 민간인 학살 피해조사를 계속해 진실을 최대한 규명해야 한다"라고 주장했다.

그렇지만 경남 산청군 지리산 자락에 위치한 시천면 원리와 외공리에서 집단학살되었다는 피학살자의 정체에 대해 다시 한번 생각해 보아야 한다. 비록 이곳 매장지에서 유해를 발굴하고 조사했지만 '진실·화해를 위한 과거사정리위원회'(제1기 진실화해위원회를 말함)는 끝내 진실을 밝히지 못하고 '진실규명 불능 결정'을 내렸다.

물론 이들의 죽음에 대한 진상규명은 계속되어야 한다. 하지만 "보도연맹에 관련된 민간인 수백 명이 한국전쟁이 일어나기 전이나 혹은 일어난 이듬해에 학살되었다"고 하는 이야기는 반드시 수정되어야 한다. 피학살자들이 특정 시기에 산청의 외진 산자락에 끌려와 무참히 학살되어 매장된 것은 분명하지만, 그들의 죽음을 오로지 보도연맹원이었기 때문에 일어난 일이라고 주장한다면 이는 기본적 역사 상식에 부합되지 않기 때문이다.

　이와 같이 역사 상식에 어긋나게 피학살자를 쉽사리 학살 프레임에 가둬 놓는다면 오히려 진상규명에 혼란을 초래하고 실체적 진실에 접근하는 데 많은 어려움을 줄 수 있음을 명심해야 한다. 이에 대해 다시 이 문제를 다룬 후속 칼럼을 썼는데, 제1부 24번째 칼럼인 「진주에서의 학살 사진」이다.

4. 국가보훈처장에 대한 공개질의*

강상호 선생 유공자 왜 안 되나?
이젠 속 시원하게 공개해야

다음은 오욕의 세월 속에 묻혀버린 애국계몽운동가이며 3·1운동가 그리고 형평운동가이며 동시에 사회운동가인 백촌 강상호와 관련해 필자가 국가보훈처에 했던 질의이며 현재까지 독립유공자로 인정하지 않고 있는 보훈처장 명의의 답변이다.

이에 대해 다시 한번 질의한다.

지금까지 강상호가 독립유공자로 추서되어야 한다고 몇 번이나 보훈처에 신청했지만 무슨 까닭인지 매번 부결되었다. 그 부결된 이유를 밝혀달라는 것에 보훈처장께서는 "강상호 선생의 포상과 관련하여 문의하신 내용은 개인정보와 관련된 내용으로 귀하께 알려드릴 수 없다"라고 했다. 독립운동가의 행적과 관련 자료가 개인정보라고 할 수 있을까.

이와 함께 "독립유공자에 대한 포상은 독립유공자 공적심사위원회에서 종합적이고 면밀한 심사를 거쳐 포상 여부를 결정하고 있다"라고 원론적인 설명만 하고 강상호에 대한 핵심적인 답변은 회피했다.

부결된 이유를 밝혀야 강상호의 결격사유를 알고 입증자료를 보완할 것이 아닌가. 단지 "강상호 선생께서는 1919년 3월 진주에서 독립운동을 하시다가 부산지방법원 진주지청에서 징역 6월을 선고받은 기록이 있어 공적심사위원회에서 부의하였으나 현재까지는 포상이 되지 않았다"라고 했다. 이처럼 단편적이지만 보훈처에서도 강상호의 복역 사실은 인정하고 있지 않은가.

그렇다면 혹시 보훈처에 보관된 강상호에 대한 일제경찰이 작성한 지문장 같은 관련 기록의 사본을 받을 수 있는지를 물었으나 보훈처장께서는 아무런 이유도 대지 않고 "강상호 선생의 신분장 지문원지의 사본은 발급해드릴 수 없다"라고 했다. 정말 왜 이렇게 숨기는 것이 많은지 모르겠다. 독립유공자를 발굴해 널리 알리는 것에 설치목적이 있는 국가보훈처의 존재가치에 의문이 든다.

필자는 보훈처장께서 최소한 강상호란 인물이 누구인지 알려고 노력했는지 묻고 싶다. 먼저 애국계몽운동가로서 강상호는 1906년 대한제국 말 항일의병의 근거지였던 경남진주낙육고등학교에 관계했으며, 1909년 《경남일보》가 창간되자 경남학생친목회장이 되어 '대한정신'을 촉구하는 애국시를 실었으며, 국권상실 후 부친이 운영하던 민족사학 사립봉양학교를 이어받아 1915년 설립자가 되어 교육운동을 전개함으로써 구한말부터 일제 초까지 애국계몽운동을 벌였던 인물이다.

3·1운동가로서 강상호는 3·1운동이 일어나자 동지들과 역할을 분담해 1919년 3월 18일 진주 최초로 3·1운동을 일으킴으로써 체포되었는데, 진주재판소에서 징역 1년형을 구형, 선고받았다. 그러나 일제의 재판을 더 이상 받지 않겠다며 항소하지 않고 그대로 복역했던 의로운 인물이다.

그런데 보훈처에서는 강상호가 징역 6월을 선고받았다고 잘못 알고 있다.

무엇보다 형평운동가로서 강상호는 식민지 치하에서 일본인에게 차별받는 조선인 중에 또다시 이중으로 차별받는 천민들이 있다고 보고, 그중 백정의 해방을 위해 1923년 4월 형평사를 조직하여 전국적으로 형평운동을 벌여 신분 차별을 철폐함으로써 백정의 현실과 우리의 식민지 현실이 별개가 아니라는 독립정신을 일깨워 준 위대한 인물이다.

3·1동지회가 펴낸 『부산·경남 3·1운동사』에는 형평운동을 독립운동으로 기록하고 있다. 아울러 사회운동가로서 강상호는 일제의 식민지 정책에 대항해 도청이전반대운동 등을 벌여 여러 번의 검속과 인치 그리고 석방과정을 되풀이했으며, 1925년 1월에는 진주사회운동자 간친회로 피검되기도 했고 진주신간회에 참여하는 등 일제의 탄압 속에서도 진주지역 사회운동을 주도했던 인물이다.

이러한 강상호가 도대체 무슨 이유로 푸대접을 받고 있는지 보훈행정은 그 근거를 속 시원하게 공개해 그에게 둘러싸인 명암을 반드시 밝혀야 할 것이다. (2001. 8. 7.)

＊ 이 칼럼에는 "보훈처에서는 강상호가 징역 6월을 선고받았다
고 잘못 알고 있다"라는 부분이 나온다. 이 부분은 사실과 다르므
로 다시 바로잡는다. 1919년 4월 《매일신보》에 보도된 강상호의
형량은 징역 1년으로, 구형과 선고의 형량이 동일한 것으로 기사에
서 밝히고 있다. 그래서 그가 징역 1년을 선고받고 복역한 것으로
알려졌으나 사실 진주재판소의 1심 재판부는 강상호에게 보안법
위반죄로 징역 6개월을 선고했다. 강상호는 1심의 판결에 불복하
고 항소했으나 1920년 2심 재판이 끝나기 전에 항소를 취하함으로
써 1심 형량(징역 6월)이 원심판결대로 확정되었다.
　따라서 강상호의 복역형량은 6개월이 맞다. 강상호는 2심 재판
을 받기 위해 수감 중이던 진주감옥에서 대구감옥으로 이감되어
복역하다가 그해 11월 가출옥으로 석방되어 진주로 돌아왔다. 그
러므로 칼럼에서 "강상호가 징역 6월을 선고받았다고 보훈처가 잘
못 알고 있다"라고 쓴 대목은 수정해 바로 잡는다. 당시 보도기사
를 근거해 형량을 1년으로 보았으나 확정된 형량은 징역 6월이 맞
으므로 보훈처가 잘못 알고 있는 것은 아니기 때문이다.
　한편 강상호 선생은 필자의 독립유공자공적조서 작성과 신청을

시작으로 여러 차례의 보류와 추가입증을 거듭한 결과 2005년 11월 마침내 대통령 표창을 추서 받음으로써 독립운동의 공훈과 독립운동가로서 지위를 인정받게 되었다.

참고로 필자가 이 칼럼을 쓸 때는 보훈행정의 주무부처는 국가보훈처였으나 2023년 국가보훈부로 승격되었다. 이와 관련해 한마디 덧붙인다면, 강상호 선생에 대한 공훈 추서와 선생의 무덤 등 후일담에 관한 내용은 『진주이야기 100선』의 88번째 이야기에 자세히 적었다. 그리고 필자가 강상호 선생의 묘비를 세우게 된 사연은 김주완 작가의 김장하 선생 취재기 『줬으면 그만이지』(피플파워, 2023)를 참조하길 바란다.

5. 의암별제와 진주소싸움의 닮은꼴*

한번 뺏긴 명성 찾지 못하고
무의미한 외침 '관광상품화'

1996년은 우리나라 최고(最古)의 역사적 전통과 명성을 지닌 진주소싸움이 중단된 해이다. 진주소싸움이 중단된 것은 천재지변 때문도 아니고 국가변란 때문도 아니다. 바로 예산 문제였다. 당시 진주소싸움을 수십 년 동안 주관했던 단체는 이렇게 목소리를 높였다.

"지난해보다 시비지원이 1,000만 원이나 깎이고 도비는 1,000만 원이나 부족한 상태에서 상금 총액보다 못한 현재 예산으로 어떻게 진주소싸움을 발전시킬 수 있겠습니까!"

한 해도 거르지 않았던 진주의 대표적인 명물인 소싸움은 예산싸움으로 엉망이 된 채 중단되고 그 비극적인 종말은 현실로 이어졌다.

마땅한 관광상품거리가 없던 경북 청도군이 진주소싸움의 중단 사태를 보고 소싸움을 지자체의 한판 운명을 거는 무기로 꺼내 든 것이다. 민관이 일심동체가 되어 생사를 걸고 내놓은 청도군의 신생 소싸움의 무기는 훌륭했다.

수백 년 아니 수천 년을 진주의 명물로 전승해온 진주소싸움이 무릎을 꿇고 마침내 그 아성을 청도에게 넘겨주고 말았다. 뒤늦게 추격에 나선 진주시는 소싸움의 명성을 되돌리고자 올해부터 진주성 서장대 밑에 상설투우장을 만들어 소싸움을 정례화하고 있지만 한번 놓친 기회는 좀처럼 회복되지 않고 있다. 우리나라의 수많은 관광객이 더 이상 소싸움을 진주의 명물이라고 생각하지 않기 때문이다. 이제 소싸움의 간판은 청도에 걸린 것일까.

그런데 진주의 훌륭한 문화유산이 또다시 위기에 봉착하고 있다. 이틀 동안 개최된 의암별제에 지원되었던 시비는 올해도 지난해와 같이 편성되었으나, 행사계획까지 나온 이 시점에서 갑자기 제례비밖에 줄 수 없다는 통보는 행사 포기를 강요한 것이나 다름없었다.

사실상 1868년 진주목사였던 정현석의 전폭적인 지원 아래 논개의 후예인 진주기생들이 시작한 의암별제는 우리나라에서 유일무이한 여성제례의식이며 가무제이며 종합국악제였다. 비록, 민족사회를 통합하는 의암별제의 성격으로 인해 일제의 침략과 함께 그 맥이 끊겼었지만, 진주검무의 예인 성계옥 여사가 평생에 걸친 노력으로 1992년 복원될 수 있었다. 누가 뭐라 해도 논개는 진주를 대표하는 역사적인 인물이며 그 가무제와 음복연인 의암별제는 진주만이 가진 독특한 축제임이 분명하다.

이미 논개의 탄생 전설만으로도 기쁨에 겨워 신앙의 마음으로 민관이 혼연일체가 되어 수백억 원을 투자한 전북 장수군을 구태여 들먹일 필요가 없다. 하물며 논개의 정신이 발현된 순국의 역사적인 현장인 진주에서는 논개에 대한 기념사업이 캐릭터와 도메인만으로 끝난 것일까.

왜 의암별제를 스스로 왜소하게 만드는 것일까. 모르긴 해도 '봄축제'라는 관변행사를 거부한 의암별제에 괘씸죄가 적용된 것은 아니었을까. 의암별제에 대한 예산축소는 그 축소 규모와는 관계없이 어떠한 또 다른 비극을 잉태할지도 모른다. 가짜만 판치는 이 시대에, 또 이 고장에서 무엇이 과연 진짜일까 혼란스럽다. 의암별제에 대한 지자체의 푸대접은 문화행정의 유기이며 진짜가 고사당하는 어처구니없는 일이다.

진주소싸움은 원조라는 허약한 이름만 남긴 채 쓸쓸한 행보를 거듭하고 있지만, 의암별제는 1999년부터 시민과 함께하며 축제성을 얻어 가고 있다. 전통과 현대, 민족과 여성을 잇는 가교이며 계층을 떠난 민족과 여성축제로서 자리 잡아 가고 있다. 의암별제의 고유한 순수성은 가짜가 판치는 이 시대에 더욱 빛을 발할 것이다. 의암별제를 창제한 정현석 목사의 유지를 받들어 진주시는 속좁은 생각을 버리고 우리 시대의 가장 뛰어난 문화현상을 창조하는 데 동참해야 할 것이다. 그것이 진정한 지방화시대의 목민관이 해야 할 역할이 아닌가.

진주소싸움이 중단될 당시 주관단체가 높였던 항변이 예사롭게만 들리지 않는다. "이렇게 오랜 전통을 가진 지역의 소싸움도 제대로 챙기지 못하면서 시가 걸핏하면 내세우는 관광상품화는 도대체 무엇을 의미하고 있는지 모르겠습니다."(2001. 10. 15.)

＊ 진주는 의암별제와 진주소싸움 등 독창적인 문화가 많이 발달한 문화의 보물창고이다. 일제강점기 때도 이 두 가지는 진주의 명물로 유명했다. 《동아일보》 1940년 4월 7일자에 따르면 "진주의 명물(名物)로는 기생(妓生)과 투우(鬪牛), 즉 소싸움 붙이는 것의 두 가지입니다"라고 소개했던 적이 있었다.

이 칼럼에서 말하는 의암별제는 진주기생들이 논개를 위해 올리는 가무제이고, 진주소싸움은 진주의 오래된 전통놀이인 투우를 말한다. 그만큼 진주기생이 남긴 문화와 진주 민중의 놀이인 진주소싸움은 진주를 대표하는 문화유산이었다. 하지만 이 두 가지가 지금도 진주의 명물로 전통을 이어가며 발전하고 있는지는 다시 한번 생각해 볼 일이다.

먼저 진주에는 독특하고 독자적인 문화로 형성된 의암별제가 있다는 점을 밝힌다. 이 의암별제에 대해서는 제1부 제12장 「교방문화에 눈뜨게 만든 책」과 제2부 제10장 「의암별제」에서 다시 다루기로 하고 여기서는 진주소싸움의 전승에 대해서만 간단히 말해보고자 한다.

진주소싸움과 관련해서는 필자가 기자로 활동할 때 처음 관심을 두게 되었다. 《진주신문》 1996년 9월 23일자에 「소싸움, 일제 때 전국적 명성 얻어」라는 제하로 진주소싸움의 유래와 내력에 대해 특집기사를 쓴 적이 있다. 이 기사는 진주소싸움이 한국소싸움의 원조였음을 역사적으로 밝힌 글인데, 원조의 자리를 내주고 다른 지역의 소싸움에 밀려 점차 침체하여 사양의 길을 걷게 되는 현실을 일깨워준 기사였다. 당시 기사에서 진주투우협회 사무국장 정현택 씨는 "날로 침체하여가는 진주소싸움을 되살리기 위해서는 범시민적인 관심과 행정적인 지원이 시급하다"라고 강조하며 "진주소싸움을 이대로 계속 놔두다가는 언젠가 맥이 끊어지거나 일종의 오락이나 상업성에 매몰돼 고유의 순수성을 잃어버리게 될 것"이라고 우려했다.

이후 진주시는 전국 최고의 역사와 권위를 자랑하는 진주소싸움의 중흥을 위해 진양호(晉陽湖) 호반 판문동에 상설 전통소싸움경기장을 만들었으며, 이곳을 소싸움 전용경기장으로 사용하면서 민속투우대회를 매년 꾸준히 개최하고 있다. 현재 소싸움 명칭도 바뀌어 '진주민속소힘겨루기대회'라고 불리고 있으며, 그동안 소싸움이 벌어진 장소도 조선말과 일제강점기에는 남강백사장이었으나 해방 후에는 서장대 밑 나불천백사장과 진주공설운동장을 거쳐 지금은 진주전통소싸움 전용경기장으로 바뀌었다. 최근 동물보호운동으로 소싸움은 스포츠가 아닌 투견 같은 도박일 뿐 전통도 아니므로 국가무형유산지정을 반대한다는 운동까지 벌어지고 있어 진주소싸움의 미래가 어찌 될지 궁금해지지 않을 수 없다.

6. 리영희 선생의 쾌유를 빌며 *

'진주기생' 위해 만난 선생
유신정권의 서슬에 맞서

필자는 오래전부터 만나고 싶은 분이 있었다. 바로 리영희 선생
이다. 선생은 현재 경기도 군포시에 있는 수리산 자락의 한 아파트
에서 부인 윤영자 여사와 함께 단출히 살고 있다.

지난해 여름, 꿈에 그리던 리영희 선생을 직접 만나 뵙는 기회를
얻었다. 당시 진주MBC의 '진주기생 다큐멘터리' 스크립터로 진주
기생 자료를 찾고 있던 필자는 선생이 오래전에 썼던 「어느 진주기
생의 교훈」이란 글을 생각해 내고 직접 인터뷰하기 위해 방송제작
진과 함께 댁을 찾은 것이다. 그 글은 필자가 대학시절 내내 진실
에 대한 불확실성과 갈증으로 선생의 저작을 닥치는 대로 읽던 중
에 자서전인 『역정』에서 찾아낸 것이다.

고희를 넘긴 나이로 백발이 다 된 선생은 필자와의 인터뷰가 장
시간 진행되는 가운데에도 흐트러짐이 없었다. 필자의 질문에 선
생은 진주기생과 여성관에 대한 생각을 카메라 앞에 솔직히 풀어
놓았다. 스스로는 눌변이라고 했지만, 언론인답게 거침없는 능변
이었다.

인터뷰가 끝난 후 선생은 자신의 최근 저작 『동굴 속의 독백』과
문고판 『인간만사 새옹지마』 속표지를 펼치며 필자에게 '진주기생

문화에 심취한 김경현 군을 위해, 진주 기생문화 촬영을 위해 인터뷰하러 온 사회자에게. 2000. 7. 22. 리영희'라는 글을 써 주었다.

널리 알려진 바와 같이 진실을 파헤친 선생의 초기 저작인『전환시대의 논리』를 비롯해『우상과 이성』『베트남전쟁』『8억인과의 대화』등은 70~80년대 대학생들과 지식인들에게 정수리를 때리는 코페르니쿠스적 전환과 충격을 준 이른바 '의식화의 교과서'였다. 이 바람에 선생은 언론과 강단에서 거듭 쫓겨났고 반공법 위반 등으로 여러 차례 옥고를 치러야 했으며, 최후에는 방북 취재계획 사건으로 또다시 노구를 감옥에서 보내야만 했다.

그래서인지 그렇게 건강해 보이던 선생은 계절이 바뀐 지난해 어느 가을날 청탁받은 원고를 집필하던 중 갑자기 뇌졸중으로 쓰러졌다. 투옥과 고문이 원인이었을까. 살인적인 고문을 당했던 한때의 민주투사 최형우 의원이 쓰러진 원인도 뇌졸중이 아니던가.

그날 이후 선생은 재활센터에서 신경치료를 위해 운동을 계속하고 있지만, 여전히 몸이 불편한 상태이다. 아직까지 오른쪽 팔다리가 쑤시고 감각이 없어 글을 쓸 수 없을 뿐만 아니라 손도 떨리고 머리도 아파서 책은 물론 신문조차 읽지 못한다는 안타까운 소식이다.

이 무렵에 선생이 더욱 생각난 것은 국제정세를 바라보는 진실에 대한 판단력과 그것을 낳게 한 비판정신이 그리웠기 때문이다. 비록 지금은 정보가 어느 정도 공개되어 진실에 대한 접근이 옛날처럼 목숨을 걸어야 할 정도는 아니지만, 아직도 선생의 비판정신은 유효하다.

미국 테러사태에 이성을 잃은 미군의 아프가니스탄 침략은 선생의 생각대로 한 세기가 바뀌어도 변하지 않은 미국의 오만과 패권주의를 그대로 보여주고 있기 때문이다.

선생의 비판정신은 미국의 오만한 세계정책에 대한 비판에서 출발한다. 미국의 패권주의적 질서 속에 냉전의 첨병으로서 반공을 제일의 국시로 삼고 인권을 탄압하던 박정희 정권은 미국의 용병이 되어 무고한 우리나라 젊은이들의 피를 베트남에 뿌렸다.

그러한 인권말살의 유신시대에 서슬이 시퍼런 권력과 냉전이데올로기에 맞서 선생은 온갖 고난과 핍박을 회피하지 않고 베트남전의 진실과 중국에 대한 진실을 전해준 진정한 지식인의 우상이자 프로메테우스였다. 선생을 통해 루쉰을 알게 되었고 진실을 알게 되었다. 선생은 당대 지식인들의 모범이며 전범(典範)이었다.

진실로 선생은 시대정신에 투철한 우리 시대 참스승이다. 아직 선생은 우리 곁에 남아있어야 한다. 선생의 쾌유를 빌어보며 오래오래 건강하시기를 진심으로 축원한다. (2001. 11. 6.)

* 이 칼럼을 쓰게 된 배경에는 2000년 10월 27일 방영된 TV 방송의 다큐멘터리가 있다. 필자는 진주MBC 차용훈 피디(현재 MBC경남 피디)와 의기투합해「진주기생의 남겨진 이야기」라는 TV다큐멘터리 제작에 참여했다. 인터뷰의 모티브는 리영희 선생이 1980년 전두환의 신군부에 의해 한양대 교수에서 해직된 후 자신의 인생을 회고한『역정-나의 청년시대』에서 나왔는데, 그 책에 나오는 진주기생과의 일화가 다큐멘터리의 주요 소재로 사용되었다. 필자는 선생의 자택 서재에서 인터뷰를 준비하면서 한국전쟁 당시 통역장교로 복무하던 패기만만한 모습의 사진들을 보았다. 앨범에는 미8군 사령관 밴프리드 장군을 통역하는 사진도 있었다. 그러나 촬영의 핵심은 선생이 빨치산을 토벌하는 국군부대에서 미군 통역장교를 하고 있을 때 겪은 이야기이다.

　1951년 국군 11사단 9연대 빨치산토벌대에서 미군 통역장교로 복무하던 시절, 선생은 권총을 차고 우쭐거리며 치기를 부렸다. 그때 진주에서 만난 어느 기생과 얽힌 사연이다. 육군 9연대(연대장 오익경 중령)는 빨치산을 토벌한다는 구실로 이른바 '거창양민학살(민간인 719명 사망)'을 저지른 악명 높은 토벌부대였다. 이 9연대는 거창에 도착하기 전에 이미 산청과 함양을 거쳐오면서 수백 명에 이르는 무고한 민간인을 닥치는 대로 살해한 무시무시한 살인부대였다. 이런 점을 보여주듯 전쟁 중에 군인은 사람의 삶과 죽음을 결정짓는 생사여탈권 같은 무소불위의 힘을 갖고 있었다. 그러나 젊은 리영희 중위는 진주에서 경험한 어느 기생과의 사연을 통해 진주기생의 기개를 확인하고 자신의 부끄러운 행동을 반성하며 깊은 성찰을 하게 된 심정을 토로했다. 이 이야기는 1988년 창비사에서 펴낸 자서전에 처음 수록되었다. 이 책에서 선생은 「어느 진주기생의 교훈」이라는 제하로 글을 썼는데, 그중 한 부분을 발췌해 소개하면 다음과 같다. 자신의 말을 듣지 않은 기생을 겁박하기 위해 권총을 발사한 직후의 장면이다.

"" 가! 약속했잖아! 누구를 놀리는 거야?"

나는 나를 묶고 있던 여자의 주술의 끈이 총소리로 흩날려 버린 것을 느꼈다. 그리고 총소리에 기겁한 논개의 후예가 허둥지둥 뛰어 내려와 장군에게 살려달라고 애원하리라고 기다렸다. 그러나 놀랍게도 여자는 높은 툇마루에서 자태 하나 흐트러뜨리지 않은 채 홀연히 서서 나를 내려다볼 뿐이 아닌가! 나는 갑자기 두려워졌다. 그녀는 나를 똑바로 내려다보면서 한참 만에 비로소 입을 열었다.

"젊은 장교님, 아무리 하찮은 기생이라도 그렇게 흐트러진 마음과 몸으로 만나는 일은 없습니다. 당신들은 진주기생을 잘못 보고 있어요. 나는 그렇게 배우지 않았고 그렇게 천하게 굴지도 않습니다."

돌처럼 굳어지고 정수리에서 술기가 싹 가셔버린 내가 벼락을 맞은 듯 서서 움직일 줄 모르자, 그녀는 다시 조용히 타이르는 것이었다.

"젊은 장교님, 잘 들어두세요. 아무리 미천하고 힘없는 사람이라도 총으로 굴복시키려 들지 마세요. 여자란 마음이 감동하면 총소리 내지 않아도 따라갑니다. 당신도 차차 사람과 세상을 알게 될 겁니다. 돌아가세요. 언젠가 다시 만날 기회가 있을 겁니다."

나는 그녀의 너무도 당당한 기품과 위엄에 눌려 대답할 용기를 잃고 있었다. 하찮게 보고 덤볐던 자신이 너무도 왜소해져, 자신의 전 존재가 나의 내면에서 산산이 무너져 내리는 것을 느꼈다. 마음의 격동을 억누를 수가 없었다. 맨손의 진정한 용자(勇子) 앞에서 가장 비겁한 존재가 되어 버린 권총 찬 내가 한없이 부끄러워졌다. 나는 마음을 가다듬으면서 진심을 다하여 사죄한 다음, 깊은 절로 한 기생의 인격적 위대함에 대한 예의를 표시하고 발을 돌려 싸리문을 젖히고 나왔다."

리영희 선생은 1929년 평북 운산에서 태어나 한국의 현대사를 온몸으로 겪으면서도 꺾이지 않은 불굴의 의지로 정론직필의 필봉을 놓지 않았던 투혼의 언론인이었다. 필자가 대학에 다니던 시절인 1980년대 중후반까지만 해도 마르크스주의 관련 책뿐만 아니라 선생의 저서인 『전환시대의 논리』『8억인과의 대화』『우상과 이성』 등은 이 시기의 대표적인 금서들이었으며, 이들 책을 갖고 있다가 경찰의 불심검문에 걸리면 즉시 압수당하고 경찰서에 끌려가 이념써클 가입 등 용공이적단체 활동에 대해 조사받았다. 하지만 군부독재정권이 선생의 저서를 이념서적으로 몰아 탄압하면 할수록 책이 더 팔리는 기현상이 일어났다. 한국 민주화의 발전은 알게 모르게 선생의 저서에 힘입은 바 크다고 보지 않을 수 없다. 선생의 책을 읽고 각성되고 의식화된 수많은 대학생과 노동자, 농민 등이 민주화운동에 투신했기 때문이다. 그는 우리 시대의 지성인이었으며 사상적 은사로 오랫동안 우리에게 촌철살인의 가르침을 주다가 2010년 서울에서 향년 81세로 타계했다.

7. '천릿길 진주'가 어때서?*

이규남의 '진주라 천릿길'
천릿길은 자랑스러운 길

'천릿길 진주'라는 말이 있다. 천릿길은 왜 유난히 진주를 강조하는 말이 되었을까. 서울에서 진주까지의 거리가 천리라는 뜻일까. 그러나 사실상 조선시대에 한양과 진주까지의 거리는 천리가 안되는 866리였다. 더구나 현재 진주와 대전 간의 고속도로 개통으로 서울과 진주 간의 시간적인 거리는 더욱 짧아져 천릿길이 아님은 분명하다. 어쨌든 천릿길 진주처럼 우리나라에서는 특정한 고장을 가리킨 특징적인 말들이 몇 가지 전해지고 있다.

'함흥차사'는 조선이 건국되자마자 왕자의 난을 일으키고 왕위에 오른 아들 이방원이 꼴 보기 싫어 함흥에 은거한 이성계가 그의 아들이 보낸 사신을 모조리 잡아 죽여 소식이 끊겼다는 데서 나온 말이다. 어떤 소식이 감감할 때 곧잘 비유되는 표현이다. '안성맞춤'은 조선시대에 유기그릇을 생산하는 고장으로 안성이 으뜸이었다는 뜻으로 어떤 일이 정확히 잘 맞춰 진행됐다는 관용어로 쓰인다. 또 '과천에서부터 긴다'라는 말은 조선시대에 과거시험을 보러 가던 시골 서생이 한양에 이르기도 전에 과천에서부터 시험에 대한 두려움 때문에 벌벌 떤다는 뜻으로 과거시험의 어려움을 토로한 말이다.

이러한 말은 근현대에 들어와서도 하나둘씩 생겨났는데 부정적인 것이 많다. '원산폭격'은 6·25전쟁 때 미 공군의 융단폭격으로 도시 전체가 완전히 초토화된 것에 비유해 우리나라 군대에서 이른바 '대가리 박아'라는 체벌을 가리키는 것으로 가장 흔한 기합의 대명사가 되었다. 또 '잘 나가다가 삼천포로 빠진다'라는 말은 도착 예정된 역을 지나친 기차가 엉뚱한 곳으로 가버렸다는 뜻으로 어떤 일이 제대로 진행되지 않았다는 비유에서 비롯된 부정적인 의미로 사용되고 있다. 이 때문에 이 관용어는 현재 삼천포 주민들이 가장 싫어하는 말이 되었다. 그렇다면 천릿길 진주도 혹시 서울 중심의 사고방식이라고 해서 진주사람들이 무조건 싫어하는 말일까.

천릿길 진주란 말이 널리 알려지게 된 것은 아마 일제강점기 때로 보인다. 1941년 대중가수 이규남이 부른 〈진주라 천릿길〉은 당시 폭발적인 인기를 끌었던 전설적인 노래이다. 일제의 황국신민화 정책으로 일본군가만 신물 나게 들리던 때에 〈진주라 천릿길〉은 조선사람들의 마음을 대번에 사로잡았다. 해방 후에도 천릿길 진주의 명성은 사그라지지 않았다. 1958년 제작된 영화 〈진주는 천릿길〉은 천릿길 진주가 확고한 국민적인 정서로 자리 잡는 데 상당한 영향을 미쳤다. 그 영화에서 황금심이 부른 영화 주제가는 아직도 잊히지 않는다.

이후 진주사람들은 천릿길 진주를 더욱 사랑하게 되었고 그 마음은 진주의 관문에 나타나게 되었다. 즉, 남해고속도로 진주인터체인지와 연결된 새벼리 도로변 석류공원 앞에는 1980년대 초 '천릿길 진주, 잘 오셨습니다'라는 대형 입간판이 세워졌다. 이 입간판은 고향을 찾는 사람들이나 진주를 찾는 손님들은 물론 진주시민들 모두에게 깊은 호감과 인상을 남겼다.

그러나 이 말이 낙후된 도시의 대명사로 인식된다는 자기피해적인 생각에 따라 진주시는 어느 해 그 입간판에서 천릿길을 도려내고 '충절의 고장'이라는 진부하고 특색 없는 말을 채워 넣었다가 이마저 완전히 철거했다. 솔직히 말해 우리나라에서 충절의 고장이 어디 한두 곳뿐인가. 그 바람에 진주는 진주만이 갖고 있던 독특하고 향수 어린 상징을 잃어버리고 말았다.

과연 천릿길 진주가 낙후된 도시의 대명사라고 할 수 있을까. 사실상 진주는 경상남도의 도청이 일제의 식민지정책으로 진주를 떠나기 전만 해도 고려시대와 조선시대 내내 영남 인재의 절반이 진주에서 난다는 명성을 날렸던 역사, 문화, 군사, 행정의 큰 고을이었다. 진주는 임진왜란 3대 대첩지이며, 기생문화의 본고장이며, 농민항쟁과 인권운동의 시발점이며, 문화예술제가 탄생한 곳이다.

그래서 천릿길 진주는 서울에서 진주까지의 머나먼 천릿길만 뜻하는 것이 아니고, 역사와 문화의 고장 진주를 바로 경남의 중심지로 만들어 주는 자랑스러운 길이기도 했다. 스스로 위상을 추락시키는 어리석음을 범하지 말자. 천릿길을 없앤다고 해서 달라지는 게 뭐 있나. 늙어 가는 청춘에 젊어 가는 추억만이 안타까울 뿐이다. (2002. 4. 4.)

* '천릿길 진주'는 아직도 머나먼 곳일까. 예로부터 천리원정(千里遠程)이란 말이 있다. 천리나 되는 머나먼 거리를 말한다. 조선 때 편찬된 『동국여지승람(東國輿地勝覽)』「진주목 조(條)」를 보면 진주에서 단성-거창-김천을 거쳐 한양으로 올라가는 길을 가리켜 866리라고 기록했다. 866리가 천릿길에 못 미치지만 조선시대 육로는 한양-동작나루-과천-수원-천안-공주-여산-삼례역-전주-남원-함양-진주-통영(상우로)으로 이어지고, 또는 한양에서 삼례역을 거쳐 전주-남원-오수역-운봉-함양-산청-진주-사천-고성-통영(통영별로)으로 이어지는 것을 볼 때 도보로는 1,000리가 될 것도 같다.

  그런데 유독 진주에 대해서만 이런 '천릿길'이란 말이 쓰이고 있다. 더구나 교통이 발달한 2000년대에 들어서도 여전히 진주는 '천릿길 먼 곳'으로 인식되고 있다. 국립민속국악원 곽영효 원장이 2000년 '천리나 되는 먼 곳'인 진주를 방문해 의암별제를 보고 난 후 진주검무의 예인 성계옥 여사를 생각하면서, 진주에 대한 소감에서 그렇게 밝히기도 하였다.

  사실 서울에서 천리가 되는 고장은 북쪽 변방의 의주나 남쪽 해남의 땅끝쯤이 해당하지 않을까.

　실제로 조선시대 사신이 중국에 갈 때 갔던 길을 경의대로(京義大路)라고 하는데 한양에서 국경인 의주까지의 거리가 대략 1,200리였다. 또 벼슬아치가 죄를 지어 제주도로 귀양을 가기 위해 한양에서 해남까지 갔던 거리가 1,050리였다. 이를 보면 진주 말고도 진짜 1,000리가 되는 곳이 여럿 있을 것 같다. 하지만 오로지 진주만 천릿길의 고장으로 알려지게 된 것은 무슨 이유일까. 아마도 곽 원장이 말한 이런 사연도 있기 때문이 아니었을까.

　"진주라 천리길을 내 어이 왔던고!'라는 가요처럼 서울에서 진주는 멀게만 느껴지는 곳이다. 왜냐하면 진주에서 성계옥 선생님이 진주검무 발표회가 있을 때면 국립국악원에서 악사들을 좀 파견해 달라고 부탁할 때가 더러 있었다. 그럴 때마다 나는 천리나 되는 먼 곳으로 어떻게 악사들을 보내야 하나 하는 생각을 하면서도, 그곳 사정이 얼마나 어려우면 이곳에까지 도움을 청할까 생각하면서 간간이 원외활동을 통해 악사들을 파견했던 시절이 생각난다." (《민속악소식》 2000년 가을호에서 발췌 인용함)

　하지만 진주로 향하는 그 길은 먼 길이긴 하지만 멀지 않은 길이기도 하다. 즉 맹자가 말한 불원천리(不遠千里)의 길이기 때문이다. 천릿길 진주는 먼 길을 마다하지 않고 찾아오는 수고와 정성을 비유하는 말이다. 천릿길 진주는 그런 곳이다. 단순히 물리적 거리만을 의미한 것은 아니다. 이 칼럼은 『진주이야기 100선』의 83번째 이야기로 소개한 「천릿길 진주」에서 참고했다. 『진주이야기 100선』에는 천릿길 진주에 대한 문헌적 소개와 더불어 그 의미가 자세히 소개되어 있다.

8. 부끄러운 역사 못 담는 향토지는 가라!*

해묵은 관행 못 벗은 향토지
단체장 업적용 추진이 문제

　최근 역사라는 이름을 붙인 향토사 발간이 붐을 이루고 있다. 바람직한 일임에도 왜 우려스러울까. 1차 지방자치제가 시행되던 1959년부터 나온 『경상남도지』는 '지리지'란 뜻으로 발간되었다. 그런데 1980년대부터 경남도내 각 시·군에서는 너도나도 할 것 없이 유행처럼 '내고장 전통'류의 획일적인 향토지를 내놓더니만 갑자기 역사라는 이름을 붙인 '시·군사' 또는 면 단위 향토사인 '면사'까지 온갖 역사책들을 발간하기 시작했다. 더욱이 지자체가 부활하면서 시·군사는 의무사항인 양 본격적으로 거의 모든 지역에서 출간되었다.

　이러한 점은 경남도내 뿐만 아니라 전국적으로도 마찬가지이다. 이들 향토사가 제대로 된 역사를 담은 편찬이 될 수 있을까. 시·군사를 비롯한 향토사 편찬은 해묵은 관행에서 거의 벗어나지 못하고 있다. "관변 편찬위원회 차원에서 이루어지고 있는 몰역사적이고 구태의연한 집필과 발간은 종이 낭비일 뿐"이라는 소리까지 듣고 있다.

　말로는 역사책을 펴냈다고 하지만 그 책이 과연 진정한 역사책인가 뜯어봐야 한다. 특히 근현대사 서술에서 지독한 편향성과 왜곡성은 한둘이 아니다.

가장 심각한 문제는 현 사회의 모순을 직접적으로 규정하고 있는 근현대사 부분을 의도적으로 외면하거나 삭제하고 있다는 사실이다. 시대착오적인 반공이데올로기가 끓다 못해 넘치고 있다. 그 대표적인 실례를 1995년 발간된 『진주시사』에서 찾을 수 있다. 편찬위가 집필자와 상의 없이 일방적으로 결정해 등재 예정된 원고를 여과 없이 무조건 삭제한 것이다. 그 이유는 해방정국과 6·25전쟁에 있어 좌우익세력의 투쟁상황을 기술했다는 것이다.

특히 알레르기 수준으로 기피하고 있는 또 하나의 문제는 일제하의 친일파에 대한 부분이다. 진주시 명석면에서 지난해 펴낸 『명석면사』는 근현대사를 기술함으로써 향토사 편찬에 모범을 보였다는 평가를 받고 있지만, 근현대사 부분 가운데 일제 고등계 형사와 관련된 내용이 삭제됨으로써 그 벽을 넘지 못하고 말았다. 이 때문에 최근 진주시 집현면에서 발간되는 향토사는 아예 역사 부분을 빼놓고 문화 부분만 집필해 『집현면지』란 이름을 붙였다.

이러한 친일파와 '빨갱이'는 중앙사에서도 쟁점이 되는 정치적인 문제이지만 향토사는 중앙사보다 더한 문제까지 겹쳐 있다. 즉, 지역에서 영향력을 행사하고 있는 토착세력이 편찬과정에 깊숙이 개입해 편향되게 집필을 유도함으로써 특정한 역사적인 사실의 왜곡은 물론 문중 자랑이나 특정인 찬양을 하기도 한다. 게다가 역사의식이 전혀 갖추어져 있지 않은 집필자가 그들의 구색맞추기에 편승해 굴절된 애향심으로 향토사를 적절히 포장해 준다. 따라서 지연, 혈연, 학연 등의 고질적인 연고 관계와 무소신으로 일관된 집필 등으로 역사적인 사실의 왜곡은 물론 나아가 문중 및 계층 간의 위화감마저 조성하고 있는 것이다.

사실상 우리나라 역사는 근현대사의 많은 부분이 은폐되고 왜곡됐지만, 학자적인 양심으로 이를 밝혀내려는 노력도 끊이지 않고 있다. 하지만 지역의 사정은 관련자와 그 후손들, 또 이를 비호하는 기득권 세력의 방해, 그리고 집필자의 몰역사성 등으로 암담할 정도로 처참하다. 각종 이해관계로 역사서술은 원천적인 위기에 직면할 수밖에 없고 결국 그 타협의 산물은 '그들만의 기록'으로 귀결될 수밖에 없는 것이다.

무엇보다 시·군사가 지방자치단체장의 업적용으로 졸속 추진된다는 점도 문제다. 이는 지자제가 부활된 1990년대 이후 더 심각해졌다. 생색내기용으로 발간되는 시·군사는 호화양장본으로 분량만 늘리고 있어 시·군민의 혈세를 낭비하고 있다고밖에 볼 수 없다. 과연 향토사가 무엇인가. 지방사이며 동시에 한국사의 기초를 구성하는 구체적인 경험의 지역사이다. 식민사관에 젖은 기득권과 토착세력에 의해 자행되는 공공연한 역사왜곡은 막아야 한다.

다시 말하지만, 향토사에 근현대사를 넣을 수 없다면 차라리 역사라는 이름을 붙이지 말라. 부끄러운 이야기를 쓸 수 없다면 과감히 역사라는 이름을 떼어내 버리든지 아니면 제대로 써 당당하게 역사라는 이름을 붙일 것을 권고한다. (2002. 5. 7.)

＊ 이 칼럼은 「역사, 함부로 붙일 수 없는 말」이란 제목이었으나 「부끄러운 역사 못 담는 향토지는 가라!」로 바꾸었다. 이렇게 강한 느낌이 드는 제목으로 바꾼 것은 다음과 같은 저간의 배경과 사정이 있었다. 필자가 쓴 『명석면사(鳴石面史)』이후 진주지역에서 발간된 면 단위 책은 모두 역사를 의미하는 '사(史)' 자를 붙이지 못하고 단지 기록한다는 '지(誌)' 자를 붙여 면지(面誌)가 되었다. 그 배경에는 일제 고등계 형사 하판락을 『명석면사』에 실었다가 그의 문중의 반발로 면사에서 삭제되는 필화사건이 있었다. 이 사건이 지역사회에 소문 나면서 이런 분란과 갈등의 전철을 밟지 않으려는 의도가 암암리에 작용했다. 결국 면지에는 분란의 소지가 다분해 보이는 역사적 내용은 기록하지 않는다는 것이다. 하지만 역사 중의 역사인 근현대사를 기록하지 않는다면 도대체 무엇을 기록해야 한다는 말인가. 혹시 고대사와 중세사는 기록해도 된다는 말인가. 그렇지 않다. 『명석면사』이후 어떤 면이나 동에서도 역사라고 할 수 있는 민감한 진실은 아예 처음부터 담지 않았다.

　내막은 이렇다. 『명석면사』가 나온 직후 의욕적으로 추진되고 있던 진주시 정촌면의 역사책은 어찌 된 영문인지 『정촌면사』는 고사하고 『정촌면지』라는 타이틀로도 나오지 못한 채 좌초되어 흐지부지되었다. 진주지역의 다른 면은 그나마 다행인 편이다. 일단 책으로는 발간했기 때문이다. 그러나 발간된 책도 '면지'라는 타이틀에서 조금도 벗어나지 못했다. 『집현면지』『대평면지』『이반성면지』『미천면지』『수곡면지』『금산면지』『진성면지』 등 하나같이 제목은 모두 '지' 자로 끝났다. 진주 시내에서 펴낸 것도 마찬가지로 『상봉동지』라고 '동지(洞誌)'를 붙였고, 시 외곽 마을지도 동지를 붙였는데 명석면 관지리 관지마을지의 이름은 『태동지(台洞誌)』였다.(태동은 관지마을의 옛이름이다.)

단지 『수곡면지』는 「향토」와 「역사」로 나누어 두 권을 펴냈으나 역시 '지' 자를 버리지 못하고 『수곡면지 역사』라는 어정쩡한 이름을 붙였다. '면지 역사'라니 이게 대체 무슨 뜻일까? 혹시 면지 속에 역사가 있다는 것인가? 아니면 역사 속에 면지가 있다는 소리인가? 그렇게 이상한 제목을 붙일 바엔 차라리 처음부터 역사를 기록하고 '면사'를 붙였으면 어떠했을까 하는 생각이 든다. 다시 말해 근현대사를 가감 없이 담았다면 '면지 역사'라는 생경한 이름보다 당당하게 '면사'라는 말을 쓸 수 있지 않았을까. 부끄러운 역사를 담지 못하는 향토지는 이제 그만 가야 할 때다. 한편 최근 진주시에서 『진주시사』를 다시 펴낸다고 한다. 제대로 된 시사(市史), 즉 진주시의 역사책이길 바란다.

9. DJ의 일본군복을 보고 싶다*

군복 입은 사진의 진위

군복과 국민복의 차이

김대중 대통령이 집권 말기에 못난 아들들 문제로 끊임없이 비난을 받고 있다. 덩달아 그를 비난하기 좋아하는 인터넷의 안티사이트도 온갖 흠을 다 잡고 있다. 그중에 'DJ의 일본군복'이란 사진을 두고 무슨 엄청난 사실을 발견한 듯 한참 야단을 부린 적이 있다.

도대체 어떤 복장이었기에 '매국노'라는 소리까지 들어야 했을까. 아무리 익명성이 난무하는 인터넷이지만 논리성과 공감대가 조금도 없다면 오히려 반감만 불러일으킬 뿐이다. 너무나 어처구니없는 논리비약으로 친일문제를 악용하고 있다는 생각이 들어 몇 마디 적어 본다.

문제의 안티사이트에 따르면 김 대통령이 목포상업학교 학예회 때 찍은 것으로 보이는 사진 속의 복장이 다른 학생들과는 달리 일본군복 차림인 관계로 DJ가 일본군 배역을 맡아 일제 침략을 찬양하는 연극을 했으리라는 것이다. 또 다른 사진설명도 마찬가지이다. 역시 사진 속의 일본군 복장을 예로 들면서 DJ가 일제의 군사훈련도 착실히 받는 등 친일의 앞잡이 역할을 충실히 한 매국노였음을 알 수 있다고 했다. 그 글을 읽고 필자는 DJ 사진의 진위를 떠나 그가 입었다는 문제의 일본군복 사진을 꼭 보고 싶었다. 예전에 필자는 박정희가 입고 있던 일본군복 사진을 선명히 본 적이 있다. 박정희가 만주군관학교에 갔을 때의 일본군복을 입은 모습과 일본 육군사관학교 재학 당시의 일본군복을 입은 모습이었다. 그 사진 속의 복장은 진짜 일본군복이 틀림없고 박정희가 일본군에 지원하여 복무한 것은 설명할 필요도 없이 천하가 다 아는 사실이다.

만약 DJ가 입었다는 일본군복이 그 사진 속의 군복과 비슷하거나 같다면 DJ가 일본군 사병이나 육군 장교로 입대한 적이 있거나 아니면 DJ의 사진이 조작된 것이 틀림없다. 그러나 박정희와 같은 일본군복이 아니거나 중일전쟁 또는 태평양전쟁 당시 황군(일본왕의 군대)의 군복이 아니었다면 과연 사진 속의 DJ 군복은 무슨 옷이었을까.

일제는 1937년 중일전쟁을 일으키면서 우리 민족을 말살하는 일련의 황국신민화 정책을 노골적으로 추진하기 시작했다. 1941년 태평양으로 전쟁을 더욱 확대한 일제는 전 국민을 총동원한다는 노예적인 전시체제를 만들고 발광하면서 무고한 생명과 피땀 어린 물자를 수없이 빼앗아갔다.

그에 따라 모든 일억국민(일본인+조선인)을 일본군인화한다는 작업을 서둘렀다. 각종 세뇌교육령과 동원령이 선포되었다. 예를 들면 공출에 동원된 어린 초등학생조차 일본군복을 입게 했고 군화가 없는 대신에 각반까지 차게 했다. 그 군복은 '국민복'이라고 일컬었다. 그리고 조선인에 대한 창씨개명을 실시하는 한편 전국에 연성소나 청년훈련소를 설치해 징용과 징병의 순서를 밟아갔다. 따라서 모든 남자는 머리를 빡빡 깎았고 여자들은 단발머리에

'몸뻬'라는 일본인 여자의 전시노동복을 착용하게 했다. 그래서 당시 찍었던 학교 졸업사진에는 남자는 일본군복 차림이고 여자는 대개 몸뻬차림이었던 것이다.

이러한 국민복과 몸뻬를 입었다고 해서, 또한 창씨개명을 했다고 해서 무조건 친일을 운운하는 것은 박정희와 같은 진짜 친일파를 옹호하겠다는 뜻이다. 단순비교로 친일파의 본질을 오도하거나 호도해서는 안 된다. 친일은 복장에서 나타나는 것이 아니라 행동에서 나타나는 것이다. 결국 호기심을 억누르지 못하고 있다가 DJ가 입었다는 일본군복 사진을 찾아내 기어이 두 눈으로 보고야 말았다. 두 장의 사진 속에 나오는 인물이 과연 DJ인지 아닌지 식별할 수 없었지만, 필자가 말한대로 옷차림은 역시 일제강점기의 '국민복'이었다.

참으로 친일파로 오인되기 쉬운 세상이 아닐 수 없다. 해방 반세기가 지나도록 『친일인명사전』하나 제대로 만들어내지 못하면서 무슨 친일타령인지 정말 한심하다. 진정한 친일청산을 외면한 우리나라의 반민족적인 패거리와 그와 같은 떨거지들의 수준을 보는 것 같아 다시 한번 씁쓰름해진다. (2002. 7. 25.)

* 이 칼럼은 진주이야기가 아닌 것처럼 보이지만, 여기에 실은 이유가 있다. 진주 죽이기에는 크게 역사 죽이기가 있고 역사 죽이기에는 민족 죽이기가 있는데, 민족 죽이기는 민족 정체성을 죽이는 것이고, 여기에는 청산하지 못한 역사인 친일문제가 있다. 당시 『친일인명사전』한 권 만들어내지 못하는 반민족적인 현실을 개탄하며, 이를 각성하고 촉구하자는 의미에서 이 책에 포함한 것이다.

그런데 이 칼럼에 나오는 표현 중 '김대중 대통령에게 근심을 안긴 못난 아들들'이란 둘째 아들과 막내인 셋째 아들을 말한다. 이 두 아들은 당시 비리혐의로 구속되었다. 2002년 차남 김홍업 씨와 삼남 김홍걸 씨가 이용호·최규선 게이트 때 각종 이권에 개입한 것이 사실로 드러나 두 형제가 나란히 구속된 것이다. 김 대통령은 "자식들을 제대로 돌보지 못한 책임을 통절하게 느낀다"라며 대국민 사과를 했다.

또 이 칼럼에서 표현한 것 가운데 "박정희와 같은 진짜 친일파"라는 말은 일제의 침략전쟁에 복무하기 위해 자발적으로 일본군에 지원해 몸담은 사실을 기준으로 볼 때 그렇다는 것이다. 박정희는 만주군관학교와 일본육사를 졸업하고 일본군 장교로 임관해 일제

의 괴뢰국이던 만주국에서 복무했다. 이와 관련해 박정희의 일본
군 장교 복무는 명백한 역사적 사실이지만 그가 만주에서 독립군
이나 항일세력을 토벌하는 데 직접 앞장선 구체적인 증거가 문헌
기록으로 발견되지 않아 국가기구인 친일반민족행위진상규명위원
회에서는 친일반민족행위자로 결정하지 않았다.

그렇지만 국민적 지지로 출범한 친일인명사전편찬위원회에서는
친일의 척도가 되는, 자발적으로 일본군 장교에 지원한 사실(더구
나 천황에게 충성을 맹세하는 혈서를 쓰고 지원)과 항일세력 토벌
부대에서 지휘관의 부관으로 복무한 사실(그가 복무한 부대가 항
일세력을 토벌했다는 기록은 있음) 등을 근거로 『친일인명사전』에
그의 이름을 올렸다. 박정희가 직접 항일세력을 토벌하거나 독립
군을 잡아 죽이는 등의 증거를 발견하지 못했다고 해도 그가 복무
한 부대가 그러한 행위를 자행한 것이 사실이라면 그 역시 역사적
책임을 벗어날 수 없다. 일본군 토벌부대의 장교로 근무한 본인도
거기에 일조한 것으로 볼 수 있기 때문이다.

한편 'DJ'라는 표현은 김대중 대통령의 영문 이니셜을 말한다.
원래 디제이(DJ)는 70~80년대 음악방송이나 음악다방 또는 커
피숍에서 신청곡을 틀어주는 디스크자키의 영문 약자이다. 하지만
DJ는 정치인 김대중의 영문 이니셜로 더 유명해졌다.

그렇지만 필자의 귀에는 DJ가 선거로고송으로만 들리는 것이 아
니다. 'DJ DOC'가 부른 〈DOC와 춤을〉이라는 노래보다 80년대를
풍미한 윤시내 가수가 허스키한 목소리로 부른 〈DJ에게〉가 먼저
떠오르기 때문이다. 원곡의 가사를 보면 "그 음악은 제발 틀지 마세

요 디~제이~ 추억 속의 그 사람이 생각나요 디~제이~"라는 대목이 나온다. 가사의 내용은 헤어진 연인에 대한 추억 때문에 DJ에게 사연 있는 음악을 틀지 말라고 호소하는 내용이다. 그러나 이때의 DJ를 김대중 대통령으로 바꿔 생각하면 그 노래의 의미는 달라진다. 김 대통령이 그 곡 때문에 생각나는 사람이 누구일까 하는 생각이 들었다.

살아오는 동안 수많은 정치적 탄압을 받고 죽을 고비를 숱하게 넘긴 DJ로서는 유쾌하게 생각나는 추억 속의 사람은 딱히 없을 것이다. 물론 그가 대통령이 되어 용서했으므로 한때 자신을 모질게 괴롭힌 정적이라도 이미 죽었거나 아니면 권력을 잃었으므로 모두 지나간 추억에 불과하겠지만 도저히 생각하고 싶지 않은 사람도 있을 것이다. 과연 그 사람은 박정희일까, 전두환일까, 헤아려보며 필자는 DJ를 가장 모질게 탄압한 정적이 누구인지를 곰곰이 생각해 본 적이 있었다.

참고로 전직 대통령 중에는 김대중 대통령 말고도 영문 이니셜로 유명한 사람이 몇 명 더 있다. 이를테면 김영삼 대통령을 가리키는 'YS'가 있고, 이명박 대통령에게 붙은 'MB'가 있으며, 정치인으로 김종필을 의미하는 'JP'가 있다. 그러나 사람들의 입에 가장 많이 오르내렸던 이승만과 박정희, 전두환은 특별한 영문 이니셜이 없다. 아마도 계엄령을 선포하고 철권통치를 휘두르던 독재자였으므로 감히 이들에게는 애칭조차 두려워 이니셜을 못 붙인 게 아닐까.

10. 기생에 대한 오만과 편견*

천년을 이어온 교방문화
기생을 '콜걸'로 보지 말라

기생에 대한 부정적인 인식이 아직도 대물림되는 것일까. 기생이 사라진 지금도 기생을 비하하며 대리만족하는 무리가 있다. 고작 하는 일이 시대착오적인 '기생씹기'인가. 여성을 희롱하며 안주 삼아 씹어대던 그 작태의 이면에는 남성우월적인 오만과 편견이 자리 잡고 있음을 느낀다.

그럼에도 불구하고 기생이 남긴 훌륭한 전통문화유산이 쉽게 황폐해지지 않은 까닭은 천년을 이어온 교방문화에 만만치 않은 역사가 숨어 있기 때문이다. 필자가 관계된 어느 예술단체의 홈페이지에 익명으로 올라온 기생에 대한 글은 글쓴이의 민족문화에 대한 혼란한 정체성과 교방문화에 대한 상대적인 열등감을 잘 보여주고 있다.

기생을 비방한 그 글의 핵심을 보면 "교방은 궁중의 예술을 담당했던 것이고 기생조합, 권번은 그 후대의 모습일진대 교방문화든 기생문화든 그것들이 가지고 있는 모습들은 봉건사회의 왕조찬양과 특정계층을 위해 봉사하고, 그들만을 위해 향유되었던, 철저히 삶과 유리된 관제 전통문화"라고 규정하고 "그것을 배우고 지켜나갈 것은 무엇이고 과연 무슨 의미가 있는가"라는 것이었다.

기생이 전통사회에서 지배계급의 술자리에나 앉아 시중을 들며 놀았던 노비와 같은 천민계급의 여성임을 부정하지는 않겠다. 다만 이 같은 이유로 기생의 교방문화를 비하한다면, 조선왕조를 위해 바쳐진 지배계급문화의 정수인 종묘제례가 세계문화유산으로 지정된 것도 천민계급인 예인들에 의해 계승되었으므로 그 의미를 부정하고 유네스코에 지정을 반납하는 운동도 벌여야만 할 것이다.

과연 기생의 의미가 노는 여자라는 것만 있고 다른 것은 없다는 말인가. 일제강점기에 《조선시보》의 어느 일본인 기자가 바라본 기생은 '북평양 남진주'였다. 그 많고 많은 조선기생 가운데 왜 하필이면 평양기생과 진주기생을 지목했을까. 그는 기생의 자존심을 본 것이다. 평양기생에게는 계월향이 있고, 진주기생에게는 논개가 있다. 기생의 자존심에는 조국의 운명에 목숨을 걸었던 고귀한 기개가 있다는 것이다. 논개가 더 위대한 이유는 그녀가 사회적인 약자이고 천민이고 기생이고 여성이었기 때문이다. 조선 말 진주목사 정현석이 의기사를 중수하고 의암별제를 특설했던 것도 외세의 침략이 노골화되는 서세동점의 위기감에 따른 관민결속의 문화적인 대응이 아니었을까. 그는 논개만한 관민결속의 인물은 없다고 본 것이다.

이 같은 맥을 이어 대한제국 때 진주기생 산홍은 을사오적 이지용과 같은 매국노를 꾸짖을 수 있었으며, 또한 진주기생 부용도 국채보상운동에 발 벗고 나설 수 있었다. 모두 논개로 대표되는 의기의 맥을 이어갔다. 또 다른 기생 현계옥은 퇴락한 의기사를 중수했다가 일제경찰에 잡혀갔지만, 그녀는 극단에서 번 공연비를 중국

상해의 임시정부에 남김없이 군자금으로 희사했다. 3·1독립만세
운동 때에도 전국의 수많은 기생이 참여했고, 사회주의운동을 한
금죽이란 대구기생도 있었으며, 수난 겪는 만주동포를 구제하기
위해 진주기생들이 자선음악발표회를 여는 등 기생들의 사회운동
은 당대의 지식인 못지않게 활발했다.

그러나 아직도 기생에 대해 부정적인 인식이 남아있는 것은 '사
회의 하수구'라는 매매춘이나 외화벌이에 동원된 '기생관광' 등과
동일시하면서 빚어진 일이다. 그러나 매춘 역시 남성우월적인 사
회체제가 낳은 산물이 아닌가. 절대 기생을 '콜걸'로 보지 말라. 사
실 교방에서 제대로 배운 예기들은 관기의 전통을 계승한 예인들
로서 한국의 전통가무를 보존·전승하는데 뛰어난 역할을 했다. 송
도기생 황진이와 진주기생 승이교 등은 여류시인으로 이름을 떨쳤
으며, 문학성이 뛰어난 고려가요도 사실 기생들이 향유하고 전승
한 것이 아닌가.

이들이 끼친 영향은 실로 막대했다. 춤과 노래로 생계를 이어갔
지만, 이들이 아니었다면 우리의 전통문화는 상당히 빈곤해졌을
것이다. 그래서 지금은 기생이 없지만 이러한 교방문화는 그대로
남아 엄연히 우리의 소중한 무형문화재로 살아 숨 쉬고 있지 않은
가. (2002. 9. 24.)

* 위에 언급한 '필자가 관계된 어느 예술단체의 홈페이지'는 의암별제 홈페이지를 말한다. 여기에 올라온 익명의 게시글을 보면 기생이란 '특정 계층'을 위해 봉사하는 유흥녀로서 교방문화나 기생문화는 사람들에게 볼거리나 제공하는 지배계급의 일개 노리갯감에 불과하다는 취지의 부정적 인식을 잘 보여주고 있었다.

이에 대한 반론으로 쓴 이 칼럼에는 여러 명의 기생이 등장한다. 이들 가운데는 임진왜란 때의 두 기생 논개와 계월향은 의기로 너무 유명하다. 그리고 일제강점기 사회주의 여성운동을 했던 두 기생 현계옥과 정칠성은 사뭇 결이 다른 면모를 보여준다. 이 네 명의 기생에 대해 알아본다.

먼저 이 칼럼에서 "일제강점기에 《조선시보》의 어느 일본인 기자가 바라본 기생은 '북평양 남진주'였다"라고 표현했는데 그 일본인 기자는 누구인가. 바로 1940년 진주의 풍물을 소개한 『진주대관(晋州大觀)』을 펴낸 가쓰다 이스케를 말한다. 가쓰다는 조선기생으로 북에는 평양기생이 있고, 남에는 진주기생이 있다고 했다. 그러면서 이 중 "진주기생은 가무에 뛰어나고 기예는 조선 전체에서 제일이라고 일컬어졌고, 정조(情操)가 두텁고 순박해 사랑받았다"라고 묘사했다. 하지만 반만 맞고 반은 틀린 말이다. 가쓰다가 조선기생을 대표하는 고장으로 북쪽의 평양과 남쪽의 진주를 가리킨 것은 뛰어난 기예와 정감이 농염하다는 측면에서만 바라보았기 때문이다. 사실 평양과 진주가 조선기생의 본고장으로 일컬어지게 된 것은 바로 임진왜란 때 왜장을 처단한 평양기생 계월향(桂月香)과 진주기생 논개가 있었기 때문이다. 이 두 기생의 충성스러움과 의로움은 영원한 충의(忠義)로 기억되고 있다.

주지하다시피 진주기생 논개와 평양기생 계월향은 조선을 침략한 왜장을 각각 죽이고 순국한 의기(義妓)이자 충기(忠妓)였다. 이 두 기생이 보여준 충절은 의기와 충기로 기생의 이름을 드높였고 그녀들은 조선기생의 자존심이며 대명사가 되었다. 그래서 조선기생의 자존심을 지킨 계월향과 논개의 후예들은 대단한 긍지를 갖고 있었다. 진주기생들이 품고 있는 자부심을 보여주는 일화가 있다. 이능화의 『조선해어화사(朝鮮解語花史)』에 따르면 논개 제사를 마친 후 문사(文士)들을 모아 시를 짓고 명기(名妓)들을 불러 술을 따르게 했는데, 다른 읍에서 온 기생들도 이 자리에 참석했다고 한다. 이능화는 그때 "진주기생이 다른 고을 기생에 비해서 매우 뽐내는 기색이 있었는데, 이것은 의기가 그 고장에서 났다고 해서였다"라고 밝혔다.

두 기생의 후예인 평양기생과 진주기생에 관한 말이 또 있다. 이를테면 "평양기생들은 빈손으로 타향에 나가서 집을 장만하고 살림을 장만하건만, 진주기생은 트렁크에 돈을 가득히 담고 나간다 할지라도 나중엔 빈손으로 고향 찾아온다"라는 말이다. 시인 정지용이 쓴 수필에 나오는데, 그가 묘사한 평양기생과 진주기생의 차이는 돈 몇 푼과 이문에 휘둘리는 인생이 아니라 조선기생이 지닌 자존심이 최소한 무엇인지를 보여준다. 비록 조선시대에 있었던 기생 중 미모와 기예 측면에서 최고로 쳐주는 기생은 강계기생이고 두 번째는 평양기생이며 세 번째가 진주기생이라는 말이 전해지지만 조선기생을 북평양 남진주로 두 곳만을 특정한 이유가 무엇인지 알게 해 준다.

이처럼 진주기생은 논개의 충절을 잊지 않은 기생의 자존심을 가지고 있었다. 그녀들은 대한제국의 국운이 풍전등화의 위기에 놓였을 때, 다시 세상에 소환되었다. 바로 일제의 경제적 침략을 온 국민이 막아내고자 벌인 국채보상운동 때 임진왜란 때의 두 기생의 이름이 나온 것이다. 《대한매일신보》 1907년 3월 27일자에는 "진주군 부용형(芙蓉兄)이 애국부인회를 고동(鼓動)하오시니 진주에는 논개씨가 계시옵고 평양에는 계월향씨 계시더니 애국성심 미진하여 형(兄)에 충의(忠義) 발달하니 충성 충(忠) 자는 고금(古今)이 없사온듯"이라고 밝혔다. 애국부인회를 고동치게 만들고 국채보상운동을 주도한 부용은 바로 구한말 진주기생이다. 진주의 '논개씨'와 평양의 '계월향씨'처럼 나라를 위해 진주의 '부용형'이 힘차게 세상을 고동치게 한 것이다. 이에 대해 서울대 사회학과 신용하 교수는 이렇게 평가했다.

"우리나라의 역사적 기생 중에는 논개, 계월향과 같은 의기가 일찍이 있었다. 부용의 애국부인회는 이와 같은 의기정신을 계승한

것이며 한 걸음 더 나아가 이들의 항일구국의 최대지향점이 반봉
건 자주독립국 성립에 있었던 것이다. 직업의 귀천이나 남녀의 차
별이 없는 만인 평등의 자주독립국을 위해 국민 된 의무를 다하겠
다는 것이다."(1994년 발행된 『일제경제침략과 국채보상운동』에
서 인용함)

다음은 칼럼에 소개한 사회주의 여성운동을 했던 두 기생에 대
해 자세히 알아본다. 그녀들은 이른바 '사상기생(思想妓生)'이라
고 일컫는 여걸들이었다. 이 기생은 둘 다 대구 출신으로 현계옥과
정금죽이다. 먼저 현계옥에 대해 알아본다. 칼럼을 보면 "기생 현
계옥은 퇴락한 의기사를 중수했다가 일제경찰에 잡혀갔지만, 그녀
는 극단에서 번 공연비를 중국 상해의 임시정부에 남김없이 군자
금으로 희사했다"라는 대목이다. 현계옥은 임진왜란 때 왜장을 처
단한 진주기생 논개와 평양기생 계월향을 흠모해 그녀를 모신 사
당이 퇴락했다는 소식을 듣고 사당을 중수하기 위해 비녀와 가락
지를 팔아 보탠 일이 일제경찰에 알려지면서 여러 번 잡혀가 고문
을 당했다. 이능화의 『조선해어화사』에 따르면 현계옥은 연극을 해
서 얻은 돈을 남김없이 군자금으로 희사했고, 화장도구를 모두 팔
아치우고 비단옷을 벗어버린 뒤 나무비녀와 베치마 차림으로 몸소
부엌일을 맡아서 독립운동에 헌신했다고 전하고 있다.
　기생의 길을 포기하고 험난한 독립운동가의 길을 걸은 현계옥은
누구인가. 그녀는 1896년 경남 밀양에서 악공인 아버지와 관기인
어머니의 딸로 태어나 기생이 되었다. 17세부터 대구기생조합에서

활동하다가 상경했다. 그녀는 경성에서도 이름이 자자한 유명한 기생이 되었다. 그렇게 기생의 삶에 취해 있을 때 만난 어느 사회주의자와 운명적인 사랑에 빠졌다. 그녀는 미련 없이 기생의 삶을 버리고 애인을 따라 중국으로 건너가 상하이에서 가야금을 연주하면서 연극배우로 활동했다. 그렇게 번 돈을 군자금으로 내놓았으며, 의열단에도 가입해 최초의 여성단원이 되었다. 이후 1926년 중국에서 《여자해방》이란 잡지를 발간하며 여성해방운동을 전개했다. 그런데 현계옥의 애인이 붙잡혀 국내에 압송되어 투옥되었는데 그가 출옥 후 고문 여독으로 죽자 그녀는 홀연히 몽골로 떠났다. 그것이 그녀의 마지막 행적으로 이후 그녀에 대해 알려진 바는 없다.

금죽(琴竹)이란 기생은 '대구기생 금죽'보다는 '여성운동가 정칠성'이란 이름으로 더 잘 알려져 있다. 그녀는 1897년 대구에서 태어나 경성에 올라가 장안에서 알아주는 유명한 기생이 되었다. 금죽은 경성 한남권번에서 화류계의 꽃이 되어 유흥과 향락에 취해 살아가고 있었다. 그런데 어느 날 인생의 전환점을 맞았다. 1919년 들불처럼 타오른 3·1운동을 직접 목격하고 충격을 받은 것이다. 금죽은 '종로 네거리에 서서 바라보는 젊은 가슴은 흥분에 넘쳐 뜨거운 눈물을 흘렸다'라고 회상하며 이때 받은 충격과 전율을 잊지 못했다고 했다. 그녀는 3·1운동을 계기로 크게 각성하고 기생으로서의 화려한 생활을 미련 없이 버리고 일본으로 유학을 떠나 새로운 삶을 시작했다. 기생 금죽은 여성해방운동가 정칠성이 된 것이다.

일본 도쿄에서 그녀는 조선여성사상단체인 삼월회(三月會)의 일원으로 활동하며 사회주의 여성해방이론을 습득했다. 그녀는 1926년 1월 삼월회 간부로서 《조선일보》에 「신여성이란 무엇?」이라는 글을 발표했는데, 계급의식을 가진 무산여성(無産女性)만이 불합리한 환경을 개선할 수 있다는 취지의 신여성론을 내놓았다. 정칠성의 여성운동은 자유연애를 추구하는 자유주의적 여성운동이 아닌 사회주의적 계급의식을 주장하는 여성해방운동이었다. 이후 귀국해 1927년 5월 신간회의 자매단체인 근우회 결성에 적극 참여해 중앙집행위원이 되어 조선의 여성운동을 이끌었고, 1931년 신간회 중앙위원을 지냈다.

그러나 이후 일제의 사상탄압이 심해지자 은인자중했고, 해방되자 다시 대중 앞에 모습을 드러냈다. 그녀는 좌익진영에 가담했다가 월북했고 북한정권에 참여함으로써 최고인민회의 대의원을 지냈으며 1958년 북한에서 사망한 것으로 알려졌다. 이 때문에 여느 월북인사들과 마찬가지로 그녀의 존재는 남한사회에서 오랫동안 금기시되어 거의 알려지지 않았다.

그동안 기생이 "철저히 삶과 유리된 관제 전통문화"의 삶을 살아왔다는 일각의 비난도 있었지만, 꼭 그렇게만 보기는 어렵다. 이상의 사례처럼 독립운동가의 빛나는 삶을 살아온 기생도 있고, 예인의 삶을 걸어오면서 교방문화를 보존·계승해온 이들도 있기 때문이다.

11. 어느 두 일본인의 조선인 숭배*

우에츠카 하쿠유와 지바 도시치
참회의 대상은 분명해야

일본의 역사교과서 왜곡 사건으로 점차 심해지는 일본의 우경화 시점에서 일본의 영웅을 암살한 두 조선인 영웅을 숭배한 두 일본인이 생각난다.

임진왜란 때 조선을 침공한 왜장 게야무라 로쿠스케를 수장시킨 논개와 대한제국을 식민지화한 일본의 거물정객 이토 히로부미를 암살한 안중근을 숭배하는 두 일본인의 이야기이다.

논개의 영혼을 받들어 모시는 우에츠카 하쿠유와 안중근의 영혼을 받들어 모신 지바 도시치, 이들이 숭배하는 논개와 안중근은 우리 민족의 영웅이며 반외세 저항의 대표적인 상징으로 우리에게 각인되어 있다. 그런데 왜 이 두 일본인은 이들을 숭배했던 것일까. 과연 이들의 숭배는 무엇을 의미하는 것일까.

우에츠카라는 일본인은 전직 건축설계사이다. 그는 1970년대 초 후쿠오카 히코산에 있는 자신의 땅에서 게야무라의 처와 처제의 묘비를 발견하고 그 후 게야무라의 죽음에 대해 관심을 두게 된다. 조선의 천한 기생 신분의 여인에게 죽임을 당한 일본의 사무라이를 위해 우에츠카는 스스로 중이 되어 남강에다 1,000마리의 종이학을 뿌리는 등 나름대로 의식을 행하고 논개의 영혼을 일본으로 모셔갔다고 한다. 그는 논개의 묘를 만들고 비석도 세웠다. 또 그가 만든 사당에는 게야무라와 논개의 영정을 나란히 봉안하고 위패도 모셔놓고 스스로 제주가 되어 제사도 지내며 명복을 빌고 있다.

그리고 또 하나는 안중근이 투옥된 뤼순 감옥의 간수였던 일본인 헌병 지바의 안중근 숭배이다. 1909년 하얼빈역에서 이토를 암살하고 감옥에 들어온 안중근을 처음 본 순간 그의 눈동자는 '이 사내가 일본의 가장 위대한 정치가를 죽였다'라는 생각으로 증오와 분노심으로 이글거렸다. 하지만 취조 현장과 수감생활을 지켜보면서 안중근의 생각을 읽고 그의 분노는 점차 존경심으로 바뀌었다. 이 일본인 헌병의 존경심은 사형장으로 가기 직전 안중근이 그에게 써준 붓글씨로 정점을 이룬다. '위국헌신군인본분(爲國獻身軍人本分)'[나라를 위해 몸을 바치는 일은 군인의 본분이다] 군인이었던 지바는 군인의 본분을 지킨 안중근을 흠모한 끝에 헌병을 그만두고 고향에 내려와 칩거하며, 평생 안중근과 조선에 깊은 사죄의 마음을 품고 살다가 죽었다. 그는 안중근의 위패를 집에 모셔놓고 죽을 때까지 그의 명복을 빌었다.

이 두 일본인이 빌었던 명복은 분명 차이가 있다.

민족화해를 가장한 또 다른 저의가 보이는 우에츠카의 논개 숭배는 발상부터 잘못되었다. 논개는 자신이 응징한 인물과 절대로 나란히 세워져서는 안 되는, 우리나라 민족주의와 반외세투쟁의 상징적 존재이다. 논개는 일본의 잡신으로 취급되어서는 절대 안 되는 존재이기 때문이다.

반면에 일본헌병 지바의 숭배는 안중근을 이토의 제단에 제물로 바친 것이 결코 아니었다. 지바의 안중근 숭배는 조선침략에 대한 사죄와 안중근의 의로운 죽음에 대한 경외심에서 비롯된 것이었다.

　그러나 우에츠카의 행위는 "논개가 보여준 순국의 의지와 무관하게" 게야무라의 사당에 제물처럼 바친 것이었다. 우에츠카는 "과거 한일 간에 일어난 비극을 이승에서 풀어야 극락왕생을 한다"라고 변명하였다. 하지만 옛 원한을 풀고 진정한 민족화해로 나아가기 위해서는 참회의 대상이 분명해야 할 것이다.

　안중근이 일본 헌병에게 써준 붓글씨는 지바 유족의 뜻에 따라 '안중근 의사 탄신 100주년'이 되던 해 사심 없이 기증되어 우리나라에 돌아왔다. 하지만, 히코산의 게야무라 사당 안에 걸려 있던 논개 영정은 진주성 의기사의 영정을 모사한 것이었는데, 논개를 최경회의 부실로 모시던 해주최씨 문중은 이 그림이 논개를 모독하기에 게야무라 사당에서 철거를 요구했고, 결국 한일 간의 외교적 마찰을 우려하여 마지못해 우리나라에 반환되었다. (2002. 10. 7.)

* 유묵(遺墨)은 고인이 생전에 남긴 글씨나 그림을 뜻하는데, 안중근 의사가 남긴 유묵은 모두 글씨이다. 그것도 죽음을 앞두고 쓴 옥중글씨이다. 2023년 '용호지웅세기작인묘지태(龍虎之雄勢 豈作蚓猫之態'[용과 호랑이의 용맹하고 웅장한 형세를 어떻게 지렁이와 고양이의 모습에 비교하겠는가]라고 쓴 비장한 유묵이 처음으로 세상에 공개되었다. 단번에 한국인의 시선을 사로잡으며, 유묵의 소장자와 유묵이 한국으로 돌아올 것인지에 대해 관심이 집중되었다.

　임시정부 2대 대통령을 지낸 백암 박은식은 『안중근전(安重根 傳)』에서 그가 쓴 유묵이 200여 점이나 된다고 일찍이 밝힌 바 있다. 즉 아직 공개되지 못한 유묵이 공개되거나 확인된 유묵보다 훨씬 많다는 점을 말해준다. 안중근은 생전에 200여 점의 글씨를 남겼지만, 현재 70여 점 정도만 세상에 공개되었을 뿐이다. 이번에 이 유묵이 공개됨으로써 안중근 유묵 명단에 1점이 새롭게 추가되었다.

　안중근은 1910년 2월 14일 사형선고를 받고 다음 날부터 휘호를 청탁받아 글씨를 쓰기 시작했고, 이 글도 그때 쓴 것 중 하나이다. 그는 3월 26일 사형이 집행되기까지 40여 일 동안 집중적으로 많은 휘호를 남겼다. 미처 낙관을 만들지 못해 모두 손바닥으로 도장을 찍었다. 그중 중복된 글은 지금까지 단 한 점도 발견되지 않았는데, 그가 얼마나 진심으로 일점일획을 정성껏 썼는지 알 수 있다. 이는 안중근의 집중력이 어떠한지를 잘 보여주는 증거다.

만약 일본의 원소장자가 이 '용호지웅세기작인묘지태' 유묵을 계속 가지고 있었다면, 안중근기념사업회나 문화재청에서 당장 일본으로 날아가 소장된 사연을 알아보고 적극적으로 기증을 권유하거나 환수를 위한 협상을 벌였을 것이다. 하지만 안타깝게도 이미 그 단계는 지난 상태였다. 이 유묵은 교토의 고미술상에게 매도된 뒤였기 때문에 금전적 협상을 벌여야 했지만, 사정이 여의치 못해 결국 경매에 부쳐졌다. 경매 결과 안중근 유묵의 경매 사상 가장 높은 금액인 19억 5천만 원을 써낸 어느 한국인이 낙찰받았고, 110년 만에 고국에 돌아올 수 있었다. 비록 경매를 통한 것이었지만 일단 한국으로 돌아왔다는 점은 매우 다행한 일로 봐야 한다.

2023년 문화재청에 따르면 국가지정문화재인 보물로 지정된 안중근 유묵들은 모두 26점인데, 앞으로 미공개 유묵이 추가 공개되고 국내 소환이 더 이루어진다면 안중근 유묵의 문화재 지정도 더 늘어날 전망이다. 다른 이들의 보물 지정을 살펴보면, 명필로 유명한 한석봉의 유묵은 문화재로 지정된 것이 4점에 불과하고, 추사체로 유명한 김정희 유묵도 8점밖에 되지 않는다. 그런데 안중근 유묵이 이렇게 많이 보물로 지정된 것은 무슨 이유일까. 바로 그의 유묵은 민족정신과 조국애뿐만 아니라 평화와 순국의 혼이 담긴 글, 혹은 유언으로 보기 때문이다. 그래서 안중근 유묵은 보는 이로 하여금 전율을 주고 깨달음과 성찰을 주는 것으로, 서예작품 이상의 가치를 인정받고 있다.

일각에서 매국노 이완용의 유묵에 대해 글씨 하나는 잘 썼다며 알아주는 서예작품이라고 말하기도 하지만, 결코 인정받지 못하는 이유가 무엇이겠는가. 하지만 이완용의 글씨도 현재 서울에 있는 독립문의 현판으로 남아있다. (아이러니하게도 그 글씨는 그가 독립협회 회장을 지내고 있을 때 쓴 글이다. 그러나 김가진의 글씨라는 설도 있다.)

2023년 현재 국내에 있는 안중근의 유묵은 총 38점가량인데, 보물로 지정되지 않은 개인 소장품까지 합친다면 훨씬 더 많을 것이다. 또 아직 알려지지 않은 유묵으로, 외국(주로 일본)에 남아있는 수십 점을 더 합친다면 그 수는 앞으로 더 늘어날 것이다. 현재 일본에는 일제강점기에 조선에서 도굴과 약탈 등으로 가져간 수많은 문화재가 있는데, 안중근 유묵은 그의 인품과 애국심에 감격한 일본인들이 공손히 간직해온 것이기 때문에 그런 경우와 다르다. 거의 모든 그의 유묵이 일본에 있을 것으로 추정된다. 안중근 유묵의 특징은 대부분 유묵의 생산 이력이나 입수경로가 명확하다는 점이다.

세상에 한 번도 공개되지 않은 귀중한 안중근의 유묵이 다시 고국으로 돌아올 수 있도록 보상하고 반환받든, 경매로 사든, 기증받든, 한국으로 돌려보내달라고 간절히 호소하든 모든 노력을 기울여야 한다. 그러나 가장 좋은 방법은 소장자의 기증이다. 일본 헌병 지바 도시치의 후손이 안중근의 의로운 죽음을 기리고자 아무런 대가 없이 한국에 유묵을 기증한 것과 같은 희소식이 있기를 고대한다. 이들의 선행이 더 나와야 하지 않을까 생각하며, 일본인 독지가(篤志家)의 용기 있는 출현과 의로움을 기다려 본다.

한편 일본 미야기현 구리하라시에 소재한 사찰 대림사에는 안중근과 지바의 위패가 모셔져 있는데, 1981년 이곳에 안중근의 현창비가 건립되었다.

12. 교방문화에 눈뜨게 만든 책*

정현석의 『교방가요』
종합국악제 '의암별제'

솔직히 말해 필자는 우리나라 전통 예능에 대해 아는 게 정말로 없는 문외한이었다. 근현대사를 탐구해 오던 필자로서는 특히 국악에 대한 무지가 실로 부끄러울 정도였다.

그러나 조선 말 진주에서 창제된 '의암별제'를 알게 되면서 우리의 전통문화에 대한 고루한 생각을 버렸다. 필자는 정현석이 창제한 의암별제와 이를 기록한 그의 저서 『교방가요』를 보고 운명처럼 거기에 몰입되었다.

그런데 얼마 전에 멀리 있는 어느 선생으로부터 연락을 받았다. 『교방가요』를 번역했던 성무경 선생이었다. 강원도에서 정현석의 묘소를 발견했으니 함께 답사 가자는 것이었다. 정현석의 흔적을 갈망하던 필자에게는 매우 반가운 소식이었다.

그렇다면 정현석은 누구인가. 그의 호는 박원이다. 정현석은 순조 17년(1817년)에 태어나 1867년부터 1870년 6월까지 진주목사를 지냈으며, 대한제국 시대이던 광무 3년(1899년)에 세상을 떠난 목민관이다. 짧지 않은 생애 동안 무수히 많은 일을 했는데, 그중 그가 진주목사로 있을 때 창제해 촉석루에서 거행한 의암별제는 가장 위대한 업적이다.

아울러 그가 저술하고 편찬한 『교방가요』는 당대의 교방문화를 정리한 소중한 문헌이다. 정현석은 1868년 의암별제 창제할 당시의 모습을 『교방가요』에 이렇게 묘사했다.

"무진년 6월에 단을 만들어 향불을 피워 300명의 기녀가 정성으로 제를 올리니 논낭자의 충의의 영혼이 내려오는 듯하구나."

이 얼마나 감격스러운 말인가. 이러한 기록을 확인한 필자는 그동안 잊힌 우리의 문화, 다시 말해 철저히 짓밟히고 왜곡된 기생의 교방문화에 대해 형언할 수 없는 가치를 느끼기 시작했다. 알면 알수록 그 아름다움과 소중함에 황홀해지기까지 했다.

『교방가요』는 정현석이 진주목사에서 김해부사로 부임지를 옮긴 후 공무 중에 여가를 틈타 김해부 미금당에서 쓴 것이다.

진주에서 창제한 의암별제 가무와 교방의 악·가·무가 『교방가요』에 수록됨으로써 당대 교방에서 연희되던 훌륭한 기생의 춤과 노래와 음악이 정리된 것이다. 이 책에는 아름다운 채색화로 교방의 악·가·무가 곳곳에 표현되어 있다. 특히 의암별제 가무조에 수록된 채색화는 촉석루에서 의암별제를 올리는 기생들의 모습이 아름답고 화려하게 그려져 있다. 물론 『교방가요』에는 몇 가지 이본이 있기는 하지만 현재 국립중앙도서관에 소장된 『교방가요』의 그림이 가장 아름답다고 평가받는다.

의암별제 창제의 내력은 이렇다. 정현석이 고종 4년(1867)에 진주목사로 부임하자마자 임진왜란 때 반외세 저항의 표상이며 진주기생의 기개와 자존심이던 논개에 대해 추모사업을 벌이기 시작했다.

왜 하필이면 논개였을까. 사실 그가 진주목사로 부임했을 때는 잇따른 민란으로 국가관리능력에 대한 불안감이 심화하던 중이었다. 또한 이양선의 잦은 출몰에 따른 서세동점의 위기감이 팽배하던 시대였다. 그는 일개 지방관이었지만 이러한 내우외환을 극복하기 위해서는 백성을 하나로 묶는 상징과 축제가 필요하다고 느꼈다.

아무튼 정현석은 부임 이듬해인 고종 5년(1868)에 경상우도(慶尙右道) 방어사령관에 해당하는 진주병사(경상우병마절도사)와 의논해 논개의 사당인 의기사를 새롭게 중수했다. 한편으로는 진주농민항쟁으로 피폐해진 민심을 위무하는 축제의 장을 만들었다. 이 축제의 구심점이 바로 논개였다. 논개의 가무제인 의암별제를 창제한 것이다. 의암별제는 오늘날로 보면 종합국악제인 셈이며 또한 문화예술제였다. 천민에 불과하던 기생을 유교적인 제례의식의 중심축에 둔 것이다. 남녀차별의 봉건적인 계급사회하에서 여성만이 참여한 제례는 그 당시로서 매우 파격적이었고, 제례에 뒤이은 3일 밤낮의 음복연은 민중들의 거대한 한마당 잔치였다.

의암별제의 가치는 오늘날에도 우리 민족의 문화유산인 동시에 국민통합적인 여성축제로서 빛을 발하고 있다. 의암별제의 전통과 실험성은 창제 당시의 역사성에서 출발한 것이다.

최근 소비적인 축제가 난무하고 있다. 그래서인지 의암별제와 같은 축제의 장이 더욱 그리워지기만 한다. (2002. 11. 7.)

＊ 의암별제를 창제한 정현석은 이렇게 말했다. "내가 진주에 부임한 다음 해(1868년), 병사(兵使)[진주성에 주재한 경상우병마절도사를 말함]와 더불어 의논하여 그 사당(논개의 신위를 모신 의기사를 말함)을 중건(重建)하고 의암별제를 베풀었다. 6월 중에서 날짜를 골라 행사를 치렀는데 제관(祭官)과 기녀를 차출하여 절차를 익히도록 하고, 감히 의식(儀式)에 실수가 없게 하여 해마다 의암별제를 지내도록 하였다."

『교방가요(敎坊歌謠)』는 고종 때 진주목사, 김해부사, 덕원부사, 황해도관찰사를 지낸 정현석이 저술한 책으로, 그가 진주목사를 지낼 때 의암별제를 창제하고 이때 행해진 악·가·무를 정리하여 김해부사를 지낼 때 펴냈다. 의암별제는 조선왕실의 선왕에 대한 제사인 종묘제례나 유학의 근원인 공자에 대한 제사인 문묘제례와 같은 엄장한 유교의식에서 출발했다. 여기에다 음악과 춤을 덧붙여 진행했는데, 논개의 후예들인 진주기생이 직접 참여해 제례를 비롯해 악·가·무를 주관했다. 한마디로 의암별제는 제례와 음악이 조화를 이룬 논개를 기리는 특별한 제례이자 종합예술이다.

『교방가요』에는 정현석이 의암별제를 창제하고 진주성 촉석루에서 행한 교방의 악·가·무가 무엇인지 그 내용을 자세히 담고 있다. 무엇보다 19세기 중후반 진주지방 교방의 기생들이 연행했던 공연물들의 실상을 알려주는 일종의 교방문화보고서인데, 책에 실린 그림을 통해 교방문화의 모습을 생생히 엿볼 수 있다. 이 『교방가요』를 근거로 삼아 진주검무의 예능보유자 성계옥 여사가 필생의 노력으로 1992년 의암별제 가무를 복원하여 의암별제를 복원할 수 있었다. 이 과정에서 성 여사는 『진주의암별제지(晉州義岩別祭誌)』를 펴냈다.

이후 국문학자 성무경 박사가 『교방가요』에 대한 사료적 이해를 돕기 위해 해제를 붙이고, 국립중앙도서관 소장본과 고려대도서관 소장본을 대조·비교하여 꼼꼼하게 역주(譯註)했다. 이 역주본은 성 박사가 2002년 한글본 『교방가요(조선후기 지방교방의 악·가·무)』로 다듬어 세상에 내놓으면서 세상에 널리 알려졌다. 이 한글본 『교방가요』에 첨부된 영인본의 원본은 국립중앙도서관에 소장되어있다. 이 한글본으로 조선후기 진주지방에서 꽃피웠던 진주교방의 화려한 모습이 교방문화의 문화도상(文化圖像)으로 풍성하게 되살아났다.

따라서 지방교방의 관변풍류가 무엇인지 『교방가요』를 통해 확인할 수 있으며 의암별제 복원봉행을 통해 오늘날 교방문화가 어떻게 되살아났는지 실감할 수 있다. 『교방가요』는 국문학, 국악, 무용학, 민속학 등 국학 관련 분야의 연구자들에게 아주 유용한 자료가 될 뿐만 아니라 우리의 전통문화가 간직한 아름다움을 직접 눈으로 확인할 수 있는 소중한 문화유산임이 틀림없다. 이런 점에서 다음에 언급한 성무경 박사가 『교방가요』를 역주하며 밝힌 해제문은 교방문화의 가치가 무엇인지 다시금 일깨워준다.

  "(의암별제로 대변되는 진주교방문화는) 당대 지방 관변에서 각종 기예를 담당하던 교방의 기녀들이 진연(進宴), 진찬(進饌)과 같은 궁중의 각종 큰 잔치에 선상(選上)되어 장악원에 소속, 더욱 세련된 고급 기예를 익혀 어연(御宴)에 참가하고, 역(役)이 끝나면 다시 본향(本鄕)의 지방 교방으로 내려와 문화를 전파하는 독특한 문화 소통구조가 있었기 때문에 가능했다. 거꾸로 조선 후기에는 지방에서 창조된 각종 기예가 문화의 중심인 서울, 특히 궁중으로 진출하는 예도 적지 않았는데, 이러한 경향 간 대등한 문화창조와 교류는 오늘의 서울 중심 문화구조에 비추어 볼 때 시사하는 바는 적지 않다."

13. 진주의 '아리랑'과 명석의 '노리랑'*

민족의 영혼을 담은 노래
한풀이·신세타령 아니다

민족의 고난과 역경을 함께했던 대표적인 노래 아리랑. 아리랑은 우리 민족의 존재를 증명하는 그런 노래이다. 우리 민족이라면 아리랑 가락을 모르는 사람이 없을 것이다.

아리랑은 우리에게 사랑의 노래, 삶의 노래, 슬픔의 노래였다. 아리랑 고개를 넘으면 무언가가 기다리고 있다는 희망의 노래이기도 했다. 혹자는 아리랑에 의미 부여하기를 우주적인 철학과 세계관을 담은 민족적인 음악이라고 평한다.

이러한 아리랑은 한둘이 아니어서 우리나라 각지에서 다양하게 불렸다. 경기아리랑은 서울과 경기지역에서 불리면서 오늘날 국민적인 노래로 자리 잡은 민요이고 그밖에 강원도의 정선아리랑, 경상도의 밀양아리랑, 전라도의 진도아리랑, 심지어 북한지역의 아리랑까지 아리랑은 조선팔도의 곳곳에서 불렸다. 그리고 천년고도 진주에도 예로부터 전해져오는 아리랑이 있다. 이른바 '진주아리랑'이다.

"아리랑 아리랑 아라리오 / 아리랑 고개로 넘어간다 / 어떤 사람은 팔자 좋아 / 고대광실(高臺廣室) 높은 집에 / 부귀영화(富貴

榮 華) 잘사는데 / 우리 팔자 어떻걸래 / 지게목발을 못면하는가 /
아리랑 아리랑 아라리오 / 아리랑 고개를 넘어간다 / 우리가 무엇
때문에 이 고생이오 / 술밥을 보고서 이 고생하네 / 아리랑 아리랑
아라리오"

　아리랑은 오랜 세월 동안 불렸으나, 2차 세계대진 말기에 불린
아리랑은 식민지 민족의 단순한 민요가 아닌 민족 전체의 영혼을
담은 노래였다. 일제강점기에 수십만 명의 조선인 징용 징병자들
과 여자정신대원들이 개처럼 끌려갔고, 그들은 고된 노동과 노예
적인 생활로 서러움을 달래느라고 아리랑을 불렀다. 아리랑은 고
향을 떠난 조선인들에게 때로는 위안을, 때로는 희망을 주며 그들
의 상처 난 가슴을 달래주었다.
　이렇듯 민족적인 위기감에서 아리랑은 불길처럼 번졌다. 그 때
문에 조선총독부는 아리랑을 부르지 못하도록 한때 '금창령'을 내
리기도 했다. 하지만 아리랑은 조선사람들이 있는 곳이면 어디서
든 불리었다.
　진주의 아리랑은 유흥요나 노동요지만 신세 한탄이 주를 이룬
다. 그러나 '노리목가'는 진주적이고 토속적이기에 진주시 명석면
의 노리랑은 '진주아리랑'하고는 무언가 다르다. 아리랑에 아리랑
고개가 있듯이 노리랑에는 '노리목' 고개가 있다. 노리목은 명석면
우수리와 용산리를 잇는 산고개를 말한다. (노리목은 '노루목'의 지
역사투리이다.) 옛 문헌에는 노리목을 장항치(獐項峙)라고 기록
하고 있으며 지금도 면민들은 노리목이라고 부른다. 면민들은 노

리목 고개를 바라보며 노리랑을 불렀다. 이 노래에는 특별한 역사적인 배경이 깔려 있다.

"노리랑 노리랑 노라리오 / 노리목 고개로 넘어오소 / 용산사(龍山寺)에서 종(鍾)소리 나고 / 정화수천변(井華水泉邊)에 너 기다린다 / 용호정지(龍湖亭池)에 원앙새 쌍쌍 / 실버들 휘날려 님 생각이오 / 여의십이봉(如意十二峰) 바위틈 기슭 / 꽃들만 피어서 가슴만 섧소 / 노리랑 노리랑 노라리오 / 노리목 고개로 넘어오소"

이 노래가 면민들 사이에서 널리 불리게 되었을 때는 시기적으로 중일전쟁 이후 민족말살정책이 추진된 시기였다. 노리랑 노래는 우리 민족의 영원한 민요인 아리랑 노래의 일종으로, 이 지역에서만 들을 수 있는 노래이다. 원래 '노리목가'라고 일제강점기 면민들이 나라 없는 설움을 아리랑 곡조에 맞추어 부른 노래이다.

이 노래의 가사는 용산리 노리목 고개 앞에 있는 용호정원의 시인 박봉종이 1935년에 채록한 것이다. 면민들은 애환이 깃든 노리목 고개에서 징용과 징병 또는 근로보국대와 정신대로 끌려간 남편이나 누나, 오빠, 여동생 등 사랑하는 사람들을 그리워하며 노리랑을 불렀던 것이다.

아직도 아리랑을 한풀이나 넋두리에 불과한 신세타령으로 보고 있다면 이것은 정말 자신의 몰역사성을 보여주는 일이며 민족 정체성마저 부정하는 일일 것이다. (2002. 11. 27.)

＊ 아리랑은 우리나라 어디서나 들을 수 있는, 우리 민족의 애환이 깃든 민중의 노래이다. 아리랑은 지역마다 생겨났으므로 다양한 버전의 노래가 적지 않으나 대표적으로 강원도의 정선아리랑, 전라도의 진도아리랑, 경상도의 밀양아리랑을 우리나라의 3대 아리랑으로 보고 있다. 3대 아리랑 가운데 진도아리랑은 육자배기 가락에 판소리의 구성진 노랫소리를 들려준다. 이 중 정선아리랑이 1971년 강원도무형문화재 제1호로 지정되면서 한국의 아리랑 가운데 가장 먼저 도지정문화재가 되었다.

2012년 12월 아리랑이 유네스코 인류무형유산으로 등재되자 이를 기념해 밀양아리랑 노래비가 2015년 밀양역 광장에 세워졌다. 밀양아리랑 노래비의 1~2절의 노랫말을 보면 "날좀 보소 날좀 보소 날좀보소 / 동지섣달 꽃본 듯이 날좀 보소 / 아리아리랑 쓰리쓰리랑 아라리가 났네 / 아리랑 고개로 날 넘겨주소 // 정든 님이 오시는데 인사를 못해 / 행주치마 입에 물고 입만 방긋 / 아리아리랑 쓰리쓰리랑 아라리가 났네 / 아리랑 고개로 날 넘겨주소"라고 새겨놓고 있다.

이처럼 영남지역의 아리랑 하면 노래비가 세워진 밀양아리랑을 꼽을 수 있지만, 진주에도 예로부터 전해져오는 아리랑이 있다. 3대 아리랑보다 덜 알려졌지만, 진주의 아리랑 중 하나로 전승되는 노래가 바로 '노리랑'이다. 진주에서는 밀양아리랑 노래비가 세워지기 10년 전에 이미 노리랑 노래비를 세워놓고 기리고 있었다. 2005년부터 노리랑의 노랫말을 새긴 노래비가 진주시 명석면 우수리 용호정원 변에 세워졌는데, 그것이 바로 진주의 아리랑을 기리는 노리랑 노래비이다.

"노리랑 노리랑 노라리오 / 노리목 고개로 넘어오소"

14. 인간문화재의 도민증*

인간문화재 난정 정금순
요양원에 입소한 선생

어느 할머니가 지난 7월 10일 진주시 하대동에 있는 가톨릭재단의 노인요양원 '프란치스꼬의 집'에 입소했다. 무연고 행려병자 같은 사고무친의 노인들이 입소하는 그곳에 들어간 이 할머니는 대체 누구일까. 그 할머니는 이른바 '인간문화재'로 일컫는 예인으로 현재 국가중요무형문화재 제12호 진주검무와 경상남도무형문화재 제12호 진주포구락무의 예능보유자인 난정 정금순(73세) 선생이다.

그날 선생은 배웅 나간 필자에게 눈시울을 적시며 선생의 삶의 편린들이 묻어있는 잡동사니로 가득한 낡은 보따리 하나를 맡겼다. 자기보다 먼저 세상을 떠난 불효자식의 초등학교 상장과 졸업사진, 선생의 춤 인생을 보여주는 여러 가지 소품들, 증명서, 영수증 등이었다. 그중에 가장 먼저 눈에 띈 것은 선생이 40년 전에 발급받은 도민증이었다.

선생의 보따리에 들어 있는 이 빛바랜 도민증 한 장에서 우리는 무엇을 느낄 수 있을까. 도민증은 해방 후, 정부수립과 6·25전쟁을 거치는 동안 좌익감시와 주민통제를 위해 경상남도 주민들에게 발급한 지금의 주민등록증과 같은 신분증이다. 6·25전쟁 전후에는 도민증이 없으면 장 보러 나가기도 힘들었고, 장거리 출타할 땐 어김없이 불심검문을 당하곤 했다.

그래서 그녀의 도민증에는 '항시(恒時) 휴대하여 신분증으로 할 것'과 '군경(軍警)이 제시를 요구할 시(時)는 차(此)에 응할 것'이라는 주의사항이 명시되어 있다. 한때 도민증을 분실했음을 보여주듯 선생의 도민증은 1961년 9월 11일 진주경찰서장이 재교부했다는 사실이 적혀 있다. 아마도 선생은 이 도민증을 제시하며 노기들에게 춤을 배우러 다녔을 것이다.

선생에게 있어 이 도민증은 세월의 덧없음을 증명하듯 30세의 젊고 아름다운 선생의 증명사진이 붙어 있다. 그녀의 도민증 표지에는 태극마크와 백두산 천지와 두 마리의 비둘기 그림이 신분증 배경으로 은은하게 깔려 있지만 조잡하기만 하다. 또한 여느 도민증처럼 선생의 도민증에도 오른손과 왼손의 엄지손가락 지문이 날인되어 있다.

그런데 도민증의 직업란에 선생의 직업이 '무(無)'라고 표시되어 있다. 실례로 같은 시기에 경상남도에서 발급된 성철스님의 도민증에는 직업이 '승려업'이라고 표시되어 있는데, 그에 비해 선생과 같은 전통예술인은 직업인으로도 취급받지 못했던 모양이다.

그렇다면 조잡한 도민증처럼 선생이 보여준 삶과 예술도 그러했을까. 정금순 선생은 의암별제를 복원한 운창 성계옥 선생처럼 잊힌 진주기생의 교방문화가 지금까지 이어지게 하는 데 중추적인 역할을 했던 몇 안 되는 진주의 예인이다. 진주 교방문화의 꽃이라고 할 수 있는 '진주검무' 그리고 '진주포구락무'와 한평생을 해왔기 때문이다.

젊은 시절, 진주권번 출신의 퇴기들에게 전통춤을 배우기 시작해 1985년 진주검무 전수조교가 되고 지난해 11월 마침내 예능보유자가 되었다. 진주검무에서 그녀의 예능은 검무와 장고였지만 앞서 1991년에 지정된 진주포구락무의 경우에는 외향무였다. 그리고 때로는 무형문화재전수회관에서 제자들에게 굿거리와 살풀이 같은 전통춤과 장고장단을 가르치기도 했다.

이렇게 진주교방의 춤과 함께 살아온 그녀에게 어느 날 갑자기 밀려온 기쁨과 슬픔은 과연 어떻게 설명해야만 할까. 지난가을 그토록 고대하던 중요무형문화재 예능보유자가 되었지만, 올해 봄 유일한 혈육이었던 아들을 잃은 참척의 고통으로 마음은 끝없는 나락으로 추락했다. 선생은 생애의 마지막이 되었던 지난봄 제1회 진주논개제의 의암별제에서 장단을 잡았던 진주검무 공연을 끝으로 무대에서 내려왔다.

결국 마음의 병은 육신의 병으로 확대되어 의지할 데 없었던 선생은 요양원에 입소함으로써 쓸쓸하게 은퇴를 맞지 않을 수 없었다. 그리고 이제 더는 춤을 출 수 없게 된 정금순 선생. 아마도 그녀의 삶은 이미 퇴색해버린 도민증의 빛깔처럼 쓸쓸히 황혼에 지고 있는 것은 아닐까.

최근 인간문화재의 예우에 대한 여러 가지 문제점이 불거지고 있다. 정금순 선생의 삶이 그러한 실례가 될 것이다. 아무튼 한 해를 마감하는 지금 선생을 생각하면 할수록 안타깝기만 하다. (2002. 12. 24.)

* 국가중요무형문화재 제12호 진주검무 예능보유자인 난정 정
금순 선생은 1930년 경남 산청 출신으로 해방 후 1960년대부터 운
창 성계옥 선생과 가야금 연주를 함께 공연하며 교방문화에 심취
했다. 1968년 진주검무에 입문해 본격적으로 진주교방춤을 배우
기 시작해 2001년 진주검무 예능보유자가 되었으며 진주검무보존
회 회장인 성계옥 선생과 함께 후진을 양성해 왔다. 2002년 진주
논개제가 끝나자마자 와병으로 요양원에 입소한 후 2008년 무형
문화재정책 변화로 명예보유자가 되었으며, 2017년 향년 87세로
타계했다.

　난정 선생은 생전에 "진주검무 하기 전에는 그런 생각도 없었는
데, 시작하고는 무조건 좋았어. 춤치고 그란께 그냥 좋더라고. 음
악소리도 듣고, 나는 음악을 좋아하거든"이라고 밝힌 바 있다. (국
립무용유산원에서 채록한 국가무형문화재 전승자 구술자서전에서
인용함)

　현재 진주에는 운창 선생도, 난정 선생도 이 세상에 없지만 두
분이 남겨놓은 춤은 후예들에 의해 빛을 발하고 있다. 진주검무가
예술로 자리 잡아 후대에 이어진 이면에는 누군가의 헌신과 기여

가 있었다. 기생의 춤에서 전통무용으로 전승하는 데 주춧돌을 놓은 이들 선각자가 있었기에 가능한 일이었다.

한편 2024년 국가무형문화재는 문화재청의 이름이 국가유산청으로 바뀌면서 국가무형유산으로 개칭되었다. 앞으로 유·무형문화재는 문화재가 아니라 모두 '국가유산'이란 새 명칭으로 부르게되었다. 문화재란 말을 버린 것은 과거에 일본에서 쓰던 말이라는 점도 있지만, 새로 고친 '국가유산'이란 말도 마음에 들지 않는다. 차라리 '문화유산'이라고 했으면 좋았겠다는 생각이다.

"정금순(鄭今順, 1930~, 검무·장고). 정금순도 비기생 출신의 진주검무 예능 보유자이다. 1985년 전수조교가 된 후 2001년 11월 예능 보유자가 되었으며, 동시에 현재 경상남도 지정 무형문화재 제12호인 진주포구락무의 예능 보유자이기도 하다."(2002년 12월 국립문화재연구소가 발간한『진주검무』에서 인용함)

15. 수구초심과 일본군 '위안부'*

진주 출신 위안부 할머니들 어디에
고향을 지워버린 이들

'여우가 죽을 때 머리를 자기가 살던 굴 쪽으로 바르게 향한다'라는 뜻의 중국 고전 『예기』에 나오는 '수구초심(首丘初心)'이란 말이 있다. 죽어서라도 고향 땅에 묻히고 싶어 하는 사람들의 마음을 여우의 고사에 빗대어 표현한 것이다.

석가모니도 늙어서는 고향으로 가는 길 위에서 생을 마쳤다고 한다. 그 말이 사실이라면 사람들이 마지막으로 돌아갈 곳은 고향이라는 소리다. 그러나 누구나 다 고향으로 돌아가 생을 마치는 것은 아니다. 고향을 마음속에서 지워버린 사람들이 있기 때문이다.

일본군 '위안부' 할머니들이 바로 그분들이다. 태평양전쟁 말기 1944년 미얀마(옛 버마)에서 연합군에게 발견되어 레고 포로수용소에서 신원이 확인된 진주 출신 일본군 위안부는 5명이었다. 미군의 보고서에 기록된 이 진주 출신 여성들이 해방 후 귀국해 고향으로 돌아왔는지 지금으로서는 전혀 알 수 없다. 분명히 말하고 싶은 것은 이들이 귀국했다고 해도 고향에 돌아오지 못했다는 점이다.

실례로 한국정신대문제대책협의회에서 수집한 증언자료집에 나타난 진주 출신 일본군 위안부는 강덕경 할머니를 비롯해 하순녀, 문필기 할머니 등이 있는데, 이들도 귀국은 했지만 고향인 진주로는 돌아오지 못했다.

특히 진주 출신 박막달 할머니는 고향은커녕 귀국조차 하지 못하고 중국 무한에서 외롭게 삶을 마감했다. 고향이 있는데도 고향 땅의 부모 형제를 찾지 못한 이 할머니들 가운데 강덕경 할머니한 테서 그 피맺힌 사연을 들을 수 있다.

강덕경 할머니는 진주에서 태어나 요시노국민학교(지금의 진주 중안초교) 고등과 1학년 때인 1944년 여자근로정신대 1기생으로 일본 후지코시 비행장으로 끌려갔다. 강제노역에 지친 그녀는 도 망쳤지만, 일본군에게 붙잡혔고 해방될 때까지 일본군 위안부 생 활을 강요당했다.

해방 후 강 할머니는 만신창이가 되어 귀국했지만, 가족을 만날 수 없었다. 단지 6·25전쟁 직후 혹시나 하고 진주에 왔을 때 그녀 와 같이 정신대로 끌려갔던 친구를 우연히 만났지만, 그 친구는 강 할머니를 외면했다. 그 길로 고향을 등진 강 할머니는 평생 혼자 살면서 떠돌이로 인생의 온갖 만난을 다 겪었다.

강 할머니는 정대협에 참가하면서 일본대사관 앞에서 매주 수 요시위에 빠짐없이 참석하고 일본군 위안부의 참상을 고발하는 데 투혼을 불사르다 1997년 한 많은 생을 접었다. 강 할머니는 비록 고향 진주는 아니었지만, 고향으로 흘러드는 남강의 물줄기가 바 라보이는 산청의 양지바른 언덕에 묻혀 여우처럼 자기가 살던 땅 을 향해 몸을 누였다.

그러나 박복이 할머니의 경우는 아예 북한을 선택하고 말았다. 먼발치에서나마 고향 땅을 바라볼 수도 없게 된 것이다. 1926년 진주에서 태어난 박 할머니는 타이완의 '기쿠사이로' 일본 항공군 병영으로 끌려가 일본군 조종사들을 상대로 위안부 생활을 강요당했다. 박 할머니는 일제가 패망했으나 귀국하지 않고 일본에 눌러앉았다. 그러나 일본인의 민족차별을 견디지 못하고 1960년 북송선을 타고 북한으로 가버리고 말았다.

왜 박 할머니는 부모와 가족이 있는 진주를 등지고 고향에서 멀리 떨어진 북쪽을 선택했을까. 박 할머니의 이야기는 6·25전쟁 당시 남한도 북한도 아닌 중립국을 선택해 배를 타고 머나먼 이국땅으로 떠나갔던 76인의 포로를 연상시킨다. 우리나라 근현대사에서는 이데올로기 문제, 민족문제, 농촌문제 등 여러 가지 문제로 고향을 등진 이들이 많이 있을 것이다.

그러나 강제 징용이나 위안부 문제로 고향을 등진 이들은 고향을 등진 것이 아니라 고향을 지워버린 것이다. 최근 위안부 할머니들이 이국에서 또는 타향에서 한두 분씩 세상을 떠나고 있다. 최소한 고향 땅에서 몸을 누일 자리와 기회조차 이들에게는 없는 것인지도 모른다. 고향이란 근본을 잊지 못하는 여우의 수구초심이 씁쓸하게 머리를 뒤헝클어 놓는다. (2003. 3. 6.)

＊ 진주 출신의 일본군 위안부 할머니 중 강덕경 할머니가 다닌 요시노국민학교의 일제 말 명칭은 '공립길야국민학교(公立吉野國民學校)'이다. 강 할머니는 6년제 초등교육과정을 마치고 당시 신설된 요시노국교 고등과 1학년에 진학했는데, 지금으로 보면 중학교에 해당하는 중등교육과정이다. 해방이 되자 국민학교의 고등과 교육과정은 폐지되고 이 학교는 진주중안국민학교로 개칭되었는데, 이후 국민학교 명칭이 초등학교로 바뀌었고, 교명도 다시 바뀌면서 지금은 진주초등학교가 되었다. 하지만 이 칼럼을 쓸 당시에는 교명이 진주중안초교였으므로 그 관계를 밝히는 말을 괄호 안에 넣은 것이다.

그런데 강덕경 할머니가 생전에 일본군 성노예의 참상을 알리기 위해 고향 진주를 찾은 적이 있었다. 1992년 9월 경상대 총여학생회가 초청한 강연회에서 할머니는 나지막한 목소리로 입을 열었다. 눈물과 분노 없이 들을 수 없는 통한의 이야기를 강 할머니는 담담하게 말하기 시작했다.

"40년 만에 고향 진주에 오니까 눈물이 날 정도로 좋으면서도 가슴이 미어지고 먹먹한 게 느낌이 이상해지기도 합니다. 이름이 하야시 선생이었던 걸로 기억되는데 하루는 돈을 벌 수 있다면서 일본으로 가라더군요. 떠나던 날 어머니와 온 가족이 부둥켜안고 펑펑 울던 것이 눈에 선합니다. 부대로 끌려갔을 때 5, 6명의 여자가 한 천막에 모여앉아 있었어요. 모두 조선처녀들이었지요. (중략) 죽을래야 죽을 수도 없는 지경이었지요."

16. '부락'이란 말을 써서는 안 되는 이유*

일제가 차별적 용어로 변질시켜
말은 시대상을 반영한 거울

최근 한 중등학교 교사가 "초등학교에 다니는 딸의 국어교과서에 나온 부락이라는 말을 보고 일제가 만든 용어이기에 교과서에 쓰는 것은 부당하니 마을이란 우리말로 명칭을 고쳤으면 좋겠다"라고 어느 일간지에 기고한 글을 읽은 적이 있다.

그런데 며칠 후 그 글에 대해 어느 대학교수가 부락이 일본말이란 지적은 오해라며 "부락은 한나라 이래 중국과 한국 등지에서 써온 마을이란 이름"이라고 그 신문에 다시 기고하였다. 이에 또다시 그 중등교사가 그 교수의 기고문에 대해 "일제 때 천민이 모여 사는 곳을 부락이라고 했기에 굳이 부락을 쓸 필요가 없지 않으냐"라는 의견을 재차 밝혔다.

필자는 이 두 사람이 신문 지상에서 주고받은 글을 보고 부락이란 명칭의 역사적인 맥락과 그 명칭이 현재 우리나라에서 어떤 의미를 주고 있는가를 생각해 보게 되었다.

부락이란 말은 그 교수가 중한사전을 인용해 "부락, 촌락, 부족 등의 뜻으로 나와 있어 한국에서의 용례와 별반 다르지 않았다"라고 이야기한 것처럼 마을을 의미한다. 그 교수처럼 중국의 고전을 뒤져보지 않고 우리나라의 조선왕조실록만 뒤져봐도 부락이 마을이란 의미로 쓰인 말이라는 것을 알 수 있다.

그러나 일본에서 부락은 봉건시대, 일제강점기, 지금까지도 일본의 최하층 천민들이 집단적으로 격리되어서 모여 사는 거주지를 지칭하고 있다. 일본에서는 부락을 사람이 사는 곳으로 보지 않고 짐승같이 열등한 인종이 사는 곳으로 보고 이들을 사람과 동등하게 대우할 수 없다고 차별대우했다. 그래서 지금도 일본에서는 차별받는 부락민을 해방하자는 부락해방운동이 계속되고 있다.

일제강점기에 형평운동이 진주에서 일어나기 전까지만 해도 '개돼지만도 못한 인간'으로 취급받았던 백정들의 슬픔을 기억하고 있는가. 결국 백정을 해방한 형평운동의 역사적인 경험을 배우고자 아직도 일본의 부락해방운동가나 인권운동가들이 진주를 종종 찾고 있다.

구체적으로 부락이 어떤 차별적인 용어로 사용되었는지 일제강점기에 부산에서 발행된 일본어 신문을 한번 보자. 《부산일보》의 1934년 10월 어느 날 보도된 기사를 보면 부락이 얼마나 폭넓은 용어로 사용되었는지 잘 보여준다. 당시 경남 진주군 명석면의 외율리는 다른 마을을 지도할 만큼 농촌진흥운동을 잘한 마을로 선정되어 '지도부락'이 됐다고 대서특필되었다.

지도부락이란 일제가 추진한 자력갱생운동에 앞장선 마을을 말한다. 이렇게 일제의 정책에 충실한 모범마을조차 지도부락이라고 표현했는데, 하물며 지도부락이 되지 못한 마을들은 어떠했겠는가. 하지만 도시에 거주하던 일본인들은 자신의 거주지를 부락이라고 하지 않았다. 그들의 거주지를 '마치(町)'라고 불렀으며, 이 말에는 어떤 차별적인 뜻도 없었다.

부락이란 말은 일제강점기에 조선총독부의 촉탁으로 우리나라에 건너온 일본인 어용학자들이 한결같이 우리나라의 마을을 부락이라고 표현하면서 비롯되었다. 이들은 부락이 일본에서 어떤 뜻으로 사용된 말인지 분명히 알고 있었다. 그럼에도 불구하고 구태여 부락이라고 붙인 것은 무엇을 의미하는지 뻔한 것이다. 당시 일등민족이라는 일본인의 눈에는 어떤 조선인도 이등민족이었고, 어떤 조선인의 마을도 모두 미개한 부락일 뿐이었다.

물론 일제가 태평양전쟁을 일으키면서 전시체제가 되자 조선인 노동력을 수탈하기 위해 징병과 징용을 독려하면서 '내선일체'라는 미명을 사용해 조선과 일본은 한 몸이라고 했지만 부락은 여전히 부락일 수밖에 없었다.

사실 필자는 일본에서 부락이 불가촉천민의 거주지라는 차별적인 의미와 실체가 아니었다면 부락을 쓰든 촌락을 쓰든, 심지어 군락을 쓰든 그 어떤 것이든 상관없다고 생각한다.

흔히 말이란 그 당대의 시대정신을 반영한 거울이라고 한다. 그렇다면 부락은 일제강점기 식민지 상황에서 주입된 상징조작이란 점에서 민감해질 수밖에 없고, 그 때문에 우리가 부락이란 말을 쓰지 말아야 할 이유인 것이다. (2003. 4. 21.)

＊16번째 칼럼은 신문에 발표될 당시에 「'부락'이란 용어를 버리자」라는 밋밋한 제목이었으나, 그 용어를 왜 버려야만 하는지 그 이유를 밝힌다는 의미에서 「'부락'이란 말을 써서는 안 되는 이유」로 제목을 바꾸었다. 이 글은 『진주이야기 100선』의 81번째 이야기로 소개한 「나불부락 표지석」에서 내용을 참고했다. 그 책의 개정·증보판을 보면 "부락은 일제강점기를 겪고 난 이상 앞으로 절대로 써서는 안 되는 말이 되었다"라고 강조했는데, 그 이유는 일제강점기뿐만 아니라 지금도 "우리 겨레가 일본의 그 부락민처럼 노골적인 차별과 멸시를 당해 왔기 때문"이라고 밝혔다. 우리가 부락이라는 말을 써서는 안 되는 까닭을 다시 한번 분명히 말하고 싶다.

　"만약 우리가 일제 식민지로 전락하지 않고 그들에게 일본에 있는 부락민처럼 학대받을 일조차 없었다면 부락을 쓰든, 마을을 쓰든, 촌락을 쓰든, 동네를 쓰든, 그 무엇을 쓰든 상관없는 일이다. 자주독립국가를 그대로 계속 유지해 왔다면 이들의 주장처럼 부락을 마을명칭으로 해도 모양새는 안 좋은 한자어지만 괜찮을지도 모른다."

17. 프로스트의 시를 음미하며 주사위를 던진다*

강을 건너는 시저의 마음으로
'진주 죽이기' 시작해 2년 만에 마무리

"노란 숲속에 길이 두 갈래로 났었습니다 / 나는 두 길을 다 가지 못하는 것을 안타깝게 생각하면서 / 오랫동안 서서 한 길이 굽어 꺾여 내려간 데까지 / 바라다볼 수 있는 데까지 멀리 바라다보았습니다…"

이 시는 영미권에서 유명한 시인 로버트 프로스트의 대표작이라고 할 수 있는 「가지 않은 길」의 앞부분이다.

사람들은 누구나 살아온 삶을 뒤돌아보며 '아! 그때 그 순간 그런 일들이 일생을 결정한 것이었구나'라고 생각할 때가 있다. 인생의 길을 걷다 보면 그 순간이야말로 어쩔 수 없이 선택해야만 했던 때인지도 모른다. 어쨌든 나중에 후회하지 않으려면 항상 최선의 길을 선택해야 한다. 하지만 인생은 그렇게 단순하지만은 않다. 순간의 선택에 대해 가장 유명한 고사가 바로 기원전 49년 루비콘강을 건너 로마로 진격한 시저의 결단이다.

시저는 루비콘강을 건너기 직전에 결단을 내렸다. "지금 돌이킬 수는 있다. 그러나 이 강을 건너버리면 모든 일은 무기에 맡길 수밖에 없다. 주사위는 던져졌다."

하지만 루비콘강은 아무나 건널 수 없는 강이었다. 자신과 로마의 운명이 걸린 문제였다. 무기를 가지고 루비콘강을 건넌 시저는 당시 고대사회의 관점에서 볼 때 매우 개혁적이고 관용적인 정책들을 펼쳐 세계제국 로마의 초석을 다진 역사적인 결단을 했던 주인공이다.

아무튼 '시저의 주사위'는 이미 물러설 수 없다는 결단을 말하며, '루비콘강'은 결단을 행동으로 옮기는 것을 말한다.

1985년 생면부지의 이방인으로 진주에 온 필자는 지금까지 한 번도 진주를 떠나지 않고, 물론 군대복무를 제외하면, 여전히 진주에 살고 있다. 그동안 여러 가지 일을 참 많이도 저질러 놓았다. 대학에서 만화운동을 하고, 지역에서 언론운동을 하고, 지역근현대사 연구활동을 하고, 지역축제와 함께해 왔다. 그러고 보니 젊은 20~30대의 열정이 송두리째 거기에 바쳐졌다는 생각이 든다.

그러나 당시 선택한 길은 필자가 나름대로 고민 끝에 내린 최선의 결단이었고 그렇기 때문에 후회하지는 않는다. 더욱이 많은 시간이 흘러간 지금 그 당시 내렸던 결단이 객관적으로 오류였고 결과적으로 잘못된 판단이었다고 해도 상관없다. 사실 그것을 부정한다면 지금의 자신도 부정하는 것이고 미래 역시 부정하는 것이기 때문이다.

누군가 '간절히 꿈꾸고 원하면 이루어진다'라고 했던가. 그래서인지 한때 가당찮은 꿈을 참 많이도 꾼 것 같다. 잘 정리된 서재에서 진주의 역사와 문화를 집대성하는 꿈을, 진주의 위대한 문화적인 유산을 드높이는 꿈을, 우리 아이들에게 자랑스러운 우리 고장의 역사와 문화를 들려주는 꿈을, 그리고 이 모든 꿈을 다시 진주 시민들에게 돌려주는 꿈을….

그렇다면 필자에게 있어 꿈이란 무엇이었을까. 그저 그런 몽상가의 꿈이었는지도 모른다. 하지만 꿈이 깨진 세상으로 돌아간다고 해도 늘 그랬듯이 필자는 새로운 꿈을 좇게 될 것이다. 그래서 인생을 다시 시작할 루비콘강을 언젠가 꼭 한번은 건너리라는 것이다. 그것이 필자가 루비콘강을 건널 수 있게 만든 동력은 아니었을까. 그 전의 경험과 성과는 순식간에 망각 속으로 사라지겠지만 이미 씨앗은 뿌려졌으리라.

지금까지는 필자가 비록 던질 만한 주사위를 가지지 못했다고 해도 어차피 주사위는 멀리 있지 않다.

2001년 5월 '진주 죽이기'로 시작한 필자의 칼럼을 2년 만에 마치게 되었다. 다시 돌아올 여지를 남겨두었다고 해도 이제는 루비콘강을 건널 주사위를 던져야 할 때다. 마지막 부분의 프로스트의 시를 음미하면서 주사위를 던진다.

"아, 나는 다음 날을 위하여 한 길은 남겨두었습니다 / 길은 길에 연하여 끝없으므로 / 내가 다시 돌아올 것을 의심하면서 / 훗날에 훗날에 나는 어디선가 / 한숨을 쉬며 이야기할 것입니다 / 숲속에 두 갈래 길이 있었다고 / 나는 사람이 적게 간 길을 택하였다고 / 그리고 그것 때문에 모든 것이 달라졌다고."(2003. 5. 21.)

   * 이 칼럼은 원래 「'가지 않은 길'과 루비콘강」이란 제목이었으나 「프로스트의 시를 음미하며 주사위를 던진다」로 바꾸었다. '주사위를 던진다'라는 표현에는 결단코 결심을 되돌리지 않겠다는 굳건한 마음과 이를 주변에 알리고 확고부동하게 쐐기를 박는다는 선언적 의미가 강하게 녹아 있다. 그래서 다시 과거로 돌아가지 않겠다는 결연한 의지를 반영한다는 점에서 '주사위를 던진다'라는 제목으로 바꾸게 되었다. 주사위는 프로스트가 말한 '숲속에 두 갈래 길' 가운데 큰길이든 작은 길이든 어떤 길이라도 가겠다는 선택의 의지를 강력히 표현한 말이다.

   우리는 살면서 수많은 두 갈래의 길을 만나고 늘 선택의 갈림길에 서게 된다. 필자의 삶을 생각해 보니, 그 일을 감당할 수만 있다면 마음이 가리키는 본능에 따라 선택하고 헤쳐나왔다. 선택은 두렵고 미래를 확신하기 어렵게 하기도 했지만, 일이 잘못되어도 자기가 좋아서 진심으로 절실하게 선택한 길이므로 기꺼이 실패의 고통과 '판단 미스'의 후회를 감수해야 했다. 어쨌든 당시의 선택은 자기가 책임져야 할 최선의 결정으로 과감하게 판단해야 할 일이었다.

마찬가지로 루비콘강도 돌아올 수 없는 강을 건너는 것과 같은 말이다. 일단 선택하면 돌아갈 수 있는 마지막 여지마저 없애버리겠다는 강렬한 의지를 담고 있다. 루비콘강은 유럽에서 로마로 들어가기 위해 반드시 건너야 하는 강으로, 고대 로마에서는 자국 군대의 반란을 막기 위해 루비콘강을 건너오기 전에 반드시 무장을 해제해야 한다는 엄격한 규율을 적용하고 있었다. 만약 이 규율을 어긴다면 그것은 곧 반역과 죽음을 의미했다. 하지만 군인이 무기를 버린다는 것은 언제든지 정치적 이유로 죽을 수도 있다는 것을 아울러 의미했다. 그래서 루비콘강이 의미하는 것은 함부로 결심할 수 없는, 목숨을 건 단호한 결단을 상징한다. 이런 이유로 칼럼 제목을 바꾸었다.

　결국 필자는 예전으로 절대 돌아가지 않겠다는 각오로 이 칼럼을 끝으로 펜을 놓았다. 그동안 의욕적으로 써왔던 《경남도민일보》 칼럼을 그만두고 떠나는 필자는 끝내 한 가지 길을 선택했다. 이후 한 번도 가보지 않는 그 길을 따라 힘껏 걷기 시작했다.

18. 김경현 씨 진주 떠난다*

《경남도민일보》에 지난 2년간 칼럼을 써온 김경현(경남근현대
사연구회 연구원) 씨가 최근 칼럼 집필과 방송 출연을 비롯한 모든
일을 정리하고 당분간 진주를 떠나겠다고 밝혀 그 배경에 관심이
쏠리고 있다.

김 씨는 지난 21일자 《경남도민일보》에 쓴 마지막 칼럼 때문
에 수많은 지인으로부터 "무슨 일이냐"는 문의를 받았다는데, 그
는 "아직 확정된 일이 아니어서 구체적으로 밝히긴 곤란하지만,
당분간 진주를 떠나게 될 것 같다"라고만 말했다. (김주완 기자
《Weekly경남》 2003. 5. 24.)

* 이 글은 칼럼이 아니고 신문기사이다. 《경남도민일보》의 주말판 신문인 《Weekly경남》 2003년 5월 24일자에 실린 단신기사이다. 「김경현 씨 진주 떠난다」라는 제목을 달아 사람들의 궁금증을 자아냈다. 그래서 이 짤막한 동정기사를 보고 지인들이 연락해 왔으나 필자는 칼럼을 그만둔 이유를 속 시원하게 말하지 않았다.

2003년 5월 21일자를 마지막으로 《경남도민일보》 칼럼 연재를 중단한 후 아울러 《진주신문》에 연재하던 역사칼럼도 2003년 6월 4일자로 마무리 지었다. 마찬가지로 《경상대신문》에 연재하던 문화칼럼도 2003년 6월 5일자를 끝으로 중단했다. 이때 필자는 진주KBS 라디오방송 「오후의 교차로」에서 '김경현의 그때 그 시절'이란 타이틀의 코너를 진행하고 있었는데 이 또한 도중하차했다.

그런데 이 중 《경상대신문》은 애초 약속한 1년간의 연재기간을 다 채우지 못하고 중도에서 일방적으로 그만두었기 때문에 가장 마음에 걸렸다. 그래서 《경상대신문》의 마지막 칼럼에서는 부끄럽고, 송구해 칼럼을 마친다는 인사말조차도 못했다.

어쨌든 필자가 마지막으로 쓴 《경남도민일보》의 칼럼이 신문에 나가자 《Weekly경남》 김주완 기자가 왜 칼럼 필진을 그만두게 되있는지 집요하게 캐물었지만 끝내 대답하지 않았다. 그래서 김 기자는 《Weekly경남》의 동정란에 필자가 진주를 떠나게 되는 배경에 관심이 쏠린다고 하며 궁금증을 자아낸다는 취지로 간단하게 기사를 작성했다. 비록 보도된 기사는 짧았지만 이를 본 지인들이 필자의 갑작스러운 행동을 의아하게 생각하며 무슨 일이냐고 매우 염려했다. 많은 이들이 전화를 걸어 하나같이 이유가 무엇이냐고 물었지만 역시 묵묵부답했다.

그래서인지 오히려 의문이 더 증폭되어 의혹 수준까지 이르게 되었다. 이를테면 본인이 형사사건에 연루되었거나 불미스러운 일에 관련되어 자중하지 않으면 안 될 일이 벌어졌다는 둥 온갖 의혹과 많은 의구심을 낳았다. 그런데도 필자는 끝까지 함구하고 일일이 대답하거나 해명하지 않았다.

그때는 아무런 이유도 밝히지 않고 지면과 방송에서 황급히 떠나야만 했는데, 이제 그 사정을 밝히고자 한다. 바로 '역사전쟁'에 출전하기 위해서였다. 그후의 삶은 친일청산을 위해 온몸을 던지기로 맹세하고, 그 결심이 흔들리지 않기 위해 아무에게도 말하지 않은 것이다. 그래서 어느 날 하던 일을 모두 중단하고 조용히 사라짐으로써 역사의 전쟁터로 향한 것이다. 일단 하던 일에서 손을 털고 과감히 일어나지 않았다면 아마도 이런저런 인연과 사정으로 결국 주저앉고 말았을 공산이 컸다. 그랬다면 지금의 필자는 없었을 것이다.

필자의 운명을 바꾼 당시의 결단은 상당히 무모하고도 불확실했으나 지금까지도 당시의 선택을 조금도 후회하지 않는다. 지금은 쉽게 이야기할 수 있으나 당시는 미래를 장담할 수 없었으므로 쉽게 말하기 어려웠다. 단지 필자는 앞으로 자신의 인생을 송두리째 바꿔 놓을 수 있는 중대한 결정이라는 걸 모르진 않았다. 실제로 그때 이후의 삶은 많이 바뀌어졌다. 돌이켜보면 능력도 없고 보장된 미래도 없이 모든 게 처음이었고 모험이었으며 뒤늦게 출발한 것이었지만, 의욕은 넘쳤고 역사정의에 대한 사명감이 충만해 두려움 없이 내달릴 수 있었다. 그러나 열정적으로 임했지만 제대로 공부하지 못해 학자가 되기는 어려웠고, 친일문제 전문가로 일하는 것도 여러 가지 한계로 수월하지 않았다는 점은 인정한다. 그렇지만 도전과 모험의 길에서 온 힘을 다했고, 실패와 좌절은 본인의 부족함과 한계로 달게 받아들였다. 그동안 많은 시행착오가 있었지만, 인생을 결정지은 그때의 판단은 결과적으로 옳았다고 생각한다.

그렇지만 생각했던 일이 제대로 풀리지 않아 인생이 꼬였다고 보는 이들도 있었으나 개의치 않았다. 당시에 필자가 내린 선택에 대한 미련이나 아쉬움이 전혀 없지 않으나 그것은 일에 대한 욕심이었지 선택에 대한 후회는 아니었다. 그저 부족한 필자에게 그런 기회를 내려준 천지신명과 운명의 힘에 감사할 뿐이다.

이후 필자의 삶은 친일청산에 바쳐졌다. 수천 명의 일제강점기 진주지역 관공리와 유력자들을 조사해 방대한 인명록을 만들어 펴냈고, 친일인명사전편찬위원회 편찬위원으로 친일청산에 동참해 『친일인명사전』을 집필했으며, 친일반민족행위진상규명위원회에 참여해 조사팀장이 되어 친일반민족행위에 대한 조사활동을 전개했다. 특히 친일파의 후손들이 제기한 친일반민족행위결정 취소 소송에 대해 소송수행자로서 직접 대응하는 등 좌고우면하지 않고 오로지 친일청산을 위해 앞만 바라보고 내달렸다. 이러한 일은 그때 루비콘강을 건너는 시저와 같은 강력한 결단이 있었기에 가능했고, 그래서 이후 많은 일을 이루어낼 수 있었다.

하지만 2001년 5월 처음 시작했다가 2003년 6월 그만둔 칼럼을 1년 5개월만인 2005년 1월부터 다시 연재하기 시작했는데, 거기에는 또 다른 이유가 있었다. 물론 표면적인 이유에는 《경남도민일보》의 거듭된 칼럼 집필 요청이 있었지만, 무엇보다 칼럼을 통해 알려야 할 사항과 홍보의 필요성이 발생했기 때문이다. 그래서 부득이 다시 글을 쓰게 되었다. 당시 칼럼 재개 요청을 받아들인 가장 큰 이유는 하나다. 필자가 관여하고 있던 『친일인명사전』 편찬에 대해 사회적 또는 국민적 관심을 촉구하기 위한 계기가 절실히 필요한 상황이었던 것이다.

그래서 칼럼을 다시 개시했는데 사람 일은 참 알 수 없는 것 같다. 칼럼을 다시 쓰기 시작한 지 1년도 못 되어 같은 해 8월 칼럼 집필을 또다시 그만두었기 때문이다. 역시 그럴 수밖에 없는 또 다른 불가피한 변수가 있었다. 필자가 정부기관인 친일반민족행위진상규명위원회에 들어가게 된 것이다. 이 위원회는 대통령소속의 국가위원회였고, 필자의 신분은 별정직 공무원이었으므로 국가공무원으로서 정치적 태도를 보여주는 비판적 칼럼을 쓰기가 어려웠기 때문이다.

그래서 2003년 중단한 칼럼을 2005년 재개한 후 겨우 7회분의 칼럼을 더 연재한 후 그 시점에서 또다시 중단한 것이다. 집필을 완전히 끝내고 그 이후 필자는 지금까지 어떠한 칼럼도 쓰지 않았다. 그로부터 18년이 흐른 2023년 우연한 기회에 《경남도민일보》표세호 기자(자치행정1부장)와 통화한 일이 있었다. 그런데 그때 이야기를 나누던 중 표 기자로부터 또다시 칼럼 집필을 권유받았는데, 매우 완곡하게 고사했다. 여전히 공직에 있었으므로 칼럼 집필이 어렵다고 둘러댔다. 설령 공직에서 나왔다고 하더라도 이젠 글쓰기에 대한 관심사도 달라져 있었고, 게다가 예전의 번뜩이던 감각도 무뎌져서 촌철살인의 글을 쓰기가 어려울 것 같았기 때문이다.

사실 필력도 예전만 하지 못했고, 무엇보다 칼럼 같은 짧은 글보다 호흡이 긴 글을 쓰고 싶었다. 능숙한 필치가 아니어도 탄탄하게 수집한 자료를 바탕으로 치밀하게 구성하고 오래도록 숙성한 후 차근차근 집필함으로써 단단하고 오래 기억되는 책을 펴내고 싶은 마음이 있었다. 그랬으므로 앞으로도 칼럼을 쓰고자 하는 생각은 들지 않을 것 같다.

《Weekly경남》에 필자의 동정기사를 썼던 김주완 기자에 대해 간단히 알아본다. 김주완 기자는 오랫동안 경남지역에서 '토종언론인'으로 활동해 왔다. 김 기자를 군이 이 자리에서 소개하는 것은 필자와의 오랜 인연 때문이다. 1980년대에 경상국립대(당시 경상대)에서 함께 대학시절을 보냈는데, 필자는 사회학도였고 그는 국문학도였다. 대학을 마친 후 둘 다 시대를 좀 더 깨끗하게 만들 소명의식을 갖고 진주에서 창간된 주간신문에 각자 입사함으로써 지역언론운동을 하기 시작했다. 필자가 1990년대 초 옛 《진주신문》 기자를 지내고 있을 때 그도 역시 진주에서 《남강신문》 기자를 지내고 있었다. 이후 《남강신문》이 《진주신문》에 통합되었으나 김 기자는 이미 다른 신문사로 옮겨간 이후의 일이었으므로 그와 함께 《진주신문》에서 일한 적은 없다.

하지만 김 기자가 《경남매일》 기자를 거쳐 《경남도민일보》 기자와 편집국장 등을 맡아 언론생활을 계속하고 있을 때 서로 자료를 주고받으며 교류해 왔다. 특히 일제강점기 친일문제와 한국전쟁 시기 민간인 학살에 대해서는 공통적인 관심을 갖고 있었다. 그래서 그가 오랫동안 지역사회를 위해 역사탐구와 언론활동을 지속해 왔다는 사실만은 잘 알고 있다. 그는 《경남도민일보》를 명예퇴직한 후 본격적으로 작가의 길에 들어섰는데, 그때 쓴 책이 수년에 걸쳐 김장하 선생에 대해 취재하고 쓴 『줬으면 그만이지』이다. 그 책은 방송 다큐멘터리와 영화로도 제작될 정도로 큰 반향을 불러일으켰고, 그를 대번에 유명 작가의 반열에 올려놓았다. 김 기자가 명퇴 후 걸었던 작가로서의 길은 필자도 나중에 참조할 수 있을 것으로 본다.

아무튼 필자는 2003년 중단한 《경남도민일보》 칼럼을 2005년 다시 연결해 썼으나 오래 쓰지 못했다. 칼럼 집필을 재개한 이후에도 몇 편의 칼럼을 더 썼으나 그렇게 많이 쓰지 못했기 때문이다. 새로 쓴 칼럼도 고작 한 자릿수에 그쳤으므로, 예전 것까지 다 합쳐봐야 총 34회 분량밖에 되지 않는다. 하지만 이 책을 엮는 데 이들 칼럼이 가장 비중 있는 내용과 줄기가 되었다는 점을 부인할 수 없다. '진주 죽이기'와 관련된 역사와 문화에 대한 칼럼 24편과 기사 1편 등 모두 25편을 엄선해 이 책에 실었다.

이제 2005년에 쓴 칼럼 7회분을 추가해 제1부의 구성을 모두 마무리 짓는다. 제1부에 추가하기 시작한 것은 다음에 소개하는 19번째 칼럼으로 『친일인명사전』 편찬과 '진주정신'이란 글이다.

19. 『친일인명사전』편찬과 '진주정신'*

친일파 찾아내기 온 힘
'진주정신' 바로 세우는 운동

2003년 5월 「가지 않은 길과 루비콘강」이란 칼럼에서 필자는 프로스트의 시를 음미하면서 주사위를 던진다고 했다. 과연 그때 다시 돌아올 여지를 남겨두었는지 이렇게 다시 칼럼을 쓰게 되어 감회가 새롭다. 하지만 루비콘강을 건너는 시저의 심정으로 던졌던 당시의 주사위는 어떻게 되었고, 필자를 어떤 모습으로 변하게 했을까. 그것은 코페르니쿠스적인 발상의 전환이었다.

필자의 첫 칼럼은 2001년 5월 「진주 죽이기」란 다소 공격적인 패러디를 사용해 썼던 글이었다. 당시 심정은 이러했다. 진주에는 저항과 인권으로 대표되는 '진주정신'이 있고, 이 정신을 살리는 문화가 곧 진주정신을 지키는 것으로 보았다. 그래서 당시 진주의 역사와 문화를 죽이는 모든 것에 저항하는 것을 수단 삼아 '진주역사문화 지키기'에 동분서주했다. 하지만 필자는 역사적인 진실이 규명되지 않은 채, 역사적인 화해가 없는 문화는 아무리 용쓴다고 해도 요란함과 천박함에 불과하다는 결론을 내렸다. 그래서 어느 날 깊은 상처를 부둥켜안고 허상만 남은 진주와 문화판을 미련 없이 떠나서 역사의 자리로 들어간 것이다.

그러던 중, 지난 16대 국회에서 벌어진 일련의 반민족적인 행위들은 필자의 삶과 지향점을 더욱더 공고히 만들었다. 국회에서 『친일인명사전』 편찬예산을 한 푼도 줄 수 없다고 모조리 삭감하고, 친일진상규명에 대한 특별법안도 걸레처럼 개악한 것이다. 그렇지만, 친일청산을 바라는 국민적인 염원은 삭감예산을 초과하는 국민성금(7억 원)으로 나타났고, 그 결실은 민족문제연구소가 첫 성과로 이룩한 『일제협력단체사선』 편찬으로 나타났다. 그러나 17대 국회 역시 『친일인명사전』 편찬을 위한 올해 예산에 대해 5분의 1(1억 원)을 삭감했고, 또한 반민족적으로 개악됐던 특별법안도 오히려 '친일'이란 상징적인 의미마저 삭제한 채 통과시켰다.

그것은 필자가 『친일인명사전』 편찬을 위한 지역 인명록 작업을 서둘러 본격화할 수밖에 없는 계기를 만들었다. 필자가 사는 진주 지역을 중심으로 인명록을 별도로 작성해 완성하겠다는 결심을 다진 것이다. 사실 10여 년 동안 해왔던 진주 관련 근현대사 인명정리 작업량으로 미루어볼 때 전혀 불가능한 일만은 아니었다. 그러나 일제시대에 일어났던 무수한 악행들의 장본인을 규명한다는 취지는 좋았지만, 그 밑바탕이 되는 수천 명의 인명을 혼자서 수집해 만든다는 것은 사실 위험하고 험난한 여정이 아닐 수 없었다.

그렇지만 악전고투에도 불구하고 그것은 일종의 흥분을 불러일으키는 일이기도 했다. 한 지역에서 집중적으로 수집된 것이었지만 일제 관공리와 유력자에 대한 방대한 인명록은 『친일인명사전』 편찬의 밑거름이 될 것이기 때문이다.

물론 이 인명록에 등재된 모든 이들이 이른바 '친일파'에 해당한다고는 볼 수 없다. '친일파'는 학계의 합리적인 판단과 기준에 의해 선정될 것이다. 하지만 이 작업은 『친일인명사전』을 만들기 위한 일종의 '사초(史草)'로서 『친일인명사전』 편찬사업에도 적잖은 탄력과 도움이 될 것이다.

무엇보다 필자의 작업은 껍데기에 불과했던 진주정신을 바로 세우는 역사운동의 하나라고 생각한다. 진정한 진주정신은 박제화된 지역문화가 아니라 현재에도 계속되는 역사적인 진실규명과 화해라고 본다. 그렇기에 이 작업은 더욱더 의미를 가질 수밖에 없다. 그동안 필자는 『친일인명사전』 편찬위원으로 활동하며 일제하 기초사료조사에 몰두하면서 지역 인명록을 집필했다. 특히 인적 청산이 전혀 되지 않은 친일의 유제를 규명하기 위해 해방 후 좌우익 문제와 인적 재생산 구조를 파악하는 데 중점적으로 노력하였다.

그렇다면 실종됐던 민족정기가 『친일인명사전』 편찬이란 국민운동으로 부활하듯이, 지역 인명록이 단초가 되어 무너진 진주정신도 다시 세워야 할 것이다. 역사를 제대로 바로잡을 때 비로소 역사운동의 출발이 진정성을 획득할 수 있기 때문이다. (2005. 1. 26.)

* 이 칼럼은 2003년 5월 칼럼 연재를 중단한 후 1년 8개월 만인 2005년 1월에 다시 쓰기 시작한 《경남도민일보》 칼럼이다. 필자가 복귀한 후 첫 번째로 내놓은 칼럼이었다.

애초 이 칼럼의 제목은 「'진주정신'과 『친일인명사전』」이었으나, 이 책에서는 「『친일인명사전』 편찬과 '진주정신'」으로 변경했다. 그 이유는 『친일인명사전』 편찬이 결국 '진주정신'을 창조적으로 혹은 발전적으로 구현하는 것으로 보았기 때문이다.

진주정신을 누구보다도 가장 먼저 주창하고 실천한 김장하 선생이 민족문제연구소를 지원하고 『친일인명사전』 편찬을 위해 기금을 쾌척한 것도 마찬가지 맥락이다. 역사정의를 바로잡는 것이야말로 진주정신을 실천적으로 구현하는 한 방편으로 본 것이다. 또한 진주정신을 범시민운동으로 승화시켜 실천하기 위해 결성한 '진주정신지키기모임'에서 대표를 맡은 《진주신문》 박노정 발행인이 2005년 시민들과 함께 의기사에 있던 친일화가 김은호가 그린 논개영정을 뜯어내는 거사를 일으킨 것도 같은 이유이다. 이는 진주정신을 지키고 민족정기를 바로잡는다는 이유에서 나온 행동으로 해석할 수 있기 때문이다. 그렇다면 진주정신이란 무엇인가. 다음은 김장하 선생이 평소 강조하고 실천한 진주정신의 요체를 필자가 정리해 보았다.

"김장하 선생이 강조한 진주정신이란 '주체(主體), 호의(好義), 평등(平等)'의 세 가지 정신을 의미하며, 이 말은 외세의존을 청산하는 주체정신, 사회정의를 실천하는 호의정신, 차별을 물리치는 평등정신을 말한다. 따라서 김장하 선생은 진주역사의 주체정신을 통해 남명 조식의 가르침대로 호의정신과 강상호 선생이 주창한 평등정신을 실천하며 단순한 자선행위나 무욕의 삶이 아닌 사회변화를 위한 열망으로 광범위하게 시민운동을 지원했던 것이다. 특히 형평운동기념사업과 호주제 철폐 등의 인권운동을 통해 평등정신을 실천하는 데 주력했다. 그는 진주정신을 실천하는데 한 평생 일관된 삶의 자세를 유지했다. 그래서 진주정신을 일명 '김장하정신'이라고도 한다."

20. 3·1운동 참여는 했지만 '변절'한 독립유공자들*

변절한 독립운동가 많다

그들 찾아내 예우 박탈해야

지금 독립유공자로 추서된 인물 가운데 대다수를 차지하고 있는 독립운동가는 주로 3·1운동 관련자들이 많다. 하지만 나중에 일제의 녹봉을 받는 식민통치기구의 관공리가 되거나 일제의 협력자가 되고 만 경우도 허다하였다. 더구나 이들은 해방 이후에도 대개 독립유공자로 예우받거나 국민을 대표하는 사회지도층 인사가 되었다. 진주의 독립운동가로 널리 알려진 인물 중에 몇몇 행적을 살펴보자.

이강우는 진주에서 3·1운동으로 복역한 인물이지만 출옥 후 일제 관공리로 변신하여 진주고등보통학교에서 서기로 근무하다가 일제 말에는 진주부 내무과 소속의 갱생원에서 지도원을 지냈다. 해방 후 이강우는 자신을 신임했던 일본인 부윤과 그의 가족을 보호하며 직접 일본으로 탈출시켜주는 잘못된 '의리'를 보여주기도 했다.

그런 이강우를, 해방 직후 진주부청 내에서 직장자치위원회를 조직할 때 소속 직원들은 '진정한 애국자'로 추대하였으며, 그는 나중에 제헌국회의원까지 지냈다.

역시 3·1운동으로 옥고를 치른 사천 다솔사의 대처승 최범술도 불교계의 독립운동가로 널리 알려져 있다. 하지만 중일전쟁이 일어나자 '북지 황군위문단의 위문사'로 1개월씩이나 참여해 중국을 침략 중인 일본군을 위로하는 위문행사를 벌이고 돌아오는 친일행위를 저질렀다.

해방 후에는 그도 역시 사천에서 제헌국회의원을 지냈고, 1950년대 초에는 진주에서 교육사업을 벌여 중고등학교를 설립하고 진주시 강남동에 소재한 해인대학(현재 마산에 있는 경남대학교의 전신)의 학장까지 지냈다.

마찬가지로 진주에서 사립학교 교원을 지내다가 3·1운동에 뛰어들어 징역 1년을 언도 받고 복역한 한규상도 나중에는 일제 관공리가 되었다. 그는 일본 왕의 '은사 감형'으로 출옥한 뒤 총독부로부터 의사면허를 취득해 관공리로 투신하여 경남도립 마산병원 의무촉탁을 시작으로 일제 말에는 마산에서 공의(公醫)를 지냈다. 공의는 일제 말 지원병 신체검사 등을 수행하며 일제의 녹봉을 받던 의사를 가리키는 명칭이다. 해방 후 그는 진주도립병원장을 지냈고, 독립운동가들의 모임인 진주3·1동지회의 회장도 역임하였다.

또 다른 사례로는 일제강점기에 진주에서 사립 일신여자고등보통학교와 봉산여자고등보통학교에서 오랫동안 민족사학의 교장으로 재직했던 교육자 백남훈을 들 수 있다. 그는 3·1운동과 관련해 일본 동경지방재판소에서 증언한 바가 있었는데, "지금 그런 운동을 해도 도저히 될 수 없을 것"이라고 했다. 이러한 백남훈이 진주에서 애국자녀단장을 지내며 학생들로 하여금 애국헌금을 납부하게 하거나 진주신사의 경내를 청소하도록 한 일은 그렇게 이상한 일이 아닐 것이다. 그도 역시 해방 후에는 한민당 총무가 되어 정치가로 활동했고 5대 국회의원(민의원)까지 지냈음은 물론이다.

그리고 진주 문산성당 신부 김명제는 일제관리들이 토지조사사업을 실시할 때 측량기를 땅에 내던지는 등 극렬하게 저항함으로써 측량을 무산시킬 만큼 놀라운 기개를 보여준 인물이었다. 하지만 3·1운동 후 황해도에서 사목활동을 할 때 독립운동을 하던 동료신부를 주교에게 밀고하는 등 항일활동을 방해하여 그 신부를 좌천되게 했다.

이후 김명제는 국민정신총동원 및 국민총력 천주교 경성교구연맹에서 이사를 지냈다. 해방 후 그는 원로 성직자로 예우받다가 사망했고 천주교 부산교구에서는 매년 그의 기일을 기리고 있다.

이처럼 독립운동가로 일컫던 많은 이들이 왜 하필이면 일제 관공리나 일제의 역원 같은 부역자가 되어야 했을까. 더구나 한때 우리 민족의 등불이 되었던 선각자들이 변절함으로써 우리 민중에게 남긴 상처는 얼마나 크고 깊었던가. 처음에 아무리 대단한 독립운동을 했다손 치더라도 그 마무리가 변절로 끝나고 말았다면 오히려 일반 관공리나 부역자보다 더 큰 해악을 미칠 수 있었다. 이런 점에서 변절한 사이비 독립유공자를 모조리 찾아내어 그 예우를 완전히 박탈해야 함은 당연하다.

비록 늦었지만, 국회에서는 독립유공자예우법을 즉각 개정하여 지금이라도 뒤틀린 민족정기를 바로잡아야 할 것이다. (2005. 3. 1.)

＊ 이 칼럼은 「3·1운동과 친일 독립유공자」에서 「3·1운동 참여는 했지만 '변절'한 독립유공자들」로 제목을 바꾸었다. 왜냐하면 3·1운동에 참여한 것 자체가 이미 독립운동이었기 때문에 친일 독립유공자란 말이 성립되려면 반드시 '변절', 즉 지조를 버리는 것이 전제되어야 하기 때문이다.

　이와 관련해, 이 칼럼에 소개된 사례 가운데 최범술과 관련해 그의 유족이 불교역사연구자이며 친일인명사전편찬위원인 임혜봉 스님을 사자명예훼손 혐의로 고소한 적이 있었다. 2005년 임 스님이 친일 승려들의 행적을 고발한 역저 『친일승려 108인』(청년사, 2005)에서 최범술의 친일행적을 「친일 행적이 다대한 주요 친일 승려들」이라는 제목으로 서술해 폭로하자 유족은 그를 즉시 형사고소했다. 그리고 임 스님은 사자명예훼손이 인정되어 검찰에 의해 전격적으로 기소되었다.

　그러나 2007년 수원지방법원 여주지원에서 있었던 1심 재판에서 심리 결과 재판부는 임 스님에게 무죄를 선고했다. 이에 대해 유족 측이 판결에 반발하고 기소한 검사도 불복해 항소함으로써 2심 재판은 수원지법 제4형사부에서 계속 진행되었다. 하지만 2심

재판의 결과도 검사의 항소가 기각되어 무죄판결이 유지되었다. 그러나 또다시 불복한 검사의 상고로 이 사건은 3심까지 올라가 진행되었다. 결국 2010년 대법원의 판결은 검사의 상고를 이유 없다고 기각함으로써 임 스님의 무죄를 최종 확정 지었다.

따라서 최범술이 일본군을 위문한 행적 등의 친일행위는 명백한 역사적 사실로 증명되었고 이는 허위사실로 볼 수 없어 사자명예훼손에 해당하지 않음이 대법원에서 최종적으로 판단된 것이다. 이처럼 실제로 있었던 역사적 사실을 그대로 말하거나 기록했다는 이유만으로 역사연구자가 사법적 판단을 받아야 한다면 이 얼마나 위험한 일이고 서글픈 현실인가. 이는 역사연구를 위축시키고 학문발전을 저해하는 일이 아닐 수 없다. 하지만 임 스님이 무죄판결을 확정받음으로써 끝끝내 진실이 승리한다는 사실을 다시 한번 각인시켜 주었다.

21. 『일제강점기 인명록』 발간과 『친일인명사전』 편찬*
반민족행위에 대한 진상규명
출판기념회에서 희망을 보다

필자는 인복이 많은 사람인가 보다. 올해 3·1절에 『일제강점기 인명록I-진주지역 관공리·유력자』라는 저서를 민족문제연구소에서 발간했는데, 필자의 만류에도 불구하고 많은 지인이 나서서 출판기념회를 열어주었다. 모두에게 너무나 큰 은혜를 입었다. 더구나 지난 1일 진주에서 열린 출판기념회에는 민족문제연구소 임헌영 소장이 먼 길을 찾아와 직접 필자의 작업을 격려해주었으며, 평소 필자가 존경하는 김장하 선생 등 많은 분이 참석해 자리를 빛내주었다.

현재 필자는 민족문제연구소에서 친일인명사전편찬위원회 편찬위원으로 활동하고 있다. 그래서 이 책을 펴낸 이유도 『친일인명사전』이란 민족적 과업을 완수하는 데 조그마한 보탬이 되고자 하는 데 있었다.

이 책에 수록된 명단이 3,387명이나 된 것은 일제강점기에 진주에서 활동했던 관공리와 유력자를 총망라했기 때문이다. 앞으로 『친일인명사전』을 편찬하는데 유용할 사초로 쓰이길 바란다. 그러나 한 가지 강조할 점은 이 인명록에 실린 모든 이들을 친일파로 규정할 수 없지만, 반민족행위에 대한 진상규명이란 측면에서 크고

작음을 가리지 않았음이다.

한편 이 책을 집필하면서 필자는 종종 프랑스의 민족반역자 처단작업과 비교해보면서 참담함을 감추지 못했다. 프랑스는 2차 세계대전 때 독일에 점령되어 4년 정도 나치의 지배를 받았다. 우리가 일제의 침략으로 지배받은 이른바 '36년'의 기간과 비교가 되지 않지만, 프랑스의 민족반역자에 대한 처단작업은 우리나라와 비교해 상상을 초월했다. 프랑스의 나치부역자 체포는 150만 명을 넘어 200만 명까지 육박했을 정도로 철저하게 반민족자를 청소했다.

그러나 우리나라는 일본이나 독일처럼 전쟁을 일으킨 당사국이 아님에도 불구하고 미군에게 점령되어 해방 후에도 외세의 통치를 3년이나 더 받았다. 더구나 그 이후 민족분단과 6·25전쟁으로 야기된 동족상잔의 고통은 일제 36년간의 아픈 기억을 완전히 능가할 정도가 되었다.

미군정은 일제의 관공리와 부역자들을 '빨갱이 사냥'이란 명목으로 재등용시킴으로써 사실상 이들 부역자를 처단할 기회를 없애버리는 한편 이들 친일세력이 부활할 토대마저 마련해 주고 말았다.

이 과정에서 이승만 정권의 방해공작과 친일경찰의 노골적인 저항으로 반민특위가 습격당해 와해하면서 특별재판부에서 종결된 건수는 겨우 38건에 불과하며 이 중 징역형 등 인신구속적인 신체형이 선고된 것은 고작 12건뿐이었다. 그러나 그것도 6·25전쟁 전에 모두 감형되어 모조리 석방됨으로써 결국 반민법에 따라 제대로 처단된 반민족행위자는 단 1명도 없게 되었다. 아무리 민족정기가 훼손되었다고 해도 이럴 수는 없는 일이다.

이러한 울분이 필자가 방대한 『일제강점기 인명록』을 완성할 수 있는 추동력이 되었는지도 모른다.

하지만 진정으로 필자에게 원천적인 힘이 되어 준 것은 『친일인명사전』 편찬예산이 국회에서 전액 삭감되었을 때 국민이 보여준 감동적인 성금이었으며, 필자의 출판기념회를 마련해주고 빛내주신 모든 분의 성원과 격려였다. 조국을 스스로 해방하지 못한 대가는 우리 민족에게 엄청난 고통을 안겨주었지만, 올곧은 희망은 여전히 남아있음을 확인할 수 있었다.

아무튼 분에 넘치게 많은 분이 출판기념회를 빛내주셨지만, 특히 세 분의 지인을 밝히지 않을 수 없다. 출판기념회를 최초로 구상하고 행사 당일에 사회까지 멋지게 보아준 진주민족문학작가회의 사무국장 하정구 씨를 비롯해 창원과 진주를 오가며 행사를 준비한 브레인 대표 이인안 씨, 바쁜 신문사 일에도 기꺼이 잡다한 실무를 맡은 《진주신문》 편집부장 서성룡 씨에게 정말 감사를 드린다.

이 밖에도 많은 분이 참석하여 출판의 기쁨을 함께 나눔으로써 필자에게 소중한 기억을 남겨준 일은 절대로 잊지 않을 것이다. 여러분들의 성원과 격려는 반드시 『친일인명사전』으로 보답할 것이다. (2005. 4. 4.)

    * 21번째 칼럼은 『친일인명사전』 발간에 얽힌 이야기』를 『일제강점기 인명록』 발간과 『친일인명사전』 편찬』이란 제목으로 바꿈으로써 두 책의 상관관계와 그에 얽힌 이야기를 담았다.

    진주인명록은 『명석면사』를 집필할 때 조사된 지역의 인물들을 확인하기 위한 용도로 처음 작성하기 시작하였다. 일제강점기를 중심으로 진주지역에서 활동한 관공리와 유력자 3,387명의 인적사항을 모아 놓았다. 처음에는 '진주지역 친일파인명록'으로 이름을 붙였으나 출간하는 과정에서 민족문제연구소의 조언에 따라 『일제강점기 인명록Ⅰ–진주지역 관공리·유력자』로 제목을 바꾸었다. 사실 일제의 관공리나 식민지배의 유력자로 행세했다고 모두 친일파라고 규정할 수 없다는 현실도 작용했다. 과유불급이라는 말처럼 필자는 진주인명록을 작성할 때, 과욕을 부려 학교 소사(잡역부 혹은 심부름꾼)까지 다 집어넣었기 때문이다.

    또 책 제목에 '인명록Ⅰ'이라고 로마자를 붙인 것은 진주인명록과 같은 지역인명록이 계속 발간되기를 지역연구자들에게 촉구하는 의미에서 민족문제연구소가 그렇게 순번을 붙였지만 이후 유사한 작업성과가 나왔다는 소식은 듣지 못했다. 필자의 인명록에 이어진 다른 지역의 인명록이 나와 로마자가 Ⅱ·Ⅲ·Ⅳ·Ⅴ 등으로 계속 붙여지기를 바랐으나 희망사항에 불과했다. 그래서 진주인명록이 유일한 지역의 일제강점기 인명록으로 남고 말았다.

어쨌든 지금 생각하면 참으로 어마무시하고 무지막지하게 작업한 기억이 남아있는데, 마지막 교정, 교열작업 때는 아예 짐을 싸서 들고 서울로 올라가 2004년 12월에서 이듬해 2월까지 2개월가량 청량리에 있던 연구소 인근의 떡전사거리 근처 여관에 묵으며 전력을 기울인 기억이 생생하다. 이후 참여한 친일인명사전편찬위원회에서 필자는 『친일인명사전』의 경찰 분야 등을 맡아 집필했다.

22. 금지곡과 〈인터내셔널가(歌)〉*

5월 1일은 세계 노동절
혁명가와 노동자의 노래

봄철을 맞아 필자가 진주에서 진행하고 있는 방송 프로그램이 개편되어 새 프로그램을 맡게 되었다. 5월 1일 노동절을 맞아 방송에서 금지곡의 역사에 대해 이야기했다. 많은 금지곡이 있었지만 이날 단연 생각나는 노래가 하나 있었다.

"깨어나라 노동자의 군대 / 굴레를 벗어던져라 / 정의는 분화구의 불길처럼 / 힘차게 타온다 / 대지의 저주받은 땅에 / 새 세계를 펼칠 때 / 어떠한 낡은 쇠사슬도 / 우리를 막지 못해…"

이 노래는 〈인터내셔널가〉이며, 이른바 전 세계 노동자의 애국가처럼 불리는 노래이다. 한때 혁명기에는 사회주의자와 공산주의자들의 노래였고, 한때 소련의 국가이기도 했다. 하지만 〈인터내셔널가〉는 오랫동안 전 세계 민중들과 노동자들로부터 사랑을 받아온 범세계적인 노래였다. 〈인터내셔널가〉가 탄생한 후부터 얼마나 끊임없이 얼마나 많은 곳에서 얼마나 많은 사람에 의해 불렸는지 모른다. 이 〈인터내셔널가〉를 말하기 전에 노동절에 관해 이야기하지 않을 수 없다.

1886년 5월 1일 미국 노동자가 자본가에 맞서 총파업을 했던 날을 기려 인터내셔널(국제노동자협회, 즉 국제사회주의자조직을 말함)에 의해 전 세계 노동자의 기념일이 제정되었다. 이날이 바로 메이데이, 즉 노동절이다. 막스의 '공산당 선언'의 마지막 구절처럼 "만국의 노동자여 단결하라!"를 외치며 1890년부터 이날 메이데이 행사를 개최하기 시작했다. 그 후 지금까지 세계 여러 나라에서는 이날을 노동자의 연대와 단결을 과시하는 국제적 기념일로 기념하고 있다.

우리나라 최초의 노동절 행사는 1923년에 있었다. 일제강점기, 메이데이는 기만적인 문화통치의 틈새를 비집고 당시 조선노동총연맹의 주도하에 시작되었다. 그러나 일제는 노동자의 혁명성을 두려워한 나머지 노동절의 강연집회나 시위를 엄하게 다스렸다.

그래서 1923년 5월 1일 진주의 메이데이는 주로 기념식만 거행했고, 이듬해 있었던 진주의 메이데이 행사 역시 노동자의 시위행렬을 이루지 못했다. 또한 1928년 진주의 메이데이에는 기념식만 할 수 있었고, 처음에 허용했던 강연조차 금지하기 시작했다.

그러다가 일제는 메이데이 기념식조차 금지하고 메이데이 자체를 부정하고 만다. 아울러 〈인터내셔널가〉는 물론 프롤레타리아 동요 같은 노래도 당연히 금지곡으로 규정되었다.

해방되자 조선노동조합전국평의회(전평)는 일제가 금지한 메이데이를 즉시 부활하고 다시 〈인터내셔널가〉를 노래하기 시작했다. 그렇지만 미군정의 전평 불법화, 이후 들어선 이승만 정권은 메이데이의 날짜를 5월 1일에서 어용노총의 창립일(3월 10일)로 변경했다. 이어 쿠데타로 집권한 박정희의 군사정권은 개발독재를 하며 산업예비군(실업자)을 무수히 양산했다. 박정희 정권은 노동자의 혁명성을 완전히 뿌리 뽑고자 노동절을 '근로자의 날'로 이름까지 변경했다. 이렇게 메이데이는 날짜도 이름도 빼앗긴 채 엄혹한 유신시절 내내 숨죽이지 않으면 안 되었다. 또한 〈인터내셔널가〉는 절대로 불러서는 안 되는 금지곡이었음은 물론이다.

하지만 1987년 6월 항쟁을 거쳐 노동자 대투쟁 이후 1989년 제100회 세계 메이데이 기념일을 맞아 우리나라 노동자들은 독재정권이 빼앗아 간 노동절을 다시 되돌려 놓았다. 오늘날에는 메이데이 행사를 당당하게 개최하고 있는데, 1992년 정부는 원래 날짜대로 노동절을 복원했으나 메이데이의 명칭은 근로자의 날로 그대로 두었다.

〈인터내셔널가〉는 금지곡 가운데에서도 특별하다. 그것은 우리나라 근현대사의 치열한 계급투쟁 속에 혁명가와 노동자의 애환이 서린 현장의 노래이기 때문이다. 하지만 매년 5월 1일이 되면 메이데이가 합법적으로 개최되고 있으나 노동시장의 다양성과 노동자계급의 분화로 현재 노동자의 계급성(동질성, 연대성, 집단성)은 현저히 약화한 실정이다.

노동운동이 사민주의적인(계급투쟁이 아닌 제도적 사회주의) 경향을 보이는 오늘날 〈인터내셔널가〉는 어떤 의미를 주고 있을까. 과연 이 노랫말처럼 "인터내셔널 깃발 아래" 우리가 얼마나 "전진 또 전진"했는지 진지하게 돌아볼 때이다. (2005. 5. 2.)

* 이 칼럼은 진주이야기로 보기 어려울 듯하지만, 여기에 실은 것은 필자가 진주에서 방송한 프로그램을 진행할 때 노동절을 맞아 세계사회주의운동을 상징하는 〈인터내셔널가〉를 소개하면서 일제강점기의 진주 사례도 언급하고 있기 때문이다.

"일어나라 대지의 저주받은 자들아 / 일어나라 굶주림의 노예들아 / 이성의 불길이 분화구에서 타오르니 / 이것은 마지막 외침이 되리라 / 과거는 깨끗한 판으로 덮일지니 / 억압받은 민중들아 일어나라 일어나라 / 세상은 바야흐로 밑바닥부터 뒤바뀌고 / 아무것도 아니던 우리가 모든 것이 되리라 / 이것은 최후의 투쟁이니 / 모두 단결하라 그리고 내일 / 인터내셔널은 인류의 미래가 되리라 / 이것은 최후의 투쟁이니 / 모두 단결하라 그리고 내일 / 인터내셔널은 인류의 미래가 되리라."

이 노랫말은 프랑스 원곡의 가사를 번역한 〈인터내셔널가〉의 가사이다. 비록 현재 한국에서 불리는 노랫말 가사와 번역과정에서 차이가 있지만 전 세계에서 불리는 모든 〈인터내셔널가〉의 출발점이 된 가사임은 분명하다. 이 노래는 프랑스 대혁명의 전개 과정에서 노동자의 노래로 만들어졌다. 1871년경 프랑스에서 혁명적 노동자정부를 수립한 '파리코뮌'이 일어났을 때 시인이며 철도노동자였던 외젠 포티에는 민중봉기를 외치는 격정적인 내용의 시를 썼다. 그 후 작곡가이며 가구공장 노동자인 피에르 드제이테가 그 시에 음률과 가락을 붙여 노래를 작곡함으로써 그 유명한 〈인터내셔널가〉가 탄생하였다.

〈인터내셔널가〉는 사회주의자들이 열창하기 시작하면서 전 세계로 급속히 퍼져나갔다. 이 노래는 일제강점기에 억압받고 있던 조선인 사회에도 전해져 조선공산당에 의해 번역됨으로써 조선 민중들 사이에서 널리 불렸다. 또 조선공산당은 〈인터내셔널가〉 이외에도 1848년 막스(마르크스)와 엥겔스가 노동자의 역사적 사명과 행동지침을 담은 「공산당선언」을 번역해 알렸다. 즉, 80년 후인 1926년 식민지 조선에서도 민족해방을 외치는 「조선공산당선언」이 발표된 것이다. 「공산당선언」과 〈인터내셔널가〉는 그 당시 전 세계 노동자는 물론 식민지 조선인을 단결시키는 강령과 노래로 작용했다.

《매일신보》는 1936년 11월 3일자에 이 노래가 만들어진 유래에 대해 보도한 적이 있었다. 그런데 〈인터내셔널가〉가 만들어진 내력을 보도한 매체가 사회주의에 대해 노골적으로 적의감을 드러내며 조선공산당을 박멸했던 총독부 기관지였다는 점이 매우 이채롭다. 다음은 그 기사의 전문이다.

"10월 5일 파리 북쪽 '싼 드니'시(市)의 운동장에서 혁명가 〈인터내쇼날〉 작곡자 '피엘 데게이델'의 대추도회(大追悼會)를 개최, 무산당(無産黨), 사회당(社會黨) 계통의 노동자 수천이 참집(參集), 조합당(組合黨) 대표의 연설 후 〈인터내쇼날〉을 고창(高唱)하여 노동자단체의 기세를 올렸다. '데게이델'은 1848년 백이의(白耳義)[벨기에]의 '간'시에 출생, '리루'에서 노동자 노릇을 한 후 음악학교에 입학, 이곳에서 〈인터내쇼날〉의 작사자 '포체'와 우연히 만나 량자(兩者)의 사회주의에 대한 렬정(熱情)은 긔치[그치지] 안코 〈인터내쇼날〉의 합작을 하게 된 것이다." (괄호 안 한자 일부와 대괄호 안의 해석은 필자가 덧붙임)

23. 신(新)시일야방성대곡*

위암 선생의 본뜻은?
살아남고자 했던 친일 지식인

　지난날 위암 선생의 「시일야방성대곡(是日也放聲大哭)」[이날을 목 놓아 통곡한다]을 읽었을 때 순진하게도 우리는 서로 말하기를, "위암은 평소 우리 민족의 기개와 언론인으로서의 사명감을 높이 보여주어 항일언론인으로 추앙받던 사람이다." 그리하여 언론인뿐만 아니라, 온 국민에 이르기까지 남녀노소 삼척동자가 그의 항일정신을 오랫동안 환영하여 마지않았다.

　그러나 세상일 가운데 예측기 어려운 일도 많도다. 천만뜻밖에 위암 선생의 친일의혹이 나온 것이다. 어찌하여 나오게 되었는가. 그가 《경남일보》 주필을 하고 있을 때 신문에 쓴 왜왕 명치의 생일을 축하하는 천장절 기념시가 발단이었다. 이 시를 두고 위암 선생이 썼느니 아니 썼느니 논란이 분분하여 위암 선생에 대한 친일진상규명을 하지 않을 수 없었다. 이 의혹으로 인해 비단 우리 근현대사학계뿐만 아니라 언론사학계가 분열을 빚어낼 조짐인즉, 그렇다면 위암 선생의 본뜻이 어디에 있었던가.

　일찍이 위암 선생은 왜적 군대와 작배한 을사오적이 체결한 치욕의 을사늑약의 소식을 접하고 그날을 목 놓아 통곡하며 「시일야방성대곡」을 썼다. 후세 사람들은 위암 선생의 이러한 올곧은 기개와 민족정신을 언론인의 사표(師表)로 높이 평가했다. 그러나 그것은 그렇다 하더라도 우리 국민 다수의 민족적 감정은 강경하여 오늘날 누구든지 반민족행위에 대한 의혹이 있다면 진상규명하기를 마다하지 않았으니, 친일의혹에 대해서는 사자명예훼손과 허위사실유포라는 죄로 성립되지 않을 줄 구천에 있는 위암 선생 자신도 잘 알았을 것이다.

그러나 슬프도다. 저 개돼지만도 못한 소위 우리 근현대사의 민족반역자와 변절자들은 어떻던가. 자기 일신의 영달과 이익이나 바라면서 반민족적인 세 치 혀를 날름대거나 헤픈 웃음으로 동족이 죽든 말든 기꺼이 친일파 되기를 택한 것이다. 그러고도 나라를 팔아먹고 민족을 반역하여 동족을 학대한 대역죄에 대한 참회 없이 광복 후에도 대대로 떵떵거리며 행세하지 않았던가.

아! 반만년의 강토와 일제 36년의 역사를 왜적들에게 들어 바치고도 모자라, 4천만 국민이 광복 60년의 역사를 친일파의 노예 되게 하였으니, 지금 저 개돼지만도 못한 망발을 부리고 있는 새로운 친일 지식인과 각종 신친일파들이야 깊이 꾸짖을 것도 아니다. 광복 후 반민족적 후손들과 친일파 계승자들이 친일조상과 친일파를 기념하고자 어찌했는지 천하가 다 알고 있지 않은가.

하지만 명색이 이른바 '항일언론인'이라는 위암 선생의 후손은 어찌했는가. 선조에 대한 친일의혹이 일어나면 진상규명에 나서지는 못할망정 자숙 자성해야 함에도 득달같이 소송을 제기하여, 친일의 진실을 덮어두고 단지 한때의 항일만을 들먹이며 이름거리나 장만하려 한단 말인가.

위암 선생은 경술국치 때 자결한 매천 선생처럼 통곡하며 절필하지도 못했고, 신채호 선생이나 박은식 선생처럼 평생을 바쳐 조국을 되찾는 독립운동에도 헌신하지도 못해 그저 총독부 기관지에 친일논조의 글이나 투고하며 살아남고자 했으니 그 무슨 면목으로 강경한 우리 후손들을 볼 것이며, 그 무슨 면목으로 조국독립에 목숨을 바친 수많은 애국자의 영령들에 맞댈 것인가.

오호라! 위암 선생은 경술국치 후 왜왕이 구휼 은사금을 내리자, 얼마나 기뻤으면 "조선 인민은 한꺼번에 파도 같은 은혜에 젖었네"라고 찬양할 수 있다는 말인가. 더구나 왜적 군대의 두목 장곡천호도가 총독으로 오자 그를 위해 환영하는 시를 읊음도 모자라, 망국의 임금 순종이 우리나라를 식민지로 만든 적국으로 건너가 왜왕을 만나는 일을 두고 '일선(日鮮) 융화의 서광이 빛나리라'라고 읊을 수 있다는 말인가. 과연 한때 「시일야방성대곡」을 짓고 통곡하던 위암 선생이 진정코 맞던가. 대명천지에 이 무슨 망발인고!

아! 원통한지고, 아! 분한지고. 우리는 속았다. 우리 4천만 겨레여, 친일의 망령으로 노예 된 겨레여! 살았는가, 죽었는가. 단군왕검 이래 5천 년 가까운 민족정신이 위암 선생의 친일의혹으로 어느날 갑자기 홀연히 망하고 말 것인가. 아니면 진상규명으로 민족정기를 다시 회복할 것인가. 정말 원통하지만, 상징 조작된 위암 선생을 단상에서 끌어 내리고 진정한 항일언론인 상을 다시 세우자. 겨레여! 겨레여! (2005. 6. 10.)

＊「신(新)시일야방성대곡」은 1905년 11월 20일자 《황성신문》에 게재한 논설 「시일야방성대곡(是日也放聲大哭)」을 패러디한 글이다. 「시일야방성대곡」은 《황성신문》의 주필과 사장을 지낸 위암(韋庵) 장지연(張志淵)이 쓴 것으로 알려져 있으며, 이 글로 인해 그는 일약 항일언론인으로 유명해졌다.

그런데 필자가 민족문제연구소에서 펴낸 저서 『일제강점기인명록I－진주지역 관공리·유력자』에서 그가 진주에서 《경남일보》 주필로 재직했을 때와, 경술국치 이후 총독부 기관지 《매일신보》에서 객원필진을 지낼 때의 친일행위와 친일집필에 대한 내용을 수록한 것 때문에 2005년 6월 그의 유족들로부터 허위사실유포와 사자명예훼손혐의로 형사고소를 당했다. 그러나 경찰의 수사가 시작된 이래 적극적인 입증으로 장지연의 친일행위에 대한 사실관계를 낱낱이 밝혔다. 이 사건은 2005년 11월 사건이 검찰에 송치되었으나 서울북부지방검찰청으로부터 최종적으로 무혐의처분을 받았다.

이 칼럼은 필자가 수사를 받던 2005년 6월 10일, 서울 청량리경찰서(현재의 동대문경찰서)에 소환되는 날을 염두하고 출두 당일신문에 발표한 것이다. 그러면 칼럼으로 패러디한「시일야방성대곡」의 실제 내용은 어땠을까? 참고로 원문(국한문혼용)을 그대로 소개하고 그 뜻풀이를 하면 다음과 같다.「시일야방성대곡」이 어떻게「신시일야방성대곡」으로 패러디되었는지 그 차이를 알 수 있다.

"曩日 伊藤侯가 韓國에 來흠이, 愚我人民이 逐逐相謂曰, 侯는 平日 東洋三國의 鼎足安寧을 自擔周旋ᄒ던 人이라, 今日 來韓흠이 必也我國獨立을 鞏固히 扶植흘 方略을 勸告ᄒ리라 ᄒ야, 自港至京에 官民上下가 歡迎흠을 不勝ᄒ얏더니, 天下事가 難測者 多ᄒ도다.

千萬夢外에 五條件이 何로 自ᄒ야 提出ᄒ얏는고. 此條件은, 非旦我韓이라 東洋三國의 分裂ᄒ는 兆漸을 釀出흠인즉, 藤侯의 原初主意가 何에 在흔고.

雖然이나 我大皇帝陛下의 强硬ᄒ신 聖意로 拒絶흠을 不已ᄒ셧스니 該約의 不成立흠은 想像컨디 伊藤侯의 自知自破 흘 바어늘, 噫, 彼豚犬不若흔 所謂 我政府大臣者가, 營利를 希覬ᄒ고, 假嚇를 恇劫ᄒ야 逡巡然 觳觫然 賣國의 賊을 甘作ᄒ야, 四千年 疆土와 五百年 宗社를 他人에게 奉獻ᄒ고, 二千萬 生靈으로 他人의 奴隸를 敺作ᄒ니, 彼等 逐犬不若흔 外大 朴齊純 及 各大臣은 足히 深責흘 것이 無ᄒ거니와, 名爲 參政大臣者는 政府의 首揆라, 但 以不字로 塞責ᄒ야, 要名의 資를 圖ᄒ얏던가.

金淸陰의 裂書哭도 不能ᄒ고 鄭桐溪의 刃割腹도 不能ᄒ고,

偃然 生存ᄒ야 世上에 更立ᄒ니, 何面目으로 强硬ᄒ신 皇上
陛下를 更對ᄒ며, 何面目으로 二千萬同胞를 更對ᄒ리오.

嗚呼 痛矣며 嗚呼 憤矣라. 我二千萬爲人 奴隷之同胞여, 生
乎아 死乎아. 檀箕以來 四千年 國民精神이 一夜之間에 猝然
滅亡而止乎아. 痛哉 痛哉라. 同胞아 同胞아."

"저번 날에 이토 히로부미 후작이 대한제국에 왔을 때, 어리석
은 우리 국민들은 주관 없이 너도나도 서로 말하기를 이토 후작은
평소 일본, 중국, 한국의 동양 3국이 솥 다리 3개가 받쳐준 것같이
든든한 안녕을 스스로 자청해 주선하겠노라고 나섰던 사람인지라,
이번 날에 한국에 온 것은 반드시 우리나라 독립함을 굳고 단단하
게 영향을 미쳐 뿌리내리도록 방법과 계략을 권고할 것이라 하여,
인천항에서부터 한양도성에 이르기까지 모든 관리와 백성들이 위
아래를 가리지 않고 나와 환영함을 그치지 않았는데, 세상 천하의
일은 예측하기가 어려운 것이 많이 있더구나.

전혀 꿈에서도 생각하지 못한 을사년 5조약이 어떻게 저절로 되
어 제출되었는가. 이 을사조약은, 다만 우리 한국뿐만 아니라 동양
삼국이 분열하는 조짐을 점차 빚어낼 터인즉슨, 이토 후작의 원래
의 가진 초심은 어디에 있는 것인가.

그것은 그렇다 하더라도 우리 고종 대황제 폐하의 강경하신 성
의로써 거절하기를 마다하지 않았으니 조약이 성립하지 않는다는
것은, 상상해보면 이토 후작이 자기 스스로도 잘 알았다고 할 것인
데, 아! 탄식이 나온다, 저 개돼지만도 못한 이른바 우리나라 정부

의 대신이란 자들은, 자기 영달과 이익을 바라고, [일제가 조약체결을 강요할 때] 거짓으로 성을 내는 것을 위협으로 보고 겁을 집어먹고 주저하거나 무서워서 벌벌 떨다가 나라를 팔아먹는 도적이 되기를 감수함으로써, 4천 년 우리나라 국토와 조선왕조 5백 년의 종묘사직을 다른 나라 사람에게 들어다 바치고, 2천만 생명과 영혼들로 하여금 다른 민족의 노예가 되게끔 하였으니, 저들 개돼지보다 못한 외부대신 박제순 및 각 대신들이야 깊이 책임을 물어 꾸짖을 필요는 말할 것도 없을뿐더러, 명색이 참정대신이란 자는 정부의 수석대신임에도, 단지 조약에 찬성하지 아니한다는 글자나 들먹이며 책임을 면하고자 하여, 이름거리나 자격을 도모하려고 하였더냐.

[청나라와의 전쟁 때] 청음 김상헌처럼 오랑캐와 화친하자는 조약문서를 찢으며 통곡하지도 못했고, 동계 정온처럼 칼로 배를 가르며 할복하지도 못하고, 그저 살아남아 세상에 다시 나서고자 했으니, 그 무슨 낯짝으로 강경하신 고종 황제 폐하를 다시 뵈올 것이며, 그 무슨 면목으로 2천만 동포의 얼굴을 다시 맞댈 것인가.

아! 원통하고 아! 분하도다. 우리 2천만 동포여! 노예가 된 동포여, 살았는가! 죽었는가! 단군조선과 기자조선(箕子朝鮮) 이후 이어진 4천 년이나 된 국민정신이 하룻밤 사이에 홀연히 멸망하여 끝나고야 말 것인가! 원통하고 원통하구나. 동포여! 동포여!"

24. 진주에서의 학살 사진*

끔찍한 모습에 '전율'
전쟁의 광기와 잠 못 드는 원혼들

얼마 전 마산에서 6·25전쟁기 경남지역 민간인학살에 대한 학술대회가 열렸다. 이 자리에서 주제발표를 한 제노사이드연구회 전갑생 연구원과 《경남도민일보》 김주완 사회부장의 발표문을 읽으면서 불현듯 떠오르는 사진이 있었다. 진주의 대학살이라고 알려진 6·25전쟁기 보도연맹원 학살 사진이었다.

필자는 이 학살 사진에 나타난 참상을 보고 한동안 전율을 감추지 못했다. 필자가 진주학살 사진에 대해 이야기를 처음 들은 것은 올해 초 민족문제연구소에서 『일제강점기 인명록―진주지역 관공리·유력자』를 편찬할 때였다. 우연히 민족문제연구소 회원이던 박도 작가와 전화통화를 하면서 진주에서의 학살 사진이 있다는 이야기를 들었다. 곧 문제의 사진을 보게 되었고, 그 끔찍한 모습에 눈을 바로 뜨지 못했다.

박도 작가는 지난해 1월 백범 김구 선생의 암살 배후를 규명하기 위해 네티즌들이 모아준 국민성금으로 백범 암살범을 응징한 권중희 씨와 함께 미국에 다녀왔다. 그는 미국 국립문서기록보관청에서 백범 암살의 진실을 찾기 위해 한국 현대사 자료를 열람하던 중 진주 학살 사진을 발견했다고 말했다.

사실상 지금까지 진주는 물론 경남에서 벌어졌던 학살에 대해 증언은 무수히 많은데 학살을 증명할 사진은 발견된 적이 없었다. 그러던 차에 이 사진의 등장은 대단히 흥분을 불러일으킬 수밖에 없었다. 박도 작가는 사진 원본의 뒷면에 쓰인 진주라는 지명과 촬영 날짜 이외에는 별다른 표기가 없고 단지 '어느 곳(somewhere)'이라고만 쓰여 있어, 이 사진이 정확히 진주의 어느 지점을 가리키는지 알 수 없다고 했다.

그 후 흥분을 가라앉히고 박도 작가가 복사한 다른 학살 사진과 자세히 대조하여 검토했다. 그런데 안타깝게도 그 사진은 진주가 아닌 다른 지역에서 촬영된 것으로 판단되었다. 이를 뒷받침하는 근거로는 학살 사진에 나타난 지형지물의 위치가 전주(또는 충주)의 사진과 완전히 동일했고, 또 다른 이유로는 학살된 시신을 발굴하는 장면이 촬영된 날짜가 진주에서의 피학살자 발굴 날짜와 맞지 않는다는 점이다.

예컨대 사진에 나타난 진주의 피학살자 촬영 날짜는 1950년 10월 2일인데, 진주의 경우에는 이미 8월 초 유족들에 의해 보련희생자에 대한 시신 발굴이 시작되었기 때문이다. 따라서 사진상에 보이는 수백 명의 피학살자를 보도연맹원이라고 보면 발굴 날짜는 2개월이나 차이가 난다. 이 2개월 동안에 사진상에 보이는 것처럼 시신이 부패하지 않고 한여름을 견딜 수는 없다.

만약 이 사진에 나오는 희생자들이 보도연맹원들이 아닌 우익인사들이었다고 해도 날짜가 맞지 않는다. 인민군이 진주에서 퇴각하고 미군과 군경에 의해 진주가 수복된 날짜가 9월 25일인데 인민군 치하에서 좌익에 의해 학살된 시신을 1주일 동안이나 우익 또는 유족이 발굴하지 않고 방치할 이유가 없기 때문이다. 무엇보다 인민군의 진주점령 시 보도연맹원 학살지에 대한 발굴은 당시 기록과 증언이 남아있는데, 이에 비해 9월 25일 진주수복 시에는 학살된 시신을 발굴했다는 기록이나 증언이 전혀 나오지 않고 있다는 점도 들 수 있다.

결론적으로 말하자면 이 사진은 진주에서의 학살 사진, 이른바 보도연맹원을 학살한 '우익의 학살'이 아니라 전주 또는 충주에서 인민군이 후퇴하면서 저지른 '좌익의 학살'이었다. 전쟁의 광기가 낳은 쌍방간의 잔혹행위가 아닐 수 없다. 보도연맹원 학살 못지않게 인민군이나 좌익에 의해 저질러진 보복학살도 만만치 않았던 것이다.

그렇지만 이 사진이 진주에서 일어났던 학살에 대한 확연한 증거가 아니라고 해도 진주의 대학살은 엄연한 사실이다. 진주에서 유령처럼 떠도는 원혼들은 아직도 어느 습기 찬 땅 밑에서 이름 모를 유골이 되어 그 참혹한 학살의 현장을 무언으로 증언하고 있다. 과거사법(진실·화해를 위한 과거사정리기본법)이 누더기가 됐다는 평을 듣고 있는 가운데 이들의 억울한 죽음을 해원해 줄 진혼곡은 언제쯤이나 제대로 울릴지 지금으로서는 예측하기 힘들다. (2005. 7. 4.)

＊마침내 2024년 필자가 오래전에 쓴 『명석면사』에 기록된 민간인학살을 근거로 하여 국가 차원의 진실규명이 이루어졌다. 제2기 진실화해위원회는 명석면 일대에서 학살된 유해를 발굴하고 실체를 확인한 후 진실규명을 하기에 이르렀다. 김영희 한국전쟁창원유족회 유해발굴단장 겸 자원봉사자는 진주시 명석면 관지리에서 진주지역 보도연맹원들이 학살당한 일명 '닭족골'에서 유해를 발굴한 적이 있었다. 전직 역사교사인 그녀는 학살된 민간인 유해를 발굴하는 데 자원봉사자로 도왔고 이러한 발굴내용을 정리해 글을 올렸다.

《오마이뉴스》 2024년 3월 8일자를 보면 "이것은 아주 고무적이다. 面史(면사)를 근거자료로 백씨 네 분이 진실규명을 받게 됐다. 필자는 면사에 피학살자를 기록한 것을 본 적이 없다"라며 "위 자료는 진실규명 확정에 명백한 증거자료가 됐다"라고 밝혔다. 이와 함께 명석면 닭족골 유해발굴에 대해 같은 내용의 글을 《단디뉴스》 2024년 4월 26일자에도 실었는데, "특히 한국전쟁 민간인학살은 완벽한 은폐의 역사이기 때문에 기록이 전무하다. 명석면 근현대사를 기록할 수 있도록 면사편찬추진위원장 손태기와 집필자

김경현 그리고 편찬위원들의 용기 있는 결단에 찬사를 보낸다"라
고 덧붙였다.

　참으로 오랜 세월이 걸렸다. 이들이 무참히 희생된 지 74년 만의
일이고, 학살사실을 『명석면사』에 최초로 기록한 지 24년 만의 일
이다. 비로소 억울한 죽음이 국가에 의해 공식적으로 밝혀지고 인
정받게 된 것이다. 1999~2000년 당시 악전고투하며 『명석면사』
에 민간인학살 내용을 기록한 필자는 뒤늦은 진실화해위원회의 진
실규명 결정을 보고 형언할 수 없는 많은 생각이 들었다. 진실화해
위원회 이정은 조사관과 진주유족회 강병현 전임 회장, 정연조 회
장 등 많은 사람의 노력이 결실을 본 역사적 성과이다. 그리고 역
사의 진실은 언젠가 반드시 밝혀진다는 점과 역사의 준엄함이 무
엇인지를 다시 한번 깨닫게 되었다. 이들의 명복을 빈다. 다음은
「경남 진주 국민보도연맹 및 예비검속사건(1)」에 대한 진실화해위
원회의 역사적인 진실규명 결정 내용을 정리한 요지이다.

　"한국전쟁 발발 직후 1950년 7월 경남 진주지역 국민보도연맹
원 등은 진주경찰서 경찰에 의해 소집 또는 연행되는 방식으로 예
비검속되었다. 이후 예비검속된 사람들은 진주경찰서 관할 지서
및 유치장, 진주형무소 등에 구금되었다가 1950년 7월경 진주 명
석면 관지리 화령골 및 닭족골, 마산 진전면 여양리 산태골(여항
산)에서 집단 살해되었다. 조사 결과, 경남 진주 국민보도연맹 및
예비검속사건(1)의 '확인된'(필자 강조) 희생자는 총 7명이다. 이
번 조사로 신원이 확인된 희생자는 강○상(姜○尙, 2다-116), 백

○흠(白○欽, 2다-292), 손○이(孫○伊, 2다-310), 손○동(孫○東, 2다-1307), 강○태(姜○台, 2다-1409), 손○판(孫○判, 2다-1553), 백○상(白○尚, 2다-1852)이다. 이 사건의 희생자들은 비무장 민간인이었으며, 한국전쟁 이전에 좌익에 협조했다는 이유 등으로 국민보도연맹에 가입되었거나 좌익 협조자로 분류되어 경찰의 감시와 통제를 받던 사람들이었다. 희생자들은 모두 20~30대 남성이었고, 대부분 농업에 종사하였다. 이 사건의 가해주체는 진주경찰서 소속 경찰, 육군정보국 진주지구CIC(방첩대), 진주지구헌병대 등이다. 따라서 민간인에 대한 불법살해의 최종책임은 군경을 관리 감독해야 할 국가에 귀속된다. 이에 따라 진실화해위원회는 국가와 지방자치단체가 유족들에게 공식사과하고 추모사업 지원, 유해발굴 및 안치 등 후속 사업을 추진해야 한다고 권고한다."

25. 진주를 만드는 일념*

조개의 눈물과 고통으로 잉태
'역사적 단죄'는 나의 소명

일제시대 발행된 신문을 보면 금강석을 '보석의 왕'이라고 불렀고, 진주를 '보석의 여왕'이라고 일컬었다. 금강석은 다이아몬드를 가리키는 말이다. 다이아몬드는 지구상에서 가장 단단한 광물이기 때문에 아무에게나 '정복될 수 없다'라는 도발적인 어원을 가지고 있다. 그래서인지 다이아몬드는 누구나 흔하게 갖는 보석은 아니지만 연마가공하지 않으면 그 화려한 불꽃과 빛을 제대로 보여줄 수 없다.

이에 비해 진주는 자연의 빛과 구형의 모습 그대로 모든 보석 중에서 가장 아름답고 귀하게 인정받는 보석이다. 제 살을 파고 들어가는 모래의 고통을 참으며 속으로 삭여 아름다운 진주를 만드는 대합조개를 보라. 산고의 아픔 속에서 구형 또는 방울 모양의 진주가 만들어지고 그 형태가 완전할수록, 또한 그 빛깔이 짙을수록 진주의 위대성은 찬미된다. 한마디로 진주는 조개의 눈물과 고통으로 잉태된 매우 값지고 아름다운 보석이다.

그런데 왜 필자가 여기에서 느닷없이 보석예찬이나 하는 것일까. 그것은 다음과 같은 노랫말에 대한 사연 때문이다. 지난해 1월

반민족적인 16대 국회가 전액 삭감한 『친일인명사전』편찬예산에 대해 분노한 국민들이 다시 기금을 모을 때 인터넷상에는 '독립군가'가 폭발적으로 울려 퍼지고 있었다. 이 노래는 일제 말 광복군에 복무하고 있던 박영만과 한유한이 작사 작곡한 〈압록강 행진곡〉이었다. 많은 국민과 네티즌들이 이 노래를 듣고 눈물을 흘리며 국민성금 모금 운동에 동참했다.

이 노랫말에는 도탄에 빠진 동포와 형제를 구하기 위해 압록강과 백두산을 넘어 조국으로 진격하고자 하는 광복군의 절실한 염원이 잘 나타나 있다. 그런데 이 노랫말 중에는 필자를 울린 대목이 있었다. 바로 "진주 우리나라 지옥이 되어 모두 도탄에서 헤매고 있다"라는 가사이다. 당시 진주에 살고 있던 필자는 이 대목이 무슨 말인지 처음에는 선뜻 알아채지 못했다.

그러다가 찬찬히 반복적으로 들어본 결과 독립군가에 나오는 진주는 경남 진주를 말하는 것이 아니라 보석과 같이 아름다운 우리나라 강토를 말하는 것이었다. 진주처럼 고왔던 우리나라가 지옥이 되었다는 것이다. 독립군이 조국을 바라본 참담한 심정이 느껴지는 말이었다. 갑자기 오늘날의 반민족적인 현실이 겹쳐지면서 눈물이 하염없이 줄줄 흐르기 시작했다.

우리 사회에는 반민족적인 기득권과 신친일파들에 의해 주창되는 친일청산 반대의 10대 궤변론이 있다. 친일청산 주장을 하는 사람을 빨갱이로 몰아세우는 '색깔론', 한때 친일을 했더라도 민족에게 끼친 공로가 많다는 '공과론', 모두가 친일했다는 '공범론', 무조건 과거를 잊자는 '망각론', 강제에 의해 친일했기 때문에 연약한 개인(범부)이 이를 감당하기엔 무리였다는 '범부피해론(또는 호구지책론)', 민족을 살리기 위해 주어진 직분에 충실했다는 '직분충실론(또는 희생론)', 친일파를 오히려 수난을 감내한 사람으로 떠받드는 '순교자론', 이밖에도 '연좌제 부활론', '국론분열론', '정치적 음해론' 등을 말한다.

필자는 이번에 17대 국회가 개정한 특별법에 의해 구성된 친일반민족행위진상규명위원회에서 활동하게 되었다. 1948년 제정된 반민특위는 주된 목적이 친일파에 대한 물적, 인적 청산에 있었지만 이번에 새로이 구성된 친일진상규명위는 이미 대부분 생물학적으로 시효가 끝난 친일파에 대한 '역사적인 단죄'에 초점을 맞추고 있다. 그래서 친일파를 옹호하고 청산 작업을 반대하는 궤변들을 극복하고 글자 그대로 광범위하면서도 철저히 친일반민족행위에 대한 진상을 규명해야 한다.

한편 필자를 울렸던 독립군가 〈압록강 행진곡〉이 올해부터 초등학교 4학년 음악교과서에 실렸다는 소식을 접했다. 이제 고통을 감내하고 진주와 같은 아름다운 보석을 만들겠다는 일념으로 친일반민족행위 진상규명에 역사적인 소명을 다하겠다는 결심이 새롭게 선다.

제 칼럼은 이번 호에서 마치기로 한다. 그동안 성원해주신 모든 분께 감사드린다. (2005. 8. 3.)

＊다이아몬드를 가리켜 금강석(金剛石)이라고 하는데, 이 금강석은 보석의 절대지존답게 최고의 보석으로 군림하고 있지만 다른 말도 있다. 일제강점기에 발행된《조선일보》1925년 8월 13일자 기사 중에서 제목이 '보석의 왕과 여왕은 진주와 금강석'이라고 표현한 것이 있다. 그러나 보석의 왕은 최고의 광물을 가리킨다는 점에서 진주를 보석의 왕이 아닌 여왕으로 보는 것이 맞을 듯싶다. 이를 보여주듯《조선일보》는 1937년 기사에서 "보석의 왕이라는 다이아몬드"라고 다시 표현을 정정했다. 또 1938년《동아일보》여기자 황신덕도 신문에 보석 이야기를 할 때 "보석 중의 왕은 금강석"이라고 하고 진주에 대해서는 '순정(純情)의 맛'을 가진 보석으로 표현했다.

이외에도 '진주'란 말에는 여러 가지 뜻이 있지만, 크게 두 가지의 뜻으로 사용되었다. 전자는 경남의 이름 높은 고을인 '진주(晉州)'라는 지역을 말한다. 이 진주는 '천년고도(千年古都)'로 일컬어진 한반도 남부의 오래되고 전통 있는 도시이다.

또 후자는 영롱한 아름다움을 간직한 '진주(眞珠)'를 말하는 것이다. 그래서 일제강점기에 일본인 오노 사세오는 "진주빛, 그 형언할 수 없는 꿈같은 살빛. 이러한 따뜻함과 청순함이 풍기는 보석이 있을까요?"라고 찬미한 것처럼 그 진주는 순결한 빛으로 인해 '보석의 여왕'으로 예찬되는 보석이다. 진주는 자연이 만든 아름다움이 최고인 보석으로, 사람들의 마음을 사로잡는 이야기로 진주에 관한 서사(敍事)가 있다.

즉, 조개는 자기 몸 안에 들어온 이물질을 자신의 살로 감싸서 병균의 확산을 막아내는 데 오랜 시간과 노력을 기울인다. 이 과정에서 찬란한 빛깔을 띤 구형의 곱고도 아름다운 진주가 탄생하는 것이다. 조개는 자신을 보호하기 위해 조개가 껍질을 만들 때 쓰는 탄산칼슘으로 내부의 이물질을 감싸는데 이게 나중에 진주가 된다. 조개가 스스로를 지켜내기 위해 고통을 이겨내고 만든 아픔의 산물이었다는 점에서 보석 탄생의 역설이 아닐 수 없다. 그런 이유로 진주를 가리켜 '슬픈 눈물의 결정(結晶)'이란 말도 나오지 않았나 싶다. 사실 진주는 다이아몬드나 루비, 사파이어, 금, 은 같은 무기질의 광물이 아닌 유기질로부터 만들어졌기에 더 특별한 보석이 아닐 수 없다. 물론 진주 외에도 산호(珊瑚), 호박(琥珀), 상아(象牙), 제트(jet)같은 유기질 덩어리로 만들어진 보석이 있지만, 진주와는 비교될 수 없다.

이처럼 진주는 여느 광물과 다르지만, 보석 중의 보석으로 가치를 더해준다. 비록 진주의 한자 뜻도 각기 다르지만, 지명이 되었든 보석이 되었든 무엇이 되었든 '진주'를 바라보는 마음은 별반 다르지 않을 것이며 모두 진주를 고귀하게 생각하고 있다. 따라서 필자의 마지막 칼럼은 조개의 눈물과 고통으로 만들어내는 아름다운 진주를 만드는 일념을 언급하며 끝내고 있다. 진주를 만드는 것처럼 친일청산을 위한 역사적 단죄를 소명 삼아 역사전쟁에 혼신의 힘을 다해 매진하겠다는 다짐인 것이다. 결론적으로 제1부의 마지막 칼럼은 첫 칼럼에서 화두로 던진 '진주 죽이기'란 도발적인 의미가 필자에게 앞으로 어떤 삶의 지향점을 제시했는지 잘 보여준다. 다음은 필자가 집필을 그만두고 필진에서 내려온 것에 대해 보도한 《경남도민일보》 2005년 7월 26일자 기사이다.

"『일제강점기 인명록I-진주지역 관공리·유력자』를 펴낸 경남근현대사연구회 연구원이자 본보 「열린아침 곧은소리」 필진인 김경현 씨가 친일반민족행위진상규명위원회(위원장 강만길)에서 사무관급 조사관(별정직 5급)으로 활동하게 됐다. 26일 친일진상규명위 대회의실에서 임명장을 받게 되는 김 연구원이 맡게 되는 직책은 중앙조사국 지역조사과 제4조사팀장으로 영남지역 조사를 담당하게 된다. 김 연구원은 '올해는 친일반민족행위자 처벌을 위해 조직된 반민특위가 친일경찰에 쓰러진 지 55년 만이다. 위원회에서 활동하게 된 것을 기쁘게 생각하면서 한편으로 무거운 책임감도 느낀다. 해방 후 60년 동안 이루지 못한 민족정기를 바로 세우는 일에 혼신을 다하겠다'라는 각오를 밝혔다. 친일진상규명위는 지난 2004년 3월 제정된 '일제강점하 반민족행위 진상규명에 관한 특별법'에 따른 대통령 직속 기구로 △친일반민족행위 조사와 결정 △친일반민족행위 관련 국내외 자료수집 분석 △조사보고서 발간 및 사료편찬 작업을 진행한다. 표세호 기자"

제2부
진주문화 살리기

제2부 진주문화 살리기
- 진주문화를 둘러싼 온갖 논란에 관한 생각

　제2부는 제1부가 상징하는 '진주 죽이기'를 보완하는, 문화를 주제로 쓴 칼럼을 모아 구성한 '문화편'이다. 제2부에 '진주문화 살리기'라는 제목이 붙은 것은 '진주 살리기'를 위한 문화적 부흥을 갈망하기 때문이다. 이 책 제목을 『진주 죽이기』라고 이름 붙였지만, 이 말속에는 '진주문화 살리기'뿐만 아니라 '의암별제 살리기'라는 뜻도 포함된 반어적 의미를 강하게 내포하고 있다고 할 것이다.

　여기에 수록한 글은 2003년《경상대신문》에 연재한 『김경현의 진주문화 엿보기』라는 코너에 실린 문화칼럼이다. 총 10개 칼럼이 연재되었다. 진주문화를 보여주기에는 너무 빈약하지만, '진주난봉가' 등 진주를 상징하는 10개 열쇠 말로 구성함으로써 나름대로 진주문화를 보여주고자 했다.

　제2부에 수록된 칼럼 중에는《경상대신문》에 게재하지 않은 글이 2개 있다. 여기에 소개하는 『가칭 '봄축제' 프로그램위원 사퇴 이유서』와 『성계옥, 교방문화와 검무의 예인』이 그것이다. 이번에 책을 엮으면서 추가로 포함했는데, 이 2개 글은 소식지《의암별제》에서 인용한 것이다. 이 글은 신문칼럼이 아니지만 제2부 진주문화의 내용을 채워주는 글이고, '진주문화 살리기'의 문화적 언저

리를 나름대로 요긴하게 보완하고 있으므로 제2부 칼럼에 포함해도 무방하다고 보았다. 그래서 이 책의 전체적인 지향과 구성에 필요하다고 생각되어 칼럼적 요소가 적은 글임에도 불구하고 제2부의 마지막 부분에 포함하게 되었다. 원본의 일부 내용을 보완하여 문화칼럼의 부족한 부분을 채우고, 문화비평적 시각에서 문제를 제기하는 글로 제2부의 한 부분을 구성했다.

앞에서 말했듯이 제2부의 글은 원래 신문 지면에 발표한 것이므로 당시의 글을 그대로 수록했다. 그러나 일부의 문맥을 바로잡거나 맞춤법에 따라 손을 보았으며, 내용을 추가하거나 보완할 때 각주처럼 설명하였으므로, 제2부 각 칼럼의 설명글도 일종의 주해문이라고 볼 수 있다.

1. 진주난봉가*

　진주를 색향의 고장이라 부르기도 하는데, 아마도 색향은 기생들이 많다고 해서 붙여진 이름 같다. 꽃이 많으면 벌도 많은 법, 기생이 많은 진주에는 기방을 출입하는 한량들도 많이 있었다. 그래서 진주에는 한량무라는 춤도 전승되고 있다. 이런 한량들의 난봉을 풍자하는 유명한 노래가 하나 있다. 바로 〈진주난봉가〉라는 민요이다. 필자가 1980년대 대학생 때, 운동권 학생들의 뒤풀이 자리에서 따라 불렀는데 노랫말을 살펴보면 다음과 같다.

　"울도 담도 없는 집에서 시집살이 삼 년 만에 시어머님 하시는 말씀 / 얘야 아가 며늘아가 진주낭군 오실 터이니 진주남강 빨래가라 / 진주남강 빨래가니 산도 좋고 물도 좋아 우당탕탕 빨래하는데 / 난데없는 말굽소리 옆눈으로 힐끗보니 / 하늘 같은 갓을 쓰고 구름 같은 말을 타고서 못본 듯이 지나더라 / 흰 빨래는 희게 빨고 검은 빨래 검게 빨아 집이라고 돌아와보니 사랑방이 소요(騷擾)터라 / 시어머니 하시는 말씀 얘야 아가 며늘아가 진주낭군 오시었으니 사랑방에 나가봐라 / 사랑방에 나가보니 온갖가지 안주에다 기생첩을 옆에 끼고서 권주가를 부르더라 / 그것을 본 며늘아가 건넌방에 물러나와 아홉 가지 약을 먹고서 목매달아 죽었더라 / 이 말들은 진주낭군 버선발로 뛰어나와 내 이럴 줄 왜 몰랐던가 / 사랑 사랑 내 사랑아 화류정은 삼년이요 본댁정은 백년이라 내 이럴 줄 왜 몰랐던가 / 사랑사랑 내 사랑아 어화둥둥 내 사랑아"

〈진주난봉가〉는 굿거리로 부르는 경상도 민요이다. 채록된 노래 중에는 전라도에서 부른 것도 있어 〈진주난봉가〉는 흔히 우리나라 남부 농촌에서 폭넓게 불리던 민요로 생각된다. 이 노래는 단지 민요로만 구전되지 않고 1970년대 말 대학가에서 대학생들이 즐겨 부르던 민노래, 즉 민중가요로도 애창되었다. 기생첩과 놀아난 남편의 외도에 분노해 스스로 목숨을 끊어버린 어느 며느리의 이야기를 통해 시대상을 풍자한 노래로 〈진주난봉가〉를 많이 불렀다.

〈진주난봉가〉의 가사를 한번 살펴보겠다. 고된 가사노동에 시달리는 어느 아낙네가 시집살이 삼 년 만에 그리운 남편을 만났는데, 남편은 사랑방에서 기생첩을 옆에 끼고 보란 듯이 술판을 벌이며 권주가를 부르고 있었다. 이런 참담한 일이 있을 때 첫째는 지금처럼 냅다 사랑방에 뛰어 들어가 술상을 엎어버리고 기생첩의 머리채를 잡아서 내칠 것이고, 둘째는 그렇게 하지 못하고 속병이 들어, 한을 품은 채 비련의 삶을 사는 경우이다. 그러나 옛 여인들은 첫째처럼 당차게 하지 못하고 둘째처럼 체념하는 경우가 대부분이었는지도 모른다. 아마도 여자에게 불리한 시집살이와 봉건적이고 가부장적인 분위기 때문이었을 것이다.

진주낭군 같은 한량이 활개 치던 조선후기나 일제시대의 여인들은 참으로 기구한 운명이 많았을 것이다. 목매달아 자살한 며느리의 이야기는 정말 슬프고도 안타깝다. 그런데 어이없는 것은 자기 부인이 죽자 그 낭군이 했던 말이다. "화류정은 삼 년이요 본댁정은 백 년"이라는 말이다.

그렇다면 화류계의 기생을 첩으로 삼아 쌓아야 할 정이 삼 년이면 삼 년 동안은 바람을 피워도 된다는 말일까. 그런 논리로 기생첩을 하나씩 만들어 바람을 피운다면 수십 년이라도 계속 바람을 피우겠다는 말이 될 것이다. 그리고 기생첩을 끼고 실컷 놀다가 늙어서 꼬부라지면 그때서야 본댁의 조강지처를 찾아오겠다는 말일까. 본처의 정은 백 년이라서 얼마든지 시간이 있다는 궤변이다.

이 〈진주난봉가〉의 노래를 살펴보면 시어머니의 역할이 궁금해진다. 만약 시어머니가 난봉꾼인 아들을 야단치고 타일렀다면 이런 비극에까지 이르지 않았을 것이라는 생각이 든다. 결국 며느리를 죽음으로 몰고 간 것은 자기 아들이면 무조건 싸고도는 남아선호적인 생각 때문에 빚어진 일이라고 할 수 있겠다. 옛날 남자들처럼 요즘 남자들도 먹고살 만하면 유흥업소에 다니며 놀거나, 또는 새 장가를 들려는 못된 버릇은 없는지 모르겠다. (2003. 3. 4.)

* 조선 때 전국 어느 곳이든 기생이 없는 곳이 없듯이 기생과 놀아나던 난봉들을 풍자한 난봉가가 없는 곳이 없었다. 그중에도 대표적인 난봉가로 북쪽지방에는 〈개성난봉가〉가 있었고 남쪽지방에는 〈진주난봉가〉가 있었다. 난봉가가 발달한 배경에는 기생문화가 일조했지만 〈개성난봉가〉와 〈진주난봉가〉를 비교하면 큰 차이가 있다. 전자가 난봉꾼과 어울린 남녀간의 사랑을 노래한 것이라면 후자는 난봉꾼으로부터 버림받아 상처입은 여인의 한이 서려있는 노래이기 때문이다. 다음은 〈개성난봉가〉의 노랫말이다.

"장산곶 마루에 북소리 풍풍나더니 / 금일(今日)에 상봉(相逢)에 님만나보리로다 // 난봉이났네 난봉이났네 / 남의집 외아들이 난봉이났구나 // 나는좋데 나는좋데 / 사면십리(四面十里)가 나는좋데 / 어린백성을 배에다 싣고 / 건너들간다 풍년이로다 // 앞강에 뜬배는 님실은 배요 / 뒷강에 뜬배는 낚시질 배라 // 수(誰)야 모(某)야 다모인 곳에 / 정(情)가는 곳은 한곳이로구나 // 날개돋힌 학(鶴)이 되면 / 훨훨 수루루 가련마는 // 길나리비 훨훨 다 날아가고 / 주렴주렴 내사랑아 / 사랑사랑 내사랑~"

이처럼 〈개성난봉가〉가 님을 만나 풍류를 즐기는 남녀를 노래한 민요인 반면에 〈진주난봉가〉는 님에게 버림받아 눈물이 깃든 박복한 여인의 처지를 노래한 슬픈 민요라고 할 수 있다. 이 민요는 가정을 돌보지 않고 조강지처를 버리고 주색잡기에 빠진 난봉꾼의 비행과 혹독한 시집살이의 비극을 풍자한 노래이다. 〈진주난봉가〉를 들어보면 당시 아낙네의 시집살이가 얼마나 고되고 힘든 노동인지 보여주는 대목이 있다. 바로 남강에서 빨래하는 가사인데 "흰 빨래는 희게 빨고 검은 빨래 검게 빨아…"라는 대목이다.

값비싼 염료로 염색한 '비단으로 만든 옷'보다 평민들은 목화에서 뽑은 실로 만든 깨끗한 무명옷을 주로 입었는데, 이런 백의(白衣)민족답게 이런 노랫말이 나온 것 같다. 물론 "까마귀 우는 골에 백로야 가지 마라"라는 시조처럼 검은 것은 터부시하고 흰색을 숭상하는 문화도 있었을 것이다. 그래서인지 진주를 관통해 흐르는 남강에는 거의 매일 어김없이 아낙네들이 나와 강가에 앉아 방망이를 두드리며 빨래했다. 모시나 삼베도 계속 빨면 하얗게 될 정도로 빨래는 힘이 들어가는 노동이다. 당시 아낙네들의 가사노동은 상상을 초월했다. 밭을 매거나 농작물을 키우는 등 농사일은 기본이고 물을 길어오고 키질과 절구질하거나 아궁이에 불을 때는 등 식사 준비, 아이들 양육과 시부모 모시기, 집안 빨래하기 등 온갖 일로 하루하루를 정신없이 보냈다.

무엇보다 빨래를 매일 할 수밖에 없었던 것은 옷감 대부분이 흰옷이었기 때문이다. 특히 남편이나 시아버지가 입을 두루마기 빨래는 정성을 다했다. 바느질-다듬이질-빨래-말리기를 거쳐 인두로 다리미질까지 다 끝나야 겨우 옷 한 벌이 마련되었다. 단순한 세탁이 아니라 아예 새 옷 한 벌을 다시 만드는 과정이 되풀이되었다. 이렇게 아낙네의 피땀 어린 곱고 흰 두루마기를 입은 서방이란 작자는 아내의 고마움을 아는지 모르는지 아침밥 숟가락을 놓기가 무섭게 기방으로 달려갔다. 그는 종일 기생들과 어울려 놀다가 술에 취해 밤늦게 집에 돌아와 더럽혀지고 구겨진 옷을 훌훌 벗어 내던졌다. 그러면 이튿날 아내의 고된 노동이 무한반복적으로 다시 시작되는 것이다.

이 민요에 나오는 난봉꾼은 한량과 비슷한 말이지만 둘 다 놀고 먹는 무책임한 남자를 가리키는 대명사이다. 달콤한 음식에 파리가 꾀듯이 예전에는 진주에도 파리떼가 많이 웡웡거렸다. 진주는 파리 수보다 많은 기생이 있다는 이유로 색향이라는 별칭이 붙어 있었다. 일제강점기에 진주에서 학창시절을 보낸 소설가 박경리는 대하소설 『토지』에서 진주를 색향이라고 하는 이유에 대해 "흔히 색향이라고들 하는 모양인데 옛날 감영의 관기들 전통이 있었고 농산물의 집산지인 만큼, 따라서 돈푼깨나 있는 지주들이 모여들기 때문"이라고 설명했다. 이미 조선 영조 때 이중환이 쓴 『택리지(擇里志)』에서 표현했듯이 진주는 구례, 남원과 더불어 조선 최대의 옥토로 일컬어지던 곳이다.

박경리의 설명을 요약하면 색향의 구성요건으로, 첫째 기생의 공급원이 되는 관기들이 활동한 전통이 있었고, 둘째 유흥과 향락의 밑천이 되는 농산물이 몰리는 곳이었으며, 셋째 그 수요의 조건이 되는 돈 쓰는 지주들이 모여든 곳이었다. 진주에 파리떼가 꾀는 이유가 무엇인지 알 만하다. 이때 기생들이 모여 있던 장소를 기방이라고 불렀으며 기방에 있는 기생들은 관기가 아닌 사기들이었다. 조선 후기로 오면 사기들의 유흥장이 발달하면서 민간에 기방이 성행했다.

오죽했으면 1923년 4월 1일 발행된 《개벽(開闢)》 제34호에 "진주 속어(俗語)에 '한 숟가락에 파리 세 마리가 붙어있고 세 걸음 디딜 때마다 기녀 한 명을 마주친다'[一匙見三蠅三步逢一妓]라는 말을 들었더니…"라는 표현이 있을 정도이다. 이렇게 파리의 수에 빗댄 비유가 절대 과장이 아님을 알 수 있는 건 그 당시 진주에서 활동하던 기생의 수가 무려 8백 명이나 되었다는 사실이다. 《조선일보》 1925년 4월 12일자에는 "사실로 진주에는 기생이 총 8백여 명이나 된다는 바 이렇게 자꾸 늘어감도 경제 위협의 영향으로 볼련지?"라고 기생의 증가를 경제적 이유로 볼 것인지 우려하였다. 이런 세태를 풍자해 1931년 권덕규는 "경상도 진주 땅에 파리가 많다길래 심심 결에 세자 하니 (중략) 몇몇 천 갑절 하여도 기생 하나가 더하옵네"라고 시조를 읊기도 했다.

하지만 더럽고 부패한 것에는 벌레들이 수없이 몰려들어 들끓는 것처럼 쓰레기더미에는 파리가 많이 날아들 수밖에 없겠지만 기생이 증가한 것은 그만큼 수요가 많았다는 것이 아닐까. 그런 만큼 진주에는 파리떼처럼 기생들에게 몰려든 발정 난 남정네들이나 기방에 빌붙어 사는 벌레 같은 인간들이 적지 않았던 모양이다. 얼마나 그랬으면 이런 세태를 꼬집고 비겁한 사회와 비굴한 삶을 풍자한 민요가 사람들 사이에서 널리 불렸을까 하는 생각이 든다. 얼마나 파리떼가 많이 들끓었으면 민요의 이름조차 진주라는 제목을 붙여 〈진주난봉가〉라고 비꼰 노래였을까 싶다.

기방에 들끓는 무리는 난봉꾼, 한량, 무뢰한, 바람둥이, 오입쟁이, 기둥서방, 포주, 뚜쟁이, 건달, 불한당, 기생오라비 등으로 표현된다. 하나같이 기생에게 들러붙은 나쁜 남자들을 말한다. 하지만 19세기 기생들의 문집인 『소수록(消愁錄)』에는 기생이 본 화류계의 남자들에 대해서 좀 다르게 호칭을 붙였다. 기생의 시각으로 본 남자들의 다섯 가지 유형을 보면, 먼저 '애부(愛夫)'는 동정심을 유발해 모성보호본능을 불러일으키는 남자이고, '정부(情婦)'는 재력을 과시하며 허세를 잘 부려 인기가 있는 돈 많은 남자를 가리키며, '미망(未忘)'은 보고는 싶지만 잘 만나지 못해 애태우며 그리워하는 남자이고, '화간(和姦)'은 마음을 다해 기생을 지성으로 섬기고 따르는 순애보적인 남자이며, '치아(癡兒)'는 기생에게 홀려 도무지 정신을 차리지 못하는 바보 같은 남자를 말한다.

이 중 기생들이 제일 좋아하는 유형은 순애보적 순정남이 아니라 자신이 경제적으로 의지할 수 있는 남자였다. 바로 돈이 많아 자신에게 돈줄이 되는 정부를 말한다. 돈 때문에 웃음을 파는 입장에서 돈 많은 남자를 꾀는 현실적인 선택을 한 셈이다. 이 다섯 가지 유형을 보면 기생이 남자를 판단하는 기준이 어떤지 알 수 있다. 하지만 그녀들이 상대 남자를 어떤 식으로 해석하든 남자들의 마음은 따로 있었다. 남자들의 목적은 오로지 기생을 유흥과 성적 대상으로만 삼는 데 주된 마음이 있었을 뿐이다. 한마디로 지고지순한 사랑은 이런 세상에 없을 것이며 용도를 다하거나 싫증 난 기생은 언제든지 바로 버려질 운명이었다. 설령 기생이 첩으로 양갓집에 들어와 남편 옆자리를 차고앉았다고 해도 본부인이 시퍼렇게 살아있는 한 마음 편하게 지낼 수 있었을지 의문이다. 남편이 끝까지 지켜줄지도 알 수 없고, 만약 남편이 먼저 세상을 떠나거나 마음이 돌아선다면 그녀의 운명은 불을 보듯 뻔했다.

그래서 기방에 출입하는 대부분의 남자는 하나같이 믿을 수가 없었다. 남자들은 화류계의 달콤함과 기생들의 향연에 빠졌지만, 얼마 지나지 않아 기생을 등쳐먹는 기생오라비, 이른바 기생서방이나 기둥서방이 되거나 돈이 없는 빈털터리가 되어 결국 기방에서 쫓겨나게 된다. 동시에 기생에게 빠져 있는 동안 그들은 가족을 등한시하고 재산을 탕진하며 가정을 파탄 내는 부도덕한 한량이 되기도 했다. 물론 기생 중에는 기부(妓夫)라는 자들과 공생관계를 이루기도 한다. 그들은 거머리처럼 기생을 등쳐먹기도 하지만 그보다 그녀에게 경제적 지원과 신체적 보호를 해 준 측면도 없지 않은데 그 대가는 기생을 현지 첩으로 이용하거나 이른바 돈벌이 수단으로 '앵벌이 시키는' 것에 불과했다.

어쨌든 이들의 공생 및 기생관계로 얼마나 많은 처와 가족들이 절망하고 눈물과 한숨으로 수많은 날을 지새웠을까. 외면한 남편의 뒷모습을 바라보다 남몰래 흐르는 눈물을 훔치며 소리죽여 흐느끼던 밤이 얼마나 되었는지 가늠하기 어렵다. 여인네들은 박복한 운명을 탓하면서도 일말의 희망으로, 사주(四柱)는 못 바꾸지만, 언젠가 기구한 팔자(八字)는 고칠 수 있다며 신산한 삶을 얼마나 견뎌냈을까. 바람난 남편이 언젠가 정신을 차리고 고생한 조강지처에게 돌아오기를 기다리는 순애보 같은 희망이었는지 모른다. 낭군을 아무리 기다린다 해도 다 부질없는 생각이었을 것이다.

그래서 〈진주난봉가〉는 아내가 힘겨운 시집살이를 견디며 살아왔으나 기생첩과 놀아나는 남편의 난봉뿐만 아니라 시댁식구의 구박을 더는 견디지 못해 마침내 죽음을 선택하는 비극으로 끝나고 만다. 그 서늘한 노랫말이 시어머니의 독백으로 나오는데, "며늘아가 건넌방에 물러나와 아홉 가지 약을 먹고서 목매달아 죽었더라"라는 슬픈 사연을 전하고 있다. 반드시 죽기 위해 한 가지 약도 아닌 아홉 가지 약을 한꺼번에 입에 털어 넣고 거기에다 목까지 매달았으니 그 처절함을 무엇에 견줄 수 있으랴. 〈진주난봉가〉는 이런 시대적인 비극과 사회적인 배경에서 나왔고, 난봉꾼과 한량들에게 경각심을 심어주기 위해 이 노래가 불린 것 같다. 그래서 민간에서 절절하게 불린 〈진주난봉가〉는 민중의 한풀이와 같은 신세타령이었다.

이 노래는 가정파탄과 패가망신을 자초한 무책임한 가장들에게 보내는 일종의 준엄한 경고였던 셈이지만, 한편으로는 남편의 무관심과 비행에 절망해 그만 목을 맨 여인의 비탄과 한스러움이 서린 원망가(怨望歌)이기도 했다. 〈진주난봉가〉는 '색향의 고장' 진주에서 일어난 비극적인 한 단면을 한탄하듯 드러낸 하나의 에피소드에 불과한 것 같지만 색향이란 말속에 얽힌 사연은 간단하지 않다. 이 이야기를 좀 더 알아보기 위해 다음 칼럼에 소개할 「색향의 고장」에서 그 내용을 계속 이어간다.

2. 색향의 고장*

왜 진주를 색향의 고장이라고 했을까. 색향은 미인이나 기생이 많이 나는 고을을 말하지만, 성적으로 문란함을 암시하기도 한다. 조선 말에 나온 시가를 보면 해주라는 기생이 관서지방의 색향 출신으로 묘사되어 있고, 일제시대를 거치면서 대표적인 색향의 고장으로는 권번이 번창한 평양과 진주를 가리켰다. 일제강점기에 일본인 기자도 조선기생을 가리켜 '북평양 남진주'라고 할 정도로 이 두 곳은 기생의 고장으로 유명했다.

그렇다면 진주가 기생의 고장으로 사람들의 입에 오르내리게 된 것은 언제부터일까. 아무래도 고려시대 진주기생 월정화의 이야기로부터 시작된 듯하다. 월정화는 현재까지 문자로 기록된 가운데 가장 오래된 문헌 속에 나오는 진주기생이다. 진주기생 월정화의 이야기는 『고려사』에 기록되어 있다. 그러면 역사서에 최초로 기록된 진주기생의 모습은 어떠했을까. 불행하게도 가정을 파탄시킨 원인제공자 또는 동조자로 그려지고 있다. 월정화는 고려 때의 진주기생으로 그녀와 놀아난 남편을 보고 분을 삭이지 못한 부인이 그만 죽어버렸기 때문이다. 아마도 이때부터 진주기생은 남편을 둔 여인네들에게 질투와 증오의 대상이었고 가정불화를 초래하는 화신이 아니었을까.

역사서의 기록은 단편적이지만, 구체적으로 뜯어보자. 월정화는 고려시대 문종 때의 진주 벼슬아치인 위제만의 마음을 사로잡아 가정을 파탄시킨 주범으로 기록되어 있다. 고려사 권71의 악지2에 따르면, 진주의 벼슬아치가 기생과 놀아난 결과 부인이 화병을 얻어 죽고 말았다는 것이다. 위제만은 당시 과거시험에 급제한 후 젊은 나이로 진주사록이란 벼슬을 얻어 진주에 부임해온 지방관이었다. 그는 당시 기혼자였으나 진주에서 진주기생 월정화를 만나게 되면서 그만 그녀에게 반하고 말았다. 그는 월정화를 보자마자 즉시 매료되어 부인을 버리고 월정화와 사랑에 빠져버렸다. 결국 위제만의 부인은 기생에게 빼앗긴 남편의 마음이 절대 돌아오지 않으리라 생각되자 그만 분해서 죽고 말았다. 이를 본 진주백성들은 그 부인이 불쌍하다고 노래를 지어 불렀다. 그 노래는 부인을 아껴주지 않고 여색에 미쳐버린 위제만을 풍자한 것이었다. 현재 그 노래는 전해지지 않고 단지 고려사에는 월정화와 위제만이 놀아난 것에 대해 진주백성들이 이를 풍자해 노래를 지어 불렀다는 기록만 간단히 소개되어 있다.

월정화의 이야기를 보면 진주기생에 대한 평가가 아주 부정적임을 알 수 있다. 진주백성들이 죽은 부인을 위해 노래를 지어 불렀다는 대목은 그 후 기생에 대한 부정적인 이미지를 오랫동안 각인시켜 온 근거로 작용했을 것이다. 기생은 무조건 가정을 파탄시킨다는 논리가 이미 고려사에서부터 형성되기 시작한 것은 아닐까.

혹시나 월정화가 기생이 아니고 벼슬아치의 유부녀이거나 하녀 또는 여염집 아낙네였다면 어떻게 되었을까. 비교적 조선시대보다 성윤리가 관대하고 자유로웠던 고려시대조차 기생에 대한 인식은 좋지 않았다. 만약 위제만의 부인이 조선시대 사람이라면 어떻게 되었을까. 조선시대는 지방관이 부임하면 수많은 관기를 거느리고 수청을 받는 행위나 축첩하는 행위가 보편적으로 이루어지고 있었다. 어떤 사대부의 부인도 벼슬아치인 남편이 기생이나 첩과 놀아난다고 분을 삭이지 못해 죽을 정도는 아니었다. 그것은 그 시대가 만들어 놓은 사대부의 이중적인 성윤리와 사대부의 마님들도 그것을 용인하는 사회, 다시 말해 지독하게 뿌리내렸던 봉건적이고 가부장적인 사회에서는 그것이 가능한 일이었기 때문이다.

오히려 억압된 여성들이 한풀이의 대상을 자신들보다 상대적으로 자유로운 기생에게 둘 것이 아니라 남편이나 시대적 억압에 두었다면 어땠을까. 아무튼 진주기생에 대한 최초의 역사기록은 이후 진주를 '색향의 고장'이라고 일컫게 하고, 기생에 대한 부정적인 인식을 널리 확산시키는 데 일조하였다. (2003. 3. 11.)

* 진주기생 월정화에 관한 이야기가 고려 때 악곡으로 만들어졌다고 『고려사(高麗史)』에 기록되어 있으나 이 악곡의 가사는 현재 남아있지 않고 여색에 미쳐 놀아난 것에 대한 유래만이 전해지고 있다. 그런데 이 글에서 기생 월정화의 이야기만 주로 하다 보니 정작 색향(色鄕)에 대해서는 많이 말하지 못한 것 같다. 그래서 여기서는 다시 한번 색향에 대해 짚어보기로 한다.

예로부터 조선기생을 가리켜 '북평양 남진주'라고 할 정도로 이 두 고장은 기생이 많은 색향으로 유명하다. 평양은 "남자로 태어났으니 평양에서 죽어야 제격이지 / 물 쓰듯 돈 쓰기는 이 도시가 제일이야"라고 했다. 이 말은 조선 말 풍류객 한재락이 쓴 『녹파잡기(綠波雜記)』에 덧붙인 신위의 비평문(안대회 역)에서 나온다. 비록 장난스럽게 보이는 말 같지만, 남자로 태어났으니 미인들이 많은 색향에서 죽고 싶다는 바람을 은근히 강조하고 있다. 마찬가지로 《경향신문》 1964년 3월 19일자에 게재한 신동문의 기행문에 따르면 진주 역시 "천하의 탕아를 자처하는 사람이면 한번은 이곳에서 호유(豪遊)해야 면목이 서는" 곳이라고 했다. 그래서 평양이나 진주는 돈 쓰기를 물 쓰듯 하는 방탕한 남자라면 한번쯤 이곳 화류계에서 질탕하게 놀다가 죽고 싶은 고장이란 뜻에서 색향으로 읽힌다.

무엇보다 진주를 색향이라고 말하는 이유는 평양보다 더 노골적이다. 일설에 따르면 토박이 진주사람들에게는 기생의 피가 흐르고 있다는 것이다. 도대체 어찌 된 영문일까. 진주사람들에게 기생의 피가 흐르다니 무슨 말일까. 신동문이 《경향신문》에 쓴 기행문을 보면 그가 김삿갓의 방랑흔적을 찾아 진주까지 왔다가 진주를 색향이라고 본 이유를 이렇게 설명했다.

"원주민의 8, 9할은 그 핏줄을 거슬러 올라가 보면 기생의 피가 다 섞여 있고 여기저기 서 있는 고목노송(古木老松)엔 아름답던 그녀들의 손길이 안 간 데가 없으며 이북의 평양과 더불어 기도(妓都), 색향으로 갖가지 정화(情話), 전설이 남아있어 찾는 이로 하여금 청춘무상(靑春無常)의 정회(情懷)가 새삼스러워지는 곳이다. 지금도 천하의 탕아(蕩兒)를 자처하는 사람이면 한번은 이곳에서 호유해야 면목이 서는 듯 찾아온다." (필자가 원문 일부에 한자 덧붙임)

그렇다면 우선 색향이란 말의 어원부터 살펴보자. 먼저 색(色)이란 무엇인가. 색은 미색(美色)이 뛰어난 여자나 혹은 눈빛이 야하고 얼굴에 색기(色氣)가 흐르는 여자나, 여자에 대한 욕망이 가득 차 색욕(色慾)이 넘치는 남자나 모두 색을 좋아하는 호색(好色)한 남녀를 통칭해서 쓴 말이다. 소설가 정비석이 쓴 소설 『욕망

해협(欲望海峽)』에는 아름다운 여인이지만 어딘지 야해 보인다는 기생에 대해 "과연 미인인걸…. 진주는 워낙 색향(色鄕)이렷다!"라고 말하는 대목에서 알 수 있다. 이 말속에는 진주가 미인의 고장이란 뜻보다 야한 고장이란 의미를 강조하고 있음을 보여준다. 결국 진주는 아름다운 기생들만 있는 곳이 아니라 색이 낀 야한 사람들이 많은 고장이란 뜻이다.

바로 색정으로 도발하는 색정광(色情狂) 혹은 색마(色魔)나 색골(色骨) 등을 말하는데, 이런 동물적이고 야만적인 욕망은 남녀를 가리지 않는다. 여색(女色)이란 말도, 남색(男色)이란 말도 모두 성적인 표현과 취향에서 비롯된 말이다. 이런 말들에는 하나같이 색이란 글자가 꼭 따라붙는다. 모두가 성적인 의미가 들어간 말이며 색정이나 색탐(色貪)처럼 정욕(情慾)과 탐욕(貪慾)의 화신과 같은 상징어이다. 마찬가지로 이러한 색 자가 붙은 고을을 색향이라고 하는데, 사회적 분위기가 유흥과 향락 등 색탐에 빠진 곳을 뜻한다.

색향에는 색기와 색욕이 넘치는 술집과 기생집이 많았고, 그곳에는 여색을 탐닉하는 난봉꾼이나 기생과 술독에 빠진 한량들이 질펀하게 놀고 있었다. 장꾼이나 보부상이 주로 이용하는 주막이나 객주가와 같은 술집도 마찬가지였다. 온갖 시정잡배들이 모여들었고, 여기에 터를 잡은 한물간 퇴기와 노기들이 주점에서 술을 팔거나 작부들이나 창기와 심지어 '갈보'들이 돈을 받고 몸을 팔았다.

그래서 색향의 고장 곳곳에는 온갖 풍기문란한 영업장이 즐비하게 들어서 있기 마련이다. 밥집이나 술집뿐만 아니라 노름판도 있었고 매춘도 있었다. 온종일 풍악이 울리고 밤이면 연초 연기가 가득한 홍등녹주(紅燈綠酒) 아래 분냄새를 풍기는 기생들이 한량들에게 안겨 애교와 교태를 부렸다. 매일같이 주지육림(酒池肉林)의 술판이 벌어지고 술과 몸을 파는 요부와 음부들이 득실댔다고 해서 그러한 집을 색주가(色酒家)나 또는 창가(娼家)라고 불렀다. 하지만 색주가나 창가에 나오는 기생들은 말이 기생이지 대개 몸을 파는 창기나 혹은 잡기(雜妓)와 다름없었다. 이렇듯 색향은 음란한 기운이 서린 음기(淫氣)의 고을로, 성적으로 문란하고 향락에 취한 고장이라는 뜻에서 붙여진 부정적인 의미의 말로 쓰였다.

하지만 진주가 처음부터 이런 부정적인 '색향의 고장'은 아니었다. 일찍이 고려 고종 때의 벼슬아치 김지대는 "진양(晉陽)의 풍월(風月)이 역시나 선향(仙鄕)이라네"라고 읊었다. 여기서 진양은 진주의 옛 이름으로 진주는 아름답고 수려한 경관이 많아 절로 풍월이 읊어지는 '신선의 고을'이라고 했다. 그리고 왕조가 바뀌었지만 조선 건국 초부터 진주는 학문과 예절을 숭상하는 풍속(風俗)의 고을로 유명한 고장이었다. 『동국여지승람(東國輿地勝覽)』에 진주목의 풍속을 기록한 '지리지(地理志)'를 보면 진주는 "풍속이 시(詩)와 서(書)를 숭상하고 부유하고 화려함을 숭상한다"라고 기록하고 있다. 이를 보여주듯 진주 출신의 재상 하연은 「사교당기(四敎堂記)」에 진주에 대해 "학문을 좋아하는 것을 업(業)으로 삼는다"라고 말했고, 조선의 개국공신 하륜도 「촉석루기(矗石樓記)」에 진주에 대해 "농부와 누에 치는 아낙네가 근면하고 아들과 손자가 효도에 힘쓴다"라고 예찬했다. 또 조선 초 선비 박융은 진주를

"땅이 좋아 인걸이 많이 나오는 고장"으로 보았다. 이처럼 진주는 예로부터 학문과 예절을 받드는 고장으로 이름이 났고, 나중에는 경의(敬義)를 숭상하는 남명 조식의 학풍을 잇는 추로지향(鄒魯之鄉)이며 예향(禮鄉)의 고장으로 이름이 높았다.

조식은 경상도 진주목 삼가현 출신으로 왕도정치의 이상을 제시한 성리학자이며 남명의 의리와 학문적 영향력은 진주 등 영남의 서남쪽 유림들에게 이어졌다. 그래서 우리나라 인재의 절반이 영남에서, 영남 인재의 절반이 진주에서 난다는 소리가 있다. 그 소리는 인조 때 펴낸 『진양지(晉陽誌)』에 조선 건국 후 조정의 삼공육경(三公六卿)[삼정승과 육판서]의 반은 진주 출신인데, 이와 더불어 "영남 인재의 반이 진주에 있다는 말"[嶺南人才半在晉陽之語]이라는 표현에서 비롯되었다. 나아가 영조 때의 『택리지』에도 진주는 장수와 정승이 될 만한 인재가 많이 나온 고을로 기록되었다. 물론 이 말은 일제강점기에도 나오는데,《동아일보》1937년 8월 17일자 기사를 보면 "고대에는 조정(朝廷)이 반재진주(半在晉州)라고 할 만큼 (중략) 각 방면에 있어서 사책(史冊)을 장식한 위대한 인물을 얼마든지 탄생한 이곳"이라고 진주를 인재의 고장으로 표현하고 있다.

그렇지만 언제부터인지 이러한 선량한 풍속은 사라지고 모순되고 역설적이게도 유흥과 문란함만 남게 되어 색스러운 고장으로 대변되는 부정적인 의미의 색향으로 이름이 더 높아지게 되었다. 1658년 세상을 떠난 진주의 선비 하진은 생전에 촉석루에 올라와 "당시 고관대작들의 자취가 지금은 쓸쓸하고 적막한데 / 누가 경상도 인재의 절반이 진주에 있다고 했느냐"[當時冠盖今蕭索 / 誰道人才半在州]라고 반문했다. 왜 그러는지 한마디로 단정 짓기에는 좀 무리가 있겠지만, 그 이유는 바로 기생 때문임을 부정하기 어렵다. 기생은 사치풍조와 풍기문란의 원인 제공자로 끊임없이 민간의 질타를 받은 비난의 대상이 되어 있었다.

특히 구한말 외국인 기독교 선교사들이 보고 평가한 진주에 대한 기록은 참혹했다. 이들은 진주를 조선의 예루살렘으로 만들기 위해 꿈에 부풀어 왔다가 이내 실망을 금치 못했다. 선교사들은 복음전파와 선교를 위해 진주를 찾아왔지만, 진주성은 방탕함과 음란함이 가득한 '소돔성'과 '아덴성'이었다. (일제 때 작성된 「진주옥봉리교회 연혁사」에 나오는 표현이다.) 그들의 눈에 비친 진주는 심하게 말해 사탄과 독사들이 우글거리는 우상숭배와 음탕함이 만연한 이교도의 소굴이었다. 한마디로 진주는 성경 속의 퇴폐적인 향락의 도시, 그 자체였다. 성 안팎에서 술과 풍악에 취해 비틀거리는 남녀가 음란한 몸짓으로 난행하는 병적인 광경을 떠올리지 않을 수 없다. 그들의 눈에는 마치 색정광과 색마가 마구 뒤엉켜 난잡한 추태와 음행을 벌이는 음란마귀의 매음굴처럼 보였다. 음부탕자의 풍기문란이 도를 넘었다고나 할까.

게다가 경술국치 후 관기제도가 완전히 사라지고, 예기와 창기가 뒤섞이면서 풍기문란에 대한 사회적 비난은 더 극심해졌다. 비록 1908년 통감부 시절부터 일제가 기생단속령과 창기단속령을 내려 기생과 창기를 구분해 단속했으나 색향의 명성은 1910년 이후 총독부 시절이라고 해서 크게 달라지지 않았다. 경술국치를 당한 후 3년이 안 된 1913년 2월 《매일신보》에 따르면 "진주(晉州)는 종래로 절대가인(絕對佳人)이 많이 나는 곳으로 현금(現今)도 수백 명의 기생이 있어 연전(年前)부터 건강진단은 받았으나 예기와 창기의 구분이 확실치 못하고 자연히 손님에 대하여 불경스러운 것이 많이 있었으니"라며 질타했다. 또 일제강점기 중반부인 1925년 5월 신문기사에는 "근래 진주는 실제로 기생도 아니면서 기생 노릇을 하고 다니는 음란한 여자도 많습니다"라고 나오는 등 진주의 풍기문란의 실태가 여전히 심각해보였다.

급기야 진주의 각급 공립학교에서는 기생 자녀의 학교 입학을 금지해야 한다는 여론까지 일어났다. 《조선일보》 1925년 4월 12일자에는 "참으로 진주의 여자교육계에 일대마물(一大魔物)이 되는 기생의 폐지 혹은 제한의 여론이 날로 높아가는바"라고 질타하며, "좌우지간 여자교육뿐만 아니라 자녀교육에 참으로 많은 악영향이 있는 것이므로 진주의 각 학교는 금후 입학생에게는 기생집 아동을 많이 주의하고 금년부터는 기생집 여아는 절대로 입학시키지 아니할 예정"이라고 보도했다.

이를 보여주듯 《조선일보》 1926년 7월 6일자에 "진주에는 원래 기생이 많아서 모든 일에 지장이 생기며 아직 세상맛 모르는 20세 안쪽 청년들의 전도에 매양 암초가 되어오던바"라고 지적했다. 그 기사에서 일본인 진주경찰서장은 풍기단속의 필요성으로 "진주는 기생의 산지(産地)로 유명하다 하니 너무도 분수에 넘치어 폐해가 한두 가지가 아닌데 특히 사회도덕을 문란케 하며 가정의 평화를 교란하는 것은 도저히 그대로 볼 수 없는 문제"라고 말할 정도였다. 한마디로 진주기생을 미래가 창창한 스무 살 안쪽 청년들의 앞길을 막는 암초로 보거나 사회도덕을 문란케 하고 가정의 평화를 교란하는 이른바 '암적 존재'로 본 것이다. 또《동아일보》1927년 1월 23일자를 보면 "창기가 많기는 경기도가 제일이고, 진주 있는 경상남도가 둘째, 평양 있는 평안남도가 셋째, 대구 있는 경상북도가 다섯째[넷째의 오기]"라고 표현했을 정도이다.

이처럼 기생의 폐해가 적지 않다고 하니 과연 진주는 색향이란 말을 들어도 할 말이 없다는 뜻인가. 1930년대 말《조선일보》에 실린 광고를 보면 "평양이 서도(西道)의 색향으로 유명하다면 진주는 남도(南道)의 색향으로 유명거니와"라고 적고 있다. 왜 평양과 진주를 색향이라고 부른지 알 만하지 않는가. 이처럼 색향만 부각되고 있는 한 진주기생 논개와 평양기생 계월향으로 대변되는 의기의 전통은 설 자리가 없을 수밖에 없다. 의기는 보이지 않고 오로지 음주가무와 몸 파는 여자들만 보였기 때문이다. 이와 같이 평양과 진주를 색향으로 유명한 고장이라고 본 것은 아마도 기생이 많다는 것을 지적한 점도 있겠지만 그만큼 향락이 넘치는 화류계가 즐비하다는 것을 비유한 말로도 풀이할 수 있다. 결론적으로 말하면 색향이란 호칭은 음란함이 건전한 풍속을 저해하고 타락시키는 퇴폐적인 고을로 진주를 바꾸어버린 것을 의미했다. 예와 의를 숭상하던 예향과 의로움의 고장이 어느 순간에 색을 좋아하는 색향으로 타락하며 고을 이미지가 바뀐 것이다.

이를 증명이라도 하듯 진주에서 발행된《영남춘추》1936년 10월 5일자에는 아예 사설에 대놓고 "진주기생은 반성하라"라고 외친다. 기생들이 심야에 길거리에서 창가(唱歌)나 음탕한 노래를 부르는 것은 시민들의 편안한 잠자리를 방해하는 것으로 보고 이를 자제하라고 촉구한 것이다. 나아가 진주는 교육도시로 경남에서 손꼽히는 도시임에도 불구하고 이러한 풍기문제가 발생하니 기생들이 자제하기를 바란다고 거듭 촉구했다. 당시의 사회풍조를 단적으로 말해주는 모습으로, 기생은 일종의 '사회악'으로 취급되고 있었다. 기생을 바라보는 사회의 시선은 곱지 않은 정도가 아니라 아예 유해한 것으로 보고 노골적인 혐오를 드러내는 등 경멸에 찬 눈빛으로 바라본 것이다.

그러나 근본적으로 기생에게는 잘못이 있다고 할 수 없다. 많은 남성이 탐욕스러운 소유욕과 짐승 같은 정복욕 때문에 여성을 성적으로 착취하는 것을 합리화하기 위해 제도화한 것이 관기라는 신분제도이기 때문이다. 원래 취지는 궁중여악에 동원할 선상기(選上妓)[나라의 큰 잔치가 있을 때 각 지방에서 뽑아 올리던 기녀]를 양성하는 관청의 무희였으나 지방수령과 벼슬아치의 탐욕으로 성적 대상으로 전락했다. 비록 조선 말 갑오경장 때 신분제도를 철폐했다고 해도 형식적이었으므로 그 유제는 오랫동안 계속 남아 있었다. 신분제가 철폐된 후 많은 시간이 흘렀지만, 사회적 지탄의 대상이 되어버린 기생에 대한 낙인효과는 쉽게 사라지지 않았다. 일제강점기에는 일본의 공창제도가 식민지에도 실시되고 일본식 매춘업소인 유곽(遊廓)이 우후죽순으로 들어서기 시작했다. 유곽에서 몸을 파는 여자를 일본에서는 유녀(遊女)라고 부르는데, 유녀는 남자들이 데리고 노는 여자라는 뜻이기도 하지만 궁극적으로 성을 사고팔기 위해 유흥에 종사하는 여자를 말한다.

이에 대응해 조선인을 중심으로 기생조합을 결성해 예기의 명맥을 이어나가고자 했지만 민간에서는 이미 의기의 긍지가 무너진 상황이라 창기와 예기를 구분하지 않은 듯했다. 물론 일제가 기생조합설립을 허가한 것은 기생의 등급을 갑종기생과 을종기생으로 나누어 갑종은 가무와 음률로써 영업하게 하고 을종의 매음을 공인해 허가하게 한 것이지만, 나중에는 갑종이나 을종이 구분 없이 섞여 영업하게 되었다. 이를 보여주듯 《매일신보》 1916년 2월 1일자에 따르면 진주경찰서에서는 "소위 갑종기생 50명과 고등밀매음자 30여 명과 술장사하는 그전 기생 1백 9명과 각시갈보 10여 명과 달달이 기방 갈아들이는 매음자 30여 명을 왕왕이 조사하여 차례로 호출 처분을 할 터"라고 보도할 정도였다.

이처럼 조선교방문화의 악·가·무는 기생조합의 예기를 통해 전승되었으나 가무와 음률로만 영업과 생계가 유지되지 않은 일부 갑종기생의 을종기생화가 진행되었으며, 아울러 기생조합에 들어가지 못한 부류들은 창기화되어 공창인 유곽으로 흘러들어 갔다. 이렇게 갑종기생과 을종기생으로 나누어 기생조합의 예기와 유곽의 창기로 구분한다고 했지만, 일반인이 보기에는 큰 의미가 없었다. 그래서 모든 기생에게는 부도덕하고 비윤리적이며 '더러운 여자'라는 굴레가 씌워진 채 기약 없는 삶이 강제되었다. 사실 그런 처지에서 그녀들로서는 할 수 있는 일이라곤 별로 없었다. 오로지 춤추고 술과 몸을 파는 것이나 남자의 눈에 들어 첩살이라도 하는 수밖에 없었는데 이를 부도덕하고 음란하다고 본 것이다.

하지만 기생을 무조건 사회악으로 낙인찍어 경멸하고 배척하는 것이야말로 사실상 이중적인 태도이고 모순적인 위선인 것이다. 기생이 더럽다고 손가락질하며 천대하면서도 틈만 나면 기생을 쫓아다니며 그녀의 치맛자락을 붙잡고 손을 들이미는 이중성을 꼬집지 않을 수 없다. 기생은 남성의 성욕을 배설하는 도구가 아니다. 그녀들도 혐오스러운 손길을 벗어나 남들처럼 단아한 가정을 꾸리고 싶은 마음이 왜 없겠는가. 지옥 같은 삶을 벗어나게 할 남자를 만나기 위해 온갖 아양을 떨고 교태를 부리지 않을 수 없었던 그녀들의 슬픈 현실과 몸부림을 왜 외면하는가.

그러한 그녀들의 울고 싶은 절망적 처지와, 웃음을 팔아야만 하는 내키지 않는 행위들이야말로 자신들이 살아남기 위해 할 수밖에 없었던 절박한 생존권적인 문제였다는 것을 알아야 한다. 기방은 더러운 매음굴이 아니라 기생들이 살아남기 위해 모여든 처절한 삶의 터전이고 생존의 현장이었다. 그녀들의 불행한 처지를 연민의 눈으로 보지 못할망정 저주와 멸시로 차별하고 탄압하는 것은 자신의 잘못을 상대방에게 뒤집어씌우는 폭거이고 만행이다. 진주기생을 사치낭비와 풍기문란의 대명사로 지목하고 가정파탄의 원인 제공자로 지탄하는 이면에는 자신들의 치부를 감추고 사회적 희생양으로 삼으려는 집단적 '조리돌림'과 가학성이 깔려 있다는 사실을 발견할 수 있다.

그렇지만 색향이 이런 의미를 가리키는 것만은 결코 아니었다. 찬찬히 뜯어보면 진주에는 창기와 창부들이 들끓는 유곽촌만 있었던 것이 아니다. 다른 의미로 색향은 자색과 학식과 예절과 음악

등을 겸비한 선남선녀가 있고, 흥취나 풍류를 알고 즐기는 아름다운 유희와 미풍양속을 보여주는 훌륭한 문화와 예술이 있음을 말해주고 있기 때문이다. 예기교육기관으로 교방(敎房)이 진주목사가 주재한 관아 내에 위치해 있었고 교방문화를 전승하는 예기가 이곳에서 육성되는 등 체계적인 교육이 이루어졌다.

사실상 여성의 사회활동이 제약된 조선 때는 교방을 제외하고는 여성이 체계적이고 공식적인 교육을 받기란 어려운 실정이었다. 그나마 진주목에서는 관아에 설치된 교방에서 여성을 교육할 수 있었다. 양갓집에 갇힌 부녀들이 아름아름하게 언문(諺文)이나 익힐 때 교방의 기생들은 '시(詩), 서(書), 예(藝), 화(畵), 악(樂), 가(歌), 무(舞)'를 체계적으로 배우고 익혔다. 비록 나중에 일제강점기가 되면 진주는 교육도시로 이름이 높았고 여성교육도 초등에만 머무르지 않고 중등교육기관까지 설치되어 공식적으로 이루어졌지만 조선 때는 아니었다. 물론 진주가 학문과 예절을 숭상하는 풍속의 고장이었다는 점은 예부터 널리 알려진 사실이지만 여성교육은 그렇지 못했다. 이 말을 굳이 들먹일 필요는 없지만 기생교육과 문화적 성취에 대한 하나의 예를 든다면 좋은 사례가 있다.

바로 '의암별제'이다. 당대의 역사문화와 예술이 집약되어 있는 기생들의 가무제로서 논개를 위해 예를 갖춘 특별한 제례의식이다. 의암별제를 보고 나서 누가 감히 진주를 색기만 가득 차 넘쳐흐르는 색향이라고 비웃으며 말할 수 있는가. 의암별제에서 격조 높은 제의를 올리는 진주기생을 보고 누가 그녀들을 제례도 모르는 천하고 무식한 상것, 혹은 무지몽매한 잡것이라고 말할 수 있는

가. 조선시대 천민 가운데 '시·서·예·화·악·가·무'에 모두 능했던 천민은 기생밖에 없었다. 교방이란 제도적이고 체계적 교육시스템이 없었다면 이들의 존재와 의암별제의 출현은 어려웠을 것이다. 의암별제와 같은 수준 높은 제례와 가무제를 보고 어떻게 진주를 퇴폐적이고 음란한 고장이라고 함부로 단언할 수 있다는 말인가.

조선 말 판소리의 명창이던 이동백은 구한말 진주에 머물며 관찰사의 요청으로 창을 한 적이 있었다. 그때 느낀 점을 회고했는데, "진주로 말하면 본래 산명수려한 남주(南州)의 명승지요 또한 평양과 더불어 남북이 상망하는 색향이라. 따라서 풍류와 음률이 성함으로 어디를 가던지 소리 알아주는 품이 여간이 아니었다"라고 표현했다. 이동백이 말하는 색향은 풍류와 음률이 융성한 판소리의 고장을 의미했다.

일제의 침략과 식민지배 등으로 의암별제의 엄장한 가무제가 원형대로 진행되기 어려웠지만, 의기사의 논개 제향은 계속되었다. 1927년 발간된 이능화의 『조선해어화사』에 따르면 "교방 기생들이 계복(戒服) 차림으로 피리 불고 북을 울려 신(神)을 맞이하였는데, 이것은 하나의 풍류적인 제례였다"라고 밝혔다. 의암별제의 명맥이 희미하게나마 이어지고 있었던 것이다. 또 《조선중앙일보》 1933년 8월 24일자에 따르면 논개 제사는 임진란에 순절한 삼장사와 함께 모시는 제례의식으로 올렸으며 동시에 진주기생의 가무가 곁들여졌음을 보여준다. 기사에는 "촉석루에서 의사(義士) 삼장사(三壯士)와 아울러 의식을 베풀고 집사(執事) 정종근, 최완자 씨의 감회 깊은 제문 낭독이 있은 후 일반 참배가 있고 이어 진주기생 총출동으로 검무, 잡가(雜歌) 등으로 성황리에 폐식했다 한다"
라고 보도했다. 이 중 최완자(일명 최순이)는 구한말 궁중연회에
참여한 선상기 출신으로 진주검무를 후대에 전승한 기생이다.

그렇다! 진주는 음란한 색향의 고장이 아니라 멋을 아는 풍류
의 고장이다. 나아가 도덕과 예절을 아는 예향(禮鄕)일 뿐만 아니
라 수준 높은 문화를 구가하는 예향(藝鄕)이고, 문화예술을 꽃피
운 고을을 뜻하는 예도(藝都)이며, 교방문화의 본고장임을 알리는
교방촌(敎坊村)이다. 이런 아름다운 이름으로 일컫는 것은 진주
만이 갖고 있는 의암별제라는 교방문화의 정수와 전통이 남아있었
기 때문에 가능했다. 진주에 와서 한번만 보라. 백문(百聞)이 불여
일견(不如一見)이리라. 참고로 의암별제의 현대적 의미와 계승에
대해서는 제2부 10번째 칼럼으로 소개한 「의암별제」에서 다시 다
루어보기로 한다.

3. 애수의 소야곡*

"운다고 옛사랑이 / 오리요만은 / 눈물로 달래보는 / 구슬픈 이 밤 / 고요히 창을 열고 / 별빛을 보면 그 누가 불러주나 / 휘파람 소리"(〈애수의 소야곡〉 제1절)

이 노랫말은 요즘 젊은이들에겐 낯설겠지만 나이가 지긋한 분들에겐 옛 기억이 새삼스럽게 솟아나는 추억의 노래이다. 가난한 50~60년대에 생활고 때문에 가수의 꿈을 접은 가장들이 빗물이 떨어지는 선술집에 지친 몸을 의지하며 술에 얼큰히 취해 곧잘 부르던 노래가 바로 이 〈애수의 소야곡〉이다.

소야곡은 보통 '세레나데'를 말하지만 〈애수의 소야곡〉은 결코 해 저문 저녁이나 밤에 연인의 창가에서 은은하게 부르는 사랑의 노래가 아니었다. 〈애수의 소야곡〉은 희망이 없던 시기에, 삶에 지치고 슬픔에 잠겨 있던 식민지 치하의 조선사람들의 우울한 마음을 달래주고 그들을 위로해 준 노래였기 때문이다.

이 노래는 이부풍이 작사하고 박시춘이 작곡한 것으로 우리나라 대중가요사에 불멸의 노래로 일컬어지고 있다. 일제강점기에 진주 제2보교(지금의 봉래초교)를 졸업하고 남강 대밭에서 노래 연습에 몰두하던 한 소년이 있었다. 그는 암울한 일제강점기이던 1930년 청운의 뜻을 품고 천릿길을 떠나 서울로 간 강문수라는 소년이었다. 이 소년은 소리 소문도 없이 가요계에 데뷔했고, 그가 부른 노래 〈애수의 소야곡〉은 불멸의 전설이 되었다.

해방 후 정점에 오른 기량으로 전성기를 구가하던 그는 불행하게도 폐병에 걸려 1962년 40대의 나이로 요절하였다. 하지만 타고난 미성의 가창력과 호소력으로 헤아릴 수 없이 수많은 노래를 불렀다. 그는 민족적인 정서와 애환을 노래로 녹여낸 우리나라 가요계에 우뚝 선 기린아였으며 최고의 국민가수였음은 아무도 부정하지 않는다.

그런데 왜 강문수라는 이름이 낯설기만 한 것일까. 그는 '가요의 황제', 바로 진주가 낳은 불세출의 대중가수 남인수이다. 강문수는 남인수란 예명을 사용한 것이다.

남인수는 해방 후에도 민족의 애환이 깃든 〈가거라 삼팔선〉 같은 노래를 부르다가 피를 토하며 불렀던 마지막 취입곡 〈4월의 깃발〉까지 44세의 짧은 생애 동안 무려 1천여 곡의 노래를 발표했다. 그를 일컬어 '가요의 황제'라는 찬사를 보내는 데 주저하지 않는 이유를 알 것 같다.

남인수는 1962년 진주시 평거동의 너우니 골짜기에 물줄기를 막아 담아놓은 남강댐 공사가 시작되던 그해에 요절했고, 이제 남강댐이 만들어 놓은 진양호반에 그를 기리는 노래비와 동상이 세워졌다. 남인수는 이렇게 삶을 마감했지만, 그의 노래 〈애수의 소야곡〉은 여류가수 백설희와 이미자 등 여러 가수에 의해 다시 리바

이별되기도 했다. 진주사람들의 남인수에 대한 애정은 그가 남긴 노래만큼이나 절절하고 마음 깊다.

진양호에는 열창하는 남인수의 동상과 〈애수의 소야곡〉의 악보가 그려진 노래비가 서 있다. 남인수 노래비가 서 있는 곳에서 그를 세상에 알린 〈애수의 소야곡〉을 비롯해 〈꼬집힌 풋사랑〉 〈무너진 사랑탑〉 〈이별의 부산정거장〉 등 그의 대표곡이라고 할 수 있는 8곡의 노래를 들을 수 있다. 이곳에서 흘러나오는 그의 옛 노래는 진양호를 찾는 중년과 노년의 발걸음을 붙들어 매고 있으며, 카페와 레스토랑을 찾는 젊은 연인들의 눈길과 발길도 사로잡고 있다.

"차라리 잊으리라 / 맹세하건만 / 못생긴 미련인가 / 생각하는 밤 / 가슴에 손을 얹고 / 눈을 감으면 애타는 숨결마저 / 싸늘하구나"(〈애수의 소야곡〉 제2절) (2003. 3. 20.)

＊ 먼저 이 칼럼을 읽은 한 독자가 남긴 후기를 적어 본다. 남인수에 대한 기대가 컸던 만큼 생각할 여지가 많았던 모양이다.

"위 칼럼을 쓸 당시 필자의 견해와 친일행적을 알게 된 후의 비통함(?)을 개인적인 견해로 비교하여 준다면 그의 대중적인 영향력이 간과할 수 없음을 되새기게 되겠네요. 위의 글을 읽으면서 남인수의 미성이 들리는 듯하여 그 향취에 젖을 정도로 와닿았어요. 그리고, 아래의 글을 읽으면서 또한 그의 미성을 상상하니 무언가해야 하는 건가 하는 소름 돋는 의지(?)가 일어났어요."

왜 이런 생각을 하게 되었는지 살펴본다. 남인수의 화려한 가요이력에는 빛만 있는 것이 아니다. 그림자도 동시에 갖고 있다. 그가 일제강점기에 불러 크게 히트한 〈애수(哀愁)의 소야곡(小夜曲)〉이 '가요의 황제'가 탄생했음을 알리는 강렬한 빛이라면 그가 부른 〈혈서지원(血書志願)〉은 그의 화려했던 가요 인생을 순식간에 암흑의 나락으로 추락시키는 가장 어두운 그림자가 될 수밖에 없다. 이 노래는 그가 부른 친일가요 중에서 가장 노골적인 군국주의 가요로서 그의 노래 인생을 한순간에 매우 절망적인 어둠 속으로 몰아넣는 짙고도 어두운 그림자였다. 2005년 필자는 민족문제연구소에서 펴낸 『일제강점기인명록I−진주지역 관공리·유력자』를 저술한 적이 있었다. 그때 남인수에 대해 수록했는데, 그가 부른 친일가요를 조사하고 정리했다. 그 책에서 밝힌 남인수의 친일노래 중 가장 대표적인 친일가요 〈혈서지원〉에 대해 알아본다.

물론 남인수가 처음 가수로 데뷔했을 때 부른 노래는 친일가요가 아니었다. 그는 타고난 미성으로 아름다운 노래를 많이 불렀다. 심지어 1941년 작사가 왕평의 추모음반에 남인수가 취입한 〈황성옛터〉는 일제의 「축음기·레코드취체규칙」에 따른 치안방해와 풍속괴란(風俗壞亂)에 해당된다고 금지곡으로 지정된 적도 있었다. 하지만 엄혹한 약육강식의 제국주의 시대가 그를 그렇게 만든 것일까? 어느 순간부터 남인수의 노래는 일제의 충실한 나팔수의 곡조로 변모되어 일제의 침략전쟁을 선전 선동하고 찬양하는 노래로 바뀌었다. 실제로 남인수의 친일노래 중에는 〈강남의 나팔수〉라는 제목의 군국가요도 있다. 특히 태평양전쟁이 터지면서 노골화되기 시작했다. 1941년 12월 일제는 본격적으로 제2차 세계대전에 돌입하면서 일본 본토뿐만 아니라 식민지 조선 내에서도 전쟁 분위기를 한껏 고조시키고자 일련의 전시(戰時) 조치를 빠르게 진행하기 시작했다. 1943년 8월 1일 일본 해군특별지원령이 시행되자 남인수는 이를 축하하는 신곡을 발표했다. 남인수 가요사에서 흑역사의 서막은 이렇게 시작되었고 본격적으로 친일가요 무대의 막이 올랐다.

남인수가 부른 노래가 수록된 음반은 그가 전속가수로 소속된 오케레코드사의 레코드 신보로 발매되었다. 이 노래는 특별지원령이 단행된 그해 11월에 나온 작품으로 이름조차 살벌한 〈혈서지원〉이었다. 비장한 마음으로 손가락에 피를 내어 일본군에 지원한다는 혈서를 쓰고 입대한다는 말이다. 공교롭게도 이 노래의 작사 작곡가도 모두 조선인으로, 조명암이 작사하고 박시춘이 작곡했다. (박시춘은 해방 후 〈굳세어라 금순아〉 〈이별의 부산정거장〉 등 수많은 히트곡을 작곡한 한국의 유명한 대중음악 작곡가이다.)

   이 음반을 보면 〈혈서지원〉이란 제목 아래에 '조선징병제 실시 기념'이라는 말이 부기되어 있어 음반 제작의 목적이 무엇인지 분명하게 전해준다. 이것은 당시 공포된 해군특별지원병령을 선전하는 것으로 노랫말에도 이 점을 분명히 밝히고 있다. 이를테면 〈혈서지원〉의 제2절을 보면 "해군의 지원병을 뽑는다는 이 소식~"이란 노랫말이 나온다. 이 대목은 노래가 만들어진 저의가 무엇인지를 노골적으로 드러낸 부분이다. 이렇듯 남인수의 친일가요는 〈혈서지원〉에서 가장 친일적이며 가장 극단적인 표현으로 세상에 등장했고, 친일선동의 정점을 이루었다. 한마디로 친일가요의 극치라고 일컫는 반민족적인 노래가 아닐 수 없다. 이 노래의 가사를 살펴보자.

   "무명지 깨물어서 붉은 피를 흘려서 / 일장기 그려놓고 성수만세 부르고 / 한 글자 쓰는 사연 두 글자 쓰는 사연 / 나라님의 병정 되기 소원입니다(제1절) // 해군의 지원병을 뽑는다는 이 소식 / 손꼽아 기다리던 이 소식은 꿈인가 / 감격에 못 이기어 손끝을 깨물어서 / 나라님의 병정 되기 지원합니다(제2절) // 나라님 허락하신 그 은혜를 잊으리 / 반도에 태어남을 자랑하며 울면서 / 바다로 가는 마음 물결에 뛰는 마음 / 나라님의 병정 되기 소원입니다(제3절) // 반도의 핏줄거리 빛나거라 한 핏줄 / 한 나라 지붕 아래 은혜 깊이 자란 몸 / 이때를 놓칠손가 목숨을 애낄손가 / 나라님의 병정 되기 소원입니다(제4절) // 대동아 공영권을 건설하는 새 아침 / 구름을 헤치면서 솟아오는 저 햇살 / 기쁘다 반가워라 두 손을 합장하고 / 나라님의 병정 되기 소원입니다(제5절)"

〈혈서지원〉은 일본군국주의를 찬양하는 노래 중에서 가장 노골적이어서 친일가요의 백미로 손꼽힌다. 표현을 보면 가사의 한줄 한줄이 기가 막힌다. 한 대목만 예를 들면 "일장기 그려놓고 성수만세 부르고"라는 부분이다. 자기 손가락의 피로 그린 일장기를 들고 천황폐하의 장수를 기원하는 만세를 부른다는 것이다. 이 노래에서 남인수는 동료가수 백년설 및 여류가수 박향림과 제3절과 제5절을 함께 합창했지만 제4절은 독창으로 혼자 불렀다. 〈혈서지원〉을 수록한 음반 뒷면에도 역시 조명암이 작사하고 김해송이 작곡·편곡한 노래로, 남인수와 여류가수 이난영이 함께 부른 친일가요 〈이천오백만 감격〉이 수록되어 있다. '이천오백만'은 당시 조선인 인구 전체를 말하는데, 그때 일제는 조선인과 일본인을 합쳐서 '1억 국민'(물론 대만인도 포함)이라고 불렀다.

이 〈이천오백만 감격〉은 〈혈서지원〉 음반에 실린 노래로 〈혈서

지원)과 쌍벽을 이루는 친일군국가요이다. 마찬가지로 이 노래도 노골적인 친일 가사를 보여주고 있는데, "미영의 무궁 원수 격멸의 마당 / 정의로 나아가자 이천오백만 / 아~ 감격의 깊을 이천오백만~"이라고 표현한 가사가 줄줄이 나온다. 미영(米英)은 당시 일제의 적국이었던 미국과 영국을 말하며 이들 연합국은 일본의 '무궁(無窮) 원수(怨讐)'이기 때문에 반드시 격멸시켜야 할 타도의 대상임을 거듭 강조하고 있다. 이 대목은 끝이 보이지 않는 원한에 사무친 무서운 적의감을 드러내고 있다는 점에서 지금 들어봐도 매우 섬뜩하기 그지없는 가사가 아닐 수 없다.

과연 얼마나 많은 조선의 젊은이들이 당대 최고의 인기가수 남인수의 노래를 따라 부르며 일본군에 지원, 입대했는지는 알 수 없지만, 가요의 황제 남인수의 대중적 영향력을 무시할 수 없다는 점에서 그의 친일노래는 조선청년의 영혼을 파괴하는 최면적인 역할을 크게 했다고 볼 수 있다. 마찬가지로 남인수의 가요사에 깃들어 있는 여러 가지 친일노래 가운데 이 두 노래는 결코 씻을 수 없는 반민족적 상처를 내고 우리 역사에 지워지지 않을 생채기를 낸 가장 수치스럽고 오욕 된 노래라고 지목하지 않을 수 없다. 현재 남인수는 『친일인명사전』에 등재되어 있지만 『친일반민족행위진상규명보고서』에는 올라가 있지 않다. 친일인명사전편찬위원회는 남인수의 대중적 영향력을 간과하지 않았지만, 친일반민족행위진상규명위원회는 그의 대중적 영향력을 과소평가한 것이다.

한편 해방 후 남인수의 가요업적을 기리고 후배가수를 발탁하기 위해 그의 이름이 붙은 노래제가 한때 마련되었지만 이러한 친일의혹 때문에 제자리를 잡지 못했다. 그의 고향 진주에서도 여러차례 남인수가요제가 열리거나 시도되었지만 시민의 반대로 무산되었다. 혹자는 남인수에겐 좋은 노래도 많은데 굳이 부정적인 노래를 들추어 낼 필요가 있느냐고 지적한다. 남인수가 부른 노래를 제대로 알지도 못하고 무조건 친일가요나 군국가요로 매도하는 사례가 있기 때문이다. 이를테면 1939년 4월 발표된 〈감격시대〉는 친일 또는 전시동원을 독려하는 표현이나 암시내용이 전혀 없는데도 군국가요로 보는 경향이 있었다. 그러므로 그가 부른 노래라고 모두 친일가요나 군국가요로 단정해서는 안 된다. 하지만 일부 극악한 친일가요나 선동성이 선명한 군국가요를 애써 모른 체 하는 것은 잘못된 일이다.

4. 진주검무*

 1780년 19세의 젊디젊은 청년이었던 다산 정약용을 반하게 만들었던 춤이 하나 있었다. 바로 진주검무이다. 다산은 진주성 촉석루에서 연희된 진주기생의 칼춤을 보고 넋을 잃었다. 그가 진주에서 검무를 보고 감격적으로 읊은 「무검편증미인(舞劍篇贈美人)」이란 한시를 다시 한번 감상해 보자. 물론 다음 것은 번역문이고 지면 관계상 일부분만 소개한다.

 "계루고 한 소리에 풍악이 시작되니 / 넓디넓은 좌중이 가을물처럼 고요한데 / 진주성 성안 여인 꽃같은 그 얼굴에 / 군복으로 단장하니 / 영락없는 남자 모습 / 보랏빛 쾌자에다 청전모 눌러 쓰고 / 좌중 향해 절한 뒤에 발꿈치를 들고서 / 박자 소리 맞추어 사뿐사뿐 종종걸음 / 쓸쓸히 물러가다 반가운 듯 돌아오네 …(중략)… 백 사람이 칼춤 배워 겨우 하나 성공할 뿐 / 살찐 몸매 가진 이는 흔히 둔해 못한다네 / 너 이제 젊은 나이 그 기예 절묘하니 / 옛날 소위 여중호걸 오늘날 보았는데 / 얼마나 많은 사람 너로 인해 애태웠나 / 거센 바람 장막 안에 몰아친 걸 알만하네"

검무라고 하면 칼을 들고 추는 춤이어서 자칫 살벌하다는 선입견을 품을 수 있다. 그러나 칼춤이라는 이름이 주는 느낌과는 달리, 품위가 느껴지는 우아함이 있고 때로는 경쾌하기까지 하고, 한편으로는 지극히 부드럽고 발랄함마저 엿보이는 춤이다. 은은한 비단결 같은 춤이라고 해서 사자성어로 '의금상경'이라고 하지 않았던가.

물론 진주검무는 삼국시대 화랑 관창의 전설에서 비롯되지만, 진주기생의 검무는 자신들의 자존심이며 우상이었던 논개로부터 시작된다. 그래서 조선 말 진주에서 창제된 진주기생들의 가무제인 '의암별제'에서 진주검무가 논개의 영혼에 바쳐지는 헌무로 올려진 것이 아닐까. 실례로 국운이 쇠퇴해 가던 1909년 일제통감부 시절, 기생 죽엽은 "검무를 10년 춘 기생들이 검무를 배운 뜻은 의기 논개의 순국을 기리는 것"이라고 했다. 이렇듯 진주검무의 전승 과정에는 의기 논개라는 존재가 중요한 역할을 했다.

그런데 왜 진주검무를 팔검무라고도 부를까. 그것은 8명의 무희가 추는 칼춤이기 때문이다. 원래 진주검무는 조선시대의 경우 2명이 춤을 추었고 일제강점기의 경우에는 4명이 춤을 추었으나 현재는 8명이 춤을 추고 있다. 1967년 진주검무가 정부로부터 중요무형문화재로 지정될 당시 춤을 추던 무희가 8명이었다. 진주검무가 8검무로 정착된 것은 진주검무의 특성을 제대로 살리기 위해서였다. 국악인 박헌봉은 진주검무가 반드시 2명이나 4명이 추어야 한다는 법이 없고, 오히려 그 춤이 군무인 만큼 촉석루와 같은 누각 위의 넓은 공간에서 8명이 한 조를 이루어 춤을 출 때 가장 진주검무의 멋이 잘 살아난다고 보았다.

다행히 진주검무는 대한제국 말 고종 황제 앞에서 검무를 추었던 최순이가 중요무형문화재 제12호로 지정될 당시까지 생존해 있었고, 더구나 그녀의 가르침을 받았던 진주권번 출신의 퇴기들이 진주검무를 전승하고 있었기에 중요무형문화재로 지정될 수 있었다. 현재의 진주검무 예능보유자인 성계옥 여사는 이렇게 말한다. 최순이에게 검무를 배웠던 퇴기 이윤례가 생존 당시 제자였던 자신에게 검무를 가르치면서 "자고로 진주교방에서는 가무를 배우려면 검무부터 필수적으로 배워야 다른 예술을 배울 수 있었다"라고 늘 덧붙였다는 것이다.

앞서 소개한 정약용의 시에서도 "백 사람이 칼춤 배워 겨우 하나 성공할 뿐"이라고 하지 않았던가. 하지만 이제 진주검무는 사라진 기생들만의 춤이 아니다. 현재 경상대 민속무용학과에서도 진주검무를 배우고 있지 않은가. 그래서인지 진주지역의 대표적인 무형문화재인 진주검무를 배우기 쉽게 소개한 기록도서 『진주검무』가 칠순의 인간문화재 성계옥 보유자에 의해 집필되었다는 점에서 더욱 친근하게 다가온다. (2003. 4. 1.)

* 계루고(雞婁鼓)는 옛날 군대에서 전투신호로 쓰던 북을 말하는데, 그 북소리에 맞춰 풍악이 시작될 때 청전모를 머리에 눌러 쓰고 보랏빛 쾌자를 군복 위에 걸쳐 입은 무희들이 짧은 칼을 양손에 들고 등장한다. 촉석루에 올라온 아리따운 여인들은 전투태세의 동작에 몸을 맞춰 두 손에 든 칼을 휘두르며 날렵하게 춤을 추기 시작한다. 양손에 칼을 흔들며 신들린 듯 춤을 추는 모습이 무녀의 굿판처럼 연상되겠지만 이와는 사뭇 다른 것이었다. 그 모습은 마치 무술연습을 하는 것처럼 보이겠지만 실은 아름다운 율동이 있는 춤사위이다. 이 여전사와 같은 무희의 모습이 예사롭지 않게 펼쳐진다. 그 광경을 숨죽여 지켜보고 있던 정약용이 당시에 느낀 감흥을 시로 읊었는데, 그가 본 춤은 바로 진주검무였다. 정약용은 진주검무를 추는 진주기생의 기예에 놀라워하며 시로써 그 광경을 탁월하게 묘사했다. 그는 진주검무를 추는 기생을 여중호걸로 보고 예찬하며 시를 읊었다.

　이 진주검무에 관한 책이 처음 나왔다. 진주검무의 인간문화재 성계옥 여사의 『진주검무』(화산문화, 2002)이다. 우연히도 필자는 성계옥 여사를 도와 『진주검무』의 집필을 보조해 책을 완성한 인연이 있다. 2003년 3월 2일 성 여사는 책이 나오자마자 가장 먼저 필자에게 한 권을 선사하면서 "동주이리섭대천(同舟以利涉大川)"이란 구절을 책에 적어 주었다. 그 글은 "같은 배를 탄 이로움으로 큰 물을 건넌다"라는 뜻으로 한 배를 탄 운명공동체를 의미한다. 함께 작업한 고마움을 표현한 말이다. 아무튼 이 책은 성 여사가 왜 그토록 오랜 시간 진주검무에 공들이고 진주기생의 교방문화를 알리기 위해 헌신해 왔는지를 잘 보여준다. 성 여사는 이 책의 머리말에서 진주검무가 가진 카리스마에 대해 이렇게 밝혔다.

"의금상경(衣錦尙絅)이라는 옛사람들의 멋스러운 말이 있다. 화려한 비단옷을 입되 엷은 옷을 겉에 덧입어 비단의 화려함을 살짝 가림으로써 비단옷의 아름다움을 은근하게 표현한다는 말이다. 그 문자의 의미가 가장 잘 전달되는 춤이 있다면 바로 진주검무가 아닐까 한다. 현란한 테크닉만으로 춤의 멋을 표출시키려고 하기보다는 오랜 기간에 걸친 끊임없는 내공이 쌓여야만 진주검무의 멋이 자연스럽게 배어나기 때문이다. 그러므로 연륜이 짧은 무희가 진주검무의 진정한 아름다움을 결코 표현할 수 없다는 것이다. 현재 진주검무보존회장을 맡고 있는 필자는 1967년 진주검무가 중요무형문화재 제12호로 지정된 직후, 진주검무 전수장학생 제1기생이 되면서 진주검무와의 질긴 인연이 시작되었다. 이후 1978년 진주검무 예능보유자가 된 뒤 지금까지도 진주검무가 지닌 카리스마와 진주기생들이 남긴 교방문화의 마력에서 벗어나지 못하고 있다."

성계옥 여사는 1927년 산청에서 태어나 일본 세이바시(聖橋) 통신여학교의 통신교육과정을 수료했고, 해방 후 임시 교사자격을 취득해 고향의 차황국민학교에서 초등교사를 지냈다. 한국전쟁 후 초등교사를 그만둔 후 생업에 뛰어들었다가 진주에서 교방춤을 접하고 본격적으로 진주검무에 입문했다. 그 후 진주검무 전수와 교육에 힘쓰다가 1978년 문화재관리국으로부터 진주검무 예능보유자로 지정받았다. 의암별제와 진주한량무, 진주포구락무, 진주선유락을 복원하는 등 진주교방문화의 발굴과 전승을 위해 혼신의 노력을 다하다가 2009년 진주에서 타계해 고향 산청에 묻혔다.

2010년 국립부산국악원에서 '진주 교방문화의 큰 스승'인 운창 성계옥 선생의 삶과 예술세계를 조명하는 추모 1주기 기념공연이 생전에 고인이 지은 한시 '남강타일몽중선(南江他日夢中先)'[진주에서 먼 훗날 꿈속에 먼저 하리라]이라는 타이틀로 열렸다. 이 공연에는 그녀가 평생을 바쳐 발굴하고 전승해 왔던 진주교방문화의 대표적인 악·가·무로 의암별제가무(영신, 상향악, 초헌)를 비롯해 진주검무, 진주한량무, 진주포구락무, 진주선악(배따라기) 등을 선보이며 고인의 예술세계를 기렸다.

이와 관련해 성 여사가 진주검무의 예인이 되었던 경위에 대해서는 제2부에 12번째로 실은 「성계옥, 교방문화와 진주검무의 예인」이란 제하의 글에서 다시 한번 살펴보기로 한다.

5. 논개시*

    널리 알려지다시피 논개는 임진왜란 때 진주성을 함락한 왜장을 촉석루 벼랑 아래로 유혹해 그를 껴안고 의암에서 남강으로 뛰어들어 순국한 '열혈여아(熱血女兒)'이다. 그래서 조선시대 시인묵객은 물론이고 근현대의 시인과 소설가, 음악가들도 이러한 논개의 영혼을 숱하게 노래하고 작품으로 형상화했다. 우리가 익히 잘 알고 있는 작품으로 변영로와 한용운의 시, 박종화와 정비석의 소설, 윤봉춘과 이형표 감독의 영화, 유치진의 희곡, 송범의 무용극, 안익태의 교향시, 홍연택의 오페라, 홍원기의 창극 외에도 이루 헤아릴 수 없다.

    그중에 흔히 '논개' 하면 바로 연상되는 대표적인 작품이 바로 수주 변영로가 노래한 시 「논개」이다. 이 작품은 3·1민족해방운동이 일어난 지 3년 뒤인 1922년 4월 《신생활》 제3호에 발표된 것이다. 일제침략기에 변영로가 논개를 노래했다는 사실만으로도 대단한 일이었다. 일제가 보았을 때 논개는 일본의 위대한 사무라이를 암살한 시쳇말로 테러리스트이기 때문이다.

    그러나 누가 감히 그녀를 테러리스트라고 말할 수 있는가. 왜장을 수장시킨 논개의 죽음은 침략자가 말하는 '악의 축'에 부화뇌동한 자기 파괴적인 자살공격이 아니다. 그녀의 죽음이 향기로운 것은 더 큰 사랑을 위해 자신을 죽인 위대한 열정과 살신성인을 보여주었기 때문이다. 연약한 여성의 몸으로, 또한 비천한 신분의 몸으로 조국과 민족을 위해 보여준 논개의 애국정신은 많은 작품으로 형상화되기에 충분했다.

우리는 이러한 호소력을 변영로의 빼어난 시 「논개」를 통해 느낄 수 있다. 지금 진주성 촉석문 앞에 가서 남강을 바라보라. 그곳에는 1991년에 세워진 변영로의 시비 '논개'가 있다. 논개 시비를 찬찬히 뜯어보면 우리는 불현듯 "석류 속 같은 입술"로 "죽음을 입 맞춘" 논개에 대한 죽음의 미학과 시어의 감미로움을 느낄 수 있다.

변영로는 논개의 죽음에 대해 "아, 강낭콩꽃보다도 더 푸른 / 그 물결 위에 / 양귀비꽃보다도 더 붉은 / 그 마음 흘러라"라며 후렴 구절을 거듭 강조하고 있다. 이 시는 성격상 논개의 거룩한 희생에 대한 추모의 정을 노래하고 있지만 단순한 추모의 시가 아니다. 강낭콩꽃 같은 푸른 남강의 강물과 양귀비꽃 같은 붉은 논개의 마음을 원색적으로 비교한 것은 무엇을 말하는가. 다름 아닌 양귀비꽃은 논개라는 아름답고 특수한 존재가 보여준 매서우면서도 독한 내면의 열정을 강렬히 표상하고 있기 때문이다.

"흐르는 강물은 / 길이길이 푸르리니 / 그대의 꽃다운 혼 / 어이 아니 붉으랴"라고 노래한 변영로의 시처럼 아직도 우리에게 남아 있는 '거룩한 분노'와 '불붙는 정열'은 얼마나 있는 것일까. 미국의 이라크 침략에 우리나라 국회가 덩달아 국군파병을 결정한 것은 전쟁의 신음에 고통받아온 우리의 역사적인 경험을 망각한 것이고, 논개가 목숨 바쳐 지키고자 했던 가치를 일순간에 부정하는 일이라는 소리마저 들린다. 정말 우리로서는 민족적인 슬픔과 개인적인 무력감을 느끼지 않을 수 없다.

이때 진주의 극단 '현장'이 진주정신 지키기 시리즈 제1탄으로 내놓은 〈뮤지컬 논개〉를 다시 무대에 올리기로 했다. 강낭콩처럼 푸른 신록의 계절에 펼쳐지는 진주논개제를 맞아 5월 24일과 25일 이틀간 경남문화예술회관에서 〈뮤지컬 논개〉가 공연된다. 이 예술 작품을 통해 논개는 힘의 논리가 지배하는 굴욕의 시대를 살아가는 우리에게 무슨 화두를 던져주고 있는 것일까. 문득 변영로와 같이 암울한 일제 치하를 살아가면서 논개를 노래했던 만해 한용운의 처절한 자아반성도 다음의 시구에서도 절절히 느껴진다.

"천추에 죽지 않는 논개여 / 하루도 살 수 없는 논개여 / 그대를 사랑하는 나의 마음이 얼마나 즐거우며 얼마나 슬프겠는가 / 나는 웃음이 겨워서 눈물이 되고 눈물이 겨워서 웃음이 됩니다 / 용서하여요 사랑하는 오오 논개여"(2003. 4. 8.)

* 일제는 논개가 내포한 항일민족성 때문인지 논개 이야기가 조선인들 사이에서 퍼져나가는 걸 원치 않았다. 경술국치가 되자마자 무단통치에 들어간 조선총독부는 헌병과 경찰을 동원해 조선에서 발간된 불온서적을 압수하기 시작했다. 이때 논개 이야기가 실려 있던 책도 포함되었다. 논개 이야기를 담은 책을 금서로 보고 민간의 가가호호를 뒤져 모조리 압수해 없애버렸다. 일제판 '분서갱유(焚書坑儒)'인 셈이다.

　또 논개 이야기를 새긴 의암사적비가 경술국치 직후 깨지고 기단에서 빠져 넘겨져 있던 적이 있었다. 1914년 일본인이 펴낸 『개정증보(改訂增補) 진주안내(晋州案內)』에 나온 의암에 대한 설명 부분을 보면 "촉석루 아래 남강 기슭에 자리 잡고 있는데, 끊어진 단비(斷碑)를 보니 차마 옛일을 생각할 수 없다"라고 기록했다. 그러나 논개 이야기는 결코 사라지지 않았다. 구전으로 끊임없이 전승되어 온 논개의 전설은 이미 다양한 형태로 되살아나 다음 세대를 거쳐 가며 계속 이어졌기 때문이다.

　예컨대 일제강점기에 일어난 1919년 3·1운동은 전조선적 민중항거이며 항일의 촉매제였다. 많은 조선민중이 3·1운동에 참여했는데 그중에는 기생들도 있었다. 실례로 진주기생들이 시위에 참여했던 것은 역사적 사실이었을 뿐만 아니라 다른 곳에 있었던 기생들의 항거도 모두 사실로 확인되었다. 진주의 3·1운동 당시 총독부기관지 《매일신보》는 1919년 3월 25일자에서 '경상남도 진주기생이 앞서서 형세 자못 불온'이란 기사제목으로 "진주기생의 한 떼가 구한국(舊韓國) 국기를 휘두르고 이에 참가한 노소(老少) 여자가 많이 뒤를 따라 진행하였으나 주모자 6명의 검속으로 해산되었는데…"라고 보도했다.

이밖에 수원에서는 기생조합원들이 자혜병원 앞으로 행진하며 시위를 벌였으며, 통영에서는 기생들이 시위를 이끌다가 경찰에 붙잡혀 실형을 선고받고 투옥되기까지 했다. 이처럼 전국적으로 기생들이 항거한 사례가 다수 확인된다. 그래서 해방 후 작가들은 이들 사례를 소설적 소재로 삼아 단편소설을 썼다. 이 소설 중 통영기생의 의거를 다룬 「통영의 꽃, 국희」를 보면, 통영기생의 외침 속에 의기의 대명사인 논개와 계월향이 등장한다. 논개를 언급한 부분을 보자.

"맨 앞에는 국희와 홍도가 섰다. 둘은 핀 대신 검은 머리띠를 두르고 검은 끈으로 치마허리를 단단히 묶었다. 단호함을 상징하기 위한 차림이었다. '우리는 일본의 노리개가 아니다. 논개와 계월향의 후손이다.' 홍도가 우렁찬 목소리로 팻말을 흔들며 선창했다. 곧이어 통영예기조합 회원들이 따라 외쳤다." (2019년 발간된 3·1운동 100주년 기념소설집 『대한 독립 만세』에서 인용함)

이미 알다시피 3·1운동은 조선민중들이 항일운동을 시작한 계기이자 분수령이 된 사건이었다. 그래서 3·1운동 이후 논개는 문학의 중요한 모티브가 되었다. 시인 한용운이 일제강점기에 쓴 「논개의 애인이 되어서 그의 묘(廟)에」라는 시는 매우 유명하다. 이때 묘는 무덤이 아닌 묘당(廟堂), 즉 사당(祠堂)을 말한다. 특히 일제강점기에 변영로 시인의 시 「논개(論介)」도 마찬가지이다. 그는 25세 때인 1922년 《신생활(新生活)》 4월호에 시 「논개」를 발표했는데, 이 시는 1924년 첫 시집 『조선의 마음』에 수록되었다. 이 시집에서 "종교보다 깊은 거룩한 분노"와 "사랑보다 더 강한 불붙는 정열"을 노래하며 논개 이야기를 시로 읊었다. 변영로가 전하는 호소력은 자신의 분신과 같은 시 「논개」를 통해 나타났고, 그는 논개의 죽음과 그 의미를 눈부시게 찬미했다.

그런데 해방 후 시비에 새겨진 시어 한 글자를 놓고 논란이 일어났다. 논개의 죽음이 글자 하나로 인해 논쟁거리가 된 것이다. 그것은 이 시를 두고 《경남일보》 문화부 팀장 강동욱 기자와 《진주신문》 편집부장 서성룡 기자가 벌인 논쟁을 말한다. 왜 그랬는지 알아본다.

먼저 논쟁의 발단은 변영로가 쓴 시어의 표기가 맞는지 다투는 것에서 시작되었다. 그 시어는 '눈썹', 즉 '아미'가 나오는데, 이 글자를 둘러싼 논쟁이 벌어진 것이다. 변영로가 지은 시 「논개」의 아리따운 눈썹이 도대체 어쨌다는 것인가. 이를 두고 서 기자와 강 기자가 2005년 6월과 7월 사이 각자가 소속된 신문에 서로의 주장을 게재했다. 《진주신문》 서 기자는 '아리땁던 그 아미(娥眉)'라는 부분에 대해 '아미'란 미인의 눈썹을 지칭하는 말로 원래는 벌레충 변의 나방 아(蛾) 자를 써야 하는데, 이 시비에는 계집여 변의 예쁠 아(娥) 자를 잘못 써 놓은 오류를 범했다고 지적했다.

사실 눈썹을 뜻하는 아미는 벌레충 변의 '아미(蛾眉)'가 맞다. 누에나방의 촉수처럼 털이 짧고 초승달 모양으로 길게 굽은 아름다운 모습이 마치 미인의 눈썹과 같다는 점을 말하기 때문이다. 이러한 점은 조선 말 의암별제를 창제한 진주목사 정현석이 저술한 『교방가요』에도 나온다. 진주의 비봉산을 은유적으로 눈썹에 비유한 표현으로 아미를 쓰고 있는데, 바로 그 아미는 나방 아 자를 쓴 '아미(蛾眉)'인 것이다. 또 이 책에는 '진수아미(螓首蛾眉)'란 말도 나오는데, 이 말은 씽씽매미처럼 이마가 넓고 나방처럼 눈썹이 아름답게 그어진 여인의 용모(容貌)를 뜻한다고 했다. 이때 쓴 아(蛾) 자에 벌레나 나방의 뜻이 있다고 해서 흉측한 형상이나 의미를 내포한 것은 아니다. 오히려 벌레충 변의 아미는 눈썹의 아름다움을 더 확실하게 표현한 말이었다.

그런데 《경남일보》 강동욱 기자가 느닷없이 문제를 제기하고 나섰다. 그는 논개 시비에 대해 《진주신문》이 오자라고 지적한 것을 알아보니 사실은 오자가 아니었다고 반박하는 기사를 보도함으로써 논쟁을 촉발했다. 강 기자가 증거로 내세운 것은 서예가와 유족의 전언을 비롯해 문헌적 증거가 하나 있었다. 즉, 『근대한국시편람(近代韓國詩便覽)』에 그 해당한 시구가 '아미(娥眉)'로 나와 있다는 것이다. 하지만 서 기자는 "강동욱 기자가 증거로 제시한 책의 '오자 수정본'이 있는데, 거기에는 이 시구가 나방 아(蛾) 자로 나와 있었다"라고 하며 결정타를 날렸다.

이처럼 강 기자는 애초부터 시의 원문을 확인할 생각도, 시편람의 오자 수정본을 확인도 하지 않은 채 2차 사료와 주변의 이야기만 듣고 이같이 주장했다. 나아가 강 기자는 한술 더 떠 변영로가 '시적인 표현'으로 나방 아 자를 아름다울 아 자로 바꿔 썼다고 임의로 추측하는 등 황당한 주장까지 하였다. 하지만 그는 계집녀 변의 아(娥) 자는 주로 여자의 자(字)로 여성의 이름에 쓰였다는 어원을 몰랐던 것일까. 국문학 및 한문학을 전공한 그가 여인의 눈썹을 뜻하는 한자어가 벌레충 변의 아미(蛾眉)란 사실을 정말로 몰랐을까.

결국 서 기자는 국립중앙도서관의 마이크로필름을 통해 변영로가 일제강점기에 처음 썼던 시의 원본을 검색한 결과, 마침내 그 시의 원문을 찾아냈다. 역시 시구는 벌레충 변의 나방 아(蛾) 자가 맞았다. 『근대한국시편람』이 틀린 것이다. (물론 이 책은 나중에 틀렸음을 자인하고 '오자 수정본'도 냈다.) 아마도 글자가 비슷해 식자공이 활자를 잘못 집어넣어 오식한 것으로 보인다. 이 점을 확인한 서 기자는 그러한 사실을 《진주신문》에 다시 보도했다.

그 이후로 강 기자는 어떠한 반론도 내놓지 못한 채 묵묵부답하였다. 구체적 사료에 근거하지 않고 일방적인 생각으로 자신의 주장을 고집한 것에 대해 강 기자는 진정으로 사과하지도, 오보한 사실을 정정보도하지도 않았다. 현재 전북 장수나 충남 홍성 등에 세워진 변영로의 논개시비에는 제대로 된 글자를 새겨놓고 있는데 왜 진주에 세워진 시비만 잘못된 글씨가 확인되었는데도 고치지 않고 그대로 놓아두고 있는지 알 수 없다.

이렇게 오탈자 하나가 논개의 죽음을 뒤흔들었는데, 이런 사례는 조족지혈에 불과하다. 그녀의 죽음 자체를 '무화(無化)'시키려는 온갖 술수와 음모와 독설과 마타도어가 우리 사회에 횡행하고 있기 때문이다. 이에 대해서는 제3부 '논개를 위한 변명'에서 논개에 대한 마타도어를 낱낱이 파헤치고 반박하는 등 집중적으로 이 문제를 다루었다.

6. 형평운동*

　일제강점기만 해도 개돼지보다 못한 사람들이 있었다. 다름 아닌 백정이다. 이들의 부당한 차별을 해결하기 위한 계급타파운동인 백정해방운동이 진주에서 시작되었다. 그런데 왜 '형평'인가. 형평은 저울을 말하는데, 인간은 저울처럼 평등하게 대우받아야 한다는 의미에서 나온 말이다.

　사실 이 저울을 주로 사용하는 사람들이 바로 가축을 잡는 백정들이었다. 이들은 조선 말 노비해방령에도 불구하고 일제강점기까지도 천민 대우를 받고 있었다. 그래서 인간평등을 가치로 봉건사상을 타파하기 위해 인권운동이 벌어진 것이다. 다시 말해 형평운동은 암울한 일본제국주의 시대에 한 가닥 희망의 빛으로 다가온 횃불이었다.

　형평운동은 1923년 4월 25일에 당시 최하층 신분집단인 백정들에 대한 신분차별을 없애기 위해 진주에서 형평사가 결성되면서 시작되었다. 개화인사인 강상호와 백정 출신 장지필 등이 주동이 되어 형평사를 결성하고 본격적인 인권운동에 나섰다.

　진주에서 형평사가 결성된 직후 그해 5월 13일에는 진주좌에서 형평사 의장으로 선출된 백촌 강상호의 사회로 전국에서 모여든 수많은 사회운동가와 백정들과 진주시민들의 성원 속에 형평사 창립축하식이 열렸다.

이 형평운동은 일제의 탄압으로 변질될 때까지 일제시기에 가장 오랫동안 소용돌이쳤던 사회운동이었다. 그 결과 백정에 대한 제도적인 차별이 철폐되고 인간평등에 대한 인식이 확산되었다.

그래서 1996년에는 형평운동을 전국적으로 공식 선포한 유서 깊은 자리를 기념하고자 옛 진주극장 자리에 '형평사 창립축하식이 열린 곳'이란 표지석을 세우게 됐다. 또한 기념탑도 세워졌다. 형평운동기념탑은 인간존엄과 평등사상을 일깨워 실천하고자 한, 우리나라 근대의 영광스러운 역사인 형평운동을 기념하기 위해 그 발상지인 진주에 세운 기념조형물이다.

다시 말해 형평운동의 숭고한 뜻을 이어받아 그 정신을 오늘에 되살려 인간답게 살아가는 평등사회를 만들고자 진주에서 결성된 순수민간단체인 형평운동기념사업회가 1996년 12월 10일 세계인권선언일에 맞춰 진주성 촉석문 앞에 건립한 기념탑을 말한다.

1992년부터 건립계획이 추진됐던 형평운동기념탑은 국내외의 지대한 관심 속에 수많은 사람이 참여한 가운데 기금을 모으고 진주시로부터 땅을 받아 우리나라 인권운동의 상징이며 세계적인 인권운동의 모범으로서 남강 변에 우뚝 서게 되었다. 이 기념탑은 인간존엄과 평등사회를 구현하고자 했던 형평운동의 정신에 동참하는 국내외 1천 5백여 명의 개인회원과 38개 단체회원의 성원과 참여 속에 성대하게 준공되었다.

기념탑을 제작한 심정수 조각가는 "가진 자도, 못 가진 자도, 배운 사람도, 못 배운 사람도, 늙은이도, 젊은이도, 그녀도, 그이도, 모두 이 평등의 문을 나서라. 우리는 모두 두 손을 꼭 잡고 저 남강 앞에, 저 태양을 향해 평등과 자유의 정신만이 있을 뿐"이라고 벅찬 감격을 표현했다.

또한 형평운동기념사업회는 이 탑을 세우면서 "힘겹던 시절에 거룩한 인간사랑의 횃불로 타올랐던 형평운동의 정신을 드높이 기리고 아름답게 꽃피울 수 있기를 바라면서 이 탑을 세운다"라고 그 뜻을 밝혀 놓고 있다.

형평사가 전개한 형평운동은 수백 년 동안 우리 사회의 그늘진 곳에서 가장 천대받던 백정들의 인권과 존엄성을 찾아주기 위한 운동이었고, 또한 강상호 같이 신분을 초월한 선각자들이 벌였던 반차별적인 인권운동이었다. 이 운동은 형평이란 이름에서도 잘 알 수 있듯이 모든 사람이 저울처럼 평등하게 대우받으며 살자는 평등운동이다. 그런 만큼 오늘날 민족, 인종, 성별, 지역, 국가 간의 갈등 속에 유무형의 차별을 목격하는 우리에게 무엇을 해야 할 것인지 이 형평운동이 전해주는 의미는 정말 크지 않을 수 없다. (2003. 4. 15.)

* 형평운동의 성격은 문화적인 면보다 역사적인 면이 더 강하다. 그래서 일명 '진주문화 살리기'란 타이틀에 맞지 않다고 볼 수 있으나 형평운동이 인간의 삶을 개선하고 문화를 바꿔나가는 힘을 가지고 있다는 점에서 문화 칼럼에 실었다. 이 글은 형평운동을 인권운동의 측면에서 인간의 바람직한 모습을 과거의 역사에서 찾을 수도 있겠지만 미래의 모습을 만들어낼 문화에서 찾을 수 있다는 의미로 문화 칼럼 난에 넣었다.

　형평운동은 1923년 4월 진주에서 강상호 등 시대를 앞서간 선각자들에 의해 시작되었는데, 이는 사회적으로 차별받은 백정의 삶을 개선하기 위한 인권운동이었다. 이때 형평운동에 참여한 백정 중에는 진주의 어느 돈 있는 백정이 딸을 초등학교에 입학시키려고 하다가 거절당하자 이를 계기로 백정 해방을 위한 형평사 결성에 참여했다는 이야기도 전해진다. 이렇게 형평운동은 진주에서 발화해 들불처럼 전국을 휩쓸며 백정 차별을 없애고 모든 인간은 동등하게 대우받아야 한다는 평등사상을 각인시켜 주었다.

　반면에 기생에 대한 차별은 여전했고 기생 자녀의 초등학교 입학을 거부하는 학교가 진주에서 속출하는 등 큰 사회적 문제로 비화되었으나 형평운동처럼 기생해방운동은 일어나지 않았다. 여성은커녕 인간 대우마저 받지 못한 기생차별과 같은 사회적 문제가 많이 남아있었지만, 여성단체인 근우회 활동만으로 시정하기 어려웠다. 기생 문제는 구조적인 문제와 맞물려 있으므로 여성문제를 기생해방을 위한 것으로 한정할 수 없었다.

이러한 점은 아마도 신분과 관계없이 봉건적 생각에 사로잡힌 당시 남성 중심의 가부장제에 저항하는 것도 녹록지 않았기 때문이 아니었을까. 당시 여성운동은 신분해방운동이 아닌 여성의 권리를 찾는 여성인권운동 차원으로 전개되었다. 따라서 형평운동은 백정이나 기생의 신분을 해방시키는 신분해방운동으로 나아가지 못하고 오히려 같은 천민끼리 반목하고 차별하는 이중적 모습마저 노출시키기에 이르렀다. 이러한 점을 염두에 두고 형평운동을 다루어보려고 했다.

이 칼럼은 《경상대신문》에서 형평운동시리즈로 기획한 첫 번째 글로서, 향후 몇 편의 글을 더 쓸 계획이었으나 안타깝게도 1회로 그쳤다. 원래는 기생 못지않게 형평운동도 상당한 분량으로 지면을 할애해 연재할 계획을 하고 있었다. 형평운동의 의미를 개괄적으로 쓴 후 각론으로 한 꼭지씩 형평운동의 문화사적 의미에 대해 풀어보려고 했던 계획이었지만 그만 불발에 그치고 말았다. 이유야 어떻든 시간이 많이 흘렀다고 해도 여전히 아쉬움과 미련이 남아있을 수밖에 없다. 지금 생각해 보면 앞으로 형평운동이나 형평운동가에 대해 좀 더 충실하게 정리할 수 있는 시간을 준 것이 아닐까 하며 스스로 위안하고 있다.

7. 동편제의 명창*

    판소리 하면 서편제를 떠올리기 쉽다. 그것은 영화 〈서편제〉의 영향 때문일 것이다. "이 산 저 산 꽃이 피니 분명코 봄이로구나"로 시작되는 판소리가 나오는 영화 〈서편제〉의 단가 「이 산 저 산」을 기억하는가. 단가는 판소리를 하기 전에 목을 풀기 위해 북장단에 맞춰 부르는 짧은 노래를 말한다. 평소에는 낯설지만, 그 영화를 보고 나면 저절로 추임새가 나오거나 노랫소리가 흥얼거려지는 것은 무슨 까닭일까. 아마도 판소리에는 우리 민족의 정서와 희로애락이 고스란히 녹아 있기 때문일 것이다.

    이선유라는 명창이 있었다. 그는 진주사람이다. 1872년 진주에서 태어난 그는 10세 때부터 판소리 공부를 시작해 그 뒤 혼자 독공을 하다가 30세 무렵 뒤늦게 명창으로 세상에 이름을 떨쳤다. 그의 판소리는 동편제였다.

    그런데 판소리는 동편제나 서편제나 모두 전라도를 중심으로 발달했다. 일반적으로 섬진강을 중심으로 동쪽 지역에 있는 남원, 운봉, 구례, 순창에서 불린 소리를 동편제로 본다면 보성, 나주, 목포 등지를 중심으로 발달한 소리는 서편제가 된다. 그래서 유명한 명창은 모두 전라도 출신이고 동편제든 서편제든 전라도에서 명창이 많이 난 것도 그러한 이유 때문이다.

하지만 진주사람 소리꾼 이선유는 영남 유일의 명창으로 근대 5명창 가운데 한 명이다. 이선유는 판소리 동편제의 시조 송흥록의 판소리를 잇는 송우룡 명창에게 어릴 때 소리를 배웠고, 이후 독공으로 실력을 연마하다가 30살이 가까워질 무렵 김세종의 가르침을 받아 비로소 득음했다. 그는 박기홍, 김창환 명창과 어깨를 나란히 하며 소리꾼으로 이름을 떨쳤다. 그는 명창 송만갑과 창극단 협률사에 참여하여 〈춘향전〉〈심청전〉 등의 창극공연을 하기도 했다.

사실 판소리는 크게 동편제와 서편제로 나뉘는데, 동편제는 선천적으로 풍부한 음량을 타고 나지 않으면 득음하기 어렵고 반면에 서편제는 피나는 후천적인 노력 끝에 득음하는 판소리라고 한다. 이선유는 성량이 풍부하지 못하였으나 노력 끝에 동편제의 명창이 되었다.

무엇보다 이선유는 1933년에 판소리 다섯 마당의 사설을 엮어 『오가전집』이라는 판소리 사설집을 내었다. 이 『오가전집』은 판소리 장단을 넣어 채록하여 출판한 최초의 판소리 사설집으로 판소리 연구에 귀중한 자료가 되고 있다. 〈춘향가〉〈수궁가〉〈흥보가〉〈심청가〉〈적벽가〉의 다섯 마당을 소리로 정리한 것인데, 이것을 이선유가 연창으로 불러 다섯 마당 소리를 수록해 전집으로 펴낸 것이다.

이선유의 소리가 유명해지자 오히려 전라도에서 그를 초청했다. 전남 순천의 유수한 판소리 귀명창 부자들과 지주들은 그의 토벌가를 듣고 이선유를 국창으로 떠받들었다고 한다.

이렇게 서울과 지방을 오가며 판소리로 이름을 떨쳤던 그가 무슨 일인지 어느 해 판소리계를 완전히 떠나 고향 진주로 낙향한 뒤 여생을 보냈다. 만년에는 세인들로부터 잊힌 채 진주에서 은거하다가 세상을 떠났다고 한다. 그래서인지 그가 사망한 해도 알려지지 않고 있다.

이선유는 〈수궁가〉 몇 대목을 담은 음반을 비롯해 여러 종의 판소리 음반을 남겼는데, 그가 편찬한 『오가전집』 사설과 그의 판소리는 송만갑 이전의 동편제 소리의 특성을 아는 데 귀중한 자료가 되고 있다. 그의 소리를 들어보면 마치 가곡창을 듣는 듯한 격조가 있다. 흔히 말하는 동편제의 고졸한 맛을 그의 소리에서 느낄 수 있다. 이는 대중적인 취향에 부합하지 않고 자기만의 소리 세계를 지켜온 이선유의 삶의 태도가 반영된 결과인지도 모른다.

하지만 동편제의 고장이라는 남원에서는 이선유가 진주 출신이라는 이유만으로 동편제의 계보도에서조차 누락되어 있다. 아무리 이선유가 진주에서 태어나고 활동한 영남의 명창이라지만 너무하지 않은가. 더욱 서글픈 것은 진주에서 그의 소리를 잇는 문하생은 커녕 이선유란 존재가 있었다는 사실도 모른다는 것이다. (2003. 5. 6.)

* 영화 〈서편제〉에 나온 〈사철가〉는 유명한 단가(短歌)이다.

"이 산 저 산 꽃이 피니 분명코 봄이로구나 / 봄은 찾아왔건마는 세상사 쓸쓸허드라 / 나도 어제 청춘일러니 오늘 백발 한심허구나"

이 노래는 판소리를 하기 전에 목을 풀 때 부르는 짧은 노래라고 하여 단가라고 이름이 붙여졌다. 풍류를 아는 고장인 진주는 예로부터 단가로 유명한 고장이었다.

1940년 발행된 『모던 일본』의 조선판을 보면, 조선의 노래는 크게 세 가지가 있다고 소개하며 하나는 평양을 중심으로 발달한 수심가(愁心歌)가 있고, 다른 하나는 진주를 중심으로 한 단가가 있으며, 나머지 하나는 경성을 중심으로 한 시조가 있다고 밝혔다. 이 중 단가는 당시의 정부에 미움을 산 사람들의 울분을 노래에 담은 것으로 유배지의 달을 바라보며 뜻을 같이한 아주 절실한 가사로 불리고 있다고 설명했다. 이처럼 진주를 중심으로 불린 단가가 조선의 3대 노래로 유래가 상고된 것은 아마도 판소리의 대가 이선유가 진주에 있었기 때문이 아니었을까. 이선유는 영남에서 유일한 판소리 명창이었기 때문이다.

일제강점기에 호남의 소리꾼들이 조선의 판소리를 주름잡을 때 진주의 이선유가 부르는 동편제 판소리는 한 점의 불꽃처럼 타올랐다. 우리나라 최초의 인쇄창본 『오가전집(五歌全集)』 발행은 이선유가 이룩한 최대의 업적이다. 1933년 이선유의 판소리를 채록해 판소리 사설집 『오가전십』을 펴낸 김택수는 머리말에서 "이선유 씨의 소리는 가사의 은부함(넉넉하고 풍성함)과 음조의 화창함이 신묘지경(神妙地境)에 이르러 조선 성악에서는 거의 당세의 독보라 할 만한지라"라고 극찬했다.

이와 같은 격찬을 받은 이선유에 대해 그의 일대기를 조명한 책이 나왔다. 2013년 한세대 최난경 교수가 판소리의 대가 이선유를 조명하는 책을 진주에서 발간한 것이다. 이 책은 '진주문화를 찾아서'란 기획 시리즈의 하나로 발간되었는데, 이선유 판소리를 진주문화의 한 원형으로 보고 있다. 이름하여 『명창 이선유』(문화고을, 2013)란 책이다. 그 책을 통해 최 교수는 이선유가 활동한 진주는 당시 소리꾼의 낙원이었다고 평했다.

물론 이보다 앞선 것으로 1995년 제작된 이선유 판소리 복각판의 음반해설서가 있다. 국악음반박물관 노재명 관장이 쓴 선구적인 이선유 해설서인데, 이 해설서는 〈콜럼비아 유성기 원반(6) 이선유 판소리(고수 한성준)〉(명인기획, 엘지미디어 제작)란 제하로 제작된 음반의 별첨으로 실려 있다. 오랫동안 판소리계의 전설로만 떠돌며 베일에 가려져 있던 판소리의 대가 이선유를 최초로 조명한 탁월한 글이었다.

그런데 이선유가 '판소리 동편제의 명창'으로 명성이 높아지자 갑자기 출생지 논란이 일어났다. 그가 진주 출신이 아닌 하동 출신이라는 것이다. 어느 때부터 이선유는 진주사람이 아닌 하동사람이 되어 있었다. (현재 하동군 악양면 중대리에는 그를 기념하는 판소리기념관까지 건립되어 있다.) 비록 일부에서 이선유의 출생지로 하동을 거론하고 있으나 진주로 보는 것이 타당할 듯하다. 최초의 문헌상 기록으로 1940년 정노식이 조선일보사에서 펴낸 『조선창극사(朝鮮唱劇史)』에는 진주출생으로 나와 있다. 이 책은 이선유가 생존할 때 기록된 책이기 때문에 신빙성이 매우 높다. 무엇보다 『조선창극사』는 한국 판소리의 역사를 최초로 기록하고 정리한 책이며, 판소리의 유래와 이론, 역대 명창들의 약전 등을 서술한 책이어서 더욱 그렇다.

이 책에 따르면 이선유는 10여 세 무렵부터 소리 공부를 시작하여 15세 때 송우룡의 문하에 이르러 3년간 훈도를 받은 후 독공을 계속하다가 소리선생이던 김세종의 지침을 받아서 차차 방향을 알게 되었다고 득음의 과정을 구체적으로 기록했다. 특히 이선유의 출생지를 진주라고 밝힌 점도 그러하다. 그러므로 진주출생을 문헌적으로 밝힌 『조선창극사』의 근거는 단순한 설로 치부하기 어려운 것이다.

또 《경향신문》은 1995년 이선유의 판소리 음반이 복각되었을 때 『조선창극사』의 기록을 인용해 이선유에 대해 "1872년 경남 진주 태생인 이(李) 명창은 열 살 무렵부터 소리꾼의 길을 걷기 시작, 동편제의 양대 산맥인 송우룡판과 김세종판을 두루 섭렵했다. 한때 협률사에 참여, 창극활동을 한 기록도 전해진다"라며, 단지 "이 명창은 진주에서 죽은 것으로만 알려져 있을 뿐 사망연대조차 정확하지 않다"라고 보도했다.

이 밖에도 오래전부터 한국의 명인명창을 추적해온 언론인 정범태(2019년 작고)가 2002년 저술한 『명인명창』에 따르면 이선유를 "영남의 유일한 명창 이선유"라고 표현했을 정도로 그는 유일하게 영남에서 태어난 판소리 명창이었다. 정범태가 말한 영남은 바로 진주를 말한다. 정범태는 이선유가 진주에서 태어나 열 살 때부터 판소리 공부를 시작했다고 밝힌 것이다.

이처럼 이선유가 진주사람으로 널리 알려진 것은 그가 생전에 발매한 음반광고에도 진주 출신임이 밝혀져 있기 때문이다. 예컨대 이선유가 1934년 폴리도르에서 녹음해 발매한 판소리 단가 〈월하몽(月下夢)〉에 대한 《조선중앙일보》 음반광고를 보면 '진주 이선유'란 점을 분명히 밝히고 있다. 이때 진주는 진주 출신이나 진주 거주, 혹은 '진주사람'임을 의미한다.

또한 이선유가 진주사람이라고 보는 이유는 그가 생애 대부분을 진주에서 보냈다는 점도 있기 때문이다. 이선유는 소리를 배우거나 공연했던 시기를 제외하고는 대부분 세상을 떠날 때까지 오랫동안 진주에서 생활하고 활동했다. 그는 젊었을 때 전설적인 명창 송만갑을 따라가 협률사에 참여해 순회공연을 다녔으나 그 이후로는 고향 진주에 돌아와 진주권번에서 생애 후반까지 진주기생들에게 판소리를 가르쳤다. 사실 그는 자신의 판소리를 음반에 녹음하기 위해 진주를 잠시 떠난 것을 제외하면 거의 진주를 떠나지 않았다.

물론 이선유의 가족뿐만 아니라 형제들도 모두 진주에서 살았고, 그 조카들도 진주에서 태어났다. 예컨대 이선유의 조카로 알려진 진주 출신의 작곡가 이재호는 '대중가요계의 슈베르트'라고 명성이 높은데, 일설에는 조카가 아니라 아들이라는 말도 있다. 박찬호의 『한국가요사』를 보면 이재호의 아버지는 진주 풍류객이라고 기록하고 있다. 더구나 국악음반박물관 노재명 관장은 박찬호가 기록한 그 풍류객이 바로 이선유를 말한다고 밝혔다. 또 이선유는 진주검무 예능보유자였던 이윤례의 큰아버지이기도 하며, 그녀도 역시 진주 출신이다.

그래서인지 1962년 《동아일보》는 '현재 살아있는', 즉 '현재까지 전해지는' 판소리 사설은 "진주의 명창 이선유 씨의 창(唱)"이라고 보도했다. 이 외에도 이선유가 생전에 협률사에서 함께 공연했던 송만갑에게 판소리를 배워 나중에 판소리의 대가를 이룬 김소희 명창 역시 노 관장에게 "이선유가 진주에서 주로 활동했다"라고 증언한 바 있다. 이렇듯 이선유와 관련된 진주에 대한 기록은 차고 넘치는데 무슨 말을 더할 것인가.

하지만 이와 상반되는 주장도 계속됐다. 앞서 언급한 것처럼 2013년 최난경 교수에 의해 이선유를 조명한 책이 진주문화연구소에서 '진주문화를 찾아서' 15번째 기획시리즈로 발간되었다. 물론 이 책이 발간되기 전부터 최 교수는 판소리 연구와 이선유 연구를 통해 하동 출생설을 제기해 왔다. 그녀는 구전으로 전하는 이선유의 하동 출생설을 소개했는데, 하동군은 이를 근거로 이선유를 하동사람이라고 간주하고 기념사업을 펼치고 있다. 이선유가 진주 출신이 아닌 하동군 악양면 출신이라는 것이다. 이에 따라 2012년 최 교수는 하동을 이선유의 고향과 동편제의 고장으로 알리는 데 기여한 공로로 하동군으로부터 '하동 명예군민증서'를 받았다.

　그렇지만 이는 당대의 호적이나 족보 및 신문 등 공적 기록이나 공공의 매체를 통해 확인된 문헌적 고증이 아닌 구전에 따라 전해진 추정된 이야기에 근거한 것이다. 온라인판『한국민족문화대백과사전』에는 '1873년(고종10)~1949년, 경남 하동 출생'으로 기록되어 있는데, 이는 구전에 따른 것이다. 한국전쟁 때 미군기의 폭격으로 시가지가 불바다가 되어 진주의 모든 호적기록이 소실되었던 것이 안타까울 뿐이다. 하지만 이선유가 하동 어딘가에서 출생해 진주로 이주해 왔다면 이주할 당시의 내용이 분명하게 기록된 민적부가 남아있을 터인데, 이선유에 관한 하동지역의 호적이 전혀 확인되지 않은 이유는 무엇일까. 민적부에는 호주에 대한 가족관계뿐만 아니라 신분과 직업, 심지어 첩이나 서자 관계도 표시되어 있기 때문이다.

　아무튼 이선유의 호적이 확인되지 않았지만, 최 교수의 책에서는 이선유의 진주이주설을 이렇게 밝히고 있다. 즉 이선유가 하동 악양에서 태어나 소리를 배우고 하동에서 진주로 이주한 것은 요즘의 하동읍과 화개와 악양이 진주에 속하는 지역이었고, 진주가 교방문화가 발달한 경남도청 소재지였기 때문이라고 강조했다. 하지만 후자는 맞지만, 전자는 아니다. 조선시대 행정구역인 진주목이나 진주군에 하동읍이나 화개와 악양이 이선유가 태어날 당시 진주목이나 이후 개편된 진주군에 속하진 않았기 때문이다. 따라서 비록 구전에 의하여 하동에서 태어났다는 이야기가 전해진다고 하더라도 사료를 종합해보면, 이선유는 진주에서 태어나고 진주에서 활동했으며 진주에서 사망한 후 진주에 묻혔다는 점이다. 단지 증명할 호적이나 묘지가 남아있지 않은 관계로 현재 그의 무덤자리는 미상이고 사망 연도도 알 수 없어 『명인명창』에는 이선유의 생몰년을 '1872~?년'이라고 표시하고 있다.

이와 같이 이선유에 대한 일관된 생애사적 연대기와 여러 가지 기록을 종합적으로 살펴보았을 때 진주출생설을 단정적으로 부정하긴 어렵다고 할 것이다. 설령 진주에서 태어나지 않았다고 해도, 혹은 정확한 출생장소와 출생일자, 사망장소와 사망일자가 호적상으로 알 수 없다고 해도 무슨 상관이란 말인가. 굳이 그를 하동 사람이라고 고집하고 진주사람임을 부정한다고 해도 명창 이선유의 진가와 진주에서의 활동상은 사라지지 않는다. 이미 조선 말이면 진주는 판소리의 단가로 유명한 고장으로 이름을 알리고 있는데, 대체 무엇이 그렇게 중하고 출생지가 그렇게 의미가 큰지 모르겠다. 진주를 부정한다고 해서 하동이 더 빛나 보이는 것도 아니고 이선유의 판소리 가치가 더 떨어지는 것도 아니다. 이 대목에서 '옳거니!'라고 추임새를 넣고 싶다.

8. 배따라기*

 교방문화의 진수, 배따라기 복원의 길이 열렸다. 진주논개제에 올려지는 교방문화 가운데 단연 으뜸으로 조명받을 수 있는 것이 있다면 바로 배따라기로 일컫는 '선유락'이다. 진주 교방문화의 진수라고 평가받는 선유락, 즉 '진주배따라기'의 복원이 논개제를 계기로 가시화되고 있다.

 조선 말 진주교방에서 행해진 배따라기의 기록이 완벽하게 남아있는 문헌이 있다. 『교방가요』라는 책이다. 이 책은 조선 말 진주목사로 부임한 정현석이 1868년이던 고종 5년에 의암별제를 창제하고 그동안 수집했던 교방의 악·가·무를 종합적으로 정리해 1872년 펴낸 책이다.

 배따라기는 궁중에서 큰 잔치가 있을 때마다 행해진 '선유락'을 말한다. 궁중에서 행해진 선유락을 보면 진짜로 만든 배를 땅 위에 갖다 놓고 배를 띄운 것처럼 기녀들이 춤을 추었다. 배 중앙에 곱게 단장한 채선, 그러니까 배를 가운데 놓고는 어린 기녀 2명이 배의 중앙에 앉고, 배를 중심으로 기녀들이 배를 끌거나 둘러서서 '내무'와 '외무'를 그리며 춤을 추었다.

 원래 선유락이란 명칭은 배따라기에서 유래했지만, 배따라기는 현존하는 황해도 민요 〈배따라기〉처럼 노래만이 아니다. 배따라기의 형태는 원래 가무악이었다. 현재 몇몇 곳에서 연희 되는 선유락의 연행 형태를 연암 박지원의 『열하일기』에 나와 있는 '배타라기곡'을 통해서 알 수 있다. 배를 타고 노는 배따라기 가무악은 적어도 18세기 말에는 진주를 비롯한 지방의 교방에서 향악정재로 성립된 것으로 볼 수 있다.

그러나 진주를 비롯한 지방의 교방에서 먼저 성립된 배따라기가 19세기 초반에 궁중정재화하여 선유락이 되었다. 궁중정재화된 선유락의 정재 절차는 『기축진연의궤』와 『정재무도홀기』를 통해 확인할 수 있다. 아울러 지방에서 연희된 배따라기의 모습은 정현석의 『교방가요』에 나와 있는 '선락(선유락)'을 통해 알 수 있다. 정현석이 기록한 선락은 진주의 교방문화로 연행되고 있었던 배따라기 가무악을 정리한 것이다.

『교방가요』의 선유락 부분에는 그림을 곁들여 홀기(笏記)[제례때 의식의 순서를 적은 글]를 자세히 기록해 놓았는데, 홀기에는 〈어부사〉의 가사를 초편, 중편, 종편으로 나누어 기록하고 있다. 이 노래는 『교방가요』에서 선유락을 가리키는 배따라기 연행절차에 들어가는 〈어부사〉의 노랫말이다. 여기에 실린 〈어부사〉는 12가사 중의 하나인데, 앞서 밝힌 바와 같이 『교방가요』에는 초편, 중편, 종편으로 〈어부사〉가 모두 완벽히 수록되어 있다.

이 노래의 가치는 '진주배따라기' 복원에 필요한 완벽한 가사를 제공하고 있어 그 의의가 크다. 궁중잔치에서 연희된 선유락의 〈어부사〉의 경우 궁중에서 편찬한 의궤 등에는 누락되어 있으나 『교방가요』에서 만큼은 완벽하게 기록되어 있기 때문이다.

따라서 진주교방의 배따라기 복원에 매우 뜻깊은 사료를 제공해 주는 것이다. 의암별제 봉행을 주관하고 있는 진주민속예술보존회에서는 2002년 제1회 진주논개제을 맞아 『교방가요』에 전해지는 진주배따라기 복원에 나섰다.

진주민속예술보존회에서는 먼저 1차년 사업으로 선유락 전수팀을 구성하여 영남대 강사 김희경 선생의 안무로 선유락을 전수받고 있다. 현재 우리나라에서 선유락을 공연할 수 있는 곳은 국립국악원과 영남대학교 2곳뿐인 것으로 알려져 있다.

지난 1차년도에는 영남대 고전무용팀인 심운회와 함께 진주민속예술보존회 선유락 복원팀이 진주논개제에서 선유락을 함께 공연했으며, 2차년도에는 선유락에 사용될 배를 제작했다. 그리고 3차년도에는 선유락에 사용될 무구(舞具)와 의상이 모두 마련될 계획이다. 아울러 선유락 반주에 필요할 취타대 구성과 악사 구성도 계획하고 있다. 이에 따라 진주배따라기 복원이 수년 내에 가능해질 것으로 기대된다. 진주의 화려했던 또 하나의 교방문화가 꽃피울 날도 머지않은 것 같다. (2003. 5. 13.)

   *『교방가요』에는 특별한 노래와 춤들이 소개되어 있다. 그중에서도 눈에 들어오는 말이 하나 있다. 바로 '선악(船樂)', 즉 '선유락(船遊樂)'인 '배따라기'이다. 그런데 배따라기 하면 일제강점기에 김동인이 쓴 단편소설「배따라기」가 먼저 생각난다. 그의 단편소설을 보면 대동강에서 들려온 뱃사공의 노래가 바로 배따라기라고 묘사하고 있다. 이 소설에서 배따라기는 물고기를 잡는 뱃노래나 배를 타고 노는 뱃놀이를 말한다. 하지만『교방가요』에 표현된 배따라기는 배를 떠나보내는 사람들을 바라보며 이별하는 모습을 노래한 그리움의 노래였다.

   『교방가요』의 선유락은 여러 명의 기녀가 채색해 꾸민 배를 무희들 한가운데 놓고 닻줄을 감아 배를 끌며 춤을 추고 노래를 부르는 군무(群舞) 형태의 가무악이다. 연암 박지원은 배를 떠나보낸다는 의미의 곡으로 배타라기(排打羅其)라고 칭했는데, 방언으로 '선리(船離)'라고 표현했다. 이 곡은『교방가요』에서 선악이라고 했듯이 일종의 가무악으로 만들어졌으며 궁중과 지방교방을 통해 전승되었다. 궁중이 아닌 외지에서는 배따라기가 선악이나 선유락 등 다양한 이름으로 불리며 전해져왔는데, 진주교방의 것도 그중 하나이다.

특히 궁중에서는 정재(呈才)의 형태로 임금이나 대왕대비에게 바치는 노래와 춤으로 연희에 올려졌다. 이 정재무(呈才舞)가 지방의 교방에서 재현된 것인데, 바로 진주 촉석루에서 연행된 의암별제 때 기생들의 집단가무로 진주성에서 연희된 선유락을 말한다. 『교방가요』에서 배따라기를 연행하는 모습을 그린 채색도판을 볼 수 있는데, 그 모습은 장관이 아닐 수 없다. 정현석 진주목사는 배따라기의 모습을 『교방가요』에서 이렇게 묘사했다. (다음의 두 인용문은 성무경 박사가 주해한 『교방가요』에서 발췌한 것이고, 일부 한자와 대괄호 내용은 필자가 붙임)

"징을 두 번 치면 대취타(大吹打)[군악행진곡]를 연주한다. 또 '명금삼하(鳴金三下)[연주를 멈춤] 하라'고 아뢰면 징을 세 번 치고 취타를 그친다. 여러 기녀가 배를 끌고 들어와 세워둔다. 병방(兵房)[병무를 맡은 관리]이 품(稟)[여쭈어 아룀] 하고 '닻을 올리고 발포하라!'고 외치면 포수(砲手)가 '예! 발포하오!'라고 답하며 대포를 한 발 쏘게 한다. 병방이 배 위에 올라와 나누어 서면 돛을 드리운다. 집사(執事)가 배의 이물(앞)과 고물(뒤)에 나누어 서면 가기(歌妓)들이 배를 돌면서 무리지어 함께 노래를 부른다.

'닷드자 비쩌나니 이제가면 언제가리 언제오리 / 만경창파(万頃蒼波)에 나는 덧 도라오쇼 / 밤중만 지국총 쇼리예 이긋는듯 ᄒ여라.' [달이 뜨자 배가 떠나가니 이제 가면 언제 가서 언제 오시나요 / 끝없이 펼쳐진 푸른 물결에 날아오듯이 돌아오세요 / 밤중에만 지국총거리며 들리는 노 젓는 소리에 애간장을 끊어내는 듯 하구나.]"

이후 일제 침략으로 의암별제가 중단됨에 따라 배따라기도 자취를 감추었다. 오랫동안 복원하려는 노력이 있었는데, 2002년 제1회 진주논개제부터 본격적으로 복원에 박차를 가해 마침내 2003년 제2회 진주논개제부터 의암별제의 일환으로 선유락을 선보이기 시작했다. 이때 선보인 선유락은 진주교방에서 추어진 배따라기 춤이라고 하여 '진주선악'이라고 부른다. 진주선악은 선유락춤의 무구(舞具)인 채선(彩船)[일종의 무대용 배]을 한가운데 세워놓고 여러 기생이 뱃줄을 끌고 배 주위를 돌면서 노래를 부르며 춤을 추는 것으로 진행된다. 이 배따라기는 조선 숙종 이후 궁중에서도 연행되었는데 뱃길을 떠나는 사람을 전송하는 내용으로 구성되어 악·가·무로 곁들여진다. 진주선악은 배따라기가 궁중 정재로 올려진 선유락이었으므로 진주교방에서 시작된 정재무의 백미라고 할 수 있다.

진주선악은 의암별제를 복원한 성계옥 여사의 노력으로 이룬 예술적 성취이다. 선유락은 또 하나의 진주 교방춤으로 다시 시작된 전통무용 가운데 매우 훌륭한 복원사례로 평가된다. 이를 증명하듯 진주선악은 2007년 제48회 한국민속예술축제에 경남 대표로 출전한 진주민속예술보존회에 의해 공연되어 우수상인 국무총리상을 수상하는 등 전통무용으로서 위치를 확고하게 자리매김했다.

그때 마침 성무경 박사가 『교방가요』에 소개된 가무악 중에서 가장 볼 만한 군무인 배따라기에 대해 학술적으로 조명하여 책을 펴냈다. 그는 2008년 『진주교방 선악, 배따라기(晋州敎坊 船樂, 비싸라기)』라는 제하의 책을 통해 진주선악의 모습을 생생하게 그려냈다. 성 박사에 따르면 진주선악, 즉 배따라기는 전승계보가 분명하고, 더구나 『교방가요』라는 문헌적 근거를 가진 것으로, 그는 진주선악을 진주교방예술의 '14정재' 가운데 하나로 보았다.

이 책에서 성 박사는 배따라기는 참여 인원만 70여 명인데다가 대규모 무희들이 펼쳐 보이는 절도 있는 군례(軍禮)와 우아한 원무(圓舞), 흥겨운 육자배기 가곡(歌曲)이 흐르는 등 그야말로 화려한 악·가·무가 어우러진 교방예술의 세계를 펼쳐 보인다고 평했다. 이후 2023년 배따라기는 국립국악원 무용단에 의해 교방정재무의 첫 춤으로 선보이는 등 현재까지도 이 춤은 한국 고유의 전통춤으로 주목받으며 공연되고 있다.

9. 진주기생*

교방문화를 꽃피우며 한 시대를 풍미했던 예인들이 있었다. 진주기생이다. 진주기생과 관련해 '북평양 남진주'라는 말이 있고 '색향 진주'라는 말도 있다. 그렇다면 기생으로 불린 그들은 누구였던가. '시·서·예·화·악·가·무'에 모두 능했던 이들 기생은 이 시대에 어떤 의미가 있으며 이 뛰어난 예술인들은 왜 잊혀야만 했을까.

기생의 역사는 아주 오래전부터 시작되었다. 조선시대에는 '여기'나 '여악'으로 불리었다. 조선시대의 기생은 크게 관기와 사기로 구분된다. 관기는 나라의 관청에 매인 기생을 말하지만 사실 기생의 전통은 관기에서 출발한다. 이러한 관기는 제도적으로 교육되고 양성되었다. 불행하게도 이들의 신분계급은 대물림되는 천민이었다.

하지만 조선시대에는 나라의 큰 잔치인 진연, 진찬, 진작 때 왕실에서 노래와 춤을 보여주기 위해 많은 지방 관기들이 서울로 상경하여 행사를 치르고는 다시 귀향했다. 현재까지 전해지는 진주검무도 궁중에서 추어지던 정재무였으나 진주기생이 상경하여 궁중잔치를 끝내고 귀향하면서 진주교방에 전해졌다. 진주검무는 오랫동안 진주교방의 기생들이 추던 검무가 궁중의 격조 높은 검무와 어우러져 진주기생들만의 독특한 춤사위로 나타난 것이다.

또한 조선 말 고종시기이던 1868년 조선 기생의 문화사적인 업적으로 일컫던 기생들의 종합 가무제가 만들어졌다. '의암별제'가 논개의 후예들인 진주기생에 의해 탄생함으로써 진주 교방문화가 활짝 꽃피었다. 진주검무는 의암별제 때 논개의 영혼에 바치던 헌무였다.

엄밀한 의미에서 진주기생이라고 하면 절개, 예능, 학식, 미모 등을 빠짐없이 겸비한 전통기생을 말한다. 결코 술집 주모와 같은 부정적인 의미의 하류기생들이 아니었다. 요즘으로 따지면 영화나 TV에서 주목받는 배우나 탤런트가 그들이다.

게다가 진주기생에게는 논개의 후예라는 자존심이 있었다. 진주기생의 경우 대한제국시대에 매국노의 유혹을 단호히 거절하거나 국채보상운동에 나서기도 했다. 일제강점기에는 진주에서 3·1운동에 암암리 참여했고, 수난받는 만주동포를 구제하기 위해 자선음악발표회를 열기도 했다.

하지만 의기의 전통은 일제시대에 많이 달라진다. 의암별제가 중단되었고 교방문화는 저질적인 일제의 유곽문화와 섞였다. 그나마 진주기생들은 기생조합과 권번을 통해 겨우 유지되었지만, 일제의 통제로 이른바 창녀화의 길을 걷는 바람에 전통기생 전체가 사회적인 경시의 대상으로 전락하고 말았다.

이러한 과정에서도 진주기생의 전통을 이어가기 위한 노력은 계속되었다. 일제 초에는 진주기생들도 기생조합과 권번을 만들어 진주의 예기로 진주교방의 전통을 어느 정도 이어갔다. 하지만 권번활동이나 기생양성이 예술적이기보다는 상업적인 면이 강해 일제강점기의 진주기생들은 촉석루에서 일제 관료를 접대하거나 친일파 및 지주를 위한 요리집과 요정의 공급대상으로 변질할 수밖에 없었다. 결국 진주기생의 전통과 기개는 상실될 수밖에 없었다.

그러다가 해방 후 기생을 매춘부로 취급한 미군정에 의해 전통기생의 존재는 부정되어 기생의 재생산 구조가 완전히 파괴되고 그 후계는 단절되고 말았다. 단지 진주의 경우 진주검무가 1967년 국가지정 중요무형문화재 제12호로 공인받음으로써 진주기생이 남긴 악·가·무는 무형문화재로서 전승구조를 갖추게 되었다. 이들 진주기생이 없었다면 진주의 전통문화는 상당히 빈곤해졌을 것이다.

무엇보다 일제침략으로 중단되었던 의암별제가 1992년 진주검무의 인간문화재 성계옥 여사에 의해 복원봉행되어 2002년부터 진주논개제의 제향으로 다시 활발히 이어가고 있어 천만다행이다. 비록 진주기생은 사라졌지만, 그들이 남긴 교방문화는 여전히 우리 곁에 살아 숨 쉬고 있다. (2003. 5. 20.)

* 기생을 흔히 기녀(妓女) 또는 여기(女妓)라고 부른 것은 '기(妓)'를 업(業)으로 삼는 여인을 의미했기 때문이다. 그러나 사람들은 '기'를 가진 여인을 창녀나 음란한 여자 등으로 보고 천하게 여겼다. 기생의 탄생은 설이 분분하지만 공통으로 인정하는 설은 처음부터 무당이나 백정 같은 특수집단에서 출발했다는 것이다. 천민들의 옛 조상은 양수척(楊水尺)이라는 백정무리에서 나왔는데 이 무리에서 관기나 광대 등 여러 부류의 천민들도 나왔다고 한다. 이들 중 관기는 여성이란 점에서 지배계급의 유흥과 성접대의 용도로 만들어진 것으로 보인다.

기생의 세계를 보통 '화류계'라고 지칭하는데 말은 그럴듯하게 붙여서 꽃과 버들이 모인 곳이란 뜻으로 기생들이 노는 향락의 세계를 말하고, 그녀들을 가리켜 사람의 말을 알아듣는 꽃이라고 하여 기생을 '해어화(解語花)'라고 불렀다. 그 꽃들이 모인 곳을 가리켜 '사창화림(紗窓花林)'이라고 기생집을 지칭했다. 하지만 그 꽃은 담장 밑에 피는 등 아무나 쉽게 꺾을 수 있는 잡초처럼 보이는 길가의 이름 없는 흔한 꽃이라고 하여 '노류장화(路柳墻花)'라고 말하기도 했다. 나아가 기생을 '말하는 꽃'이라고 하지만 어둠의 꽃이라 하여 '음화(陰花)'라고 하거나, 또는 밤에 피는 꽃이라고 하여 '야화(夜花)'라고 불렀다. 음화나 야화나 색스럽기는 마찬가지다.

이와 같이 꽃이란 아름다움으로 포장되었지만, 조선시대의 기생은 천민 신분이었고 이들은 관청에 소속된 일종의 관유재산으로 관리되었으므로 관기라고 칭했다. 관기는 관아에 소속된 기생을 말하는데, 관아가 소재한 곳에 따라 경기(京妓)와 향기(鄉妓)로 나뉘었다. 또 소속 관청마다 호칭을 붙였으므로 관아에는 관기가 있었고 병영에는 영기(營妓)가 있었다. 그래서 당시 진주목 관아에는 관기가 있었고 진주성의 우병영에는 병영의 기생인 영기가 있었다. 당시 법도는 관기를 사적으로 소유하거나 사가(私家)로 데리고 나갈 수 없었으나 잘 지켜지지 않았다. 고관은 물론 수령으로 부임하는 벼슬아치는 당연한 듯 관기를 첩으로 삼아 축첩하는 경우가 많았는데, 임기가 끝나 한양이나 본가로 돌아갈 때도 기생을 데려가는 경우가 적지 않았다고 한다.

하지만 관기는 관비(官婢)였으므로 계집종이나 여자노비로 매우 비천하게 취급되었고 그들의 신분은 대물림되었던 관계로 모두가 기생들을 함부로 대했다. 진주관기도 관비였으므로 진주목 관아에 딸린 부속 가옥에 머물렀는데, 그녀들이 머문 곳은 관노가 머무는 노방(奴房) 옆에 있는 기방(妓房)이었다. 특히 관기가 아닌 사기(私妓)들은 개인소유인 여자노비였기 때문에 생사여탈권이 오로지 주인에게 달려 있었으므로 관기보다 더 종속되어 있었다. 주인들은 욕하고 막말을 퍼붓고 윽박지르고 죽거나 말거나 저깟 것들의 운명은 보잘것없다고 보는 오만방자한 태도였다. 사기들은 참고 사는 게 신기할 정도로 숙명적으로 상전에게 알아서 기고 복종해야 하는 노예들의 비천한 삶이었다.

거기에 기생이나 여종의 경우 한 가지가 더 붙었는데 남성들의 정욕을 충족하는 성적 대상물이 되었다는 점이다. 특히 관청에 묶여 있는 여종들인 관비나 관기들은 관아에서 벼슬아치의 시중을 드는 몸종의 역할을 해야 했으므로 주로 잠자리에서 수청을 드는 일을 맡았다. 관기는 지방에 부임하는 벼슬아치의 현지첩 노릇을 하는 시첩(侍妾)이 되거나 방직기(房直妓)[잠자리방을 지키는 기생]나 수청기(守廳妓)[동침하는 기생] 역할을 했다.

그래서 사람들은 기생을 몸이나 성을 파는 여성이라고 하여 음탕하고 부정한 여자라고 보았다. 특히 양갓집 부녀자들로부터 매우 노골적인 멸시를 받았다. 사실 기생 자체가 원래부터 음탕한 사람이 아니라 그녀들의 삶을 강제했던 사회적 족쇄가 그렇게 만들었다고 해야 할 것이다. 기생들의 사회적 신분과 역할이 그렇게 할 수밖에 없도록 강제되었던 이유가 더 컸다. 그것은 그녀들의 생존이 걸린 문제였다. 어떻게 보면 몸을 파는 기생보다 기생의 몸을 탐하는 벼슬아치의 음란함이 문제였고, 먹잇감을 찾아 헤매는 호색한의 탐욕스러움이 더 큰 문제이지 않을까.

원래 기생의 사전적 의미와 사회적 의미는 그러지 않았다. 어느 때부터인가 수청을 들게 되면서 본래 갖고 있던 뜻과는 거리가 멀어졌다. 우선 기생의 '기'에 대한 한자의 어원을 살펴보자. 기생의 기는 여인(女)이 다루는 '대나무 악기(支)'를 의미한다. 이 두 글자가 합쳐져 '기(妓)'가 되는데, 결국 기생이란 '음악을 업으로 삼은 여인'을 말하는 것이다. 마찬가지로 '여기'라는 호칭이 그러하듯 이 때의 음악은 여악(女樂)을 가리킨다. 여악은 크게 노래와 춤, 그리고 악기로 이루어지는데, 엄밀히 말하면 궁중의 연회에서 선보이는 악(樂)[악기], 가(歌)[노래], 무(舞)[춤]를 말한다. 그래서 기생도 악기를 잘 다루는 악기(樂妓), 노래를 잘 부르는 가기(歌妓), 춤을 잘 추는 무기(舞妓) 등으로 구분된다.

이를 위해 전국에서 모집된 선상기(選上妓)들이 궁중에서 악·가·무를 연희하며 여악을 선보였다. 이때의 선상기란 지방기생들 중에서 뽑혀 궁중연회에서 악·가·무를 펼치는 기예가 뛰어난 기생들을 지칭한다. 그러나 조선 후기에 이르러서 여악은 여기들만의 전유물이 아니게 되어 남성 악공들도 나오게 되었다. 이후 여악에서 가무는 기생이 맡고, 악기 연주는 주로 남성이 맡게 되는 모습으로 바뀌었다. 물론 여성 악공이 모두 없어진 것은 아니다. 이를테면 폐활량이 필요한 피리나 대금 같이 입으로 부는 관악기는 주로 남성 연주자가 맡았으나 손으로 뜯는 가야금이나 거문고, 활대로 현을 켜는 아쟁이나 해금 등의 현악기와 서양에서 들어온 타악기인 양금 등은 여성 연주자인 기생들이 다루었다. 그러므로 여악에서는 한결같이 그녀들을 예인(藝人)으로 보았다. 이를테면 가야금과 거문고 등을 타면서 병창(竝唱)하거나 여창가곡(女唱歌曲)을 부르거나 혹은 검무 등의 다채로운 춤을 추는 이들을 말한다.

그럼에도 불구하고 남존여비를 당연시하는 가부장적 봉건사회에서 기생에 대한 차별적인 대우는 여전해 몸과 성을 파는 그런 천한 여자로만 인식하는 경향이 만연했다. 기생의 악·가·무도 남성들의 술자리에서 흥을 돋우는 방편일 뿐 예술은 안중에도 없었다. 기생이 불러주는 노래를 권주가처럼 따라 부르고 기생이 따라주는 술을 최음제처럼 마시고 취하고 그녀들을 희롱했다. 그리고 발정 난 남정네들의 궁극적인 목적은 풍악을 울리는 주연(酒宴)이 아니라 기생의 몸을 탐하는 것이었다. 이처럼 기생을 오로지 남성의 성적 노리개로만 취급하여 창기로만 보는 것이 당연시되었디.

그런데 오늘날까지 은연중에 남은 그러한 인식은 대단히 문제가 있고 매우 잘못된 사고방식이 아닐 수 없다. 기생은 기예가 출중한 여인, 즉 예기(藝妓)로 봐야 한다. 역사적으로 조선 말 노비제가 폐지되어 지방관아에서 육성되던 교방의 관기가 해산되고 궁중음악을 담당했던 여악마저 대한제국 시기에 폐지됨으로써 예기의 전통이 단절되는 듯했다. 하지만 예기의 전통은 일제강점기 이후에도 오랫동안 남아있었다. 그러므로 악기와 가무에 능한 다채로운 예능과 더불어 시문과 서화에 능한 출중한 문재까지 겸비한 다재다능했던 여인으로서 기생을 말해야 한다. 몸만 파는 매춘부나 창녀로만 보기에는 그녀들의 보여준 수준 높은 예술적 재능과 고귀한 의로움은 절대 가볍지 않다.

《경향신문》 1983년 7월 16일자에 실린 다음 기사를 보면 과거에 있었던 기생에 대한 편견은 오늘날 더는 발붙일 자리가 없어 보인다. 사회적으로 기생은 사라졌지만 지금 그녀들이 남긴 문화, 예술적 역할은 기생에 대한 부정적인 인식을 넘어 지금도 여전히 유효하게 전승되고 있지 않은가.

"북평양 남진주라고 했듯이 진주는 색향이기도 했다. 우리의 노래와 춤의 중요한 부분이 기생들에 의해 지켜져 왔기 때문에 국악과 무용이 성행할 수밖에 없었고, 일제강점기 권번이 있어 그곳에서 동기(童妓)로 엄격하게 소리와 춤을 배웠던 사람들이 이제는 전통예술을 이어주는 귀한 예술가로서 제자들을 양성하고 있다."

10. 의암별제*

　필자가 '의암별제(義巖別祭)'에 참여하기 시작한 것은 1999년 부터다. 처음에는 행사소품이나 챙기는 단순참여였으나 해를 거듭할수록 운명처럼 깊게 빠져들었다. 자원봉사자에서 의암별제 기획팀으로, 다시 의암별제를 주관하고 있는 진주민속예술보존회 사무국으로, 그리고 진주논개제 집행위원회로 정신없이 앞만 보고 내달렸다. 그러는 동안 모두 6번(서울봉행 포함)의 의암별제를 치러냈다. 세월이 쏜살같이 흘러갔음을 실감한다.

　과연 무엇이 필자로 하여금 의암별제에 헌신하게 했을까. 도대체 의암별제라는 것은 무엇인가. 한마디로 의암별제는 논개를 위한 제사이다. 다시 말해 임진왜란 때 남강에서 왜장을 수장시킨 의기 논개를 기리는 엄장한 제례의식이다.

　의암별제는 1868년 진주목사 정현석의 주도로 진주기생들이 주체가 되어 진주성 촉석루에서 창제되었다. 그러나 의암별제가 가진 민족성으로 인해 일제강점기에 단절됐다가 1992년 진주검무의 인간문화재인 운창 성계옥 선생에 의해 복원되었다. 촉석루에서 복원 봉행된 의암별제는 이후 나날이 성장했다.

　이 의암별제는 단순한 제례가 아니라 악·가·무가 있는 여성제례의식이며, 당대 교방문화를 집약시킨 종합가무제이다. 계급, 성, 신분 차별이 횡행하던 봉건사회에서 기생들의 축제이며 천민들의 축제였다. 남성중심의 가부장제 사회에서 여성이, 그것도 기생이란 천민계급의 여성들이 축제의 중심이었다는 점은 분명히 여성문화사에서 중대한 사건이다.

이러한 의암별제의 실험성이 어쩌면 필자가 이 길을 걷게 했는지도 모른다. 처음 참여했던 1999년 의암별제 때 '하늘뒤집기'라는 음복연이 생각난다. 그때 필자는 논개투신 재현행사의 의암 술상담당 및 왜장에게 물풍선 던지기의 자원봉사자였다. 그러나 2000년 의암별제 때는 기획팀의 일원이 되어 있었다. 기획팀에서 필자는 소식지 《의암별제》를 창간했다. 또한 2000년 8월 오픈한 의암별제 홈페이지(nongaefestival.org)의 편집자로 웹진 활동을 시작했다.

2000년 의암별제는 정말 살맛 나는 축제의 한마당이었다. 의암별제를 관통하는 축제의 정신을 '민족과 여성' 및 '전통과 현대의 만남'으로 설정하고 이에 따라 프로그램을 기획, 편성했다. 2000년 의암별제는 아직 해결되지 않고 있는 민족과 여성문제로서 '정신대' 문제를 축제에 거론한 것이다. 그래서 '정대협' 간사의 초청강연회를 비롯해 독립영화 〈숨결〉을 진주성 야외공연장에서 야간상영했다.

의암별제의 부대행사인 '논개락페스티벌'을 추진하면서 알게 된 여성 락밴드 '헤디마마'의 음악은 아직도 몽환적이다. 특히 진주의 락밴드 '노코드'가 의암별제의 무대에서 하드코어로 부른 〈진주난봉가〉는 의암별제가 추구하는 전통과 현대가 어떻게 만나는지 잘 보여주었다. 진주의 문화계는 이러한 의암별제의 축제성과 실험성을 우려하기 시작했다.

2001년 의암별제는 힘들었지만 두려움 없이 싸워나가던 시절이었다. 그해 의암별제는 진주시 봄축제 편입에 대해 거부했다. 봄축제는 2000년에 세운 의암별제 축제의 정신에 배치되었기 때문이다. 봄축제 거부의 대가는 진주시 보조금 삭감으로 돌아왔다. 그러나 의암별제는 자발적으로 이루어진 자원봉사자 모집과 후원금 모금으로 축제의 정신을 지켰다. 당연히 논개락페스티벌도 열었다.

무엇보다도 역사상 처음으로 의암별제를 서울에서 개최한 것이 자랑스럽다. 서울 예술의 전당 야외특설무대에 올려진 의암별제는 교방문화의 우수성과 진주문화의 정수를 보여주었다. 국민과 국내외에 문화적인 관심을 불러일으킨 쾌거였다.

또 한편 여성축제로서의 관심도 높았다. 여성부 장관은 의암별제에 격려금을 전달했으며, 이듬해 2002년 제1회 진주논개제에는 여성부 차관이 직접 찾아와 의암별제 제단에서 격려사를 하기에 이르렀다. 비록 의암별제가 진주논개제에 편입되면서 애초 기획한 축제의 정신이 많이 빛바랬지만 결국 그러한 실험이 옳았다는 것을 깨달을 시간도 얼마 남지 않았다. 이미 의암별제가 뿌린 씨앗이 발아했기 때문이다. (2003. 6. 5.)

＊ 진주의 기생문화는 어둡고 그늘진 부분만 있는 것이 아니다. 앞서 제2부 첫 번째 칼럼으로 「진주난봉가」와 두 번째 칼럼으로 「색향의 고장」에서 기생의 부정적인 면을 주로 이야기했지만, 여기에서는 진주기생문화의 긍정적이고 밝고 희망찬 모습을 말하고자 한다. 즉 진주기생문화의 꽃인 의암별제의 의미와 전승에 관한 이야기이다. 의암별제가 현대적 축제로 자리 잡기까지 많은 시행착오와 불협화음을 겪었지만, 많은 고민과 노력이 모이면 반드시 결실을 보고 창조적으로 계승됨을 보았다.

　조선 말 창제될 당시의 의암별제는 관민결속을 도모한 유교적 제례가 가미된 진주기생의 전통적인 가무제였지만, 오늘날 복원된 의암별제는 전통을 계승하며 남녀와 세대를 아우르는 현대적 축제로서 사회통합적 기능도 보여주고 있다. 예컨대 필자가 처음 참여했던 1999년 의암별제 때가 생각나는데, 그날 성계옥 여사는 나이를 잊은 듯 새벽 2시까지 젊은이들과 함께 어울렸다. 그날 성 여사의 일기에는 "1999년 10월 17일 맑음(의암별제 행사일). 행사가 시작되자 많은 사람이 모여들었다. 종전에는 기성세대만 모였던 것이 이번에는 노년, 청년층, 청소년층까지 다양하게 많이 모였다.

(중략) 공연은 저녁 10시까지 이어지고 젊은이들을 위한 쫑파티가 회관(진주무형문화재전수회관)에서 이튿날 새벽 2시까지 이루어졌다"라고 적었다. (고방자 선생의 '운창실록청'에서 인용함)

그러나 복원 초창기에는 이러한 시도가 오래가지 못했다. 의암별제가 복원봉행 된 이후 현대적 의미의 축제화가 진행되었으나 여러 가지 실험성이 자리 잡지 못하고 좌초되었다.

그동안 잘나가던 의암별제가 갈등과 우여곡절 끝에 진주시 봄축제의 일환으로 '진주논개제'에 편입되었다. 필자는 큰 우려와 여러 가지 생각이 들었지만, 의암별제를 복원한 성계옥 여사의 결단을 존중해 대승적 관점에서 논개제에 참여했다. 성 여사는 진주시장의 간곡한 요청으로 진주논개제 제전위원장을 맡게 되었고, 필자는 진주논개제 집행위원을 맡게 되었다.

따라서 의암별제가 처음에는 봄축제를 거부했지만, 이듬해인 2002년 진주축제의 활성화를 위한 대승적 차원에서 새로 마련한 '논개제'에 참여하기로 함으로써 필자도 여기에 다시 참여하게 된 것이다. 이후 첫 논개제를 준비하기 위해 프로그램 위원을 다시 맡았고, 이어 제1회 논개제 집행위원회에서 활동하게 되었다. 필자는 의암별제 기획팀과 진주민속예술보존회 실무팀의 자격으로 논개제 집행위원에 위촉되어 논개제가 백년축제로 거듭나길 바라며 논개제의 기초를 다지는 데 노력하였다.

하지만 필자는 논개제를 진행하면서 별의별 생각이 다 들었고, 진정한 축제의 정신이 무엇인지도 고민하게 되었다. 결국 이를 대변하고 다시 생각해 보고자 2002년 5월 18일자로 발행된《의암별제》제5호에 축제 주인공의 정신을 기리는 것이 진정한 축제일 것이라는 취지의 글을 전문학자에게 청탁해 실었다. 다음 글은 진주 논개제 제전위원이던 고원규 진주전문대학 관광과 교수의 글 「'논개' 그녀의 축제」 중의 결론 부분이다.

"그동안 의암별제는 고증을 통한 복원과정을 가져왔다. 또 자체의 축제성을 살려 왔다. 그리고 올해부터는 큰 축제로 거듭나려고 한다. 그러한 축제를 만들기 위한 과정에는 변화하는 진주사회에서 의암별제의 형태와 의미와 내용을 변화시켜야 하는 과제, 그리고 상품성으로서의 가치를 높여야 하는 과제가 있다. 그러나 우리가 논개를 대상화하고 그 수단으로서 쓰임새를 크게 잡을수록 논개의 죽음에 빚을 지게 되지나 않을까 걱정이 된다. 그러한 기우는 많은 축제의 서문에서 밝히는 목적이 축제 주인공의 정신을 기리며, 축제 속에서 복원하는 과정을 통해, 지역사회의 화합과 정체성을 살려낸다고들 하지만 그런 축제를 보기가 흔치 않다는 점에서 그렇다. 더욱이 축제의 관광상품화라는 의도가 첨가되면서 그 허구는 크다. 그래서 논개축제가 논개의 상품적 가치만을 앞세운 우리가 지어낸 축제가 아니라, 진주성 7만의 이름 모를 원혼들의 한을 품에 안고 의암에서 스러져간 논개, 그녀의 축제일 수도 있기를 바란다."

한편 이 칼럼에서는 의암별제를 설명하는 내용 중에 아주 중요한 퍼포먼스가 탄생했음을 언급한 부분이 있다. 이제 당시 있었던 이야기를 밝힌다. 그 칼럼에서 "그때 필자는 논개투신 재현행사의 의암 술상담당 및 왜장에게 물풍선 던지기의 자원봉사자였다"라고 말한 부분이다. 이제 그 저간의 사정을 밝힌다. 먼저 진주에서 논개를 재현하는 방식은 두 가지로 나타난다. 첫째 전통적인 방식으로 엄장한 제례의식인 의암별제의 봉행이 있었고, 둘째 현대적인 방식으로 볼거리를 제공하는 퍼포먼스로서 논개투신 재현과 젊은 열기의 장으로서 논개락페스티벌 등이 있었다.

이 중 후자의 퍼포먼스는 진주에서 가장 유명한 볼거리로 현재 '실경(實景) 역사 뮤지컬'로 발전했다. 이 뮤지컬 〈의기 논개〉가 극단 현장에 의해 남강에 특별히 설치된 수상객석에서 매년 서너 차례 공연되고 있다. 1999년 처음 논개투신 퍼포먼스를 시작할 때 필자는 소품으로 쓸 술상을 의암 위로 나르는 엑스트라였다. 그러다가 2000~2003년 초창기 논개투신 재현행사 때부터는 의암 앞에서 변사(辯士)로 나서 직접 퍼포먼스에 참여했다. 지금도 그 추억이 감동적으로 다가온다.

의암별제의 논개투신재현은 오늘날에도 계속되고 있고, 오히려 일회적인 이벤트성 투신재현행사가 아닌 이를 예술적으로 승화시켰다는 평가를 받는다. 뛰어난 예술적 기량을 가진 전문배우들의 연기가 더 실감 났는데, 논개투신은 전문극단의 연출로 더욱 발전하여 진주논개제의 간판행사로 자리 잡았음을 확연히 알 수 있다. 이와 관련해 첫 논개투신이 있을 때 그 언저리에서 보조하다가 나중에는 느닷없이 변사역할까지 맡았던 필자의 마음은 뿌듯해지지 않을 수 없고 큰 보람을 느낀다.

임진왜란 때 의암에서 왜장을 껴안고 남강에 투신해 장렬히 순국한 논개 이야기를 실제로 재연하는 초창기 논개투신 퍼포먼스는 그야말로 의암별제와 진주논개제에서 가장 인기 있었던 볼거리였다. 더구나 단순히 논개로 분장한 여인이 남강에 왜장을 껴안고 투신하는 모습만 보여주는 것이 아니라 이를 설명하는 변사의 구성진 설명이 있어 더욱 투신 분위기를 고조시켰다. 그 막중한 역할을 필자가 맡아 마치 무성영화시대에 극장의 스크린 옆에서 대사를 말하는 변사처럼 연기적 상황을 실감 나게 전달하고자 노력했다.

투신행사가 시작되면 필자도 격식을 갖추어 흰 두루마기(혹은 검은 두루마기)를 입고 의암 앞에 나와 마이크를 잡고 왜장과 논개로 분장한 극단 현장의 배우들이 연기하는 모습을 관중들에게 흥분된 목소리로 전달했다. 이 장면이 지역방송의 뉴스(진주MBC)로도 나왔는데, 이를 본 어떤 지인이 필자에게 "왜 그렇게 감(고함)을 고래고래 지르느냐!"고 말해 필자는 "논개가 진짜로 죽는 것 같아 그 장면에서 감정몰입을 너무 심하게 해서 그랬다"라고 인정했다. 그러면서 "스스로 감정을 제어하지 못해서 그렇게 고함을 친 것"이라고 솔직히 고백했던 것이 기억난다.

처음에는 논개투신 후 남해안별신굿이 씻김굿처럼 연결되었으나 이후 독자적인 퍼포먼스로 발전했다. 이 논개투신 퍼포먼스는 단순한 투신재연이란 퍼포먼스에서 벗어나 이를 예술적으로 승화해 극적요소를 확대함으로써 오늘날 예술성이 가미된 뮤지컬로 다시 탄생했다. 현재 극단 현장에서 '실경 역사 뮤지컬' 〈의기 논개〉를 남강에 특별히 설치된 실경무대에서 해마다 공연하고 있다.

2024년 5월 초 '실경 역사 뮤지컬'에서는 '역사의 현장에서 되살아나는 의기 논개!'라는 캐치프레이즈로 극단 현장의 전문배우를 비롯해 시민배우와 시민합창단 등 백 명이 넘는 대규모 출연진이 참여했다. 여기에다 논개의 아름다운 서곡과 진주검무로 재현하는 전투장면 등을 추가함으로써 더욱 화려해진 특수효과로 실감 나는 전쟁 장면을 연출했다. 〈의기 논개〉는 촉석루를 배경으로 한 장엄한 역사의 현장 '의암'을 무대로 관객들이 수상 특설 객석에서 공연을 관람하는 등 매우 특별한 경험을 선사했다.

이처럼 나날이 발전하는 〈의기 논개〉를 볼 때마다 감회가 새롭다. 처음 논개투신 퍼포먼스를 시작할 때 의암별제 기획팀을 이끌던 박찬 씨와 진주전문대 관광과 이우상 교수 등과 의기투합해 이 행사를 진행하던 일이 생각난다. 의암별제 기획팀의 브레인은 박찬 씨였고, 기획팀에서는 '하늘 뒤집기'와 '전통과 현대의 만남' 등을 주제로 논개락페스티벌과 논개투신재현 등 많은 아이디어가 나왔다. 이 가운데 논개투신재현 행사는 극단 현장의 배우뿐만 아니라 해양소년단 잠수부는 물론 진주민속예술보존회에서도 협업해 순국의 역사를 재구성하는 의미 있는 볼거리를 만들었다. 이후 논개투신재현은 진주국제대 국제관광개발센터에서 진행했으나 지금은 극단 현장이 맡으면서 단순한 이벤트를 넘어 역사성과 예술성이 살아난 '실경 역사 뮤지컬'로 연출되어 의암별제와 진주논개제의 대표적 행사로 자리 잡았다.

현재 〈의기 논개〉를 총연출하는 극단 현장 고능석 대표는 과거에 논개투신재현 때 자신이 왜장 역할을 직접 맡아 연기하다가 논개

역을 맡은 여배우와 함께 강물에 떨어졌던 적도 있었다. 그는 물에 빠졌을 때 강바닥이 발에 닿지 않아 아찔했다는 경험을 밝히기도 했다. 지금은 안전장치로 잠수부는 물론 수상구조사들이 대기하며 안전사고가 일어나지 않도록 대비하고 있으므로 배우가 투신을 두려워하지 않고 실감나게 연기하고 있다.

이렇게 논개투신이 진주의 대표적인 문화예술로 승화될 수 있었던 것은 의암별제를 복원하고 봉행을 총지휘하던 성계옥 여사의 열린 문화적 마인드가 있었기에 가능했음을 밝힌다. 이런 참신한 기획행사가 의암별제에서 처음 시작되어 자리를 잡고 입지를 굳힌 것을 보고 많은 생각이 든다. 오늘날 필자는 실경 역사 뮤지컬을 보며 적지 않은 감회를 느끼면서 남강의 수상객석에서 보는 전국 유일의 실경극 〈의기 논개〉가 앞으로도 무궁히 발전하길 진심으로 기원한다.

한편 필자는 문화운동을 하면서 진주문화사를 새롭게 쓰겠다는 대담한 생각으로 《경상대신문》에 문화칼럼을 의욕적으로 연재하기 시작했다. 그러나 뜻대로 진행하지 못하고 고작 10회 분량에서 멈춘 채 3개월 만에 연재를 그만두게 되었다. 따라서 이 글은 필자가 《경상대신문》 칼럼을 중단하는 동시에 2003년 6월 문화운동을 접고 진주를 떠날 때 쓴 마지막 글이며 고별사가 된 셈이다. 이 칼럼은 「진주문화판을 떠나며 고별사를 남기다」란 제하로 쓴 글에도 차용했으나, 동일 내용의 중복을 피하고자 이 책에서는 생략했음을 밝힌다.

11. 가칭 '봄축제' 프로그램위원 사퇴 이유서*
– 의암별제의 봄축제 편입의 몰역사성과 부당성

가칭 진주봄축제추진위원회의 결의로 구성된 봄축제 프로그램위원에 위촉된 본인은 다음과 같은 이유로 사퇴합니다.

첫째 이유는 의암별제의 축제성을 왜곡했다는 점입니다.

지방화시대에 본격적으로 돌입한 현재 각 지방자치단체에서는 그 지역 고유한 문화자연유산을 활용하거나 그 지역과는 상관없어도 독창적인 주제로 전문적인 특색의 축제를 키워감으로써 경쟁력을 획득해 가고 있음에 반해 진주의 봄축제는 의암별제를 비롯한 진주탈춤한마당, 정월대보름 민속행사, 우리소리와 춤의 한마당, 진주 옛 사진전시회 등을 통합하고 기타 민속과 이벤트 행사를 추가시킴으로써 어느 한 가지도 그 특색을 살리기 힘든 백화점식 유사축제로 전락할 가능성을 높이게 되었습니다.

1868년 조선 말의 진주목사 정현석에 의해 창제된 의암별제는 모두의 무관심 속에 그동안 단절되어 오다가 진주민속예술보존회 성계옥 여사의 평생에 걸친 피나는 노력 끝에 1992년 복원되었는데, 그 당시 한국음악사학회에서는 "의암별제 재현행사를 계기로 진주만이 가진 독특한 악·가·무의 공연예술형태를 진주시를 비롯하여 진주시민이 함께 뭉쳐 내 고장 진주가 갖는 독특하고 새로운 민족예술차원으로서의 축제를 계승 발전시키기 바란다(권태욱 논문)"라고 주장하였으나, 이에 비해 진주시의 봄축제 발상은 의암별제에 대한 한국음악사학회의 바람직스러운 방향 제시와도 역행하는 축제로 인식될 수밖에 없습니다.

둘째 이유는 축제 주관단체의 정체성이 혼란스럽다는 점입니다.

봄축제가 성질이 다른 여러 주관단체의 참여로 규모만 확대될 때 자칫 잘못하면 이른바 '밥그릇 싸움'으로 시민사회에 비칠 수밖에 없고 무엇보다 축제의 정신과 주제를 관통하는 상징성에 미약하여 정체성 혼란만 부채질할 우려가 크며, 실례로 봄축제가 추진되면서 축제를 상징하는 이름조차 결정되지 않고 그 정신과 내용을 담을 주제도 결정되지 않은 상태에서 무조건 갖가지 프로그램을 짠다는 것은 의미가 없습니다.

물론 봄축제의 이름과 행사 시기를 결정하고자 시민들의 의견을 묻는 전화설문조사 용역을 의뢰해 봄축제의 이름이 진주논개제로, 행사 시기는 6월 29일(진주성 함락일)로 정했으나 장수에서 개최되는 이른바 논개제(의암주논개제)와 차별성을 주지 못하고 오히려 유사축제라는 소리를 들을 가능성이 크고, 행사 시기에 대해서는 전화설문조사 결과로 나타난 6월 29일을 오광대 측이 과거 탈춤한마당 행사의 경험을 들어 전혀 적당하지 않은 행사 시기라는 문제점을 제기하는 등 프로그램을 짜기 위한 기본조건에서부터 많은 차이를 보였습니다.

셋째 이유는 합의구조에 비민주성이 있다는 점입니다.

애초 의암별제와 진주탈춤한마당 관계자의 의견이 명확하게 합의되지 않은 상태(의암별제 측에서는 의암별제를 봄으로 옮길 경우, 진주탈춤한마당이 의암별제의 음복연 속에 참여할 수 있다는 전제하에 한 것)였으나 진주탈춤한마당 측은 의암별제가 아닌 새로운 민속축제로 봄축제를 만드는 것으로 이해하고 추진함으로써, 진주시는 봄에 새로운 축제를 생각해 보자고 간담회 자리를 마련했는데 그 자리는 간담회가 아니라 발기회 자리(간담회와 발기회는 엄연히 다름)였으며, 또한 발기회에서도 의암별제의 참여문제가 의암별제 측으로부터 전혀 동의받지 않은 상태였지만 밀어붙이기 식으로 즉석에서 추진위원회 구성을 실행하였으며, 추진위원회에서도 의암별제란 이름으로 봄축제를 할 수 없다고 다른 축제이름을 거명하여 전화설문조사를 실시하는 등 의암별제 측의 의견은 소수의견이라는 이유로 철저히 무시되었습니다.

봄축제추진위원회에 의해 구성된 프로그램위원회(총 7명 중 의암별제 측은 국장만 1명)에서도 '봄축제가 의암별제를 중심으로 한다'라는 백승두 시장의 신년사와 '의암별제를 전혀 훼손하지 않는다'라는 추진위원회의 의견, 그리고 '의암별제도 진주탈춤한마당도 아닌 완전히 백지상태에서 봄축제가 출발한다'라는 프로그램위원장의 의견에도 불구하고 의암별제 기획자는 원천배제되고 진주탈춤한마당의 기획자와 국장은 프로그램위원으로 들어왔으며, 그리고 진주탈춤한마당의 대표성을 띤 인사가 프로그램위원회의 자문위원으로 지명되는 등 모순과 불합리가 연출되었습니다.

넷째 이유는 경제난에 따른 자본효과가 미흡하다는 점입니다.

제2의 IMF라는 심각한 경제난에도 불구하고 3일 행사의 비용으로 1억~2억 원(프로그램위원장은 2억 원 이상 예상, 오광대 사무국장은 1억 2천만 원 예상)의 시비를 들어 규모를 확대했지만, 성질이 다른 축제를 모두 통합함으로써 특색 없는 전시적 축제로 전락할 우려가 커졌습니다.

현재 진주에서는 메머드급 개천예술제가 개최되고 있고 국제적인 남강유등축제도 개최되고 있는 시점에서 이들 기존 대단위 축제와 별도로 대규모적인 축제를 봄에 신설한다는 것은 별 의미를 주지 못하고 있을 뿐입니다. 의암별제의 경우 지난해 기준으로 5천만 원이 든 2일 행사로도 그 특색을 잃지 않고 주제와 독창적인 축제의 한마당을 이끌어냈다고 평가받고 있으며, 진주탈춤한마당도 그 역시 나름의 특색을 평가받고 있습니다.

다섯째 이유는 축제의 경쟁력 유지를 위한 대안이 없다는 점입니다.

의암별제로 봄축제 이름을 걸지 못하는 상황임에도 불구하고 봄축제에 참여하려는 최후의 노력으로 최소한 의암별제의 특성과 진주탈춤한마당의 특성 등을 살리기 위해 3일 가운데 1일은 의암별제의 기획팀에 의한 독자적인 기획과 행사추진실행을 제안했으나 프로그램위원회의 거부로 더는 의암별제의 독자성과 실험성을 유지할 수 없었다는 의암별제 측의 판단이 내려졌고, 이제는 지금과 같이 해온 형태로 독자적인 행사로 독립 개최되어야 한다는 결론에 도달하게 되었습니다.

이처럼 산발적으로 개최되는 진주의 각종 크고 작은 행사를 봄축제라는 한 그릇에 담아 특색 없는 축제를 개최하는 것보다 경쟁력 있는 축제를 선택하여 지자체 차원에서 밀어줄 때만이 차별화된 축제로 경쟁력을 획득할 수 있을 것으로 보입니다.

2001. 3. 9.

진주민속예술보존회 사무국장 김경현

의암별제에 대한 우리의 생각

첫째 의암별제의 특징입니다.

1. 역사성이 뚜렷합니다.

2. 애국, 애민, 애향 정신이 녹아 있습니다.

3. 의식 주관이 여성 일색으로 구성된 독특성이 있습니다.

4. 동양사상의 근본인 예악의 조화가 이루어져 있습니다.

5. 의식절차는 유교식 제례의 표본으로 제례문화의 교육자료로 활용할 수 있습니다.

6. 사용되는 악·가·무가 전통국악의 최고 수준입니다.

7. 음복연을 통해 궁한 사람을 구휼하는 동시에 음식과 예술을 가지고 대동단결로 시민화합의 장을 도출할 수 있습니다.

8. 방대하고 다양한 연희로써 진주예술을 대외적으로 과시할 수 있습니다.

둘째 앞으로 의암별제의 지향입니다.

1. 지난날의 아픈 역사를 되새겨 시민들에게 민족정신을 고취합니다.

2. 애국, 애민, 애향심을 심어줍니다.

3. 음복, 여흥을 행사로써 대동단결하여 시민화합을 도모합니다.

4. 동양사상의 근본인 예악의 교육장으로서의 역할을 합니다.

5. 천시당하는 기생관을 바꾸어 기생문화 부활의 토대를 마련합니다.

6. 젊은 세대의 예술과 만남의 장을 마련해 전통 접근의 통로를 만들어 다음 세대가 이어나가도록 유도합니다.

＊ 여기에 소개한 「가칭 '봄축제' 프로그램위원 사퇴이유서」는 진주문화비평적 시각에서 발표한 성명서이므로 문화편에 넣은 것이다. 이 글은 소식지 《의암별제》에서 인용한 것으로 이 책에 게재하는 것을 계기로 내용 일부를 다듬고 보완했다.

　당시 진주시는 나날이 발전하고 있던 의암별제를 시 행정의 통제하에 두고자 새로운 축제에 통합시키기 위해 가칭 '봄축제'를 준비하기 시작했다. 그러나 당시 의암별제 기획팀과 진주민속예술보존회에 몸담고 있었던 필자는 의암별제의 봄축제 강제 편입의 부당성과 축제의 정신을 몰각한 몰역사성을 인식하고 봄축제 참여를 거부했다. 진주시가 예총 진주지부를 동원해 의암별제와 진주탈춤한마당이 가진 각 축제의 독자성과 고유성을 무시하고 일방적으로 통합해 백화점식으로 추진해 제2의 개천예술제를 만들려는 것에 대한 반발이었다.

　이때 필자는 봄축제프로그램위원에 위촉되어 있었는데, 그 의도와 장단에 놀아나는 들러리 역할을 결단코 하지 않겠다고 생각했다. 그래서 2001년 3월 9일 진주시가 무리하게 추진하는 봄축제에 대해 거부 의사를 사퇴이유서를 통해 명백하게 밝히고 프로그램위원을 그만두었다. 이 봄축제프로그램위원 사퇴이유서는 공정성과 중립성과 자율성을 침해한 봄축제를 거부하는 이유를 밝힌 성명서이다. 이 사퇴서와 함께 「의암별제에 대한 우리의 생각」을 함께 덧붙였다.

《의암별제》제3호에 소개된 필자와 의암별제 기획팀의 사퇴이유에 대해 지면에 밝힌 편집자의 설명에 따르면 "이 글은 의암별제를 대표하여 프로그램 구성에 참여한 김경현 씨가 진주 봄축제 프로그램위원을 사퇴하게 된 이유를 밝힌 글이고, 다음에 소개하는 「의암별제가 봄축제에 불참하는 사유」는 진주민속예술보존회와 의암별제 기획팀이 공식적으로 발표한 봄축제 불참성명서이다"라고 밝히고 있다. 이 책에 게재한 글은 전자이며, 필자의 사퇴이유서를 예사높임말로 고치고 일부 문장을 다듬어 실었다.

이렇게 필자는 2001년 진주봄축제 프로그램위원을 사퇴한 후 다시는 관변행사에 참여하지 않으려고 다짐했다. 그러나 미련이 남았는지 아니면 일말의 희망이 이끌었는지 다시 참여하게 되었다. 즉 진주민속예술보존회 성계옥 이사장이 대승적 결단으로, 봄축제의 일환으로 기획한 진주논개제를 받아들이자 이듬해 성 이사장의 부탁으로 다시 축제에 참여해 진주논개제 프로그램위원을 지냈다. 진주논개제 프로그램위원회는 나중에 집행위원회로 바뀌어 실질적으로 축제를 만드는 집행위원회로 기능이 전환되었다. 이에 따라 필자는 집행위원으로서 제1회 논개제에 참여해 축제의 첫 기초를 놓는 데 헌신했다.

2002년 제1회 진주논개제 제전위원장을 맡은 성계옥 여사를 중심으로 진주논개제의 기초를 세우기 위해 축제의 틀을 만드는 집행위원회가 구성되었다. 당시 집행위원장은 서영수(예총 진주지부장), 부위원장은 정병훈(경상대 철학과 교수)과 조구환(전 연극협회 경남지회장)을 비롯해 집행위원으로 학술위원 정병훈, 기획위원 조구환, 시설위원 임정명(해양소년단 진주지부 사무국장), 연희위원 상동옥(진주오광대보존회 연희부장), 제례위원 김경현(진주민속예술보존회 사무국장), 홍보위원 박찬(진주민속예술보존회 이사)이 위촉되고, 사무국장은 최태문(진주문화예술재단 사무국장)이 맡았다.

당시 필자는 의암별제의 보존과 진주논개제의 발전을 위해 논개제집행위원회에서 최선의 노력을 다했으나 역부족이란 생각이 들었다. 제전위원장은 성계옥 여사였지만 논개제에서 가장 중요한 의암별제는 뒷전으로 밀렸고 문화예산을 쥔 시 행정의 입김이 컸으며, 극단 현장과 진주오광대가 득세한 가운데 문화인들끼리 반목으로 통일된 정체성을 찾기 어려웠다. 그동안 필자는 문화운동의 꿈을 갖고 투신한 후 6번의 의암별제와 2번의 진주논개제를 맡아 진행해 왔으나 갈수록 힘이 빠졌다. 더구나 그동안의 열정이 많이 소진되었고, 효능감도 많이 떨어졌다. 김구 선생의 말처럼 '문화의 힘'을 믿긴 했지만, 필자에겐 역부족인 상황이었다.

결국 2003년 제2회 진주논개제 집행위원을 맡아 활동한 것을 끝으로 더는 축제진행이나 문화행사에는 참여하지 않기로 결심했다. 아무리 논개제란 이름을 붙였다고 해도 진주논개제에서는 의암별제의 예술성과 독자성이 제대로 유지되지 못하고 훼손되었다고 생각했기 때문이다. 그래서 진주시가 구상하는 봄축제에 통합되어 새로운 축제로서 관 주도의 논개제가 출범하자 성 이사장의 부탁으로 2003년 제2회 논개제까지만 책임지고 축제가 끝나면 바로 떠나기로 마음을 굳힌 것이다. 그리고 말도 많고 탈도 많았던 진주의 문화판에서 나와 역사운동에 전념하기로 마음먹었다.

필자는 논개제가 끝나자마자 그 즉시 뒤도 돌아보지 않고 미련 없이 훌훌 털고 진주문화판을 떠난 후 돌아오지 않았다. 필자가 떠나던 날 그 사실을 비로소 알게 된 성 이사장은 매우 큰 충격을 받은 듯 상당히 서운해 했으나 필자의 자초지종을 듣고 비로소 필자가 내린 결심과 진정성을 이해하고 격려해 주었다. 정말 고마웠다. 이후 성 이사장의 지지는 흔들림 없이 역사전쟁에 몰입하는데 큰 힘이 되었다.

12. 성계옥, 교방문화와 진주검무의 예인*

– 진주검무 인간문화재 인정 보고서

　예인 성계옥 여사의 예술적인 혼은 무엇일까. 이 자료는 1967년 진주검무가 국가 중요무형문화재 제12호로 지정된 이후 1978년 첫 보유자로 추인된 운창 성계옥 여사에 대한 문화재위원의 조사 보고서이다. 모두 15페이지로 등사, 인쇄되어 작성된 보고서는 '진주팔검무 기능보유자 추가인정자료'란 제목으로 묶여져 있다. 조사 보고자는 문화재위원이던 김동욱 박사이며, 조사 동행자는 강용권 경상남도문화재위원이다. 이 보고서에는 두 가지의 별지가 첨부되어 있는데, 문화재관리국장에게 보낸 진주삼현여고 최재호 교장의 의견서와 당시 민속예술보존회 이사장이 쓴 '성계옥 경력 및 공적 보증서'이다.

　김동욱 박사는 이 보고서에서 '진주검무의 기능보유자 지정신청에 대한 출장 판정 건'을 보고하며 성계옥 여사를 새 보유자로 지정해 줄 것을 다음과 같은 이유로 요청하고 있다.

　"진주팔검무는 그 유래가 오래되고, 고종시대 정현석의 『교방가요』에도 기재되고 있는바, 현 보유자 이윤례(76), 김자진(76), 김정자(70), 이음전(63), 최예분(65), 김수악(54)으로서는 우선 8인팀의 구성이 불충분하고, 대부분이 연로하고, 그 출신성분 때문에 항상 잡음이 나고, 특히 여학생들이 익히는 경우 학부형들로부터 그 출신성분으로 말미암은 저항이 불소(不少)하여 성계옥 여사 같은 교육계 출신의 보유자가 들어가면 앞으로 무보작성, 대외활동 등 여러 가지 면에서 필요하리라고 사료되오며, 이러한 사실들은 진주 현지에서 조사자가 실감한 바입니다.

상기자(上記者) 성계옥 여사는 일찍이 동경의 통신여학교를 나오고, 학교 교원으로 재직한 바도 있으며, 이를 지도받은 학교, 삼현여고 교장 최재호 씨의 추천도 있고, 그 기능면은 진주민속예술보존회 이사장의 경력 및 공적 보증서도 있어, 상기인을 기능보유자로 지정할 충분한 이유가 되리라고 사료되어 여상(如上) 보고서를 제출합니다. 1978년 3월 문화재위원 김동욱"

김 박사가 말한 그 출신성분이란 바로 권번 출신, 즉 진주기생을 말하는 것이다. 당시까지만 해도 권번 출신의 노기들이 생존해 있었고 이들이 진주검무의 기능보유자로 활동하고 있었다. 그래서 기생에 대한 그릇된 사회인식으로 국가지정 중요무형문화재인 진주검무의 전수교육마저 어려움을 겪었던 것이다.

그런데 기생이 아니었음에도 성 여사의 삶은 교방문화와 함께한 그 자체였다. 이를 반영하듯 최 교장이 1978년 1월 15일에 쓴 의견서를 보면 그러한 사실을 알 수 있다. 최 교장의 의견서는 〈별지 1〉로 보고서에 첨부되어 있는데, "성 여사가 본교 학생을 중심으로 한 팔검무를 지도하고 있는바, 기왕에 지정된 노기 출신의 전수자에게 전수받기를, 교육상 애로가 있어 상기자를 인간문화재로 지정하여 주시옵기 앙망한다"라고 밝히고 있다. 그리고 〈별지 2〉로 첨부된 진주민속예술보존회 이사장의 '성계옥 경력 및 공적 보증서'는 성 여사만이 진주검무를 지도할 수 있다고 강조하고 있다. 그는 성 여사가 "진주검무 모임의 리더적 입장에서 통솔과 지도와 노력에 앞장섰기 때문에 경력에 명시된 바와 같이 각종 경연대회에서 입상하는 공이 지대했다"라고 밝히고 있다.

그리고 김 박사가 마지막으로 덧붙인 글에는 '의암별제'에 대한 언급이 나온다. 이것은 성 여사가 필생의 노력으로 1987년 『진주의암별제지』를 편찬하고 1992년에 복원했던 그 '의암별제'를 말한 것이다! 사실상 의암별제는 1868년 진주에서 창제된 뒤 일제의 침략으로 사라진, 논개를 위한 기생들의 제례 및 가무제였다. 김 박사는 정현석이 지은 『교방가요』를 들면서 진주검무가 "의암별제에서 행해지던 황창무와 선락 등 기타 『교방가요』와 더불어 연출된 것이므로 앞으로 이에 대한 종합적인 연구가 있어야 할 것"으로 덧붙이고 있다. 여기서 말하는 황창무는 진주검무이며, 선락은 '배따라기', 즉 선유락을 뜻한다.

올해의 의암별제는 진주논개제로 확대되어 바로 이 진주검무와 선유락이 올려진다. 이 보고서를 바라보는 제1회 진주논개제 제전위원장 성 여사의 감회는 누구보다도 남다를 수밖에 없을 것이다. (2002. 5. 18.)

* 제2부의 마지막 글은 성계옥 선생에 대한 내용으로 구성했다. 여기에 게재한 「성계옥, 교방문화와 검무의 예인」도 《의암별제》에 실렸던 글이다. 원래는 《진주신문》에 게재할 목적으로 쓴 칼럼이지만 글의 성격이 《의암별제》에 더 맞는다고 생각해 2002년 5월 《의암별제》 제5호에 싣게 되었다. 여기에 소개된 '진주검무의 기능보유자 지정신청에 대한 출장 판정 건'은 진주검무 인간문화재 인정 보고서이다. 이를 통해 성계옥 여사가 어떻게 무형문화재 예능보유자(당시에는 기능보유자로 표현함)로 지정되었는지 그 경위를 잘 설명하고 있어 진주검무 전승계보를 파악하는 데 귀중한 자료라고 할 수 있다.

　1978년 3월 진주검무 기능보유자 지정에 대한 판정 의견서를 작성했던 나손 김동욱 박사는 당시 문화공보부 문화재관리국의 문화재위원이었으며, 성계옥 여사를 진주검무보유자로 지정해줄 것을 추천한 아천 최재호는 당시 진주 삼현여중고 설립자이자 교장이었다. 성 여사는 1970년대 삼현여고에서 진주검무를 학생들에게 지도한 적이 있었는데, 이를 최 교장이 유심히 지켜보았다. 그리고 최 교장은 김동욱 문화재위원이 진주검무 보유자지정을 판정하기 위해 실지조사를 할 때 추천서를 써준 것이다. 이후 진주검무 기능보유자 판정은 문화재위원회의 심사를 거쳐 성 여사가 그해 6월 21일 진주검무 기능보유자로 지정되면서 확정되었다.

참고로 김동욱 박사는 '진주검무의 기능보유자 지정신청에 대한 출장 판정 건'을 쓴 후 경남문화재 위원이었던 동아대 강용권 박사와 함께 진주검무의 실태를 조사하고 '진주팔검무 기능보유자 추가 인정을 위한 보고서'를 자세히 작성했다. 다음은 그 조사보고서의 주요 내용을 요약한 것이다. (고방자 선생이 정리해 놓은 내용으로 '운창실록청'에서 인용 및 참조함)

"첫째, 처음 8명의 예능보유자가 지정되었으나, 이 중 서상달 보유자가 개인사정으로 먼저 제외되었고, 강귀례 선생이 1978년 별세를 하게 되면서 남은 보유자가 6명에 불과하여 팔검무팀의 구성인원이 부족하다는 것을 이유로 들었다. 둘째, 예능보유자 대부분이 연로한 데다가 출신성분 때문에 항상 잡음이 끊이지 않아 민간인이 들어가 조정할 필요가 있다는 것이었고, 실제 성 여사가 리더십을 발휘하여 분위기 쇄신에 이바지한 공로를 들었다. 셋째, 여학생들에게 전수할 때에 기존 보유자들이 기녀 출신이라는 데에 학부모들의 반대가 심하므로 교육자 출신인 성 여사가 적합하다는 것이다. 이런 사실을 증빙하는 내용이 포함된 삼현여자고등학교 교장인 최재호 선생의 추천서가 별지로 추가되었다. 넷째, 노기(老妓) 출신인 보유자들의 구전(口傳)만으로 행해지던 기존 전수방식을 탈피하여 학술적 이론을 정립하여 진주검무의 무보작성을 통해 체계적이고 효과적인 전수교육을 기대할 수 있다는 점을 들었다. 당시까지만 해도 가야금 같은 악기 연주를 전수하는 과정에서 악보 없이 구음과 실연을 통해 전수하는 방법과 마찬가지로 진주검무 또한 참고할 만한 기록이나 무보가 따로 갖춰지지 않았고 보유자들의 기억에 의존하여 말과 동작만으로 전달하는 방식으로 전수되고 있었기 때문이다."

이처럼 성계옥 여사가 새로운 보유자로 추가됨으로써 그동안 진주기생으로 이루어진 진주검무 기능보유자 가운데 처음으로 비기생 출신의 기능보유자가 탄생한 것이다. 성 여사의 지정을 계기로 진주검무의 세대교체와 체계적 교육 및 대중화가 이루어지기 시작했다. 마침내 진주검무 등 기생들의 교방춤이 기생의 춤이 아닌 우리의 문화유산으로 거듭나게 되어 후대에 전승되는 기틀이 마련되었다. 현재는 작고한 성 여사의 뒤를 이어 유영희, 김태연 보유자 외 많은 제자가 진주검무를 전승하고 있다. 2020년 유영희(현 진주민속예술보존회 이사장) 보유자가 밝힌 성 여사의 교방문화 발굴, 전승에 대한 인터뷰이다. (《진주평론》창간호에서 인용함)

"고(故) 성계옥 선생은 1961년부터 진주검무를 배우기 위해 최순이 선생님과 강귀래 선생님을 만나 전수를 받기 시작합니다. 전수 받을 때마다 최순이 선생님으로부터 교방과 궁중에서 행해지던 여러 작품과 논개 제사인 의암별제와 선악 배따라기도 있었다는 이야기를 듣게 됩니다. 평소 교방문화에 많은 관심을 보인 성계옥 선생은 지난 1975년 단국대학교 김동욱 교수를 통해 『교방가요』를 발견하게 됩니다. 이에 성계옥 선생은 교방에서 행해졌던 의암별제에 대한 공부를 하기 위해 고려대학교 대학원 한문교육학과에 입학합니다. 이후 『교방가요』에 대한 지속적인 연구 끝에 마침내 1987년에 『의암별제지』를 발간하게 됩니다. (중략) 1991년에는 경상남도 무형문화재 제12호인 진주포구락무를 복원했습니다. 1992년에는 선생님의 염원이던 의암별제를 복원해 봉행했습니다. 2007년에는 선악(배따라기)을 복원하여 제48회 한국민속예술제에 출전하여 국무총리상을 받았습니다. 고 성계옥 선생께서 8년만 더 계셨다면, 늘 고민하고 계획하셨던 '항장무'를 발굴, 복원하는 데에 힘을 쏟았을 것입니다. 안타까운 일입니다."

제3부
논개를 위한 변명

제3부 논개를 위한 변명
- 논개를 둘러싼 온갖 마타도어에 대한 반박

제3부는 『진주 죽이기』의 대미를 장식하는, 논개를 주제로 쓴 '논개편'이다. 제3부의 글은 제1, 2부와 달리 모두 칼럼이 아니다. 제3부에는 논개라는 주제로 특화한 5개 꼭지의 비평글을 실었다. 이 비평글의 바탕이 되는 저본은 필자가 문화운동을 할 때 의암별제에 참여해 홈페이지에 쓴 글, 그때 편집자로 있으면서 발간한 소식지 《의암별제》에 게재한 글이 유용하게 사용되었다. (《의암별제》의 발행인은 의암별제를 복원한 운창 성계옥 여사이다.) 다만 제3부의 5개 꼭지 중 마지막 글은 《의암별제》에 게재한 글이 아니라 논개에 대한 논란을 정리하고 결론을 맺기 위해 필자가 새롭게 쓴 글이다. 마타도어의 타깃이 된 논개를 위한 본격적인 변명이다.

따라서 제3부에서 소개하는 '논개를 위한 변명'은 3부의 제목이면서 동시에 필자가 이 책을 펴내기 위해 특별히 쓴 글이라고 해야 할 것이다. 주로 논개의 신분, 성씨, 남자 등 논개를 둘러싼 온갖 마타도어에 대해 반박하는 필자의 본격적인 비평글이며, '논개 죽이기'에 대한 '논개 살리기'의 글로써 이 책의 마지막을 장식하는 이야기가 되는 셈이다. 이 제3부를 구성하는 각 장은 논개의 호칭, 성씨, 남자, 존재의미, 부활 등으로 나누어 각각 주제를 설정해 묶음으로써 필자가 말하고자 하는 바가 무엇인지 강조했다.

　제3부의 비평글은 필자가 의암별제에 참여해 활동할 당시 쓴 것을 다시 썼다고 할 만큼 많은 부분을 채워 넣었다. 당시 필자는《의암별제》의 편집자로서 직접 글을 쓰거나 원고를 청탁하여 소식지를 만들었다. 그래서 여기에 실린 제3부의 글에 수록한 내용은 대부분《의암별제》에 발표한 글을 전면적으로 다시 쓰다시피 할 정도로 내용을 대폭 확장했다. 주로 논개를 둘러싼 여러 가지 논쟁을 문답식 또는 쟁점별로 답변하는 식으로 정리한 글이다. 특히 제3부의 5가지 단락 중 제2장 「③ 성씨와 신분을 둘러싼 오래된 시빗거리」와 제4장 「③ 논개의 죽음을 부정하고 모독하는 폭거」 및 마지막 제5장인 「논개의 부활」은《의암별제》에 발표한 글이 아니라 이 책을 위해 새롭게 쓴 글이다.

　제3부의 글도 제1부와 제2부처럼 크게 수정하지 않고 원문을 살려 이 책에 실을 수도 있었다. 그러나《의암별제》에 수록된 원래 그대로 하지 않고 원문을 대폭 수정 보완하고 새롭게 구성했다. 그 이유는 제3부에 실린 글이 20여 년이 지났지만, 오늘날에도 논개에 대한 논란이 여전히 수그러들지 않고 오히려 끊임없이 재생산되고 있다는 점이 작용했다. 논개에 대한 마타도어가 하나도 제거되지 않고 오히려 확대 재생산되고 있는 현실이라는 점에서 원문을 대폭 보완하여 논란에 대해 일일이 되짚어보고 반박하게 되었다. 다시 말해 제3부는 필자가 그동안의 논쟁에 대해 논개의 신분 및 그녀의 존재의미 등을 짚어보고, 종합적으로 정리해 결론을 지은 글인 것이다.

처음에는 직접 의암별제 홈페이지에 답글을 다는 방식으로 논개에 관해 설명하다가 나중에는 소식지에 이를 다시 정리해 발표하게 되었는데, 그 이유는 크게 두 가지로 요약된다. 첫 번째로, 논개에 대해 횡행하는 폭언에 가까운 마타도어가 무엇인지 알아보고 과연 논개의 죽음을 어떻게 해석하고 바라봐야 하는지를 살펴보기 위해서이다. 두 번째는, 각각의 논개 이야기에 등장하는 논개의 남자는 왜 논개를 자신의 삶에 결부시키려고 했는지 알아보고자 했다. 이른바 '논개의 남자'들 중 왜 '특정인물'만이 논개와의 인연을 맺은 것으로 부각되었는지 알아보기 위한 점도 있다.

물론 이 책에서 논개에 대한 모든 논란을 종식시켰다고 보기 어렵다. 하지만 제3부에서 그동안 논개와 관련하여 제기되었던 우리 사회 안팎의 논쟁을 대부분 다루었다고 본다. 먼저 「1. 의암을 폐기하라니!」를 통해 논개의 호칭문제를 다루었으며, 「2. 논개의 성씨는 무엇입니까?」를 통해 성씨와 신분문제를 살펴보았고, 「3. 논개의 남자는 누구입니까?」를 통해 그녀의 주위를 배회하는 남자들에 대한 소문이나 이야기 등을 모아 사실관계를 따져보고 그 본질적인 의미가 무엇인지 알아보았다. 이어, 「4. 논개의 죽음을 부정하다니!」를 통해 논개의 삶과 죽음에 관련하여 존재의 의미에 대해 필자의 생각을 정리해 보았다. 이 4가지의 글은 마지막 장을 장식한 「5. 논개의 부활」을 통해 그녀의 이야기가 전해주는 메시지가 무엇인지를 종합적으로 최종 정리했다.

이런 작업을 하게 된 의도는, 논개를 둘러싼 온갖 잡설 내지 음모설 등이 나온 이유에 대한 이해도를 높이기 위해 그 양상을 한 눈에 알 수 있도록 설명하기 위함이다. 그렇게 무수하게 제기된 마타도어의 본질이 무엇인지 시민들이 이해하기 쉽게 전달하기 위한 취지이다. 마찬가지로 그 취지는 지금도 여전히 유효하다고 본다.

1. 의암을 폐기하라니!*

– 논개를 둘러싼 호칭에 대한 반박

① 의암이라는 말을 폐기하라고요?
② 논개님이라는 님 자도 **빼**라고요?
③ 다양하게 전해진 논개의 호칭

* 이 글은 제3부의 첫 번째 단락으로 수록한 「의암을 폐기하라니!」라는 제목의 글이다. 제1장은 주로 '논개'를 부르는 호칭에 대한 문제를 다루었는데, 모두 3가지 질문에 대한 3가지 답변으로 기술했다.

여기에 제시된 쟁점은 2000년 초 진주의 모(某) 인사가 장수군수에게 보낸 진정서의 주된 질문내용 7가지 중 3가지 질문인데, 원래는 장수군 홈페이지에 게재된 것이다. 이에 대해 장수군의 회신이나 답변은 없었다. 이 진정내용은 의암별제 홈페이지 자유게시판에도 다시 올라오게 되면서 필자도 역시 더 이상 모른 체 지나칠 수가 없어 답변을 달게 되었다. 이 3가지를 이 책 제3부에서 「논개를 위한 변명」의 논개에 관한 첫 번째 카테고리로 묶어 호칭문제에 관한 질문으로 인용하게 되었다.

먼저 논개에 대한 7개 항의 질문 중 논개의 호칭문제를 거론한

3개의 질문을 소개한다. 첫 번째로 「① 의암이라는 말을 폐기하라고요?」라는 질문을 통해 논개의 호칭으로 의암 등을 쓰는 것에 대해 설명하고, 두 번째 단락에서 「② 논개님이라는 님 자도 빼라고요?」라는 제목으로 논개에 대해 붙이는 존경의 의미에 대해 이야기한 후, 세 번째로 논개는 '다만 논개라고만 하라'고 요구하는 질문에 대해 반박하며 「③ 다양하게 전해진 논개의 호칭」이란 제목으로 제1장을 구성했다.

　우선 이 3가지 질문은 그동안 논개를 둘러싼 마타도어가 무엇인지를 핵심적으로 보여주는 것이어서 답변이 의미 있다고 생각했다. 사실 질문에 드러난 '논개 죽이기'의 민낯은 가히 충격적이라 할 만큼 심각한 마타도어였다. 그래서 논개에 대한 온갖 독설을 지켜보던 필자가 직접 답변에 나서게 되었다. 따라서 논개를 둘러싼 허위의식을 깨고 논개의 죽음을 다시 한번 생각해 보자는 의미에서 진정서의 질문에 대해 필자의 생각을 조목조목 정리해본 것이다. 이 반박글은 2000년 8월 의암별제 홈페이지에 처음 게재한 이후 그 내용을 2000년 8월 15일자 《의암별제》 창간호에 다시 게재함으로써 대중들에게 본격적으로 논개에 대한 마타도어를 방어하는 작업이 시작되었음을 알렸다.

　그동안 논개 논쟁은 온갖 마타도어가 난무하여 우리 사회를 혼란과 분열로 몰아넣고 논개의 맑은 영혼을 탁하게 오염시켜 왔다. 논개를 둘러싼 진실한 사랑은 무엇이고 또 학대에 가까운 음해는 무엇일까. 아직도 끝나지 않은, 혹은 영원히 합쳐지지 않을 불화이며 저주였을까. 평행선처럼 마주한 채 일방을 향해 끝없이 돌진하는, 브레이크가 고장 난 열차의 충돌을 예정한 비극적 현실처럼 느껴진다. 아무쪼록 이 답변이 논개 문제를 궁극적으로 해결할 수는 없겠지만 그녀의 죽음을 모독했던 '논개 죽이기'를 마감하는 데 마지막 글이 되기를 진심으로 소망한다.

그럼, 제3부 '논개를 위한 변명'의 첫 번째 단락으로 제1장 「의암을 폐기하라니!」를 시작하며 논개를 둘러싼 온갖 마타도어에 대해 알아보고 해당 질문을 반박해 본다.

① 의암이라는 말을 폐기하라고요?

(논개를 둘러싼 마타도어)

"의암이라는 말은 폐기하십시오! 논개에게는 의암이라는 시호를 내린 적이 없기 때문입니다."

(논개를 위한 변명)

도대체 무슨 말입니까? '의암'을 폐기하라니요? 의암은 논개가 왜장을 수장시키고 자신도 목숨을 바친 성스럽고 거룩한 장소인 성소(聖所)를 가리킵니다. 아울러 의암은 논개에 대한 존칭을 나타내는 고유명사인 동시에 대명사이자 그녀가 순절한 장소에 대해 붙인 존엄하고 명예로운 명칭입니다. 의암이란 말을 폐기해야 한다면 의암에 새겨진 석각문도 깎아내야 하겠습니까?

잘 아시다시피 논개의 순국을 기리기 위해 이 글자는 조선 인조 때 사대부 정대륭이 1629년 논개가 순국한 남강의 바위에 새긴 말입니다. 또 1651년 효종 때 사대부 오두인은 의암이란 제목을 붙여 「의암기(義巖記)」를 써서 촉석루에 걸었고, 1722년 경종 때는 진주 백성들이 논개를 기려 의암이란 글을 새긴 사적비도 세웠습니다. 논개가 왜장을 껴안고 투신한 바위에도, 논개의 죽음을 지켜본 촉석루에 걸린 기문에도, 논개의 순국 사실을 기록한 사적비에도 모두 의암을 새겨 그녀의 의로운 죽음을 기렸습니다. 1750년 영조 때 사대부 권적은 「경상우병사(慶尙右兵使) 증좌찬성(贈左贊成) 최공청시행장(崔公請諡行狀)」에 논개가 죽은 바위를 의암이라고 부른 것에 대해 논개가 "강 속 바위 위에 노닐다가 적장을 유인해 끌어안고 함께 죽었기 때문에 오늘에 이르러 사람들이 의암이라 부른다"[於江中巖石詿誘賊將凶擠而俱墜死至今人稱義巖呼] 라고 밝혔습니다.

그렇다고 해서 반드시 의암만을 그녀를 부르는 호칭으로 사용한 것은 아니었습니다. 조선 후기에 박치복은 이 바위를 위험한 바위라고 하여 '위암(危巖)'이라고 표현하기도 했지만, 논개가 순절한 바위라고 하여 그녀의 이름을 붙여 '논개암'이라고 불렀습니다. 마찬가지로 일제가 조선에 대해 식민지배를 시작할 때 일본인이 기록한 문헌에는 의암이란 말 대신에 '초암(峭嵓)'이라는 말을 썼습니다. 1914년 이사쿠 도모하치가 펴낸 『개정증보 진주안내』에는 의암을 가파른 바위라는 뜻으로 초암이라고 지칭했습니다. 일본인의 눈에는 의로운 바위가 아니라 가파르고 위험한 바위일 뿐이었으므로 별다른 의미를 부여하지 않았던 것이지요.

하지만 총독부 기관지였던 《매일신보》가 1917년 2월 논개의 죽음이 깃든 의암에 대해 "촉석루 하에 꽃다운 혼을 머무른 논개가 탄생한 영남기생의 기개"라는 표현을 쓸 정도로 그 바위에 특별한 의미를 부여했습니다. 또 이곳이 성스러운 장소인 것은 남강에서 고깃배의 사공이 부르는 아리랑노래가 논개가 순국한 날이 되면 곡조가 바뀐다는 뜻이 있기 때문입니다. 이를테면《동아일보》 1931년 8월 기사를 보면 "의암의 밑을 오르락내리락하는 어주자 (漁舟子)의 '아리랑' 곡조도 이날에는 한편의 비곡(悲曲)으로 변하여 수백 년 뒤에 있는 사람의 애를 끊어낸다"라고 표현했습니다. 의암은 이렇게 신성한 장소로 불리는 성소의 이름이었습니다.

그렇다면 일제강점기 때인 1923년 진주기생들이 논개의 사당인 의기사를 보수해 새롭게 건립했을 당시에 사용한 이름이 무엇인지 아십니까? 바로 의암이었습니다. 논개사당 중수공사를 추진한 단체이름이 '의암사중수기성회(義岩祠重修期成會)'였다는 점도 참고하시기 바랍니다. 논개사당에는 의기사뿐만 아니라 의암이란 말도, 의랑사란 말도 사용되었던 것이지요. 심지어 논개사(論介祠)라는 말도 쓰였지요. 논개사는 일제강점기인 1926년 진주를 방문한 민세 안재홍이 쓴 기행문에 나옵니다. (안재홍은 항일독립운동가이며 해방 후 미군정청 민정장관을 지낸 분입니다.)

또 논개 이야기를 전승하는 민중들도 마찬가지였습니다. 각 지역의 구비문학 중에서 논개에 대해 노래한 남도민요를 살펴보면, '의암이'를 비롯해 각 지역의 사투리와 억양을 사용해 '애애미'와 '의엠이' 등으로 사용된 실례를 발견할 수 있습니다. 일제 말 공립 진주고등여학교(현 진주여고의 전신)를 다녔던 소설가 박경리가 쓴 대하소설『토지』를 보면 논개가 투신한 바위를 가리켜 "이곳에서는 이헤미 바위라 합니다"라고 말한 대목이 나옵니다. 의암을 진주사투리로 '이헤미 바위'라고 말한 것입니다.

그런데 의암이라는 말을 폐기하라니요? 의암이라는 말을 폐기하기 위해서는 의암과 의암사적비에 새겨진 석각문도 깎아내야 합니다. 꼭 그래야만 속이 시원하시겠습니까? 그렇지만 그대께서는 과거 어떤 때에는 "석각문이 마음에 들지 않는다고 무조건 삭제하거나 철거하는 것에 반대한다"라고 목소리 높이지 않았습니까? 이런 경우는 또 어떤 경우입니까? 이를테면 그대께서는 의암이라는 말을 폐기하라고 주장하고 있지만 정작 진주 남강변 뒤벼리의 친일파 이름이 새겨진 석각문을 철거하라는 시민단체의 여론에 대해서는 자연 파괴로 규정하고 삭제나 폐기를 전면 반대하지 않았습니까? 모순이 아닙니까?

그렇다면 그대께서 주장하는 의암이라는 말을 폐기하라는 주장은 의암에 새겨진 석각문을 깎아내자는 말과, 혹은 의암사적비를 폐기하자는 말과는 무엇이 어떻게 다른가요? 이 역시 자연 파괴 혹은 문화재 파괴가 아닌가요? 어떤 주장이라도 상황에 따라 말이 달라진다면 그것은 자기모순입니다. 제발 상식에 맞게 주장하길 바랍니다.

그대께서 왜 이렇게 의암이라는 말을 폐기하라고 목소리를 높이는지 모르겠습니다. 일제강점기에는 의암을 의기암(義妓岩)이라고도 불렀습니다. 의기가 순국한 바위라는 뜻입니다. 사실 의암이란 말속에 논개의 이름을 훼손하는 불순한 뜻이 담겨 있는 것은 없지 않습니까? 오로지 임금이 논개에게 '시호(諡號)'를 내린 적이 없다는 점을 의암을 폐기하라는 명분으로 삼고 있지만, 이는 어불성설이란 생각이 듭니다. 만약 시호처럼 국가가 내려준 말이 아니라는 이유로 의암을 없애버려야 한다면 그대 역시 조상이 내려준 자신의 성도 시호가 아니므로 없애버리고 그냥 이름만 불러야 할까요? 또 국가에서 논개에게 시호를 내린 적이 없으니까 그녀의 존칭으로 의암을 사용해서는 안 된다는 법이라도 있습니까? 그러면 혹시 '의암이'는 어떻습니까? 사실 진주 민중들은 '진주기생 논개'보다 '진주기생 의암이'라고 더 많이 불렀습니다. 일제강점기에 진주의 민간사회에서 불리던 민요를 보면 '진주기생 의암이…'라고 부르는 호칭이 나옵니다. 또 의암이 논개의 시호가 아니므로 의암이라고 부르지 않아야 한다면 그냥 '논개암'이라고 부르는 것은 괜찮겠습니까?

이를테면 조선 말 박치복이 의암을 바라보며 지은 시 중에 「논개암에서」라는 시가 있습니다. 그는 논개가 순국한 바위 이름을 의암이라고 부르지 않고 논개바위라는 뜻으로 '논개암'이라고 불렀던 것이지요. 그대의 주장처럼 의암이 안 된다고 한다면 차라리 의암 대신에 박치복이 쓴 논개암이란 말을 그녀의 호칭으로 사용해야겠습니다. 그러나 제가 보기에는 의로움을 담은 명칭인 의암이 단순히 이름만 붙인 논개암이나 의기암보다 훨씬 더 낫다는 생각이 드네요. 끝까지 의암이 안 된다면 의랑은 어떨까요? 1779년 정조 때 다산 정약용도 자신의 장인이 경상우병사로 있을 때 진주성을 방문해 의기사 기문(記文)을 지었는데, 그 기문에는 "의랑이라는 기생이 있으니(有妓義娘者)…"라고 논개에 대해 '의랑'이라는 표현을 썼습니다. 또 김학순의 한시에는 논개를 가리켜 물속의 신선이라고 비유해 '수선(水仙)'이라는 시적 표현도 썼습니다. 이렇듯 논개를 지칭하는 이름은 여러 가지 표현이 있습니다.

그래서인지 일제강점기인 1927년 발행된 잡지《별건곤(別乾坤)》을 보면 후손들의 한심한 논쟁을 예견한 것처럼 이렇게 한탄하는 논개의 독백이 나옵니다. 그 잡지에 따르면, "나(논개를 말함) 죽은 그 바위를 뒷사람이 이름하여 의암(義巖)이라 일컫고 그 옆에 의랑비(義娘碑)는 '일편고석(一片孤石)에 만고방명(萬古芳名)'이란 여덟 자를 뚜렷이 새겼으니 그 아니 영광이냐?"라고 하면서도 의암에 대한 명칭논란을 의식한 듯 "아서라! 그만두자. 내 내력은 그만두자"라고 자조 섞인 목소리를 내뱉고 있습니다. 이때 논개의 독백에는 바위를 의암이라고 하고 논개를 의랑이라고 했고, 의랑비에는 "한 조각 외로운 바위에 / 영원히 전할 아름다운 이름"이라고 의암의 의미를 새겼다고 밝혔습니다.

마찬가지로 일제강점기에 신문과 잡지에서도 의암을 의랑암으로 표기하기도 했습니다. 예컨대《조선일보》는 1920년 6월 기사에서 그랬고,《동아일보》는 1931년 1월 기사에도 의랑암이라고 표기했습니다. 또 1923년 발행된《개벽》에는 '의랑암시(義娘巖詩)'라고 소개하고 있습니다. 심지어 의랑암처럼 논개사당의 이름도 의랑사라고 붙였습니다.《동아일보》1921년 9월 19일자에 게재된 글을 대괄호 안에 풀어보면 "후인(後人)이[후세 사람이] 기암(其岩)을[그 바위를] 명(名)하여[이름지어] 의랑암(義娘岩)이라 하고 기방(其傍)에[그 곁에] 의랑사(義娘祠)를 입(立)하여[건립하여]"라고 기술했습니다. 게다가 일제강점기에 촉석루에서 진주기생들이 논개를 기리는 제사를 모실 때 음률에 맞추어 목소리를 모아 부르는 논개의 노래를 '의암곡(義岩曲)'이라고 말했습니다. 이처럼 의암이나 의랑은 모두 논개를 상징하는 분신과 같은 이름이 아닐 수 없습니다.

그래서 해방 후 의기사 앞에 세워진 논개비는 '의로운 낭자'라는 뜻을 지칭해 역시 '의랑'이라고 이름 지었습니다. '의랑 논개의 비'의 비문을 쓴 시인 설창수는 "하나인 것이 동시에 둘일 수 없는 것이면서 민족의 가슴팍에 살아있는 논개의 이름은 백도 천도 만도 넘는다"라고 강조했지요. 논개를 생각하는 사람마다 그녀를 부르는 이름이 각기 다르다는 것을 말해주고 있습니다.

다시 말하지만, 그대께서 내놓은 일곱 가지 질문 중에서 가장 먼저 의암이라는 말을 폐기하라고 주장하고 제일 목소리를 높이고 있습니다. 그 저의가 무엇입니까? 꼭 왜 이렇게까지 해야 합니까? 앞서 살펴본 바와 같이 의암 이외에도 논개를 지칭하는 의랑 등의 호칭이 있는데 이것들도 모두 폐기해야 하는 건가요? 정녕 의암이란 글자가 논개의 명예를 훼손한 뜻이 조금이라도 있었으면 그것이 무엇입니까? 말해보십시오! 만약 의암을 버리게 하는 것이 원래 갖고 있던 신분인 기생을 끊임없이 드러내기 위한 것이라면 이보다 더한 모독이 어디 있겠습니까? 혹시 논개를 높은 문화의 향유자나 적장을 처단한 여걸로 보는 대신에 창기만을 생각하고 몸이나 대주는 성적 노리개로 바라보는 것은 아니겠지요? 이런 천박한 마음으로 창녀적 의미를 생각하고 했던 주장이라면 매우 걱정스럽습니다. 이런 마초적인 생각이 강한 것이 지금의 기생에 대한 사회적 편견과 기생을 바라보는 그릇된 인식 아닙니까? 거기에 일조하지 마십시오.

만약 시호가 내려졌다면 논개에게 '의암공' 혹은 '의랑공'이라고 왜 안 불렀겠습니까? 시호도 없고 논개의 이름도 함부로 부를 수 없었기 때문에 그녀의 고귀한 죽음을 기려 우리의 조상들은 의암이라고 부르며 그녀의 순국을 높이 기렸습니다. 그래서 그녀가 순국한 바위에 논개암이라고 그녀의 이름을 붙였을 뿐만 아니라 의암이라는 의로움을 담은 글자를 새겨 놓았으며, 이 의암을 그녀의 이름 대신에 사적비에도 붙여 의암사적비를 세웠습니다.

또 의암이 바라다보이는 촉석루 밑 절벽에는 '남강은 큰 띠를 두르고 의로운 열정은 천년을 흐른다.'[一帶長江 千秋義烈]라는 말을 새겨넣음으로써 논개가 보여준 충의의 정신을 영원히 간직하고자 했습니다. 그래서 오늘날 의암을 경남기념물 제235호로 지정해 보호하고 있는 것이 아니겠습니까? 의암은 단순한 바위가 아니라 반드시 기념하고 후세에 남겨야 할 사적이므로 기념물로 보호하는 것입니다. 이와 관련해 미국의 미술평론가 아서 단토가 "기억하기 위해서는 기념물을 만들고, 잊지 않기 위해서는 기념비를 세운다"라고 말한 것이 생각납니다. 바로 논개에 대한 기념물과 기념비가 그러하지 않을까요..

따라서 의암의 뜻을 기억하고 논개를 잊지 않기 위해 존경심을 담은 이름으로 의암 내지 의랑을 그녀의 존칭으로 사용하고 있는 것은 전혀 이상하지도, 잘못되지도 않는 일입니다.

② 논개님이라는 님 자도 빼라고요?

(논개를 둘러싼 마타도어)

"논개님이라는 님 자도 버리십시오! 죽은 사람에게는 님 자를 붙이지 않기 때문입니다."

(논개를 위한 변명)

저는 그대에게 답변하면서 '논개님'이라고 하지 않고 왜 '논개'라고 한 줄 아십니까? 저는 논개가 태어난 장수나, 논개를 첩으로 들인 화순이나, 논개의 무덤을 만든 함양 등에 연고가 없고, 또 그 지역의 사람이 아닌데다 논개가 죽은 진주에서 살아가고 있는 사람이기 때문입니다. 진주에 살면서 그대처럼 논개를 함부로 대하는 일부 덜떨어진 진주정서에 알게 모르게 젖어버린 것이 아닌가 합니다. 그래서 논개에게 님 자를 붙이지 못하는가 봅니다. 이렇게 지지리도 못난 사람들은 논개를 논개님이라고 부르는 데도 상당히 인색합니다. 저도 그런 진주의 분위기에 물들어 선뜻 님 자가 입에 붙지 않더군요. 다 그대의 주장과 같은 논리에 현혹되었기 때문이 아닐까요?

그러나 사실대로 논개에게 님 자를 붙이지 않는 이유를 밝힌다면 저는 논개의 정신을 사랑하고 존경하지 종교적인 믿음으로 숭배하는 사람은 아니기 때문입니다. 일각에서는 논개에 대한 믿음이 너무 강해 신이나 다름없는 존재로 생각하고 있는 등 종교처럼 받들고 있기도 합니다. 또는 논개를 역사적 영웅의 반열에 올려놓기도 합니다. 시인 설창수는 논개를 기리면서 "임란(壬亂)에서 '남(男) 충무, 여(女) 논개'로 치면 망발될까? '공(功) 충무, 의(義) 논개'로 친다면 그다지 망발될 것 있으랴?"라고 말한 적이 있습니다. 그는 임진왜란의 영웅 이충무공과 논개를 견주어 남자 중에 이순신이 있다면 여자 중에 논개가 있다는 뜻으로 '남 충무, 여 논개'라고 말하고, 또한 공으로 치면 이순신이 있고 의로 치면 논개가 있다는 뜻으로 '공 충무, 의 논개'라고 말했습니다. 정말 대단한 찬사이고 비유입니다.

그러나 저는 논개에 대해 종교처럼 떠받드는 신격화나 우상화에는 전혀 마음이 없으며, 마찬가지로 무리하게 역사적 인물에 견주는 것도 좋아하지 않습니다. 논개는 신이 아니며 이충무공도 아니기 때문입니다. 그래서 설창수의 말처럼 '남 충무, 여 논개'나 '공 충무, 의 논개'라고 하지는 않겠지만 '논개님'이라고 말하는 것에는 반대하지 않습니다. 물론 종교적 믿음이나 역사적 찬사가 아니더라도 님 자를 붙이는 것을 반대하는 것은 아니라는 뜻입니다. 그 이유는 님 자는 일상적으로 붙이는, 흔한 말이기 때문입니다. 이를테면 존경의 의미를 담아 돌아가신 분이라도 '은사님'이라고 부르거나 살아계신 분에게도 존경하는 마음이 있다면 '대통령님'이라고 부르는 것처럼 님 자를 붙이기도 하지요. 따라서 님 자를 붙이는 것은 살아있거나 죽은 것을 구분하는 별개의 개념이 아닙니다. 그대의 주장처럼 '죽은 사람에게는 님 자를 붙이지 않는 것'이라고 보는 것은 이유가 되지 않습니다.

만약 제가 신앙으로 논개를 받들어 모신다면 당연히 논개님이라고 불렀을 겁니다. 예수님, 부처님, 하느님, 공자님, 천주님을 신앙으로 모시는 분들처럼 저도 논개님이라고 했을 것입니다. 단지 논개를 극진히 숭배하다 못해 지나친 감이 드는 사람과 한통속으로 저를 몰아붙일 것도 염려되기 때문에 선뜻 님 자를 붙이지 못한 점도 있었습니다. 더구나 제가 그들의 하수인이었거나 사주를 받고 이 글을 쓰는 배신자라고 틀림없이 곡해하실 것도 뻔하기 때문입니다. 하지만 결코 그런 것이 아니므로 그 점에 대해서는 오해하지 않았으면 합니다.

그러니 좀 생각해 봅시다. 우리나라 언어 중에 가장 발달한 것이 호칭입니다. 호칭은 언어의 필수적인 요건인 동시에 당대의 관습을 반영합니다. 그래서 말과 호칭은 끊임없이 생성되고 소멸하는 과정을 되풀이하는 것이지요. 지금 쓰는 호칭도 마찬가지입니다. 일반적인 호칭으로 많이 쓰는 성씨 뒤에 붙이는 '씨'가 지금은 반말처럼 들리고 있고, 그 대신에 '님'자를 붙여야만 존칭으로 대우받는다고 생각하고 있습니다. 이를테면 병원에서 진료를 기다릴 때 간호사가 아무개 씨라고 부르지 않고 아무개 님이라고 님 자를 붙이는 호칭을 사용합니다. 요즘 사람들은 자신을 호칭할 때 님 자를 붙이지 않았을 경우 불쾌감을 넘어 매우 적대적인 감정마저 느끼고 있습니다. 또 님 자와 함께 존칭하는 의미로 '선생'을 성씨에 붙이기도 합니다. 교사나 교수 및 스승 등 가르치는 일을 하는 사람이 아니어도 존칭으로 선생을 붙여 부르기도 합니다. 예전에는 논개의 후예들인 진주기생들도 제향을 올릴 때 선배인 논개를 우러러 선생이란 존칭을 논개에게 사용한 적이 있습니다. 아울러 지금은 최경회의 후손들이 '의암부인'이라고 부인이란 호칭을 논개에게 붙여 부르고 있습니다. 이때 쓴 부인은 존경을 담은 호칭입니다.

따라서 지금 쓰는 호칭은 과거 조선시대의 지배계급이 사용하던 말과는 다릅니다. 격식을 따졌던 당시에는 온갖 호칭이 난무했고 그것들을 자기들끼리 사용하면서 복잡한 경칭이나 존댓말을 모르는 사람들을 쌍놈이라고 능멸해 왔습니다. 예를 들면 자신의 부친을 아버님이라고 부르면 틀리고 다른 사람의 아버지를 아버님이라고 불러야만 맞는다고 했습니다. 자신을 낮춘다는 말일 수도 있겠지만 지나친 형식주의가 낳은 병폐입니다. 호칭의 중요성은 바로 존경심에 있다는 것을 알아야 합니다. 설령 존경하는 마음이 없다고 해도 언어관습상 주인님, 선생님, 대표님, 조상님, 고객님 등으로 쓰고 있습니다. 실제로 마음에 우러나는 존경심이 없다고 해도 전략적으로 혹은 예의상 님 자를 붙이는 것이 현재의 일반적인 관례입니다. 심지어 북한에서도 마찬가지로 남한의 경우처럼 님 자를 붙인 호칭의 사례는 무수히 많습니다. 물론 북한에서 절대지존을 향한 무한한 존경심을 담아 수령님, 장군님, 원수님 등으로 부르는 호칭처럼 무조건 님 자를 붙이고 있는데, 그 본심은 별론으로 친다고 하더라도 님 자는 존경의 언어표시임이 분명합니다.

그렇다면 기본적으로 님은 자신이 사랑하고 존경하는 사람에게 붙이는 존칭어입니다. 혹시 존경의 마음이 없다 하더라도 형식적으로 예우 차원에서 붙이는 말이기도 합니다. 따라서 논개에게 님자를 붙인다고 뭐라고 비난할 일은 아니라고 봅니다. 반드시 살아있는 분들에게만 붙여야 한다고 생각하는 것은 우리의 언어관습을 무시하는 독단이고 언어도단입니다.

③ 다양하게 전해진 논개의 호칭

(논개를 둘러싼 마타도어)

"논개는 다만 논개라고만 하십시오! 더 말이 필요할 때는 '의기 논개'라고 하십시오. 논개는 관기, 기생, 의기로 전해져 왔기 때문입니다."

(논개를 위한 변명)

그대의 질문이 지겨워지기 시작합니다. 일단 논개를 논개라고 부르는 것에 대한 저의 견해는 바로 앞에 나온 의암과 관련한 질문에서 대부분 답변했음을 밝힙니다. 그런데 이번에는 그대가 제시한 7개 항의 마지막 질문에서 논개를 논개라고만 부르라고 요구할 뿐만 아니라 더 나아가 관기, 기생, 의기로 전해져 왔기 때문에 이름 앞에 기생을 의미하는 '의기'를 붙이라고 거의 명령조로 말씀하시는군요. 사실 저한테는 은근히 협박처럼 들립니다. 이 질문은 7개 항 중 마지막 질문이지만 저는 세 번째로 답하겠습니다.

이 질문에서 '의기 논개'라고 부르라고 한 것은 그대 스스로 모순을 자초하고 만 것입니다. 그대께서는 애초부터 두 번째 질문에서 논개의 성이 알려진 것이 없으므로 "구전이라는 주장을 내세우는 것은 세상 사람들을 웃기는 결과"라고 하지 않았습니까?(제2장 ① 참조) 그런데 구전이라고 전해져 오는 야담에서 나온 논개의 신분을 어떻게 이름 앞에 붙이라고 하십니까? 논개의 신분을 최초로 기록하고 모든 논개 이야기의 시발점이 된 것은 유몽인의 『어우야담(於于野談)』입니다. 여기에서 처음 밝힌 논개의 신분은 '관기'입니다. 이를 근거로 하여 그대께서는 관기, 기생, 의기로 전해져 왔음을 주장하고 논개 이름 앞에 이들 신분을 붙이라고 강요하고 있습니다. 그렇지만 『어우야담』도 구전인 야담이란 사실을 몰랐나요? 그 책에는 "논개라는 사람은 진주관기다"[論介者晉州官妓也]라고 논개의 신분을 분명하게 기록하고 있습니다.

이렇게 구전을 믿을 수가 없다면서 어떻게 유몽인의 전설을 자기 논리의 근거로 내세우고 있는지 알 수 없습니다. 더구나 이제 와서는 기생으로 전해져 왔기 때문에 논개로 하든지, 의기로 하든지 둘 중 하나를 선택하라고 강요합니다. 왜 긍정적인 의미가 들어 있는 의암이라는 말을 붙이라고는 하지 않으십니까? 필요에 따라 자신의 논리를 합리화하는 데 사용하라고 근거가 있는 것이 아닙니다.

어쨌든 그대께서 댄 이유에 따르면 "논개는 관기, 기생, 의기로 전해져 왔기 때문"에 굳이 기생을 논개 이름 앞에 붙이라고 요구합니다. 도대체 기생을 반드시 드러내야만 하는 이유가 무엇인지 모르겠습니다. 혹시 그대가 강조하고 있는 관기 때문에 그렇습니까? 그렇다면 관기란 뜻에 내포한 불순한 의미를 알고는 계십니까? 관기는 지방수령이 부임할 때마다 시중을 들거나 몸을 바치는 일을 합니다. 만약 이를 거부하면 기생이 혹독한 벌을 받아야 했고 심지어 죽기까지 했습니다. 예컨대 조선왕조의 기록인 영조실록을 보면, 영조 때 경상우병사 민창기는 임신한 우병영의 관기인 영기와 육체적인 관계를 맺으려 했다가 그녀가 따르지 않자 혹독한 형벌을 가해 죽게 했던 사실이 드러나 파직되었다는 기록이 있습니다. 무서운 일이지요.

또 민간에 널리 알려진 것으로는 『춘향전』에 나오는 기생 춘향이 그녀가 사는 고을의 수령인 변 사또에게 수청들기를 거부하다가 옥에 갇히고 고문당한 것은 너무나 유명한 이야기이지요. 그러니 논개에게 관기 등을 붙이라고 하는 것은 이러한 '수청들기'가 생각나기 때문에 "논개는 관기, 기생, 의기"라는 그대의 말이 곱게 들리지 않는 것입니다. 의로움을 강조해 붙인 이 '의기'란 말도 기생의 신분을 수식하는 말입니다.

그러한데 일본에서는 자기네 나라의 장수를 죽인 논개를 의기보다 더 높여 의사(義士)라는 명칭을 붙였습니다. 1940년 일본에서 발행된 일본어 잡지 《모던 일본》 임시증간 조선판에 따르면 "수길(秀吉)의 조선전쟁 때 서로 공방하여 사력을 다한 진주성 전사(戰史)는 기생 의사 논개가 일본 장군을 팔에 안고 남강에 몸을 던졌다는 에피소드와 함께 잊을 수 없는 이곳 진주의 이야깃거리이다"라고 기술했습니다. '수길의 조선전쟁'이란 도요토미 히데요시가 일으킨 임진왜란을 말합니다.

이때 쓴 '의사(義士)'라는 표현은 우리나라에서 일컫기를, 일제에 항거하다가 목숨을 바친 독립운동가들이나 항일열사들에게 붙이는, 존칭과 예우의 의미로 사용하는 매우 숭고한 말입니다. 이를 테면 안중근 의사, 이봉창 의사, 윤봉길 의사 등이 그렇습니다. 그러므로 일제강점기에 발행된 일본어 잡지에서 항일의 의미로 의사란 말을 왜장을 죽인 논개에게 붙였다고 보기는 어려울 것 같습니다. 더구나 《모던 일본》이 발간될 그 당시는 중일전쟁 이후 태평양 전쟁으로 치닫는 국민총동원령 하의 전시체제였기 때문에 항일운동에 대한 탄압이 그 어느 때보다도 살벌하고 엄중했던 시절이라 더 그렇습니다. 그래서 아마도 이 '기생 의사(妓生 義士)'란 말은 항일의 뜻보다는 논개의 순절에 대한 표현으로, 일본 게이샤 같은 단순한 예능적 기생이 아닌 의사와 같은 의로운 기생이라고 보고 '기생 의사'란 말을 붙인 것이 아닐까 생각해 봅니다.

사실 기생은 조선시대의 신분제적 사회구조하에서 지배계급이 붙인 천민신분의 명칭일 뿐입니다. 그대가 붙이라고 하는 관기, 기생, 의기는 명칭이 다르다고 해도 하나같이 천민인 기생을 의미하고 있습니다. 물론 긍정적인 의미로 붙인 의기, 예기, 명기, 미기(美妓)도 있지만, 한물간 기생이란 뜻으로 노기, 퇴기, 폐기(廢妓)도 있고, 더 나쁜 의미로 붙인 기생명칭으로 창기, 색기(色妓) 등도 있습니다. 그렇지만 이름난 기생인 명기는 나쁜 의미보다 좋은 의미로 사용된 것 같습니다. 일제강점기에 일본인이 본 진주기생은 "옛날 왕궁에서 개최되는 경사스럽고 성대한 연회(宴會)에 멀리 불려 나가 출사(出仕)했던 명기(名妓)도 여럿 있었고, 옥가마[玉輿]에 타본 영예의 비화도 고금(古今)에 남아있다"라고 묘사하고 있기 때문입니다. (일본인 가쓰다 이스케가 1940년에 펴낸 『진

주대관』에서 인용함)

이처럼 원래 명기는 임금 앞에서 춤추고 노래할 정도로 기예가 뛰어난 기생을 말하는 것임에도 그 뜻이 상반되고 이중적인 면을 동시에 갖고 있습니다. 이를테면 명기는 가무에 능하고 용모가 뛰어난 이름난 기생이란 뜻도 있지만, 동시에 잠자리에서 뛰어난 방중술로 '죽여주는' 성적 기교를 부리는 '밤의 기생'이란 뜻도 있지요. 기생을 어떤 뜻으로 어떤 대목에서 어떤 목적으로 어떻게 적용하느냐에 따라 호칭의 해석은 천차만별로 달라지는 것입니다. 그래서 기생에 대한 온갖 희한한 명칭들이 다 생겨난 것은 아닐까요? 대표적으로 이름난 기생을 뜻하는 '명기(名妓)'를 어처구니없게도 성적으로 대상화하여 '명기(名技)'나 '명기(名器)'로 희화화한 것입니다. 이렇게 명기의 의미를 저질스럽게 둔갑시키고 혐오스러운 대물자랑이나 일삼으면서 기물타령을 하는 한량들의 행태를 보면 정말 한심하지 않을 수 없습니다. 이는 기생이란 말이 마초적인 남정네들의 농담 짓거리로 전락하는 현실을 적나라하게 보여줍니다. 이렇게 성적 비하를 일삼는 소일거리가 되어 걸쭉한 입담용으로 그럴듯하게 붙여지지 않았더라면 기생들을 비하하는 이런 호칭들은 나오지 않았을 것입니다.

그렇다면 이들 기생에게 붙여진 호칭(呼稱)과 칭호(稱號)는 양반처럼 가계, 혈통, 집안, 신분, 지위 등을 내세우거나 나타내기 위한 영광스러운 표식이나 이름이 절대로 아님이 명백해졌습니다. 술과 웃음과 육체를 파는 음란하고 음탕한 여자라고 하는 모욕적 칭호로 개인적 차별을 넘어서, 집단으로 따돌리는 사회적 낙인이며 사람을 능욕하는 멸칭이었던 셈이지요. 사실 우리나라에서 논개가 기생임은 만천하가 다 아는 이야기입니다. 다 아는 기생을 마치 자기 이름처럼 꼭 달아줘야 할 이유가 무엇입니까? 최소한 논개의 의로운 죽음을 생각한다면 의사나 열사라는 말은 못 붙일망정 이렇게까지 과거의 신분을 현재의 주홍글씨처럼 걸어놓아야 할 까닭을 모르겠습니다.

의암은 부정하면서도 의기는 고집하는 그대의 이율배반적인 주장에는 기생에 대한 편협하고 남성우월주의적인 시각이 다분하게 느껴집니다. 기생을 술이나 따르며 권주가나 부르는 남성의 노리갯감 쯤으로 생각하는 그대의 편협하고 그릇된 인식과 성차별적인 사고방식이 '논개는 반드시 기생이다'라는 화두에 집착하게 만드는 것인지도 모릅니다.

하지만 논개의 이름과 신분은 남강투신을 기점으로 확연하게 바뀝니다. 위당 정인보는 1948년 읊은 시조 「진주의기사영송신곡(晉州義妓祠迎送新曲)」에서 "계실젠 진주기생, 떨어지니 나랏넋"이라고 표현했습니다. 그는 비록 논개가 생전에는 천한 신분의 기생이었지만 순절한 이후에는 나라의 넋이라고 추앙했습니다. 그렇듯이 과거에는 논개가 기생이었다고 고집해도 할 말이 없지만, 그녀가 순절한 이후에는 의기라는 공적 신분을 획득한 이상 관기나 기생을 군이 강조할 이유가 없습니다. 물론 저는 의기라는 말도 마땅치 않고 차라리 이름 대신에 부르는 아호인 '의암'이란 말을 사용하는 것이 더 좋겠다고 생각합니다.

아무튼 조선시대에는 논개를 가리키는 호칭으로 의기라는 말도 있었고, '촉석의기(矗石義妓)'라는 말도 있었지만 주로 의암이라는 말이 많이 사용되었습니다. 물론 한때는 의랑이라는 말도 있었으며, 오늘날에는 논개님이라는 말도 사용되고 있습니다. 하나같이 의로움을 강조하며 존경을 담은 말입니다. 더구나 요즘에는 천민이나 평민을 신분표시의 대명사처럼 이름에 붙여 말하는 예는 없습니다. 예컨대 노비 장영실(과학자), 도공 심당길(도예가), 기생 황진이(문학가), 백정 임꺽정(의적), 화공 김홍도(궁중화가), 농민 신돌석(의병장), 포수 홍범도(독립군), 역관 오세창(3·1민족대표), 광대 임방울(명창), 백정 장지필(형평운동가) 등이라고 말하지 않습니다.

특히 천민을 가리키는 노비, 기생, 백정, 광대 등의 천민은 아니지만(천민으로 취급받을 수도 있지만) 피지배계급이던 중인을 가리키는 말로 화공, 포수, 역관 등이 있는데, 이들은 모두 오늘날의 직업에 불과한 명칭입니다. 조선 사회가 직업을 통해 사람들의 신분을 구분한 것일 뿐입니다. 조선시대가 아무리 차별과 불평등이 제도화된 신분제 사회라고 하지만 오늘날까지도 과거의 신분을 가지고 그들의 인격이 부정되어야 할 것은 아니라고 봅니다. 조선의 유교적 사회 분위기가 낳은 병폐는 장유유서(長幼有序)를 넘어 남존여비(男尊女卑)와 문존무비(文尊武卑)로 나타났고 여기에다 천민으로 분류된 이들에 대한 가중적 차별은 실로 그들을 인간 취급조차 하지 않는 것이었습니다. 이처럼 조선시대가 사농공상(士農工商)으로 신분이 구분된 봉건사회였던 관계로 직업이나 지위에 따라 신분이 구분된 엄격한 서열문화가 오랫동안 관습적으로 남아있었습니다. 이 사농공상에 끼지도 못했던 가장 천한 밑바닥 신분이 바로 노비들이고 관기도 그중에 하나였습니다.

하지만 그마저 1894년 갑오경장 때 천민을 구분한 신분제도가 철폐되어 사라지게 되었으므로 그런 형식적 구분까지도 이미 오래 전에 없어지지 않았습니까? 물론 고루한 의식 속에는 옛날의 사고방식이 그대로 남아 아직까지 구태의연한 생각을 하는 사람이 있긴 합니다. 대한제국 시대에 나온 이인직의 신소설 『혈(血)의 누(淚)』를 보면 "나라는 양반님네가 다 망하여 놓셨지요. 상놈들은 양반이 죽이면 죽었고, 때리면 맞았고, 재물이 있으면 양반에게 빼앗겼고, 계집이 어여쁘면 양반에게 빼앗겼으니, (중략) 입 한번 잘못 벌려도 오금을 끊어라, 귀양을 보내라 하는 양반님 서슬에 상놈이 무슨 사람값이 나가겠습니까?"라고 상놈들의 피눈물 나는 삶을 묘사했습니다. 마치 그대 같은 사람들 때문에 신분제의 낡은 유제가 사람들의 인식 속에 상당히 오랫동안 남아있었던 것처럼 말입니다. 하지만 지금은 아닙니다. 우리나라 헌법에도 인간의 존엄성과 기본권이 천명되어 있듯이 낡은 생각에 불과한 신분타령은 이제 먼 과거의 일입니다. 우리 헌법은 특수계급창설을 절대로 허용하지 않고 있으며, 이를 전면적으로 부정하고 있습니다.

그러므로 논개의 수식어로 관기나 기생 등이 붙어야 한다는 주장은 기생을 수준 높은 문화의 창조자로 보는 관점이 아니라 창녀나 매춘부로 취급하는 저열한 관점이기 때문에 이는 매우 나쁜 태도입니다. 심지어 논개 이야기를 역사상 최초로 문헌적 기록으로 남긴 『어우야담』조차 논개를 가리켜 "저 관기는 몸 파는 창기이다. 정열하다고 일컬을 수 없다"[彼官妓皆娼也不可以貞烈稱]라고 표현했습니다. 「의암기」를 쓴 오두인도 마찬가지로 "그녀는 남쪽 고을의 일개 창기로서 조용히 의를 이루고 죽을 바를 구별하여…"[彼以南州之一娼妓乃能從容取義得其死所辨]라고 표현했습니다. 이렇듯 논개의 충절에 대해 처음 기록한 문헌뿐만 아니라 사헌부 지평을 지낸 오두인이 쓴 글조차 기생에 대한 인식이 이 지경인데 다른 것이야 말할 것도 없습니다.

마찬가지로 일제강점기에도 그런 부정적 인식은 만연해 1927년 발행된 《별건곤》에서 "천지간 만물 중에 '유일하게 인간'(唯人)이 최고로 귀한데, 어떤 사람은 기생이 되어 웃음 팔고 정조 팔아 인육 장사를 한다는 말인가?"라고 말한 것처럼 당시 기생에 대한 부정적 인식은 한둘이 아니었습니다. 이것은 기생이란 노래나 춤으로 술자리의 흥을 돋우고 남자들을 유혹해 몸이나 팔고 돈이나 뜯는 등 천하고 상스러운 여자로 본 것을 말하는 것이나 다름없지요.

정말 너무합니다. 지배계급과 남성들이 자신의 편의와 탐욕을 위해 그렇게 하지 않을 수 없도록 기생들을 제도적으로 강제했지, 기생들 스스로가 자초한 것은 아니지 않습니까? 그렇게 봉건사회에서 벗어날 수 없도록 기생의 신분과 역할을 굴레처럼 만들어 놓고는 인제 와서 행실이 바르지 못하다고 음탕한 여자라고 손가락질하는 건 대단한 모순과 이중적인 위선이 아닐 수 없습니다. 기생의 목에 씌워진 칼로 된 형구처럼 도저히 벗어날 수 없는 사회적 질곡을 조금이라도 이해한다면 이렇게까지 해서는 안 됩니다.

사실상 그대께서 말한 주장의 이면에는 창녀나 매춘부가 주제넘게 나라를 위한답시고 갑자기 목숨을 바쳤으니 이 얼마나 대단한 일을 했느냐고 보는 것처럼 비루하고도 천박한 생각이 노골적으로 깔려 있습니다. 그러니 그대처럼 이름이나 성씨나 신분 등 지엽적인 것에만 혈안이 되어 논개에 대해 사사건건 시비를 걸면서 사소한 것에만 거품을 물고 비난하는 것이 아니겠습니까? 논개를 깎아내린다고 해서 자신의 얼굴이 더 빛나 보이는 것은 아닙니다. 망가진 것은 논개가 아니라 그대의 편협한 마음일 것입니다. 논개의 죽음을 바라보는 관점에 따라 그녀의 죽음은 살신성인도 되고 개죽음도 됩니다. 그대의 논개에 대한 인식이 실로 안타깝습니다. 무엇이 진정으로 논개를 위하는 것인지 진짜 진지하게 생각해 보시기 바랍니다. 이제 현명해질 필요가 있습니다.

2. 논개의 성씨는 무엇입니까?*
– 순국의 의미를 축소하는 한심한 성씨 논쟁 비판

　① 주씨라는 성도 폐기하라는 말입니까?
　② 최경회와의 인연도 끊으라고요?
　③ 성씨와 신분을 둘러싼 오래된 시빗거리

　* 이 글은 제3부에 수록된 총 5개 단락 중 두 번째 글이다. 2000년 8월 의암별제 홈페이지 자유게시판에 올라온 논개의 성씨와 신분 논란에 대하여 《의암별제》 편집자로서 답변했는데, 2001년 5월 의암별제 홈페이지에 앞서 말한 7가지 질문 이외에 다른 질문자가 논개의 성씨, 신분에 대한 보충질문을 했다. 그래서 다시금 추가해 올린 것을 여기에 함께 싣게 되었다. 이에 따라 필자는 7개항의 질문 중 두 가지를 먼저 답변하고 보충답변으로 평소 생각해온 논개의 성씨와 신분에 대한 생각을 정리해 추가 답변했다.

　논개의 성씨와 신분은 민감한 문제이다. 만약 임진왜란이란 전쟁이 없었다면 논개는 자신의 존재를 드러내지 않았을 것이다. 하지만 그녀는 거대한 역사적 격랑에 휩싸인 한 여인에 불과했으나 힘없이 휩쓸려 죽어가는 나약한 모습이 아니었다. 논개 이야기는 한 여인이 적장을 유혹해 그를 붙잡고 함께 투신해 깊은 강물 속에 빠져 죽었다는 전설적이고 서사적인 이야기다. 이러한 구전과 설화로 전해져 오던 이름 없는 기생에게 이름을 각인시켜 준 이야기이기도 하다. 그렇지만 엄밀히 말해 처음부터 이름이 없다기보다 성씨가 없다는 말이 맞을 것이다. 마찬가지로 논개가 '기생이다, 아니다' 하는 등 신분문제로 논란이 분분한 것도 같은 맥락이다. 그래서 이번 글에서는 논개의 성씨가 무엇인지, 신분이 어떻다는 것인지 살펴보고자 글을 구성했다.

이를 위해 논개에 대한 7개 항의 질문 중 첫 번째 단락으로 「① 주씨라는 성도 폐기하란 말입니까?」라는 글을 통해 논개의 성씨 논란에 대해 언급했다. 하지만 이를 따로 확장해 설명할 필요성이 있었으므로 두 번째 단락에서 「② 최경회와의 인연도 끊으라고요?」라는 제목으로 내용을 새롭게 구성했다. 비록 논개가 선택한 남자가 최경회라고 해도 논개의 죽음과 사랑은 특별히 의미가 달라질 것이라고 보지 않는다. 그래서 그녀의 투신과 죽음의 의미를 살펴보고자 하는데, 그 전에 성씨 문제와 최경회 문제를 먼저 다루었다. 그 이유는 논개의 성씨 문제가 최경회 집안에 의해 양갓집 부실(작은 마님)로 격상되는 것과 연결되어 있으므로 그 내용을 더 자세히 다루어보고자 하는 생각이 있었기 때문이다. 그러한 목적에서 이 글을 시작하게 되었다. 여기에 던진 질문은 원래 의암별제 홈페이지 자유게시판에 올라온 것인데, 그 질문에 대해 필자가 했던 답변을 다듬고 보완했다. 그래서 이 글은 논개의 성씨를 묻는 말에 답하는 댓글로 올려진 것이고, 또한 2001년 5월 22일자로 《의암별제》 제4호에 게재했던 글이다.

그리고 보충 질문에 대한 답변을 추가했는데, 그 제목으로 「③성씨와 신분을 둘러싼 오래된 시빗거리」라고 붙여 제2장의 한 꼭지로 정리했다. 제2장의 ③은 보충 질문이지만 제1장의 ③과도 연결되어 있다. 이 보충 질문에 의하면, "지금 진주와 장수에서는 논개의 성을 가지고 혈전을 벌이고 있습니다. 도대체 논개의 성이 무엇이길래 이 지경이 되었습니까?"라고 묻고 있다. 이에 대한 답변으로 필자는 서두에서 다음과 같이 말했는데, 처음에는 장난스러워 보여 가볍게 이야기했지만 답변을 달면서 점차 진지해졌다.

"세상에 그걸 질문이라고 합니까? 당연히 여성이 아닙니까? 아! 죄송합니다. 논개가 남성이냐 여성이냐 하는 성별을 물어본 것이 아니라 성씨를 물어본 것이었군요. 그렇다면 '논개의 성'은 아무거나 붙이고 싶은 성씨를 붙이시면 됩니다. 그래도 제대로 꼭 붙여야 한다면 지금까지 그녀의 성씨라고 사람들 입에 오르내리는 성씨를 소개해볼 테니 마음에 드는 걸 골라서 붙이십시오."

제2장 ③에서는 '성씨와 신분을 둘러싼 오래된 시빗거리'가 무엇인지, 또는 '논개의 죽음을 부정하고 모독하는 폭거'가 무엇인지를 살펴보고, 이를 정리해 역시 두 가지로 나누어 답변했다.

① 주씨라는 성도 폐기하라는 말입니까?

(논개를 둘러싼 마타도어)

"주씨라는 성도 폐기하십시오! 논개의 성은 알려진 것이 없기 때문입니다. 구전이라는 주장을 내세우는 것은 세상 사람들을 웃기는 결과가 될 것입니다."

(논개를 위한 변명)

하나 묻고 싶습니다. 한번 '쌍놈'은 영원한 쌍놈이고 한번 '쌍년'도 영원한 쌍년입니까? 조선 말 노비제 폐지로 우리나라의 천민, 즉 이른바 쌍것들이 '년놈'에서 해방된 것은 사실이지 않습니까? (물론 관습은 오랫동안 지속되어 일제강점기에 진주에서 형평사가 만들어져 '천민 중의 천민'이던 백정들에 대한 해방운동이 전국적으로 벌어져 백정계급이 완전히 철폐되기도 했지요.)

오늘날 모든 천민의 후손들은, 지금은 당당하게 자기 성씨를 쓰고 있습니다. 왜 논개만 성씨가 알려진 바 없다고 계속 쌍년으로 만드는 것입니까? 비록 기생이 신분제 사회에서 천민의 위치에 있었다고 해도 다 부모의 핏줄을 타고 태어난 똑같은 인간이었고, 그네들은 오히려 사대부의 여염집 마님보다도 훨씬 더 높은 문화적 수준을 갖춘 사람들이었습니다.

혹시 그 부모가 반역에 연루되어 노비가 된 사대부 집안의 여식일 수도 있고, 가난에 못 이겨 농민이나 상민에서 노비로 전락했거나 직업이 비천해 천민이 되었을 수도 있었던 사람입니다. 단지 사회구조가 신분제였기 때문에 성씨는 기득권의 전유물로 전용되어 왔을 뿐입니다. 물론 그대의 조상이나 우리 국민의 조상들도 고려시대나 삼국시대까지 상고하면 대부분 성씨가 없었을 가능성이 매우 크다는 사실을 알아야 합니다.

문명이 개화된 오늘날까지도 그런 고루한 생각을 할 정도로 시대착오적입니까? 왜 그렇게 완고하여 너그럽지 못합니까? 꼭 그래야만 속이 시원하시겠습니까? 비밀에 싸인 논개의 가계를 복원하는 과정은 역사왜곡이 아니라 그녀의 뿌리를 부활시키는 것이고 우리 민족의 잃어버린 과거를 복원하는 것으로 생각하면 안 되겠습니까? 어차피 그대께서 논개에 대한 근거로 대는 모든 문헌기록의 정점에 있는 『어우야담』 역시 구전으로 내려온 전설을 기록한 '야담(野談)'이 아닙니까?

『어우야담』에는 논개 이야기뿐만 아니라 '인어 이야기'도 나오는데, 인어가 잡혀 오면 사람처럼 눈물까지 흘린다고 묘사하고 있습니다. 그렇다고 『어우야담』에 실린 모든 내용을 역사왜곡이라고 부정한다면 논개는 처음부터 존재하지도 않게 됩니다. 심지어 『어우야담』에는 도술과 둔갑술을 부리는 '전우치' 이야기도 나오는데, 내용은 믿기 어렵다고 해도 전우치는 명종 때에 실존했던 인물입니다. 또 다른 야담인 『청구야담(靑邱野談)』에서 표현된 것처럼 논개 이야기의 변할 수 없는 핵심은 바로 "진주성의 의기가 목숨을 버렸다"[晉陽城義妓捨生]라는 사실입니다. 이 점을 명심하십시오. 왜 소중한 목숨을 버렸는지 생각하시면 답은 나옵니다.

스스로 모순에 빠지지 마십시오. 왜 구전이라는 것을 세상 사람들을 웃기는 것으로만 생각합니까? 그대께서는 "구전이라는 주장을 내세우는 것은 세상 사람들을 웃기는 결과가 될 것"이라고 말하고 있는데, 그것이야말로 논개의 진실을 조롱하고 논개에게 쌍욕을 해대는 것이나 다름없다는 것을 알아야 합니다. 야사(野史)의 내용 중에는 믿기 어려운 이야기가 있다고는 하지만 모든 이야기를 역사왜곡이라며 버려야 하는 것은 아니지 않습니까. 『삼국사기(三國史記)』를 정사(正史)라고 한다면 『삼국유사(三國遺事)』는 야사라고 합니다. 그러나 『삼국유사』에 수록된 어떤 이야기도 역사 왜곡이라고 하며 내버린 것이 하나라도 있는지 묻고 싶습니다.

구전을 무시하면 우리 민족이 발원한 단군신화도 버려야 되고 고대 이집트와 그리스의 수많은 신들도 모두 버려야 할 뿐만 아니라 늑대의 젖을 먹고 자라나 로마를 건국한 형제의 신화도, 영국을 세운 아서왕의 전설도 모조리 없어져야 합니다. 아서왕의 전설은 초기 영국문학을 형성하는 데 핵심적인 영향을 미친 이야기로 영국의 신화로 자리 잡은 문학적 소재였습니다. 또 우리나라 삼국시대를 연 고구려의 주몽신화나 백제의 온조신화, 신라의 혁거세신화도 모두 버려야 합니다. 신화와 전설은 한 나라의 정체성을 확인해주는 역사이고 전통입니다. 이 유서 깊은 전통을 무시하면 민족도 역사도 문화도 없습니다. 그러나 전해진 사실에 의문이 많다고 해서 이들 신화 중 어느 것 하나라도 없어진 것이 있습니까? 저는 이러한 측면에서 논개의 성씨가 주 씨가 되든 조 씨가 되든 심지어 그대와 같은 성씨가 되었든 간에 어떤 성씨를 붙여도 상관하지 않겠습니다.

단지 논개는 누군가 그녀의 아비 되는 사람과 어미 되는 사람이 있었기에 세상에 태어날 수 있었습니다. 하지만 그녀는 당시 신분의 벽을 넘기 어려웠으므로 양갓집 마님이 되지 못했고, 누구의 첩이 되었든 누구의 작은부인이 되었든 일찍 세상을 떠남으로써 불행히도 자식을 남기지 못했습니다. 조정에서는 논개의 거룩한 죽음을 기리고 그녀의 자손에게 포상하기 위해 후손을 백방으로 찾아 나섰지만, 방계 후손조차 찾지 못했습니다. 경상우병영에서는 논개의 후손을 찾기 위해 사방팔방으로 노력했지만 본디 자손이 없었다는 조사 결과가 나옴에 따라 논개의 자손에게 부역을 면제시켜 줄 수 없었다고 합니다.

이러한 점은 논개가 자손을 갖지 못했음을 방증합니다. 그런데 이때까지 나타나지 않은 논개의 성씨가 이후 발견되고 논개의 피붙이까지 상고되어 논개의 집안으로 주씨 가문까지 나타나는 등 그녀의 집안 내력도 나오게 됩니다. 대체 어찌 된 영문일까요? 우선 논개를 첩으로 삼아 자기 집안사람으로 두었던 최경회와의 관계를 본격적으로 알아보고, 그녀의 성씨와 신분 문제를 자세히 다뤄보겠습니다.

② 최경회와의 인연도 끊으라고요?

(논개를 둘러싼 마타도어)

"최경회와의 인연도 끊으십시오! 시기적인 연대로나 사회 상식으로도 사리에 맞지 않기 때문입니다. 더욱이 나라의 원수를 갚기 위해 순국한 논개를 남편의 원수를 갚기 위해 죽은 것으로 만들어야 하겠습니까? 그뿐만 아니라 『호남절의록(湖南節義錄)』에서 논개를 최경회에 연계시킨 것은 장수에서 그렇게 한 것이 아니고, 화순의 최경회 후손들이 꾸민 것임을 아셔야 합니다. 거기에는 논개가 2명의 왜장을 안고 죽은 것으로 되어 있는데, 그 말이 과연 진실이겠습니까? 다른 사료에서는 일절 확인되지 않았기 때문입니다. 그러므로 『호남절의록』의 「최경회 조(條)」에서 말한 논개 관련 기사는 사실이 아닙니다."

(논개를 위한 변명)

다른 질문에 비해 이 질문은 최경회 부분에 대해 대단히 격정적으로 많은 이야기를 하고 계시는군요. 그렇다면 저도 다른 답변에 비해 이 질문에 대해서는 좀 길게 이야기하겠습니다. 그대께서는 논개와 최경회와의 인연을 끊으라고 주장했는데, 그게 쉽게 되겠습니까. 인간의 삶에서 인연이란 무엇을 말하는 것일까요? 먼저 인연이 이루어지기 위해서는 반드시 전제되어야 할 것이 있습니다. 바로 사랑입니다. 사랑은 만고불변의 가치를 갖고 있습니다. 인간의 삶이 아름다운 것은 사랑이 있었기 때문입니다. 그 사랑 중에 가장 아름다운 사랑이 남녀 간의 사랑입니다. 이것은 음양의 조화입니다. 그래서 인류의 문화를 풍부하게 만든 위대한 예술작품은 모두 사랑을 주제로 역사를 배경 삼아 아름답게 피어난 것이 아니겠습니까?

그런데 논개가 최경회와 사랑을 나누었든 황진과 나누었든 아니면 서예원과 나누었든, 심지어 그대와 사랑을 나누었든 한 번이라도 화냥년(술집 작부를 말함)처럼 천박하게 군 적이 있었던가요? 논개의 마음에는 뜨거운 사랑과 마음이 있었기 때문에 장렬하게 죽음을 받아들일 수 있었습니다. 보는 이들의 입장에 따라 논개의 죽음을 다양하게 해석할 수 있을 뿐입니다. 논개에 대한 해석이 주관적이라면 그것 역시 하나의 '해석'에 불과할 것입니다. 이를테면 왜장을 투신에 끌어들여 함께 '순장(殉葬)'했다거나, 사랑하는 이의 복수를 위해 '순절(殉節)'했다거나, 나라와 겨레를 위해 '순국(殉國)'했다고도 할 수 있는 것입니다. 역사적 상황에 대해 죽음의 의미는 보는 사람마다 주관적으로 해석하기 마련이어서 그 느낌도 다르고 생각도 다양합니다. 하지만 논개가 왜장을 죽이고 자신도 죽었다는 하나의 진실만은 절대로 변치 않습니다.

이 중에서도 논개의 죽음이 사랑하는 이를 위해 목숨을 버린 일이었다면 그것이야말로 위대한 일이고 사랑의 승리입니다. 일제강점기에 발행된 《별건곤》에서 밝힌 바에 따르면 논개가 왜장을 껴안고 남강에 투신한 이유는 "그 한 놈을 잡아 죽여 여러 웬수 갚푸려고" 결행했음을 기술하고 있습니다. '그 한 놈'은 논개에게 수작을 건 왜장이고, '여러 웬수 갚푸려고' 했다는 것은 1~2차 진주성 전투에서 왜적과 싸우다가 유명을 달리한 논개의 남자들을 위해 복수했다는 것을 말합니다.

일찍이 다산 정약용은 논개의 죽음을 불사한 행동에 대해 "지금에서 보면 왜장을 한 명 죽인 것이 삼장사의 치욕을 씻기에는 충분하지 않았지만 보잘것없는 한 여자가 적의 장수를 죽여 나라에 보답하니 이는 곧 임금과 신하의 의리가 온 세상에 빛나고 있도다"라고 격찬하며, 2차 진주성전투에서 논개가 "비록 한 성의 패배를 충분히 구해내지 못했지만, 어찌 통쾌하지 않을 수 있는가"라고 반문했습니다. 이와 같이 정약용은 그녀의 죽음이 돋보일 수밖에 없는 이유를 말하고 의미를 부여했습니다. 그렇다면 그런 사람만이 진정한 사랑의 가치를 알고 거사를 결행한 것이 아닐까요? 이러한 사람만이 더 큰 사랑을 위해, 조국이나 대의를 위해 목숨을 바칠 수도 있다는 것을 알아야 합니다.

그러므로 논개의 사랑을 이기적으로 매도하지 마십시오. 사랑한번 못 해보고 남강에 빠져 죽은 처녀 물귀신이어야만 속이 시원하시겠습니까? 사실상 논개와 사랑을 나누었다는 최경회는 풍전등화에 몰린 진주성을 구하기 위해 진주에 출병했다가 목숨을 바친 분입니다. 그가 사랑하는 여인으로 논개를 택하고 애첩으로 삼았다면 이 얼마나 아름답습니까? 만약 논개가 그의 첩이었다면 논개 역시 남편의 복수를 위해, 나아가 조국의 복수를 위해 목숨을 건 사랑의 실천으로 살신성인한 것으로 볼 수 있습니다. 그렇다면 그것보다 더한 것이 뭐가 있겠습니까?

그런데도 그대께서는 "논개를 남편의 원수를 갚기 위해 죽은 것으로 만들어야 하겠습니까?"라고 성토합니다. 물론 논개가 관기였기 때문에 어떤 벼슬아치나 수령이 와도 다 모셔야 하는 신분이었으므로 모두가 다 남편이 될 수도 있었겠지요. 그러나 때에 따라서는 첩이 될 수 있었고, 그러면 첩으로서 남편의 원수는 자신의 원수가 되지 않았을까요?

한편 유몽인이 쓴 논개에 대한 최초의 기록은 그녀의 신분을 진주관기로 밝히고 있지만, 세월이 흐르면서 그녀는 장수에서 온 장수기생이 됩니다. 이를테면 조선 말 진주목사 정현석은 논개를 '장수기'라고 표현했고, 현대에 와서도 마찬가지입니다. 1960년대 중반 문학가 김주연은 진주기행문에서 "전북 장수에서 온 관기 논개는 모곡촌육조라는 왜장을 껴안고 촉석루 밑의 바위로 내려왔다"라고 기술했습니다. 《경향신문》 1965년 8월 11일자) 심지어 전남 곡성지역에서는 예로부터 전해지는 민요에 "순창기생 의암이는 우리나라 건지려고…" 하는 노래가 불리는 등 논개를 순창기생이라고 표현하고 있습니다. 또 다른 설로는 논개가 임실관기였다는 말도 있습니다. 《동아일보》 1921년 9월 19일자에는 "논개(論介), 임실군 관기라. 최경회(崔慶會), 임실군수된 시(時)에 논개를 총애(寵愛)하여 첩(妾)을 작(作)하니라"라고 게재했습니다. 정말 이렇게도 분분합니다. 하지만 중요한 것은 그녀가 진주기생이 아닌 장수기생이나 순창기생, 임실기생이 된다고 해서 논개가 아닌 것은 아니라는 점입니다. 아무튼 그녀가 진주기생이든 장수기생이든 순창기생이든 임실기생이든 어디 기생이든 관계없이 일단 최경회의 첩이 되었다면 말이 달라집니다.

당시 벼슬아치는 법적으로 관기를 소유할 수 없었지만, 부임지에서 수령으로 재임하는 동안 마음만 먹으면 얼마든지 관기를 첩으로 삼을 수 있었습니다. 당시는 일부일처제의 사회가 아니었으므로 사대부가 첩을 들이는 것이 그렇게 큰 허물도 아니었습니다. 비록 최경회는 고향에 본부인을 두고 있었지만, 지방으로 발령 나는 부임지의 여건상 첩을 얻을 수 있었습니다. 벼슬아치 대부분이 부임지에 홀로 부임해 살고 있었던 관계로 기생첩을 옆에 두었듯이 최경회 역시 진주관기였던 논개를 첩으로 삼은 것이 가능해 보입니다. 그렇다면 첩인 논개가 모시는 최경회는 어찌 되었든 논개의 남편인 지아비가 되는 것입니다. 구한말 선비 매천 황현도 논개가 순국한 남강 물에 얼굴을 씻고 그녀의 넋에 절하며 시를 읊었는데, "가냘픈 몸으로 어이 적을 죽였느뇨 / 남편도 이미 종군한 몸 되었더라"라고 노래했습니다. 황현이 말한 종군한 남편이란 진주성전투에 참전했다가 순절한 최경회를 말합니다.

어쨌든 논개가 진주기생이든 장수기생이든 어떤 지역의 기생이든 그녀의 신분은 관기임이 분명합니다. 그렇다면 당시 신분에 맞게 주어진 역할에 따라 어떤 수령이라도 모시지 않을 수 없었을 것입니다. 단지 이야기의 주인공이 최경회였을 뿐입니다. 이를 보여주듯 《조선일보》 1969년 5월 13일자에는 "진주성싸움의 명장인 최경회가 장수현감으로 있을 때 관비인 논개를 탐냈다. 관비는 대개 단신 부임하는 원의 섹스 서비스를 의무로 삼는다. 논개는 그 여자라는 '동물'에서 여자라는 '인간'으로 자신을 승화시키려 한다"라고 매우 선정적으로 표현했습니다. 이 글에서는 논개를 관기가 아닌 관청의 계집종인 '관비'로 표현했고, 고을 수령으로 부임하는 원님을 모시고 이른바 '섹스 서비스'를 제공하는 관비라고 노골적으로 묘사하고 있습니다. 이는 논개에게만 해당되는 것이 아닌, 당시의 관기에게 처해진 숙명과 같은 것입니다.

하지만 최경회가 논개를 단순한 관기로 보지 않았을 수도 있습니다. 그는 논개를 자신의 임지에서 수청드는 관기가 아닌 독점적으로 소유하기 위한 방편으로 논개를 탐냈을 수도, 아니면 논개를 보호하기 위해 첩으로 삼았을 수도 있었을 것입니다. 하지만 그에게는 본부인이 있었던 관계로 정실이 있던 시가로 논개를 보내지 않고 생사를 기약하기 힘든 전투 현장까지 함께 데려온 점을 미루어 볼 때 지금으로 치면 그녀는 현지첩과 비슷한 것으로 생각해 볼 수 있습니다. 논개를 첩으로 삼기 전에 이미 최경회에게는 나주김 씨와 여흥민씨 등의 두 배위가 있었다고 합니다. 만약 그녀가 현지 첩이 되지 않았다고 해도 최경회가 임지인 진주성에 부임한 병마절도사라는 수령이었다는 점에서 관기였던 논개는 그를 모셔야 했을 것입니다.

그렇지만 알려진 것처럼 논개가 최경회의 첩이었다면 어떻게 되었을까요? 조선시대에는 정절에 관한 여성윤리가 있습니다. 바로 '일부종사(一夫從事)'입니다. 또한 유교의 근본윤리인 삼강윤리 중 아내는 지아비를 섬기는 것이 근본이라는 '부위부강(夫爲婦綱)'이라는 말도 있습니다. 이 말은 여성이 한 지아비만 따르고 섬기며 절개나 지조를 지켜 수절한다는 말입니다. 어떤 사대부나 양갓집 규수 중에는 저고리 속에 은장도를 지니고 다녔는데, 바로 절개나 정조를 지키기 위한 이유가 아니었을까요?

혹시 일부종사나 부위부강이란 말이 기생첩에게도 적용되었을까요? 그것은 아닙니다. 논개의 신분은 관기였고 관기는 누구의 기생첩도 될 수 있었습니다. 조선왕조실록에서 기록했듯이 관기는 관청의 소유물인 '공공지물(公共之物)'이었으므로, 어느 누가 수령이나 원님으로 오더라도 정성껏 모셔야 할 의무가 있었지요.

그러므로 일부종사라는 사대부집 여성윤리가 관기에게는 해당사항이 아니기 때문에 오로지 논개가 선택할 문제일 뿐이었지요. 그것은 곧 최경회와의 신뢰감과 유대감의 문제였을 것입니다. 논개의 신분이 관기였던 만큼 여러 남자를 모셔야 되었으므로 양가 규수의 미덕인 일부종사나 부위부강을 반드시 지킬 의무가 없었습니다. 물론 첩이 된다고 무조건 면천하는 것도 아니고 벼슬아치가 관기를 사적으로 소유하는 것도 금지되어 있었으므로 면천이 쉬운 일은 아니었습니다. 그것은 국법에 어긋나기 때문이고 양갓집에서는 첩을 정실로 인정해주지도 않았기 때문이지요.

물론 기생이 아닌 일반 양갓집 규수라고 해도 첩이 되면 그 자식은 차별을 면하기 어려웠지요. 정실의 아들(적자)이 아닌 양첩의 아들이 되므로 서자(庶子)라고 하여 이들이 얼마나 많은 차별을 받았는지 알지 않습니까? 서자라는 이유로 아버지를 아버지라고 부르지도 못한 홍길동의 설움을 잘 아실 겁니다. 하물며 천민이었던 기생첩이 낳은 자식인 얼자(孽子)라면 더 말할 필요도 없겠지요. 양첩의 아들이든 기생첩의 아들이든 이들은 '첩년'의 자식인 천출(賤出)이기 때문에 모두 차별의 대명사인 서얼(庶孽)이라고 불렸습니다. 이들은 양반인 한 아버지로부터 핏줄을 이어받았으나 '호부호형(呼父呼兄)'할 수도, 상속을 받을 수도, 제사를 지낼 수도 없는 등 가족구성원에서 철저히 배제되어 있었지요. 아버지가 아무리 인격적으로 대한다고 해도 서얼이란 신분은 변하지 않습니다. 실로 슬프고 우습지도 않은 이야기이지요. 관기였던 논개도 만약 누군가의 첩이 되어 자식을 낳았다고 하면 이런 차별을 대물림하지 않을 수 없었을 것입니다. 다행히 자식이 없었던 그녀는 당연히 후손도 없었기 때문에 이처럼 대를 이어가며 차별과 핍박을 받는 악순환을 겪지는 않았을 것입니다.

그러나 아무리 관기라고 해도 논개가 마음을 주거나 연정을 품은 남자가 한 명도 없었겠습니까? 평생토록 한 지아비만 섬기며 부위부강하고 싶은 마음이 왜 없었겠습니까? 일부종사하고 싶은 생각이 들 정도로 마음에 드는 남자가 절대로 없다고 어떻게 단언합니까? 만약에 있었다면 혹시 그 사람이 최경회일 수도 있지 않겠느냐는 생각은 하지 않나요? 이 말을 생각해 볼 때 그녀가 선택한 남자가 최경회라면 논개의 죽음은 사회적으로나 윤리적으로나 도덕상으로 사랑하는 이의 원수를 갚기 위해 결행했다고 해석해도 크게 이상하지 않습니다.

더욱이 그녀가 유부남과 바람을 피우다가 이루지 못한 사랑을 비관해 상대남과 함께 물에 뛰어들어 투신자살한 소위 '정사(情死)'는 아니지 않습니까? 또한 상간남과 야반도주하다가 낯선 곳에서 죽음을 맞아 객사(客死)한 것도 아니고, 혹은 자신을 범하려는 악한을 붙잡고 강물에 뛰어들어 동반자살 한 익사(溺死)도 아니지 않습니까? 무엇보다 논개가 첩이든 아니든 임진왜란과 최경회의 죽음은 그녀의 인생을 송두리째 뒤흔든 일생일대의 대사건임은 틀림없으며, 논개의 투신도 그러한 상황에서 결행된 대담한 죽음이란 점을 쉽사리 부정하기 어렵습니다.

또한 논개의 투신은 『심청전』의 심청이처럼 성난 바닷물을 잠재우기 위해 자신을 인당수에 공양하기 위한 제물이 되어 죽은 차원도 아니지 않습니까? 논개의 투신은 불륜을 저지른 연인들이 물에 함께 뛰어든 정사나 심청이의 인신공양적 투신과는 본질적으로 다릅니다. 이를테면 심청이는 눈먼 아버지의 눈을 뜨게 하려고 '공양미 삼백 석에 팔려 가' 자기 몸을 제물로 바쳤지만, 논개는 뭔가 더 큰 사랑을 위해 스스로 적장을 껴안고 몸을 던졌습니다. 그 사랑이 통속적인 남녀 간의 사랑이든 충절과 의열이라는 유교적 윤리에 충실한 순국이든 상관없습니다. 어떤 해석을 하고 붙이든 간에 논개는 자신의 죽음을 후회하거나 주변의 눈을 의식해 이를 굳이 해명하려 들지 않을 것입니다. 어떤 이유이든 그녀 스스로 선택한 일이고 자신이 책임질 문제이기 때문이지요.

논개의 죽음은 외형적으로 볼 때 순국이지만 한편으로 그 속에는 한때 자신이 모셨던 남자에 대한 사랑과 약속도 있었다고 봅니다. 그래서 남녀가 사랑을 이루지도 못하고 결실을 보지도 못한 채 그 사람을 떠나보내고 홀로 남았다가 순국함으로써 자신의 못다한 사랑을 완성한 것이 아닐까요? 더 큰 사랑을 이루기 위해 죽음을 선택했다는 점은 가슴 아픈 일입니다. 저라도 이러한 여인과 사랑을 나누고 싶을 정도로 논개는 매력적인 여인입니다. 그렇다면 최경회의 후손들도 그런 아름다움에 반하지 않았을까요? 그래서 자신들의 자랑스러운 조상으로 '논개 할머니'를 모시려고 한 것이 아닐까요? 사물은 보는 시각에 따라 얼마든지 달라질 수 있으며 전설에 대해서는 더욱더 그렇습니다.

그런데 그대께서는 시종일관 부정적이고 사소한 일에만 매달리는 경향이 너무 심합니다. 이를테면 또 다른 주장으로 순조 원년(1800년)에 편찬된 『호남절의록』의 「최경회 조」에 "기생 논개는 장수사람으로 공(公)[최경회를 말함]이 좋아했다"라는 대목을 가리키면서, 그때 최경회가 장수 현감으로 있을 당시는 선조 10년(1577년)인데, 어떻게 네 살(만 3세)의 유아에 불과한 논개를 좋아할 수 있는지 강하게 의문을 표시했지요. 즉 그대께서는 갑술년(선조 4년으로 1574년) 태생인 논개가 그때 우리 나이로 4살에 불과한데 어떻게 좋아하고 첩으로 삼을 수 있는지 이치에도 맞지 않는다고 주장합니다. 정말 대단한 발견입니다! 끔찍한 말이지만 최경회가 소아성애자라도 된다는 말입니까! 함부로 말하지 마십시오!

물론 저는 최경회와 논개의 관계만 유일한 진실이고 나머지는 다 가짜라고 단언하며 어느 것도 인정하지 않겠다고 주장할 생각이 없습니다. 다만 이렇게는 생각해 봅니다. 그가 장수 현감을 지낼 때 네 살짜리 논개를 좋아했겠지요. (아마도 귀여워했겠다는 표현이 맞을 겁니다.) 논개의 신분이 기생이었다면 그녀의 어머니도 최소한 관노이거나 관기였을 것이고, 그렇다면 지방 수령을 모신 어머니를 따라다니는 어린 논개를 본 최경회가 귀여워했을 수도 있겠다는 합리적 추론이 가능합니다. 네 살이면 얼마나 귀여울 때입니까? 그러다가 임진왜란이 터지고 의병을 이끌고 옛 임지였던 장수에 갔다가 아리따운 논개를 다시 만나게 되고, 1593년 최경회가 경상우병마절도사로 임명되어 진주성에 갈 때 그를 따라간 논개는 이미 꽃다운 나이의 처녀였습니다. 충분히 좋아할 수 있는 나이의 아름다운 여인이었습니다. 그게 그리도 이상합니까? 어찌 되었든 1872년(고종9)에 펴낸『장수현읍지(長水縣邑誌)』에서도 "의기 논개, 임현내면 풍천 사람으로 충의공 최경회가 현감으로 있을 적에 좋아했는데 최 공이 진주병사로 임진왜란이 일어났을 때 논개가 그를 따라갔다"라고 기록하고 있습니다.

또한 그대께서는 주장하기를『호남절의록』에서는 논개가 2명의 왜장을 껴안고 죽은 것으로 기술되어 있다고 지적하고, 아무런 역사적 근거도 없는 그 말이 과연 진실이겠냐고 따져 물었습니다. 그러나 논개가 왜장을 한 명 끼고 투신했든 두 명 끼고 투신했든 그 죽음의 가치가 왜장을 얼마나 많이 죽였느냐에 따라 달라지는 것은 아니지 않습니까? 설령 그녀가 원더우먼처럼 힘이 장사가 아니라고 해도 논개에게 반해 두 놈이나 술에 취해 여자의 몸에 달라붙어 치근댄다면 비좁은 바위 위에서 양쪽을 붙잡고 얼마든지 강물에 뛰어들 수도 있지 않겠습니까? 아무리 전투에 단련된 왜장이라 해도 술에 취해 물에 빠지면 기진맥진할 수밖에 없고 더구나 논개가 죽을 각오로 수중에서 악착같이 붙잡고 있었다면 결코 물속에서 살아나오기란 어려웠을 것입니다. 왜장이 아닌 왜군의 졸개들이라고 해도 마찬가지입니다.

해방 후에도 논개가 2명의 왜장을 동시에 수장시켰다는 이야기는 민간전설로 계속 전해집니다. 《경향신문》 1947년 5월 18일자에 게재한 최상수가 쓴 민간전설 「의랑암」에 따르면 "일본군의 장수 중에서 잔뜩 취한 두 사람도 손짓을 하며 일어나 논개와 같이 춤을 추기 시작하였다. 그 좌석의 흥이 극도에 달하였을 때 논개는 두 장수와 같이 촉석루 아래 강가 바위까지 와서는 두 사람의 목을 껴안은 채 바위 아래 푸른 물속으로 뛰어들어가 일본장수 두 사람을 죽이고 자기도 죽었다"라고 서술했습니다.

그동안 논개 이야기에 나오는 논개투신은 대개 왜장을 껴안고 몸을 강물에 던졌다는 내용으로 나옵니다. 그런데 개중에는 왜장을 껴안고 강물에 몸을 던진 것이 아니라 아예 논개가 왜장을 등에 업고 투신했다는 내용도 나옵니다. 예컨대 1908년 대한제국시절에 발간된 『초등대한역사(初等大韓歷史)』에는 「부일장추수(負日將墜水)」[왜장을 업고 물에 떨어지다]라는 제목처럼, 이 책을 보면 "관기 논개가 왜장이 취한 것을 틈타 등에 업고 강물에 떨어지니…"라는 대목이 나옵니다. 실로 놀랍지 않습니까? 왜장을 업고 투신할 정도라면 두 명을 붙잡고 물속에 뛰어드는 것도 불가능한 일이 아니겠지요.

심지어 논개가 왜장이 옴짝달싹 못 하도록 남자의 급소를 잡아채며 혼미한 틈을 타 그를 안고 투신했다는 설도 있고, 가락지를 낀 양손으로 왜장의 허리를 힘껏 감싸 안아 깍지를 끼어 빠져나갈 수 없게 만든 후 투신했다는 설도 있습니다. 일본에서는 논개가 왜장과 춤을 추다가 한순간에 적장의 허리에 팔을 감고 몸을 던졌다는 설이 있지요. 또 얼마나 흥겹게 춤추고 놀았는지 왜장이 논개와 서로 얼싸안고 좋아하는 틈을 타 강물에 뛰어들었다는 이야기도 있으며, 혹은 논개가 격렬한 포옹으로 문어처럼 왜장에게 감기면서 그의 목을 끌어안고 몸을 던졌다는 설도 있는 등 다양한 죽임의 방법이 나옵니다.

제 생각을 덧붙여본다면 논개가 아무리 육탄공세를 취했다고 하지만 여인의 완력만으로 왜장을 단번에 물에 빠뜨렸다고는 보지 않습니다. 아무래도 아리따운 여성의 몸으로 전투에 단련된 억센 왜장을 단순하게 힘으로만 제압하기에는 한계가 있기 때문입니다. 그래서 혹시 '팜므파탈' 같은 미모와 관능의 몸짓으로 유혹했다면 그 어떤 왜장도 논개의 추파와 애교에 넘어가지 않을 수 없었겠지요. 1927년 《별건곤》에 묘사된 것처럼 촉석루에서 술판을 벌이던 왜군들이 논개의 "얼굴을 한번 보고 정신들이 다 빠졌다"라는 표현이 그렇습니다. 또 앞에서 말한 최상수의 글을 보면, "일본군의 장수들은 논개의 아름다운 자태를 보자 그만 그에게 홀리게 되어 그 앞을 떠나지 못 하게 하였다"라고 표현하고 있습니다. 왜장의 힘을 빼는 논개의 지략이 돋보이는 대목입니다. 그래서 그들 왜장들은 최면에 걸린 좀비처럼 하나둘씩 논개를 따라 귀신에 홀린 듯 죽음을 향해 물속으로 뛰어들었던 것이 아니었을까요. 오직 역사의 현장을 지켜본 의암만은 그 진실을 알고 있을 것입니다.

어쨌든 논개는 유혹을 했든 안 했든 이미 죽음을 각오하고 있었던 터라 없는 힘, 있는 힘을 다 짜내고 온갖 방법을 다 동원하여 오로지 왜장을 죽이기 위한 일념으로 무서운 투혼과 초능력적인 저력을 발휘하지 않았을까요. 이미 일제강점기에 《동아일보》 1921년 9월 19일자에는 그때의 투신에 대해 "논개도 천심강중(千尋江中)[깊은 강속]에서 강적(强賊)[강력한 왜장]을 포주(抱住)[안고 함께]하여 사력(死力)[죽을 힘]을 진(盡)[다]하므로 마침내 익사(溺死)하니[물에 빠져죽으니]"라고 표현한 바 있습니다. (괄호 안의 한자 일부와 대괄호 안의 해석은 필자가 덧붙임) 논개의 죽을 힘을 다한 투신은 적장을 수중에 매장할 수 있는 강력한 저력을 발휘하게 만들었다는 것입니다.

무엇보다 분명한 것은 논개가 왜장을 껴안고 강물에 투신했든, 등에 업고 물에 뛰어들었든, 한놈을 잡고 했든 두놈을 잡고 했든, 좌우지간 어떤 방법을 동원했든 아무도 부정할 수 없는 엄연한 사실이 하나 있습니다. 바로 그를 죽였다는 사실입니다. 그렇습니다. 왜장을 죽였다는 점입니다! 그것도 억지로 잡아끌던 중 힘에 부쳐 엉겁결에 물속에 떨어진 것이 아니라 전광석화 같이 왜장의 멱살을 잡고 남강의 깊은 물속에 메다꽂아 처박아버린 것이라고 믿고 싶습니다. 이 얼마나 통쾌합니까?

이렇게 온갖 상상을 다 해보지만 진실은 변함이 없습니다. 어차피 논개의 행적을 새긴 의암의 석각문을 비롯해 사적비, 사당, 제례의식의 존재 자체가 논개의 실존적 행위를 알리는 엄연한 역사적 실체이자 진실의 증거임을 부인할 수 없습니다. 무엇보다 논개 죽음의 역사성을 공식적으로 알리는 것은 "1740년 영조 때 경상우병사 남덕하가 조정에 장계를 올려 임금으로부터 21명의 충신에게 관직을 추서하고 또한 의기의 포상으로 사당을 세울 수 있도록 하라는 윤허를 받았다"[英廟庚申本營兵使南公德夏又啓請二十一臣贈職及義妓旌褒之典竟得蒙允]라는 기록입니다. 이 역사적 기록은 영조의 왕위를 이은 정조 때의 문헌에 나옵니다. 당시 경상우병사였던 안숙이 쓴 「충민창렬양사조향절목(忠愍彰烈兩祠助享節目)」에 실려 있습니다. 이처럼 기록은 매우 중요합니다. 논개가 야담이나 전설에서 벗어나 명백한 역사적 사실로 기록에 남게 되는 순간이 아닐 수 없기 때문입니다. 무엇이든 기록이 없다는 것은 결국 잊힐 수밖에 없습니다. 종이에 쓰였던 바위나 비석에 새겨졌던 기록이 기억을 만든다는 사실을 인식한다면 기억은 다시 기록을 만들어낸다는 사실도 알 수 있습니다.

　그렇게 해서라도 논개의 실존을 인정해야 한다면 그 역사를 낳게 한 설화도 전설도 야담도 인정해야 합니다. 이 모두가 역사적 사실을 알리는 시대적, 배경적 사료가 되고 기억을 기록하는 인과적 증거가 됩니다. 그래서 논개가 역사의 인물인지 신화의 인물인지 허구의 인물인지 알 수 없어 경계가 모호한 지점이 있다손 치더라도 그녀의 존재는 분명합니다. 이에 대해 현존하는 의암, 의암사적비, 의기사, 의암별제는 논개를 둘러싼 논쟁을 더욱 명확하게 해명하며 그녀의 실존적 존재와 역사적 가치를 충분히 증명하고 있습니다. 결론적으로 말해 무엇이든 기록을 남겨야 기억되고 흔적을 보존해야만 미래에 과거의 존재를 각인시킬 수 있습니다. 제가

이 글을 쓰는 이유도 바로 여기에 있습니다.

　이러한 점은 '불변(不變)의 장소'인 의암이나 '불멸(不滅)의 기록'인 의암사적비문이나 '불사(不死)의 성소'인 논개사당이나 '부활(復活)의 제례'인 의암별제를 볼 때마다 드는 생각입니다. 그러니 논개에 대한 근거나 사료가 빈약하다고 핑계 대거나 따지지 마십시오. 어차피 그대께서 보신 모든 사료의 정점은 결국 『어우야담』이란 전설에서 비롯된 것이고 거기로부터 논개의 모든 이야기가 출발하고 있지 않습니까. 『어우야담』을 『성경』과 같은 절대적 경전으로 금과옥조처럼 여기지는 않는다고 해도 그 가치는 변하지 않습니다.

　『성경』의 창세기를 한번 보십시오. 어차피 『성경』도 아담과 이브의 신화에서부터 기독교의 역사와 교리가 시작되고 있지 않습니까? 노아의 방주나 홍수 설화와 같은 이러한 신화를 토대로 인류의 보편적 역사는 생명력을 얻었고 전설과 구전으로 전해지다가 마침내 기록으로 남게 된 것 아니겠습니까? 그리고 그 전설이란 것도 하나의 전승적인 설화와 민중의 이야기로서 현재에도 계속되는 진행형으로 민담의 자양분으로 우리 곁에서 자라나고 있음을 알아야 합니다. 이렇게 논개 이야기를 신화와 전설, 설화와 민담이 담긴 『삼국유사』처럼 '진주판 삼국유사'라고 볼 수만 있다면 최경회와 관련된 이야기도 흥미진진하게 들리지 않을까요?

③ 성씨와 신분을 둘러싼 오래된 시빗거리

그녀에 대한 최초의 기록인 유몽인의 『어우야담』에서는 잘 아시다시피 이름을 논개라고 했습니다. 이때 차라리 유몽인이 논개의 성씨가 뭐라고 확실히 밝히든지 아니면 구체적으로 없다고 했어야 오늘날 논개의 성씨 논쟁을 유발하지 않았을 것입니다.

아참! 논개의 성씨를 기록한 조선시대의 문헌이 하나 있긴 있습니다. 조선 말 의암별제를 창제한 진주목사 정현석이 의암별제를 지낼 때 그녀를 '논(論) 낭자(娘子)'라고 불렀습니다. 이러면 낭자는 처녀나 아가씨를 뜻하는 호칭이므로, 호칭에 붙은 '논' 자가 논개의 성씨가 됩니다. 또 성씨에 붙이는 가(哥) 자를 사용해 논개의 논 자를 성씨로 하여 '논가(論哥)'라고 쓴 예도 있습니다. 그러나 불행하게도 우리나라의 성씨 가운데 논씨는 없습니다. 그런 관계로 논개의 논 자를 성씨로 보고 '논낭자'나 '논가'라고 부른다고 해도 '논'은 성씨가 될 수 없습니다. 이는 성씨가 아니라 이름의 앞글자를 말한 것으로 봐야 하기 때문입니다.

그래도 정현석은 논개를 둘러싼 남자들의 후손이 주장하는 한심한 성씨 논쟁을 예감했는지도 모릅니다. 그런 이유로 논개의 성씨를 꼭 밝혀야 하는 부담감을 가졌을까요? 아무튼 그가 저술한 『교방가요』에는 논개의 성씨와 이름을 밝히고 있는데, '노은개'라고 소개하고 있습니다. 정현석은 "노은개(魯隱介)는 속칭하여 논개(論介)라고 부른다"[魯隱介俗稱論介]라고 밝혔습니다. 노은개를, 논개를 통속적으로 부르는 이름으로 보았다면 이때 노은개의 첫 자인 노는 성씨가 될 수 없고 축약한 논개의 이름에 붙은 앞글자로 보아야 합니다. 즉 성씨가 아닌 것입니다. 반면에 1979년 쓰인 전병순의 소설 『논개』에는 그녀가 갖고 있다는 성씨에 대해 그 내막을 매우 구체적으로 묘사하고 있습니다. 그녀는 전라도 장수의 장계고을 궐촌에 사는 양반 신안주씨 집안에서 아버지 주달문과 어머니 밀양박씨 사이에서 무남독녀로 태어났다고 합니다. 그때 지은 이름이 '노음개(盧喑介)'였으나 부르기 쉬운 말로 호칭하기 위해서 '논개'가 되었다고 하는데, 정현석 목사가 말한 것과 같이 이름을 줄여 속칭한 것과 같은 이유라고 생각됩니다. 단지 다른 점은 정현석은 노(魯)를 썼지만 전병순은 노(盧)를 썼다는 점입니다.

하지만 이때의 노은개나 노음개의 앞글자로 붙은 노 자를 굳이 성씨로 보아야 한다면 이야기가 달라지겠지요. 현재 노씨는 우리나라에서 대통령을 두 명(노태우, 노무현)이나 배출한 대단한 성씨였지만 『교방가요』에서 밝힌 논개의 성씨인 노(魯)씨와는 다릅니다. 물론 전병순은 '노음개(盧喑介)'라고 두 대통령과 같은 노 자를 썼으나 이때의 노 자는 논개의 이름을 축약한 앞글자라는 점을 이미 밝혔습니다. 그리고 비록 『교방가요』에서 쓴 노은개(魯隱介)의 노씨가 대통령을 배출한 노(盧)씨와 발음만 같을 뿐 글자의 뜻이나 한자 및 관향이 전혀 다른 성씨이기 때문에 대통령을 배출한 노씨와는 아무런 관계가 없습니다. 그렇다면 노음개와 같은 발음의 성씨인 노은개의 '노(魯)씨'는 과연 어떨까요? 물론 이 노씨도 논개의 성씨라고 보기 어려운데, 그것은 노씨 집안에서 아무도 논개를 자기 문중사람이라고 생각하지 않는 점 때문입니다. 그렇다면 노은개의 노는 노씨 집안의 성씨가 될 수 없겠지요. 이와 관련해 일제강점기에 천도교가 발행한 《개벽》에서는 논개의 성씨와 이름에 대해서 이렇게 정리했습니다.

"논개(論介)는 유어우야담(柳於于野談)[유몽인의 『어우야담』을 말함]이나 기타 기록에는 단(但)히 진주관기(晉州官妓)라 하고 진주전설(晉州傳說)에는 전북(全北) 장수(長水)의 관비(官婢)로 삼장사(三壯士) 중 1인(一人)인 황진(黃進)씨를 수(隨)하야 진주로 왔는데, 그 성(姓)은 주(周)씨라 한다. 그러나 진주의 관비인 것이 분명한 듯하니 하고(何故)오?[어찌 된 거요?] 자래(自來)[예로부터 전해진바] 조선의 기안(妓案)[기생호적]을 거(據)하면 대개 무슨 옥(玉), 무슨 월(月), 무슨 향(香) 등이 있고 론개와 여(如)한 명칭이 없으며 또 경남지방 하등(下等)계급의 여자아명(女子兒名)을 견(見)하면 즉금(卽今)에도 논개, 밧개, 땅개, 동개 등이 있다. 그러면 논개는 즉 논개가 아닌가 하는 의(疑)[의문]가 있다."(괄호 안의 한자 일부와 대괄호 안의 해석은 필자가 덧붙임)

이 《개벽》에는 논개가 진주관기라는 기생이 아닌 장수의 관비(官婢)[관청에서 부리는 여자노비]로 표현되어 있고 그녀의 성씨가 최경회를 따라온 주(朱)씨가 아닌 황진을 따라온 주(周)씨로 표기되어 있습니다. 또한 논개란 이름도 기생이름으로 볼 수 없고 경남지방의 하층민인 아랫것들의 여자아이 이름이라는 것입니다. 하지만 대개 기생의 이름은 곱고 아름다운 한자를 써서 화초, 나무, 보석, 자연, 우주 등에서 소재를 찾아 붙이는 것이 대부분인데 왜 그녀만은 이러한 일반적 기생의 명칭에 어울리지 않게 '논개'라는 이상한 이름을 붙였을까요? 한마디로 그녀의 이름은 관기의 이름이라기보다는 관비, 즉 하녀를 말하는 여자종이라는 뜻이기 때문입니다.

심지어 논개의 이름에 대한 사주풀이는 오히려 신비로움마저 더해주고 있습니다. 그녀는 갑술년(甲戌年), 갑술월(甲戌月), 갑술일(甲戌日), 갑술시(甲戌時)에 태어난 사갑술(四甲戌)의 사주를 갖고 있기 때문에 논개라는 이름이 지어진 것이라는 소리까지 나왔습니다. 대체 무슨 소리일까요? 1574년은 갑술년(개해)이었고 그녀가 태어난 그해 음력 9월 9일 밤 9시가 넘은 시각은 모두 간지로 갑술월(개달), 갑술일(개날), 갑술시(개때)에 해당하여 이런 보기 드문 네 개의 갑술이 일직선상에 놓이는 희귀한 운명을 갖게 되었다고 합니다. 그래서 억센 사주팔자를 억누르기 위한 이름으로 개처럼 흔한 이름을 갖다 붙인 것에서 '논개(개를 낳음)'라는 그녀의 이름이 비롯되었다는 웃지 못할 이야기도 전해집니다. 《동아일보》 1984년 9월 26일자에 "논개란 이름은 태어났을 때 사주를 보니 사갑술이라 논(産), 즉 태어난 개(狗)라 하여 천명(賤名)으로 불렸으나 후에 논개로 한자를 붙여 부르게 되었다고 한다"라고 해석했습니다.

그렇다면 혹시 논개 이름에는 원래 지어진 한글 이름대로 한자를 써서 개를 뜻하는 구(狗) 자나 견(犬) 자가 들어가야 하는 것이 아니겠습니까? 그러나 논개가 생존했던 임진왜란 당시 관기들의 이름을 한글로 지었다는 사례는 들어보지 못했습니다. 예컨대 논개와 같이 의기로 추앙받은 평양관기의 이름도 계월향인데, 이는 계수나무가 있는 달나라에서 나오는 향기로운 기생이란 뜻입니다. 단지 앞에서 언급한 《개벽》에 기술한 것처럼 경남지방에서 '하등계급'의 여자아명으로 밧개, 땅개와 같이 논개도 한글로 이름이 지어졌다는 이야기가 있기도 합니다. 하지만 모두 현대에 들어와서 나온 말입니다.

어찌 되었든 현재 가장 많이 알려진 이야기는 논개의 성씨가 주(朱)씨이고, 이름은 논개이며, 신분은 기생인 관기였으므로 기명은 '論介'가 되는 것입니다. 그러나 세월이 흐를수록 사실은 장수에서 태어난 양갓집 출신이었다고 알려지고 있습니다. 이를테면 조선 말 펴낸 사찬서인 『장수현읍지』와 『호남읍지(湖南邑誌)』에는 논개가 '장수현 임현내면 풍천사람'으로 소개되어 있습니다. (논개의 구체적인 출생장소는 여러 설로 분분하지만, 공통적인 점은 하나같이 장수 태생이란 점입니다.) 하지만 조선시대에 나라에서 펴낸 관찬서와 민간에서 펴낸 사찬서에는 공히 논개를 '진주사람'이라고 기록하고 있습니다. 즉 영조 때 왕명에 의해 편찬된 관찬지리지인 『여지도서(輿地圖書)』를 비롯해 순조 때 편찬된 사찬서인 『진주목읍지(晉州牧邑誌)』, 그리고 고종 때 편찬된 사찬서인 『영남읍지(嶺南邑誌)』에는 모두 논개가 진주사람이라고 기록하고 있습니다. 이렇듯 예전부터 출신지에 대한 논란도 적지 않게 있었습니다.

현재 논개의 성씨가 주씨라고 하는 것은 최경회의 후손들이 사는 화순의 해주최씨 문중에서 주장하고 있고, 아울러 논개가 태어났다고 보는 장수군에서도 주장하고 있습니다. 이 성씨의 본관은 신안(新安) 주(朱)씨라고 하고, 그녀의 가계도도 나와 있습니다. 1950년대부터 장수군은 논개의 출생 고장이란 점을 내세우며, 그동안 전해 내려온 '주씨 논개' 이야기를 주변에 적극적으로 알렸습니다. 이와 더불어 1970년대부터 화순의 최씨문중이 주논개라고 족보에 올리면서 논개의 성씨가 신안주씨라고 고착화되었습니다. 이처럼 주논개에 대한 선양작업과 홍보활동이 활발하게 전개된 결과 우리나라에서 논개 하면 '주논개'가 떠오르게 되었습니다. 이로 인해 대개 주씨를 논개의 성씨로 생각하는 사람이 많아졌고, 이 때문에 현재 주씨는 보편적인 논개의 성씨로 자리 잡았습니다.

그런데 이 주씨도 '朱'가 아닌 '周'를 쓰기도 한다는 것은 이미 《개벽》의 예를 들어 앞에서 잠깐 언급했습니다. 마찬가지로 일제 강점기 당시의 잡지 《별건곤》에도 논개의 성씨를 '周'라고 썼습니다. 《별건곤》에는 "진주 촉석루에서 (술에) 취한 왜장을 끌어안고, 깊고 깊은 남강물에 둥덩실 빠져 죽던 주논개(周論介)의 넋이로다"라고 묘사하며 논개의 성씨를 '周'로 표기했습니다. 지금은 주논개(朱論介)의 주(朱) 자가 고정화된 상태이지만, 일제강점기만 해도 주(周) 자를 쓴 주논개(周論介)라고도 불렀음을 알 수 있습니다. 어쨌든 '朱'든 '周'든 간에 발음상 '주'는 똑같으며, 오래전부터 논개의 성씨를 주씨로 사용되고 있었던 것은 분명해 보입니다.

반면에 주씨가 아닌 논 자를 그녀의 성씨로 본다면, 논씨라고 해야겠지요. 그러나 논씨라고 부르는 성씨는 남한 어디에도 없음을 앞에서 밝힌 바 있습니다. 그렇다면 북한에서는 논개를 어떻게 불렀을까요? 계월향도 논개처럼 임진왜란 때 왜장을 죽게 만들고 스스로 목숨을 끊은 의기입니다. 계월향은 평안도병마절도사 김응서의 애첩으로 있을 때 왜장을 속여 김응서로 하여금 목을 치게 한 후 스스로 자결을 택함으로써 '평양의 논개'라고 불립니다. 사실 북한에서는 논개의 순국 못지않게 충절을 보인 유명한 평양기생 계월향이 있었으므로 진주기생 논개에 대해 상대적으로 크게 주목하지 않는 분위기입니다. 실례로 2001년 8·15민족대축전 때 평양을 방문한 박노정 시인은 "북녘에서 첨 만난 그 사내 / 북평양 남진주를 아무리 역설해도 멀뚱멀뚱이었습니다 / 아뿔사! / 계월향과 논개가 이웃사촌인 것을 / 나는 논개와 왜적을 바삐 엮어 가는데"라고 시 「그리움」에서 읊었던 내용을 보면 알 만합니다.

어쨌든 북한에서는 논개를 거론할 때 전설상의 인물이 아닌 '력사인물'로서 대우합니다. 단지 그녀의 성씨를 밝히는 대신에 두음법칙을 적용하지 않아 논개를 그냥 '론개'라고 부르고 있습니다. 또 다른 한편으로는 논개를 세계사적 역사인물과 비교하기도 합니다. 일제강점기인 1927년 발행된 《조선일보》에는 논개와 계월향을 영국의 침략으로부터 프랑스를 구한 구국의 여성 '잔다르크'와 비교해 설명하고 있는데, 이때 논개를 '론개'라고 표기했습니다.

그러면 서양에서는 논개를 어떻게 부르고 표기했을까요? 1973년 5월 미국 시사주간지 《타임》은 4세기 전 일본군 장군을 껴안고 몸을 던진 '개논'에 비해 오늘날의 한국 기생은 일본인들에게 친절하다고 보도한 적이 있습니다. 그 보도 취지는 논개와 같은 옛 기생의 항일적 전통에 비해 현재의 기생은 일본인에게 매우 친절하다는 점을 강조하는 것 같습니다. 아마도 당시 사회문제로 대두되고 있던 일본인의 한국 기생관광을 빗대어 말하는 것은 아니었을까요? 그런데 문제는 '개논'이란 이름입니다. 즉 논개 이름을 잘못 표기했는데, 개논은 논개의 이름을 영어식으로 말해 성씨와 이름의 순서를 바꿔 쓴 것입니다. 지금은 논개라는 이름을 그대로 영문으로 표기하지만, 당시만 해도 한국인의 성명을 기계적으로 영어식으로 바꿔 부르는 경우가 적지 않았습니다. 미국에서 유학한 이승만 대통령은 영문이름을 '승만리'라고 성을 제일 뒤에 붙여두었지요. 그런 것처럼 '개논'이라는 영어식 표기대로 성명을 부른다면 성씨는 논이고 이름은 개가 되어 '개 논'이 된다는 웃지 못할 해석이 나옵니다.

아무튼 앞에서도 잠깐 이야기했지만, 논개의 성씨에 대한 여러 가지 설이 많아 논란이 계속되었습니다. 그래서 쉽사리 납득이 가지 않는 부분이 많다는 문제제기가 여전히 존재합니다. 특히 논개에 대한 마타도어 중에서 가장 격렬한 논쟁이 바로 성씨 논쟁이었습니다. 논개 성씨 반대론자는 논개의 성은 알려진 것이 없으므로 구전을 내세워 성씨가 있다고 주장하는 것은 세상 사람들을 웃기는 결과를 초래할 것이라고 보고 있습니다. 그러나 논개 이야기가 아무리 구전에 불과하다고 해도 성씨가 있다는 점을 웃기는 결과라고 매도하며 성씨 폐기를 주장하는 것에 대해서도 쉽게 동의할 수 없습니다. 저는 논개의 성씨가 없다고 그녀를 근본 없는 여식이라고 비하하는 것보다 비록 구전이지만 성씨가 있는 뿌리 있는 집안의 여인으로 생각하는 것이 차라리 좋겠다고 생각합니다. 논개가 이 세상에 태어났다는 것은 부모가 있었기 때문에 가능한 일이 아니던가요?

한편 1990년대에 경상대 경남문화연구소가 조사한 진주지역 구비문학 가운데 대평면에서 채록한 논개 이야기에는 논개의 성씨를 '적씨'라고 밝히고 있습니다. 그러니까 논개가 아니라 '적개(赤介)'라는 것이지요. 아마도 '붉은 주(朱)' 자를 '붉은 적(赤)' 자로 잘못 말한 것이 아닌가 생각됩니다. 혹시 붉다는 뜻을 가진 한자가 논개의 성씨로 붙여진 것이 아닌가 하는 생각도 듭니다. 그러나 이 두 한자를 논개의 성씨로 쓴 것에 대해 다른 식으로 해석한다면 어떨까요? 주 자나 적 자를 쓴 것은 아마도 그녀에게 언제나 뜨거운 마음이 넘쳐나는 '붉은 마음'이 있었기 때문이 아닐까요? 너무 비약했나요? 그러나 뜯어보면 그렇게도 생각할 수도 있다고 봅니다.

이를테면 '붉은 마음'은 적심(赤心)이나 단심(丹心)이라고 표현합니다. 모두 참되고 정성 어린 마음에서 우러나오는 올곧고 붉고 뜨겁고 선명한 마음을 가리키는 말입니다. 논개의 '붉은 순절'은 이렇게 해서 탄생했지요. 이처럼 논개가 가진 붉고 뜨거운 마음은 이미 시인들에 의해서도 열렬하게 표현되고 예찬되었습니다. 대표적으로 일제강점기이던 1923년 4월에 시인 변영로가 발표한 시 「논개」에서는 그녀의 붉은 마음을 이렇게 '그대의 꽃다운 혼 / 어이 아니 붉으랴'라는 시어를 사용해 찬미했습니다. 이 시는 현재 진주성 촉석문 앞에 세워진 시비에도 새겨져 있지요.

"아! 강낭콩꽃보다도 더 푸른
그 물결 위에
양귀비꽃보다도 더 붉은
그 마음 흘러라

흐르는 강물은
길이길이 푸르리니
그대의 꽃다운 혼
어이 아니 붉으랴"

그래서 붉게 타오르는 '붉은 마음'을 가리켜 논개의 성씨에 '붉은 주' 자나 '붉은 적' 자가 쓰였던 것이 아닐까요? 이미 논개라는 이름이 있었으므로 차후에 성씨를 붙이게 될 때 그 뜨거운 의미를 살렸던 것은 아니었을까요? 만약 논개의 성씨가 주씨로 붙여지지 않았다면 혹시 적씨가 논개의 성으로 붙여졌는지도 모를 일입니다. 하지만 한자가 비슷한 모양이고 뜻도 똑같아 주 자와 적 자를 혼동했을 수도 있습니다. 물론 한자를 혼동하지 않았다고 해도 적씨는 우리나라에서 겨우 수십 명에 불과한 아주 희귀한 성씨이므로 그나마 상대적으로 많이 알려진 주씨가 논개의 유력한 성씨가 된 것 같습니다. 그래서 '붉다'는 의미가 있는 한자를 차용하고 성씨가 있는 주씨를 선택해 '주논개'라고 그녀의 성을 이름에 붙였을지 누가 압니까? 오직 논개만이 알겠지요.

　혹시 진주관기였던 그녀가 기생 핏줄이기 때문에 상고를 할 수 없을 정도로 오랫동안 대물림되어 온 천한 신분의 관노비 출신이라면 그 자신조차 자기의 성씨를 몰랐을 수도 있습니다. 당시 관기는 벼슬아치가 부임할 때마다 모셔야 했기에 수령의 첩으로 들어가 자식을 낳았는데, 설령 부계를 알고 있다고 해도 그 딸은 성씨를 가질 수 없는 천민계급에 불과했습니다. 만약 기생과 양반 사이에서 태어난 자식이라고 해도 생모가 기생에서 벗어나 면천한 사람이 아니라면 여전히 신분은 천민이었으므로 모계에 따라 기생의 자식은 무조건 노비나 기생이 되었습니다.

　그러므로 양반 핏줄이라고 해도 양반가에서 거두어주지 않는 한 그 자식들은 천민의 지위를 대물림할 수밖에 없었으므로 성씨가 없는 노비나 종 신세를 면치 못했지요. 당연히 부계의 성씨도 물려받을 수 없었습니다. 만약 관기가 일정한 위치에 있는 벼슬아치나 관직자의 천첩이 되어 자식을 낳았다고 칩시다. 그 기생 천첩이 낳은 소생은 어떻게 되었을까요? 일단 신분을 면천하기 위해서는 편법이 동원되었습니다. 그 천첩의 자식은 그냥 면천하는 것이 아니라 다른 노비로 대체함으로써 그의 신분이 속신(贖身)되어 천민에서 벗어날 수 있었기 때문이지요.

　부모가 모두 천민인 경우는 두말할 것도 없이 그 자식은 무조건 천민이 되었으나 혹시 나라에 큰 공을 세워 나라로부터 성씨나 벼슬을 받으면 부모의 신분과 상관없이 천민 지위를 면하기도 했습니다. 대표적으로 조선의 대발명가이며 과학자이던 장영실이 있습니다. 아버지는 고려 말 원나라에서 귀화한 중국인으로 경상도 동래현에 소속된 관노였으며, 어머니는 기생이었습니다. 둘 다 천민이었던 관계로 아들이었던 장영실도 관노가 되었습니다. 그러나 세종 때 여러 가지 과학기구를 발명한 위대한 발명가로 인정받아 정4품의 벼슬을 받아 면천할 수 있었습니다. 앞서 언급한 것처럼 기생의 경우도 면천할 수 있었지만, 당시 관기였던 논개가 관노였던 장영실처럼 벼슬을 받았다는 기록은 없습니다.

물론 기생이 벼슬아치나 양반의 첩이 되면 면천이 전혀 불가능한 것은 아니었습니다. 사실 원칙적으로는 관기가 속신하여 양반의 첩이 되는 것이 조선시대에는 법제적으로 금지되어 있었습니다. 성종실록에는 "앞으로 관기는 공공지물이기 때문에 한 사람이 마음대로 소유할 수 없다"[且官妓公共之物非一人所專有也]라고 기록하고 있습니다. 그래서 법망을 피해 편법으로 벼슬아치가 기생을 기적에서 빼내기 위해서는 그 기생의 자리를 다른 기생으로 대체하는 등 재물을 동원해 대가를 치러야만 했습니다. 이걸 대비정속(代婢定贖)이라고 하는데, 자기 대신에 다른 사람을 채워 넣고 자기는 빠진다는 의미입니다. 그렇게라도 해서 기생들은 천민의 신분에서 겨우 벗어날 수 있었는데, 그것은 당시만 해도 흔한 일이 아니었습니다. 특히 관기가 아닌 민간의 기생일 경우 기생에게 들러붙어 있는 기부(기둥서방)를 떼어내기 위해 상당한 몸값을 지불해야 첩으로 데려갈 수 있었습니다. 아무리 양반이나 벼슬아치라고 해도 재력이 없으면 호감이 간다고 기생을 마구 첩으로 삼기는 어려웠을 것으로 보입니다. 설령 기생이 첩이 되는 데 성공했다고 해도 그녀의 삶이 행복했을 것이란 보장도 없었겠지요. 사실상 첩이 되어 양갓집에 들어간다고 해도 어느 사대부집이나 문중도 정실을 무시하고 기생을 첩으로 들이는 것을 달갑게 보지 않았습니다. 혹시 기생이 첩으로 들어가 '안사람'으로 자리잡았다고 해도 유무형의 차별을 받거나 나중에는 남자로부터 배신을 당하거나 집안에서 내침을 당하기가 일쑤였지요.

이런 차별은 오랫동안 남아있었는데 일제강점기의 기생도 마찬가지였습니다. 1926년 1월《조선일보》는 진주의 어느 기생이 부잣집에 첩으로 들어갔다가 그 집안에서 창기를 첩으로 두는 것은 양반집안의 수치라고 제지했고, 이렇게 소박을 맞자 그녀는 자신의 머리카락을 잘라 한때나마 정들었던 남편에게 보내고 그 집에서 나와 여승이 되었다는 슬픈 이야기를 전하고 있습니다. 이래저래 기생 출신의 여성들이 겪어야만 했던 삶은 서럽고 억울하지 않을 수 없었습니다.

간혹 역적의 가솔이나 몰락한 양반집에서 노비로 팔려 오거나 양반집 첩의 딸이 기생이 될 때는 옛 이름이 딸려와 성씨가 있을 수도 있지만, 흔치 않은 일이었지요. 아무리 권문세가의 여인이라고 해도 역적의 부인이나 딸은, 심지어 왕비도 노비가 되는 것은 막을 수 없지만, 성씨마저 없앤 것은 아니었습니다. 예컨대 단종의 정비였던 정순왕후는 단종의 폐위로 인해 폐비가 되었고, 나중에는 관아의 종으로 전락해 관비가 되었지만, 성씨(여산송씨)만은 그대로 갖고 있었습니다.

　이러한 점 때문인지 장수군에서는 비록 구전이지만 논개의 성씨를 신안주씨라고 주장하는 것입니다. 그러나 논개가 양갓집 딸이라는 주장은 그녀가 죽은 후 훨씬 오랜 시간이 지나고 난 후에야 나온 말입니다. 논개의 성씨는 일제강점기에 위암 장지연이 장수에 있던 주씨 가문의 양갓집 딸이 기적(기생명부)에 이름을 올린 것이라고 밝히면서 알려지기 시작했습니다. 이로 인해 그때까지 없었던 논개의 가계, 탄생, 성장, 죽음에 이르는 생애사가 완성되는 발판이 마련되었던 것이지요. 장지연은 경술국치 전인 1908년 『여자독본(女子讀本)』에 「의기논개」를 썼습니다. 하지만, 그는 이때까지 주장하지 않았던 신분적 내용을 합병 이후에 추가해 기록으로 남겼는데, 논개가 양갓집 딸이라고 하는 주장입니다. 이러한 주장은 그의 사후에 발간된 1922년 『일사유사(逸士遺事)』에 수록되어 있습니다.

　이어 해방 후 역사소설가 박종화가 이를 바탕으로 논개 이야기를 소설로 쓰기 시작하면서 장지연의 주장은 문학가들 사이에 정설처럼 퍼져 나갔습니다. 논개는 전라도 장수의 양갓집 딸자식이었고, 조실부모하고 기생이 되었다는 서사가 마침내 완성되었습니다. 그렇게 되어야만 그녀의 가계를 추정할 수 있고 기생 신분에서도 벗어날 수 있고 좀 더 문학적으로 드라마틱하게 그녀의 일생을 묘사할 수 있었기 때문으로 보입니다. 결국 논개는 신안주씨 가문의 출신으로 확정되면서 더는 기생신분이 아닌 것으로 정리되었습니다.

따라서 박종화 이후 논개 이야기를 소설이나 시로 쓰든 평전으로 쓰든 심지어 역사로 쓰든 모든 문헌에는 그녀가 기생이 아닌 '명문 사대부의 딸'로 묘사되었습니다. 반면에 어떤 면에서는 논개가 노비집안의 딸은 아니지만, 명문 사대부가 있는 양갓집 집안의 딸로는 보지 않았습니다. 《조선일보》 1963년 5월 5일자에 따르면 "논개는 원래 장수(長水)의 미천한 집안의 딸로서 몸을 기계(妓界)에 떨어뜨리고 있던 것"이라고 밝히기도 했습니다. 여기서 말한 '미천한 집안'은 노비처럼 '비천한 집안'을 말하는 것이 아니라 가난한 양민의 집안을 말하는 듯합니다. 아마도 양반이 아닌 양민 출신이란 뜻이겠지요. 어찌 되었든 이렇게까지 없던 이야기를 만들어내면서 논개를 기생으로부터 신분의 굴레를 벗겨내려고 노력했는데, 사실 이에 대한 반론도 만만치 않습니다.

이를테면 논개를 양갓집 딸로 만들어 신분을 드높이는 이유에 대해 경상대 김수업 교수가 밝힌 의문도 일리가 있어 보입니다. 즉 2001년 발간한 김 교수의 저서 『논개』(지식산업사)에서 고귀한 핏줄이 아니라면 감히 의로운 일을 할 수 없다는 편견이 작용한 것은 아닌지 의문을 제기했습니다. 다시 말해 논개를 양갓집 딸로 보려면 그럴 만한 근거가 있어야 하는데 진주관기로 순국한 논개가 나라로부터 의기로 공인된 이후 350년 동안 양가의 딸이었다는 이야기가 없다가 갑자기 현대에 와서 믿을 만한 근거도 없이 어떻게 양반집안의 딸로 바꿀 수 있는지 의아스럽게 생각했습니다. 김 교수는 논개의 신분을 기생이 아닌 양갓집 신분으로 바꾸는 주장에는 '거룩한 일을 하는 사람은 핏줄이 고귀하다'라는 잘못된 생각이 깔

려있다고 생각하며, 핏줄이 비천한 관기는 논개처럼 순국하면 안
되는 것일까라고 의문을 표시했습니다. 다음은 김 교수의 저서『논
개』에서 인용한 부분입니다.

"(논개가) 순국한 뒤로 150년 동안 진주사람들이 샅샅이 살피고
조정에서 낱낱이 밝힌 끝에 나라에서 내린 이름이 '의기'였을 따름
이고, 그런 다음 다시 이백 년 내내 '의기' 아니라는 사람이 아무도
없었다. (중략) 그래서 '핏줄까지 하찮은 관기였다면 그처럼 거룩
한 순국을 하지 못했을 것이다' 하는 그릇된 생각에서 나온 것이다.
그러나 신분이란 사회제도의 산물에 지나지 않으므로 거룩하고 위
대한 일을 하느냐 못하느냐 하는 것에는 닿지도 않는다. 거룩한 일
을 하고 못 하고는 핏줄이나 신분이 아니라 능력과 의지에 달린 것
임을 안다면, 뚜렷한 근거도 없이 논개의 신분을 드높이지 말아야
한다. 그것은 그분의 넋을 새삼 욕되게 하는 일이 될 수 있다."

참으로 많은 생각을 던져주는 말입니다. 이와 관련해 생각나는
것이 있습니다. 1722년 경종 때 조정에서는 논개의 절의를 기리고
포상하기 위해 그녀의 자손을 찾아내 부역을 면제하도록 하는 은
전을 내린 적이 있었습니다. 이를 받들어 경상우병사는 나라의 명
을 이행하기 위해 관내 수령들에게 지시해 논개의 후손이나 가족
을 찾아내라고 했으나 아무리 샅샅이 뒤지고 찾아보았지만, 찾지
못했습니다. 만약 논개가 양갓집 출신이었다면 아무리 관기였다고
해도 가족이나 집안 피붙이가 전혀 없었을 리 없고, 더욱이 이런

경사스러운 포상을 모른 체 할 리도 없었을 것입니다.

　어찌 되었든 조선 때 기생이 성씨를 가진다는 것은 신분상 중대한 문제였습니다. 특히 논개가 태어날 무렵은 신분제가 강고하게 형성되어 있던 시기로 기생이 성씨를 갖는 경우란 관노나 관비로 전락한 역적의 가족이 아닌 한 어려웠을 것으로, 그들은 노비로 전락하기 전에 이미 반가(班家) 출신으로 성씨를 갖고 있었기 때문이지요. 따라서 논개의 신분논쟁이 보여주듯이 그녀의 성씨문제는 의견이 분분한 논란거리였음을 알 수 있습니다. 그렇다고 전혀 성씨를 가질 수 없는 것도 아니지만 논개의 성씨와 신분문제는 매우 해결하기 어려운 문제가 아니었던가 하는 생각이 듭니다.

3. 논개의 남자는 누구입니까?*

– 그녀의 주위를 배회한 남자들의 정체

     ① 논개의 남자는 몇 명인가요?
     ② 모두가 진주성전투의 영웅호걸인가요?
     ③ 논개의 주위를 배회한 남자들의 정체

  * "논개의 남자는 누구인가요? 논개라는 사람은 있었는데 과연 어느 해에 누구와 연관이 있는지 말들이 많은데, 누가 논개의 남자인가요?"

  "글쎄요. 과연 논개의 남자가 누구일까요? 제가 알고 있기로는 누구나 논개의 남자가 될 수 있는 거 아닌가요? 아무튼 이 미스터리를 여섯 가지로 정리해보겠으니 논개의 남자가 누군지 한번 생각해 보세요."

  2002년 5월 의암별제 홈페이지에 올라온 논개의 남자와 관련된 질문을 받고, 답변을 달기 시작할 때 서두에 붙인 말이다. 이 글은 제3부에 수록된 총 5개 꼭지 중 세 번째 글이다. 이 제3장의 글은 앞서 말한 7개 항의 질문이 아니라 필자가 논개의 남자로 입방아에 오르내리는 이야기를 정리하고 답변한 것이다. 이 질문에 대한 답변도 《의암별제》 편집자로 활동하고 있던 필자가 의암별제 홈페이지의 댓글로 썼던 내용으로, 《의암별제》 제5호 2002년 5월 18일자에 실렸으며, 이 책에 실린 것은 그 내용을 대폭 보완한 것이다. 이 글에서 필자는 모두 여섯 가지로 나누어 논개의 남자들에 대한 이야기를 정리했다.

　여기에서는 논개의 의로운 죽음을 기리기 위해 온갖 이야기들이 생겨나고 만들어졌다는 사실을 논개의 남자들을 살펴보면서 알 수 있었다. 내용을 보면 여러 가지 이야기들이 문헌과 사적 등을 통해 논개를 기리는 흔적들로 나타났고, 이것들이 서로 맞물리고 확장되면서 후세에 많은 기록과 이야기로 전해지게 되었다.

　그런데 전설이나 구전이 대개 그러하듯이 논개와 관련된 무수한 이야기 속에는 감초처럼 빠지지 않게 등장하는 인물들이 있다. 많은 호기심 때문에 그들이 누구인지 궁금히 생각하지 않을 수 없게 만든다. 이들은 하나같이 논개의 주위에 갑자기 나타나 논개와 너도나도 인연을 맺었는데, 모두 이야기 속 이름을 살짝 바꾸어 표현하고 있을 뿐 본질은 같았다. 하나같이 논개와의 연관성을 강조하며 서로가 모두 논개에게 좀더 가까이 다가가려고 했다. 바로 6명으로 축약된 논개의 남자들을 말한다. 이들과 논개 사이에는 대관절 무슨 일이 있었던 것일까? 이 글은 이들을 통해 살펴보는 논개 이야기이다. (이 여섯 명의 '논개의 남자'를 정리한 순서에는 특별한 이유가 없으며 필자가 임의로 순서를 정한 것임을 밝혀둔다.)

① 논개의 남자는 몇 명인가요?

– 현재까지 알려진 바는 6명이지만 더 나올 가능성도 있습니다

역사와 전설에 등장하는 논개의 남자는 모두 6명입니다. 김시민, 김천일, 최경회, 황진, 서예원, 게야무라 로쿠스케입니다. 국적별로 보면 조선인 장수 5명과 왜장 1명입니다. 왜장을 여기에 포함한 것은 그도 역시 논개에게 관심을 보인 남자들 중 한 명이기 때문입니다. 이들 중에는 벼슬아치인 무관도 있고 문관도 있으며, 재야에서는 의병장이 된 선비도 있으며, 심지어 적국의 장수인 왜장도 있습니다. 이들 중에는 논개의 남자라는 점을 넘어 본인의 뜻과 상관없이 이른바 '논개의 호위무사'가 된 예도 있습니다. 모두가 논개를 사랑스러운 기생, 즉 '애기(愛妓)'로 보았고, 더러는 그녀를 실제로 좋아하고 사랑했습니다. 과연 그들은 누구인지, 어떤 사람인지, 진주성전투에서 살아 돌아온 사람이 있는지 알아보겠습니다.

첫 번째 논개의 남자로 충청도 천안 출신의 무신 김시민(金時敏, 1554~1592)이 있습니다. 그의 본향은 안동이고 문중은 구(舊) 안동김씨입니다. 김시민은 처음에는 진주판관이었으나 진주목사로 승진해 진주성 방어를 총책임지는 막중한 역할을 수행하게 되었습니다. 그는 탁월한 지휘력으로 1차 진주성전투를 조선의 승리로 이끕니다. 이때 논개는 1차 전투에서 총상을 입은 진주

목사 김시민을 간호하며 그의 죽음을 지켜본 진주기생으로 나옵니다. 그녀는 왜군의 총알을 맞고 정신을 잃은 김시민에게 자신의 손가락을 잘라 피를 흘려 넣어 잠시나마 정신을 차리게 했습니다. 그러나 김시민은 논개의 헌신적인 간호에도 불구하고 끝내 소생하지 못하고 눈을 감고 말았습니다.

당시 패퇴한 왜군은 진주목사 김시민의 죽음을 알지 못했다고 합니다. 그래서인지 왜군들은 1차 전투에서 패전한 후 김시민을 '모쿠소'로, 진주성을 '모쿠소조'로 부르기 시작했는데 모쿠소는 목사(牧使)에서 나온 말이고 모쿠소조는 '목사성(牧使城)', 즉 진주성(晉州城)에서 나온 일본말입니다. 그만큼 왜군은 승승장구하던 자기들에게 대규모 패배를 안긴 김시민을 잊을 수 없었고, 언젠가 다시 복수할 날이 오기만을 꿈꾸게 되었던 것이지요.

논개와 김시민과의 관계는 조선 후기의 군담소설『임진록(壬辰錄)』에 나오는 이야기입니다. 그래서인지 1946년에 나온 월탄 박종화의 소설『논개』에는 논개의 남자로서 김시민이 등장합니다. (물론 박종화가 나중에 쓴 역사소설『임진왜란』에는 논개의 남자로 김시민뿐만 아니라 김천일, 황진도 나옵니다.)

두 번째 논개의 남자로 전라도 나주 출신의 문신 김천일(金千鎰, 1537~1593)이 있습니다. 그의 본관은 언양김씨입니다. 논개에게는 2차 진주성전투 때 참전한 의병부대의 총대장격인 창의사 김천일과 관련된 이야기가 있습니다. 왜군의 대대적인 2차 공격이 임박했을 당시 사람들은 모두가 한목소리로 성을 지키는 데 염려가 없다고 입을 모았으나 김천일 옆에 있던 논개만이 유난히 염려했습니다. 그래서 김천일이 논개에게 그 이유를 물었는데, 그녀는 "전날(1차 전투 때)엔 병사가 비록 적었으나 장상(將相)들이 서로 사랑하여 호령이 한결같아 이것이 승리한 원인인데, 지금은 병사가 많으나 군사들이 서로 통솔되지 않고 장수는 병법을 모르니 이 때문에 걱정"이라고 말했습니다.

김천일은 논개의 이야기를 듣고 요망스러운 것이라며 화를 내고 그녀를 죽이려 했으나 주위에서 만류하는 바람에 그만두었습니다. (일설에는 황진이 막았다고도 합니다.) 이 소동이 일어난 까닭은 이렇습니다. 복수혈전을 하고자 진주성으로 몰려온 엄청난 규모의 왜군과 큰 싸움을 앞두고 있던 김천일은 아마도 신경이 매우 날카로웠을 것입니다. 진주성을 이중삼중으로 포위한 왜군으로 인해 사면초가에 몰린 백척간두의 어려운 상황이었기 때문이지요. 이때 논개가 아군의 전투를 지휘할 주된 장수가 여러 명이기에 통솔하기가 쉽지 않아 앞으로 전투가 어려울 것이라고 비관적인 전망을 하였으니, 이 말을 들은 김천일이 매우 분노한 것입니다.

군사를 지휘하던 김천일 입장에서는 아군의 사기를 꺾는 말에 충분히 화를 낼 만도 했으나 사실 논개의 이야기가 틀린 말도 아니었습니다. 결국 김천일은 논개의 우려대로 패전하여 왜군에 의해 진주성이 함락될 때 전투하던 아들과 함께 남강에 몸을 던져 목숨을 끊었습니다. 그리고 논개도 그 후 왜장을 껴안고 남강에 투신해 목숨을 끊었습니다.

이 일화는 1925년 발간된 강효석의 『대동기문(大東奇聞)』과 박종화의 소설 『논개』에 나오는 이야기입니다. 물론 이 이야기는 『대동기문』이 나오기 이전에도 있었는데, 조선 효종 때 신경이 쓴 『재조번방지(再造藩邦志)』에도 같은 내용이 나옵니다. 여기에는 논개가 아니라 '늙은 기생(老妓)'으로 표현되어 있고 김천일이 그 노기의 말을 요망한 말이라고 하여 즉각 목을 베어 죽인 것으로 나옵니다.

세 번째 논개의 남자로 전라도 능주(지금의 화순) 출신의 문신 최경회(崔慶會, 1532~1593)가 있습니다. 그의 본관은 해주최씨입니다. 논개의 전설 중에서도 논개와 최경회의 관계는 가장 많이 알려진 이야기입니다. 논개는 어려서부터 이미 최경회의 첩이 되었는데, 최경회가 논개를 좋아해 첩으로 삼았다고 합니다. 최경회와의 관계는 임진왜란이 일어나기 전에 그가 장수현감을 지낼 때부터 인연이 시작되었습니다. 이를테면 최경회가 장수현감으로 있을 때(일설에는 임실군수로 있을 때라고도 함) 논개 모녀를 모종의 사건으로 심판했고, 이를 계기로 논개가 최경회의 첩이 되었으며, 임진왜란 때에는 진주성전투에 참가하는 최경회를 따라 진주로 오게 되었다는 것입니다. 이 내용의 사실 여부를 떠나 논개 이야기들 가운데 최경회와 관련한 부분이 가장 구체적입니다. 당시 의병장으로 활약하던 최경회는 경상우병사로 임명되어 2차 진주성전투에 참가하고 있었습니다.

그러나 최경회 역시 성이 함락될 때 왜군의 손에 죽는 치욕을 피해 남강에 뛰어들어 목숨을 끊었습니다. 최경회의 죽음을 알게 된 논개 역시 순국을 택해 왜장을 껴안고 강물에 투신해 목숨을 끊었습니다. 논개의 순국은 진주성 함락과 최경회의 순국 직후 이루어졌습니다. 이러한 이야기가 나온 대표적인 문헌으로는 조선 말기에 간행된 『호남절의록』의 「최경회 조」가 있습니다. 그래서 1970년대 이후 소설과 평전에서는 논개의 남자로서 최경회가 많이 묘사되었습니다. 예컨대 소설가 정비석이 쓴 『명기열전(名妓列傳)』과 소설가 정동주의 『논개평전』(한길사, 1998) 등이 그 예입니다. 정동주 작가는 "논개가 기생이 아니라 의병장의 아내였다"라고 밝히며 최경회의 여자임을 강조했습니다. 마찬가지로 김별아 작가도 장편소설 『논개』(문이당, 2007)에서 감성적인 언어와 상상력으로 논개 이야기를 묘사했는데, 논개의 기생설을 부정하고 최경회가 부인이 사망하자 논개와 재혼하는 것으로 소설적 구도를 설정했습니다.

네 번째 논개의 남자로 전라도 남원 출신의 무신 황진(黃進, 1550~1593)이 있습니다. 그의 본관이 장수황씨였던 관계로 장수가 고향이라는 설도 있습니다. 논개의 전설에는 2차 진주성전투에서 순국한 충청병사 황진과 논개와의 이야기가 전해집니다. 일제 강점기에 위암 장지연이 쓴 『일사유사』에는 논개가 전라도 동복현감과 장수현감을 지냈던 황진의 사랑을 받았다고 나와 있습니다. (황진이 장수현감을 지냈다는 점에 대해서는 이견이 있습니다.) 일설에는 논개도 황진의 첩이었다는 말이 있습니다. 『일사유사』에는 "논개는 본래 장수현의 양갓집의 여자로 재주와 용모가 절륜(絕倫)할 정도로 빼어났다. 어려서 부모를 잃고 집은 가난해 의지할 데가 없었으므로 마침내 기생이 되어 기적(妓籍)에 등록하게 되었다. 현감 황진의 사랑을 받고 있다가 계사년(癸巳年)[1593년 2차 진주성전투 당시] 황공(黃公)이 순난(殉難)하자 논개도 물에 빠져 죽기로 결심했다"라고 기술했습니다. 이처럼 장지연이 기술한 내용을 보면 황진도 최경회와 비슷한 사연을 갖고 있습니다. 논개는 황진을 따라 진주성에 왔다가 그의 용감한 죽음을 보고 그녀도 같은 길을 걸어 순절을 택했기 때문입니다.

어쨌든 황진 역시 충청병마절도사였을 때 2차 진주성전투에 참가해 왜적과 싸우다가 왜병의 조총에 맞아 장렬히 전사했습니다. 일제강점기에 발행된 『진주대관』에 따르면 "여러 날 동안 진주성의 동성(東城)을 지키며 분투하며 혈전을 벌인 제일의 열사(烈士) 황진은 앞장서다가 오른쪽 이마에 총탄을 맞고 죽었다"라고 기록하고 있습니다. 6월 28일 황진의 죽음은 진주성전투에서 순국한 수많은 장수 중에서 가장 돋보이고 장렬했던 용장(勇將)의 모습이었습니다.

이처럼 당시 황진은 아무리 전세가 불리하다고 해도 자결 같은 소극적인 방법을 택하지 않았습니다. 최후에 남은 힘까지 다해 왜놈을 한 명이라도 더 없애기 위해 결사적으로 싸우며 분전하다가 무인답게 전투 현장에서 숨을 거두었습니다. 황진의 죽음을 알게 된 논개는 자기를 사랑해준 황진의 뒤를 따라 죽으려고 결심했습니다. 논개는 그의 용감한 죽음을 보고 자신도 같은 길을 걸어 순절을 택했습니다. 황진과 논개 이야기는 1927년 발행된 《별건곤》에도 나오는데 "촉석루 삼장사 중 황진이라 하는 분이 나(논개)와 같은 고향(장수를 말함)으로 특별히 사랑하여 진주까지 데려갔네"라고 묘사했습니다. 그 후 이 이야기는 1947년 강홍수의 『임진왜란과 병자호란』이란 저서를 비롯해 1969년 정한숙의 소설 『논개』 등을 통해 논개의 남자는 황진으로 묘사되었습니다. 특히 1980년 국립극장의 무대에 오른 오페라 〈논개〉(홍연택 작곡) 공연에서는 논개의 애인으로 나온 장수는 황진이었습니다.

다섯 번째 논개의 남자로 본향이 이천(利川)인 무신 서예원(徐禮元, 1548~1593)이 있습니다. 이천시씨인 서예원은 출신지가 확실하게 알려진 바가 없으나 그의 후손들이 강원도 횡성에 서예원의 충효를 기리는 정려각을 세웠습니다. 이번에 말하는 전설은 2차 진주성전투 당시 진주목사였던 서예원과 논개와 관계된 이야기인데, 논개보다 서예원이란 인물이 더 흥미롭습니다. 서예원은 논개의 남자들 중 1~2차 진주성전투에 모두 참전한 유일한 장수입니다. 1차 진주성전투에서 치명상을 입은 진주목사 김시민의 병이 위중해지자 당시 영남초유사였던 김성일은 서예원을 새로운 진주목사로 임명했습니다. 이렇게 하여 김시민의 뒤를 이어 진주목사로 임명된 서예원은 2차 진주성전투에 임했으나 진주성이 함락될 때 왜적을 피해 도주하다가 살해되었다고 합니다.

그렇다면 서예원의 마지막 모습은 어떠했을까요? 일제강점기에 일본인이 기록한 두 가지 문헌에 묘사된 것을 보면 서예원의 비참한 최후를 알 수 있습니다. 이에 대해 살펴보겠습니다. 먼저 1914년 발간된 『개정증보 진주안내』에 따르면 2차 진주성전투 때 "성주(城主)였던 서예원 또한 수차례 찔려 몸에 상처를 입고 괴로워하다가 성 남쪽 대나무 숲에 숨어 있었지만 우키다 히데이에(浮田秀家)의 부하 오카모토 히데히로(岡本權之亞)에게 붙잡혔다.

서예원의 머리를 벤 아군의 장수는 그의 머리를 소금에 절여 나고 야의 본영(本營)에 가지고 갔다"라고 기록했습니다.

또 1940년 발간된 『진주대관』에 따르면 2차 전투 때 "조선군은 흩어져 도주하는 자가 속출했고 성 구석에 숨어 있던 진주목사 서예원은 우키다의 부하 오카모토 히데히로에게 붙잡혀 참살(斬殺)되었다"라고 기록하는 등 그가 어떻게 하고 있다가 누구한테 죽임을 당했는지 매우 구체적으로 밝히고 있습니다. 이때 왜장에게 붙잡혀 목이 베어져 죽은 서예원이 진주목사임을 확인한 왜군들은 그가 1차 진주성전투를 이끈 김시민 목사라고 오인해 1차전의 패배를 복수했다며 좋아했다고 합니다. 왜군은 그의 머리를 잘라 일본에 가져가 도요토미의 대불전(大佛殿) 앞에 바쳤다는 어처구니없는 이야기도 일본에서 전해지고 있습니다. 아마 1차 전투 때 김시민이 전사해 진주목사가 바뀌었다는 사실을 몰랐던 것 같습니다.

심지어 일본에서는 진주목사를 일본전통극 가부키의 소재로 삼았습니다. 이를테면 진주성의 성주를 뜻하는 '모쿠소(牧使)'가 나오는데, 그를 두꺼비 같은 괴물을 타고 등장하는 사무라이로 둔갑시키기도 했습니다. 어쨌든 서예원과 논개의 관계는 일제강점기에 김동인이 쓴 소설 『논개의 환생(還生)』에도 나옵니다. 그 소설에는 논개가 사랑한 사람이 김시민이나 최경회나 황진이 아니라, 진주목사 '서원례(徐元禮)'였다고 기술하고 있습니다. (김동인의 소설에서 말한 진주목사 '서원례'는 서예원(徐禮元)의 오기 혹은 오식으로 보입니다. 당시 활판인쇄를 할 때 납활자를 잘못 심은 경우가 많았지요. 아니면 김동인이 일부러 서예원의 이름을 거꾸로 했는지도 모릅니다.)

여섯 번째 논개의 남자로 일본 규슈 오이타현 출신의 왜장 게야무라 로쿠스케(毛谷村六助, 미상~1593)가 있습니다. 그의 성씨 '모곡촌'은 '게야무라' 혹은 '게다니무라'라고 발음하며, 다른 이름의 성씨로는 '기다(貴田)'라고 칭합니다. 일본의 야담집 『모곡촌육조』를 보면 게야무라는 원래 무사가 아닌 일반백성 출신의 효자였는데, 뛰어난 무술과 두터운 의리를 가진 사무라이가 되었다고 강조하고 있습니다. 이에 대해 언론인 선우휘의 말에 따르면, "이 자는 원래 육조라는 이름만 갖고 있던 비천한 농부로서 당시 일본의 실권자 풍신수길 앞에서 씨름에 이긴 탓으로 기용되어 그 출생지인 모곡촌의 성을 달게 된 무식꾼이다"라고 평가절하했습니다.

어쨌든 게야무라는 논개의 남자 중 마지막 인물인데 일찍이 도요토미에게 발탁되어 가토 키요마사 부대의 부장(副將)으로 활약했다고 합니다. 그는 논개와 운명적 관계를 맺은 마지막 인물이며, 논개는 그와의 관계에서 자신의 이야기를 마무리 짓습니다. 임진왜란이 일어나자 게야무라는 가토부대의 지휘관으로 2차 진주성전투에 참전했습니다. 당시 왜군은 압도적인 병력으로 진주성을 포위하고 치열하게 혈투를 벌인 끝에 성곽을 모두 점령하는 데 성공했습니다. 왜군들은 1차 진주성전투의 패전을 2차 전투의 승리를 통해 복수라도 하듯 피비린내가 나는 광란의 파티를 벌였습니다. 그들은 성내에 남아있던 남녀노소를 불문하고 개, 돼지까지도 다 죽였다고 합니다. 마치 피에 굶주린 아귀들이 미쳐 날뛰는 것을 방불케 하는, 상상할 수 없는 끔찍한 일들이 곳곳에서 벌어졌습니다.

실로 참혹한 지옥의 광경이었습니다.

2차 전투에 승리를 거둔 왜군들은 진주성을 함락하자 기쁨에 겨워 대대적으로 전승축하연을 벌였습니다. 이때 살아남은 논개는 기회를 엿보고 있다가 전승연을 벌이고 있던 게야무라를 유혹하여 의암에서 껴안고 투신함으로써 그는 조선여인의 손에 죽은 비참한 왜장으로 알려진 인물이 되었습니다. 하지만 이런 한심한 사인에도 불구하고 게야무라는 일본에서 달리 평가되었습니다. 게야무라는 일본 전통극 가부키공연에서 사무라이의 영웅으로 미화되었던 것입니다.

그런데 수백여 년이 지난 후 한 일본인에 의해 게야무라는 논개와 영혼결혼까지 하였습니다. 그 일본인은 영혼결혼은 없었다고 강변하고 있지만, 남강에서 일본식으로 초혼제를 올리고 논개의 영혼을 불러 일본으로 모셔갔으며, 더구나 왜장사당 구내에 논개의 묘와 묘비를 만들었고, 사당 안에 진주 의기사에서 모사(模寫)해 가져간 그녀의 영정까지 봉안하여 왜장과 나란히 합사하기까지 한 점을 미루어 볼 때 영혼결혼설이 나오게 된 것이 전혀 근거 없다고 할 수 없습니다. 현재 일본 후쿠오카현(福岡縣) 히코산(英彦山)에는 게야무라의 사당 보수원(寶壽院)이 있고 사당 구내에는 여전히 논개의 무덤이 조성되어 있습니다. 이처럼 게야무라는 논개의 남자 중에서 가장 불편한 경우라 하겠습니다.

게다가 게야무라가 논개의 남자가 될 운명을 갖게 된 것은 한반도에서 건너간 고대 조선인의 피가 흐르고 있었기 때문이라는 원초적인 이야기까지 나왔습니다. 일본의 저명한 문예평론가인 호세

이대학 가와무라 미나토 교수는 『말하는 꽃, 기생』에서 "결국 먼 옛날 조선반도에서 건너온 도래인(渡來人)의 후예가 이번에는 조선 침략[임진왜란]에 가담해 선조들의 옛 땅에 가서 고향 사람들의 적으로 악명을 떨치게 되었다는 이야기가 된다"라고 설명하며, "게야무라 로쿠스케를 진주로 향하게 했던 것은 그 자신도 알 수 없는 머나먼 선조들의 '고향'을 잊지 못하는 '유전자' 때문일지도 모른다. 또한 고향의 미인을 품에 안고 강물에 빠져 죽은 일도 어쩌면 그가 숙원해 왔던 것일 수도 있다"라고 밝혔습니다. 매우 비약한 '황당무계한' 해석이지만 이 정도면 이제 논개가 죽인 왜장은 게야무라로 완전히 굳어졌다고 봐야 할 것 같습니다.

그렇다면 진주성전투에서 살아 돌아온 논개의 남자가 있다면 누구일까요? 논개의 남자들이 모두 진주성전투에 참전했다고 하는데, 혹시 살아 돌아온 사람이 있습니까? 불행히도 아무도 없습니다. 사실 논개는 진주성에서 1차 전투와 2차 전투를 다 치렀으나, 논개의 남자들은 전투 참가 횟수가 다릅니다. 1~2차 전투에 모두 참가한 논개의 남자는 서예원뿐이었습니다. 논개와 서예원은 1차 전투에서는 살아남았지만 2차 전투에서는 죽음을 맞이했습니다. 결국 논개와 그녀의 남자들은 2차 전투에 이르기까지 모두 죽음을 면치 못했습니다. 진주성전투에서 논개와 그녀의 남자들과의 관계를 알아보고, 그들 사이에서 일어난 일을 간략히 살펴보도록 하겠습니다.

논개의 첫 번째 남자 김시민은 진주목사로서 1차 진주성전투에

나가서 조선군을 총지휘했습니다. 그는 탁월한 지휘력으로 1차 전투에서 조선군의 대승을 이끌어 청사에 길이 빛날 진주대첩의 위업을 달성했습니다. 하지만 정작 자신은 왜군의 조총에 저격당해 치명적인 총상을 입었습니다. 논개는 이 1차 전투에서 총상을 입고 죽어가는 김시민을 살리려고 자신의 손가락을 잘라 피를 먹였으나 끝내 살려내지 못했습니다.

논개의 두 번째 남자 김천일은 의병장으로 봉기해 창의사가 되어 창의군을 이끌고 진주성에 들어와 왜군과 맞서 싸웠습니다. 그런데 본격적인 전투를 앞두고 김천일은 2차 전투에서 진주성 방어를 위한 전략을 짜느라고 고심하던 중이었습니다. 그때 논개가 2차 전투는 1차 때와는 다르다는 비관적인 의견을 제시하다가 김천일에 의해 죽을 뻔한 일이 있었습니다. 그러나 김천일은 2차 전투가 본격적으로 벌어지고 성곽이 함락되자 촉석루에서 투신해 순국했는데, 이후 논개도 왜장을 껴안고 남강에 뛰어들어 뒤따라 순국했습니다.

논개의 세 번째 남자 최경회는 경상우병마절도사로서 2차 진주성 방어전에 참전했습니다. 그는 2차 전투에서 진주성을 방어하다가 성이 함락되자 왜적의 손에 죽기 전에 촉석루에서 남강으로 몸을 날려 순국했습니다. 이를 보고 논개도 역시 왜장을 껴안고 강물에 투신함으로써 그를 따라 순국했습니다.

논개의 네 번째 남자 황진은 충청병마절도사로서 2차 진주성 방어전에 참전했습니다. 그는 2차 전투에서 왜적과 끝까지 맞서 싸우다가 왜적이 겨눈 조총에 맞고 전사했는데, 이를 본 논개 역시 이후 왜장을 껴안고 남강에 몸을 던짐으로써 세상을 떠났습니다.

다섯째 논개의 남자 서예원의 경우 유일하게 1~2차 전투에 다 참전했는데, 2차 진주성전투 때는 직책이 진주목사였습니다. 그런데 그는 2차 전투에서 성이 함락되자 왜적을 피해 도주하다가 죽임을 당했습니다. 이를 지켜본 논개도 나중에 왜장을 껴안고 남강에 몸을 날려 죽음을 택했습니다.

논개의 여섯 번째 남자인 왜장 게야무라 로쿠스케는 가토 키요마사의 부장으로 2차 진주성전투에 참전했습니다. 2차 전투가 왜군의 승리로 끝난 후 게야무라는 촉석루에서 전승연을 벌일 때 논개의 미모에 반해 수작을 걸어왔습니다. 이때 기회를 놓치지 않고 논개가 그를 남강으로 유인해 의암에서 껴안고 몸을 날려 수장시킴으로써 왜장은 물론 그녀도 장렬하게 죽음을 맞이했습니다.

그렇다면 논개의 남자들은 모두들 진주성전투에서 살아돌아지 못했군요. 그렇습니다. 논개의 남자는 모두 진주성전투에서 사망했습니다. 어떻게 죽었든 그들의 죽음 중에는 의로운 것도 있지만 구차한 것도 있고, 한심한 것도 있습니다. 그러나 전쟁 중에 용기 있고 장렬한 것만 있을 수 없듯이 대개 그 결과는 누가 이기고 누가 졌든 간에 모두 허망하고 비참한 것입니다. 이미 앞에서 이들의 죽음에 대해 언급했으므로 더는 길게 설명하지 않고 간단히 말하겠습니다.

첫 번째 남자 김시민은 1차 전투에서 총상을 입고 논개의 품에 안겨 숨을 거두었고, 두 번째 남자 김천일은 2차 전투에서 논개의 충언을 무시하다가 성이 함락되자 남강에 몸을 던져 자살했고, 세 번째 남자 최경회도 2차 전투에서 성이 함락되자 김천일처럼 남강에 몸을 던져 자살했고, 네 번째 남자 황진은 2차 전투에서 성이 함락될 때 항복하지 않고 끝까지 싸우다가 전사했고, 다섯 번째 남자 서예원은 1차 전투에서는 살아남았으나 2차 전투에서는 왜군에 의해 성이 함락되자 도주하다가 살해되었으며, 여섯 번째 남자 게야무라 로쿠스케는 2차 전투가 끝난 직후 전승축하연을 벌이다가 논개의 꼬임에 빠져 의암 아래 깊은 물속으로 떨어져 그녀와 함께 익사했습니다.

이처럼 논개와 관계가 있다는 모든 남자는 죽음을 면치 못했습니다. 이들의 죽음에는 은연중에 논개가 직간접적으로 연결되어 있지만, 논개도 이들과 마찬가지로 스스로 왜장을 껴안고 남강에 투신함으로써 목숨을 끊었습니다. 논개 자신은 물론 그녀와 관련된 그 어느 누구도 진주성전투에서 살아 돌아오지 못했습니다.

② 모두가 진주성전투의 영웅호걸인가요?

– 그렇습니다. 논개의 남자는 모두가 영웅호걸로 추앙받습니다

연약한 여자의 몸으로 포악한 왜장을 수장시킨 논개는 '여중호걸(女中豪傑)'입니다. 그리고 진주성전투에서 죽은 논개의 남자들 또한 모두 영웅호걸로 알려졌습니다. 그녀와 관계있는 6명의 남자는 당대에 어떤 평가를 받았든 간에 후대에는 모두 영웅호걸로 나름 예우받고 있습니다. 이들과 논개는 어떤 관계였을까요?

논개의 첫 번째 남자 김시민은 1차 진주성전투를 승리로 이끈 진주대첩의 영웅이고, 사후에 그는 진주성에 건립된 충민사에 오랫동안 배향되었습니다. 그런데 조선 말 대원군의 서원철폐령으로 사당이 폐지되면서 그의 위패는 창렬사로 옮겨져 삼장사 등과 함께 모셔졌습니다. 현재 진주성에는 그의 사당인 충민사가 온데간데없이 사라진 채 흔적도 없고, 이 사당을 대신해 김시민의 동상만이 공북문 안쪽에 서 있을 뿐입니다.

논개의 남자로 거론되는 김천일, 최경회, 황진을 임진왜란의 대표적인 삼장사(三壯士)라고 말합니다. 혹은 이들을 가리켜 진주성전투에 참전한 3명의 장수라고 하여 삼장수(三壯帥), 2차 전투에서 순국한 3명의 절사라고 해서 진주 삼절사(三絕士)라고 부르기도 합니다. 이 삼장사 김천일, 최경회, 황진은 모두 사후에 진주성에 건립한 호국의 사당인 창렬사에 배향되었습니다.

그러나 이 삼장사는 학봉 김성일이 지은 「촉석루중삼장사(矗石樓中三壯士)」라는 시에 나오는 삼장사와는 구별됩니다. 그 까닭은 이렇습니다.

원래 삼장사는 의병장이던 창의사 김천일을 비롯해 경상우병사 최경회, 충청병사 황진, 이 세 사람을 지칭해 맨 처음부터 이들을 삼장사라고 불렀습니다. 하지만 이들의 의로운 죽음이 알려지자 이후 삼장사에 해당한다고 지칭하는 영웅들이 이곳저곳에서 많이 나타나 삼장사가 뒤섞여지면서 현재는 삼장사를 구성하는 인물들에 대해 여러 가지 설이 많습니다. 김천일, 최경회, 황진을 순절한 삼장사로 본다면, 임진왜란 기간 중 순절했거나 혹은 순절하지 않은 영웅들까지 뒤섞여 여러 부류의 삼장사가 나타난 것입니다.

이와 관련해 살아있는 삼장사에 대해 읊은 시가 바로 김성일이 지은 「촉석루중삼장사」입니다. 임진왜란이 일어난 그해 영남초유사였던 김성일이 조종도, 이로와 함께 촉석루에 올라가 세 장수가 술잔을 들이켜 읊은 시라고 합니다. 임진년 전쟁통에 수령은 도망가고 백성들은 흩어져 황량하게 비어 있는 텅 빈 성내를 바라보다가 비통함을 못 이겨 조종도와 이로가 차라리 함께 죽자고 제안했지만, 김성일이 훗날을 도모해 값지게 죽자고 하여 자결하지 않았다는 내용입니다. 아마도 김성일이 조선통신사로 일본에 갔을 때 수집한 조선침략의 조짐에 대한 정보를 제대로 임금에게 보고하지 않은 후회로 인한 자책감도 없지 않았을 것입니다. 다음은 진주성 내에 있는 '촉석루중삼장사기실비(矗石樓中三壯士記實碑)'에 새겨진 시입니다. "촉석루 위에 오른 세 장사 / 한잔 술에 웃으며 긴 강물을 가리키네 / 남강의 물결은 도도히 흐르니 / 저 물이 마르도 록 의혼은 죽지 않네" 아무튼 누가 삼장사이든 진주성을 지키기 위 한 충정은 똑같았을 것입니다.

이어서 다섯 번째 논개의 남자 서예원에 대해 말하자면, 그가 영 웅호걸이라는 데는 이견이 많습니다. 서예원은 진주목사였음에도 진주성을 지키려는 강한 의지를 보여주지 않았습니다. 왜군이 무 너진 성곽을 돌파해 성내로 쏟아져 들어오자 그는 진주성을 끝까 지 사수하지 않고 도주하다가 죽임을 당했기 때문입니다. (아군 혹 은 왜군에 의해 죽었다는 두 가지 설이 있습니다.) 서예원이 진주 성 방어를 책임진 벼슬아치로서 마지막까지 싸우지 않은 이유가 무엇인지 구체적으로 알려진 것은 없습니다. 그가 겁을 먹고 '줄행 랑'을 쳤는지 아니면 훗날을 도모하기 위해 전략적으로 후퇴했는지 는 알 수 없습니다. 다만 1686년(숙종 12년)에 진주성에 촉석정충 단비를 세웠는데, 비문에 "본디 목사 서예원은 겁쟁이이고 병법을 모르는지라 모든 계책이 창의사 김천일에게서 나오니…"라는 글을 새겨 놓음으로써 그의 무능을 강조했습니다.

그렇다면 당시 정사에 묘사된 서예원의 모습은 어떠했을까요. 선조실록에 따르면, 서예원의 모습은 실망스럽기 그지없었습니다. 2차 전투 중 서예원은 왜군의 공격으로 성곽 내의 초가에 불이 붙 어 화염에 휩싸이자 매우 놀란 것 같습니다. 그가 불길이 하늘 높이 창천(漲天) 하는 것을 보고 너무 놀라 그만 나자빠졌는데, 이를 목 격한 창의사 김천일은 즉시 그를 목사에서 파직하고 의병부장(義

兵副將) 장윤을 가목사(假牧使)[임시목사]로 삼았습니다.

그러나 진주성방어를 총괄하는 순성장(巡城將)을 맡고 있던 충청병사 황진이 전사하자 김천일은 목사에서 파직되어 있던 서예원에게 순성장의 직책을 다시 맡겼으나 그는 말을 타고 울며 돌아다니는 나약한 모습을 보였습니다. 이를 본 최경회가 그를 죽이려고 하다가 그만둔 일이 있었다고 기록하고 있습니다. 이처럼 서예원은 전임 순성장이던 황진의 전사 후 새 순성장으로 자리를 이어받아 중책을 맡았으나 결국 성을 지키지 못해 하루 만에 진주성은 허망하게 함락되고 말았습니다. 이후 그에 대한 행적은 선조수정실록에서 일부 내용이 바뀌었지만 '겁쟁이 서예원'에 대한 묘사는 그대로였습니다. 마찬가지로 현대에 와서도 똑같습니다. 노산 이은상은 "목사 서예원은 도망가다 죽어 후세에 비겁한 사나이의 표본이 되었었다"라고 표현한 바 있습니다.

아무튼 이 일로 그는 쏟아지는 '뭇매'를 맞고 영웅과 대장부의 반열에서 졸장부로 추락하고 말았습니다. 황진처럼 전사하지 못할망정 차라리 김천일, 최경회처럼 적에게 붙잡히지 않으려고 남강에 투신해 자결이라도 했어야 마땅하지 않았을까요. 결국 왜군은 그의 시신에서 머리를 베어 일본으로 가져가 도요토미에게 바쳤다고 합니다. (당시 왜군은 약탈한 전리품을 나누어 받거나 공을 인정받기 위해 조선인의 코와 귀를 마구 베어 소금에 절여 일본에 가져갔다고 합니다) 하지만 이런 수치스러운 사연에도 불구하고 서예원도 나중에는 조정으로부터 공훈을 인정받았습니다. 그는 선무원종(宣武原從) 1등공신에 책록되고 병조참의에 추증되었으며, 고종 때 진주성 창렬사에 합사되어 삼장사 옆에 나란히 배향됨으로써 비로소 안식을 찾았습니다.

마지막으로 여섯 번째 논개의 남자인 왜장 게야무라 로쿠스케를 말하자면. 어떻게 보면 그는 가장 운이 안 좋은 인물인지도 모릅니다. 그는 전쟁터에서 장렬히 전사한 것도 아니고 술자리에서 방심하다가 적국의 여인에게 수장당했으므로 왜군의 측면에서 보면 매우 치욕적입니다. 이런 한심한 죽음에도 불구하고 게야무라는 일본에서 영웅으로 예우를 받았습니다. 그는 논개에 의해 죽임을 당한 수치스러운 왜군 지휘관이었지만 일본에서는 사무라이의 표상으로 인정받아 일본전통극 가부키에도 등장하는 영웅이 되었습니다. 그리고 1970년대 일본 후쿠오카현 히코산에 세워진 왜장의 사당인 보수원에 봉안되어 배향되었습니다.

이렇게 논개의 남자들은 갖가지 사연을 갖고 있었지만, 공통점이 있습니다. 모두가 논개와 관련되어 있고, 이 중 어느 한 사람도 살아 돌아오지 못했다는 점입니다. 그렇지만 이들 논개의 남자 6명은 현재 모두가 영웅호걸들로 추앙받고 있습니다. 그리고 논개도 사후 나라로부터 정려가 내려져 촉석루 옆에 건립된 의기사에 봉안되어 배향되고 있습니다. 6명의 남자가 모두 영웅호걸이었고 그들과 관계있는 1명의 여자도 마찬가지로 여중호걸이었습니다.

그렇다면 이들과 논개는 어떤 관계였는지 궁금해집니다. 분명한 점은 논개의 남자는 한결같이 논개를 가까이했습니다. 그들 중에는 자신의 임종 자리에서 논개와 함께한 이도 있었고, 작전계획을

짤 때 논개의 의견을 들은 이도 있었으며, 진주성 방어전을 위해 논개를 데리고 성내에 함께 들어온 이들도 있었습니다. 또한 논개가 이들로부터 사랑을 받은 것뿐만 아니라 오히려 그녀가 더 적극적으로 사랑을 표현한 이도 있었으며, 심지어 적장인 왜장마저 논개에게 반해 수작을 걸어오기까지 했습니다. 모두 다 앞에서 이야기한 내용이지만 다시 한 번 정리하고 복기한다는 측면에서 논개를 가까이한 이 남자들의 면면을 요약해보겠습니다.

첫 번째 남자 김시민은 진주목사로서 1차 진주성전투를 총지휘하다가 왜적의 조총에 저격당하여 총상을 입고 쓰러졌는데, 그때 논개가 그의 임종을 지켰습니다. 김시민은 승전의 소식을 들을 무렵 마지막 숨을 쉬고 있었는데, 그 최후의 순간을 논개와 함께했습니다. 그는 그녀의 손길을 느끼며 숨을 거두었습니다. 이후 김시민의 무덤에 참배하며 애도하던 논개는 이듬해 2차 진주성전투가 일어나자 상복을 벗고 기회를 노리다가 왜장에게 다가가 그와 함께 남강에 투신해 목숨을 끊었습니다.

두 번째 남자 김천일은 2차 진주성전투를 준비하면서 논개로부터 군사작전에 대한 의견을 들었습니다. 비록 비관적으로 말한 논개의 이야기가 요망스럽다고 하여 받아들이지 않았지만 결국 진주성전투에서 패배하면서 스스로 목숨을 끊었습니다. 아마도 그제야 그는 그녀의 말이 옳았음을 비로소 알게 되었을 것입니다.

세 번째 남자 최경회는 논개를 좋아하고 첩으로 삼았으며, 2차 진주성전투가 벌어질 때 함께 진주성에 들어왔습니다. 왜군의 공격으로 성곽이 뚫리고 함락될 때 최경회가 명예를 지키기 위해 남강에 투신하여 죽었는데 이를 목격한 논개는 이후 비장한 결심을 하고 왜장을 유혹해 남강투신을 결행함으로써 최경회 뒤를 따랐습니다.

네 번째 남자 황진은 논개를 사랑했으며, 그도 역시 2차 진주성전투에 참전하기 위해 진주성에 들어올 때 논개를 데리고 함께 왔습니다. 황진은 논개가 김천일에게 충언을 고하다가 죽을 뻔했는데 이를 구해준 인연이 있습니다. 이후 전투가 시작되자 황진은 용맹하게 싸우다가 전사했고 논개도 왜장을 껴안고 남강에 뛰어들어 그의 뒤를 따랐습니다.

다섯 번째 남자 서예원은 논개를 가까이 두었는데 오히려 그녀가 그를 더 사랑했습니다. 하지만 그는 진주성의 성주로서 진주목사라는 무거운 직책을 갖고 있음에도 불구하고 2차 진주성전투에서 성이 함락되자 도망치다가 죽임을 당했습니다. 논개는 사랑하는 이의 죽음을 슬퍼하며 얼마 후 왜장을 껴안고 남강에 투신했습니다.

여섯 번째 남자 게야무라 로쿠스케는 2차 진주성전투에서 승전한 왜장 중 한 명으로, 그 후 질펀하게 전승연의 술판이 벌어질 때 자기 눈에 들어온 논개에게 반해 흑심을 품었습니다. 게야무라는 그녀의 미모에 이끌려 수작을 걸다가 남강의 깊은 물에 빠져 죽임을 당했는데, 먼 훗날에 그는 그녀와 영혼결혼을 했습니다.

그런데 이들 6명의 이야기를 능가하는 이야기도 있습니다. 소설적 상상력은 구전과 전설을 뛰어넘어 논개가 당시에 품었을 마음을 생생하게 되살려냅니다. 바로 1950년대 신문에 연재한 박종화의 역사소설 『임진왜란』 중 11장 「산하동색(山河動色)」의 '논개의 사(死)'에서 나오는 이야기입니다. 논개는 한 사람이지만 이미 두 남자에게서 사랑을 느꼈던 것 같습니다. 어쩌면 그녀가 한 남자에게만 연연하는 모습을 보여주지 않았기 때문에 그렇게 묘사되었는지도 모르겠습니다. 바로 김시민과 황진 두 사람과 관련된 이야기입니다. 1차 진주성전투에서 김시민을 잃은 논개는 "애당초 김시민 장군의 빈소를 지켜서 자기의 한평생을 애인의 제단 위에 바치려" 했었는데, 2차 진주성전투 때 그만 황진에게 사랑을 느낀 것입니다.

그런데 죽음을 결심하고 바위 위에 선 그녀는 새로 시작된 황진과의 사랑을 계속 이어갈 수 없음에 여러 가지 상념에 사로잡혔습니다. 그 대목을 보면, "죽음을 직면한 논개는 가만히 저승을 생각해 보자 마음이 한층 더 경건해진다. 이승에서 김시민 장군과의 끊어졌던 사랑의 줄을 황진 장군과의 사랑의 줄로 이어보려던 논개는 이제는 황진 장군과의 사랑의 줄이 필요치 아니했다"라고 묘사하고 있습니다. 비장한 결심을 굳히고 죽음으로 향한 황천길 앞에 선 그녀의 인간적인 고뇌와 슬픔이 느껴집니다.

다음은 박종화가 이 소설의 하이라이트인 논개의 투신을 묘사한 부분인데, 이때 논개가 왜장을 껴안고 춤을 출 때 불렀다는 노래가 나옵니다. 바로 〈강강수월래〉입니다. 이 노래에 나오는 왜장은 가토(가등청정)인데 박종화는 "논개는 '게다니무라 로꾸스께'를 가등청정으로 잘못 알았다"라고 밝혔습니다. 또 이 노래에 나오는 '김장군'은 아마 김시민 장군을 가리키는 것으로 보입니다.

"강강수월래 가등청정이 노네
　　우리 어머니 노리개는 막동이딸이 노리개요
　　진주논개 노리개는 김 장군이 노리개요
　　강강수월래 가등청정이 막노네"

　이처럼 논개는 자의반타의반 여러 명의 남자와 교유했습니다. 그러나 어떤 이야기도 논개를 아무 남자에게나 안기는 헤픈 여자로 묘사하지 않았습니다. 그러한 행위가 구전과 전설이란 통로를 거치면서 이야기가 좀 더 다양한 모습으로 전개되었을 뿐입니다. 비록 그렇게 이야기가 와전되고 확대되며 과장되었다고 하더라도 논개는 개의치 않을 것입니다. 그녀는 주변 남자들이 자기를 좋아한 것이나 설령 자기가 상대방을 더 사랑한 것에 대해서도 부끄러워하지 않았을 것입니다. 이런 점은 기생에 불과한 논개가 왜장을 죽음으로 이끄는 결심을 굳히는 이유를 좀 더 잘 설명해줄 수 있지 않을까요.

　왜냐하면 아무리 기생이란 신분적 족쇄가 자신의 몸을 구속하고 옥죈다 해도 논개의 몸과 정신은 흔들림 없고 분명했을 것이기 때문입니다. 만약 그렇지 않았다면 왜장을 수장시킬 것을 감히 생각하거나 실행하지도 못했을 것이니까요. 어떤 충신도 어떤 남성도 어느 사람도 포악한 왜장이 두려워 함부로 나서지 못하는 험악한 상황을 짐작해본다면 잘 알 수 있는 일입니다. 그래서 많은 남자가 당찬 그녀를 좋아하고 가까이하지 않았을까요. 논개가 내뿜는 강한 아우라에 자신도 모르게 끌렸던 것은 아닐까요. 그래서 진주의 백성들이, 사대부들이, 벼슬아치들이 너도나도 앞장서 논개의 죽음을 명예롭게 해달라고 나라에 호소한 것이 아니겠습니까. 그렇지 않습니까?

조선시대에 기생을 말하는 '노류장화'는 누구든지 꺾을 수 있는 길가의 버들과 담 밑의 하찮은 꽃이라는 의미인데, '노는 계집'을 뜻하는 야한 꽃인 '야화(冶花)' 또는 '몸 파는 여자'를 뜻하는 음란한 꽃인 '음화(淫花)'를 가리킨다고 합니다. 그러나 논개는 이런 잡스러운 노류장화가 아니었습니다. 왜장을 처단한 그녀의 강단 있는 용기를 보면 이러한 노류장화와는 거리가 멀어 보입니다. 논개에게 붙일 수 있는 꽃은 '불꽃'이므로 강렬하게 타오르는 '염화(炎花)' 같은 붉게 타오르는 꽃이 더 잘 어울리지 않을까 싶습니다.

다시 말해 기생이라는 천한 신분을 이유로 아무나 꺾을 수 있는 하찮은 꽃으로 볼 수 없다는 것이지요. 아무리 힘으로 제압해 지배한들 마음이 움직이지 않는 한 그 지배는 온전한 지배가 아니며 곧 전복될 수밖에 없는 허약한 지배와 허세에 불과합니다. 그래서 논개의 흔들림 없는 성정은 그렇지 못한 남자들의 나약함과 치부를 가려주는 치명적인 매력으로 작용하지 않았을까요? 제 아무리 완벽한 이목구비와 팔등신의 몸매를 가진 절세미인이라고 해도 논개의 이런 매력에는 견주지 못할 것이리라 생각합니다.

결국 논개의 결기는 진정한 의미의 결정과 선택이 무엇인지를 잘 보여준 자유로운 영혼의 자기결정이었다는 생각이 듭니다.

③ 논개의 주위를 배회한 남자들의 정체

- 과연 누구를 진짜 논개의 남자로 볼 수 있을까요?

    사실 논개의 남자가 누구이고 도대체 진짜 남자는 누구인지 궁금해지지 않을 수 없습니다. 이제껏 거론한 6명의 남자와 관련된 많은 이야기가 있지만 누구를 논개의 남자로 봐야 할지 알 수 없다며 논란이 많습니다. 그중에서 논개에 대해 쓴 역사상 최초의 문헌기록인 『어우야담』에 유일하게 논개 이름과 함께 등장하는 남자는 김시민도 최경회도 아닌 뜻밖에도 창의사 김천일입니다. 『어우야담』에는 김천일이 창의한 의병들과 함께 진주성에 들어와 항전했으나 패배하였고, 사람들이 모두 죽게 되자 논개가 나서서 한 놈의 왜놈을 끌어안고 강물에 몸을 던졌다고 기술했습니다. 물론 김천일과 논개 사이에서 연모의 정을 느끼게 할 만한 어떤 특별한 '썸씽'은 없었습니다.

    하지만 세월이 흐르면서 논개와 관계된 다양한 이야기가 나오고 풍성해지면서 많은 남자가 그녀의 주변에 나타났습니다. 논개의 주위에서 배회한 남자는 많았지만, 그중에서도 특별한 남자가 있습니다. 바로 가장 널리 알려진 이야기에, 세상이 다 아는 '썸씽'의 주인공으로 최경회가 등장합니다. 논개의 남자로 단연코 최경회가 가장 유력한 이유는 최경회만이 유일하게 그녀를 첩으로 삼았기 때문입니다. 물론 엄밀히 말하면 최경회만은 아닙니다. 이를테면 『임진록』의 이본(異本) 중에는 논개가 황진의 애첩으로 나오기도 했기 때문입니다. 그래서 황진과 논개의 관계도 만만치 않습니다.

그렇지만 현재 최경회의 후손들은 논개를 최경회의 소실(小室)을 넘어 '부실(副室)'[첩을 높여 부르는 말]로 받들어 봉향하고 있습니다. 해주최씨 문중에서 발간한 『일휴당실기(日休堂實紀)』[일휴당은 최경회의 호]에는 논개의 호칭이 달라져 있습니다. 1861년 최경회의 후손 최익수가 맨 처음 펴낸 『일휴당실기』에는 논개가 '공의 천첩'으로 기록되었지만, 나중에 1987년 후손들이 펴낸 같은 제목의 책에서는 논개가 '공의 부실'로 격상되는 등 존칭으로 바뀌었습니다. 비록 현대에 들어와서 기록으로 남긴 것이긴 하지만 해주최씨 족보에도 '의암부인(義巖夫人)'이라고 등재시키고 최경회의 기일에 함께 제향을 올릴 정도로 극진히 추앙하고 있습니다. 이들 문중의 논개에 대한 추모의 정은 대단합니다. 반면에 논개와 황진과의 관계도 최경회 못지않은 진한 스토리를 갖고 있으나 황진의 후손들이나 그의 집안인 장수(長水) 황씨(黃氏) 문중에서 해주최씨 문중처럼 논개를 자신들의 할머니로 생각하고 제사를 올리지는 않아 보입니다.

앞에서 말했다시피 논개를 둘러싼 논쟁이 적지 않은데, 논개가 최경회의 여자로 가장 많이 알려지게 된 이유는 무엇일까요? 논개의 남자로 알려진 최경회를 살펴보도록 하겠습니다. 논개가 최경회의 첩이라는 기록이 문헌상 최초로 내비치는 것은 조선 후기에 들어 1750년 좌참찬 권적이 쓴 글입니다. 그가 영조에게 올린 『태상시장록(太常諡狀錄)』에 수록된 경상우병사 최경회에 대한 시행장(諡行狀)이란 문서에서 처음으로 언급되는 내용입니다. 시행장이란 임금에게 시호를 내려달라고 간청하기 위해 죽은 이의 평생이력을 적은 글인데, 이 글에는 정작 논개라는 이름은 나오지 않습니다. 단지 "그의 천첩(賤妾)은 공(公)이 죽던 날 좋은 옷을 차려입고 강 속 바위 위에서 노닐다가 적장을 유인해 끌어안고 함께 죽으매…"[其賤妾公死之日盛服婆娑於江中巖石誆誘賊將因擠而俱墜死]라는 말이 들어가 있을 뿐입니다. 그런데 어떻게 해서 논개가 최경회의 첩으로 확정될 수 있었을까요?

비록 권적이 쓴 시행장에는 최경회의 공적을 헤아리고 있을 뿐. 논개라는 이름은 언급되지 않고 있습니다. 하지만 그 글에는 논개를 지칭하는 듯한 말이 있습니다. 최경회 시행장의 기록 중에 "그의 천첩은 공이 죽던 날…"이라고 표현한 대목입니다. 여기에서 최경회가 진주성에서 투신해 죽던 날 논개를 지칭하는 듯한 어느 천첩(천한 첩)의 투신 이야기를 담고 있다는 점을 주목할 필요가 있습니다. 그러나 그 천한 첩이 누구인지, 혹시 그 사람의 이름이 논개라고 확인할 수 있는 방증으로 권적이 최경회에 대한 시행장을 작성할 당시에 기록된 다른 문헌은 없었을까요? 불행히도 최경회와 논개를 엮어놓은 문헌은 없었습니다. (아직까지 발견된 적이 없으므로 확인되지 않았다고 해야겠지요.)

그러함에도 '최경회의 천첩설'은 조선정부의 요직에 있는 벼슬아치가 임금에게 올린 기록이기 때문에 이후 조선의 사대부와 유림들에게 공신력을 갖게 되었습니다. 그리고 짐작할 수 있는 것은 수령이 지방의 임지에 부임해서 기생이나 종을 첩으로 삼았을 때 외방천첩(外方賤妾)이라고 부른다는 점입니다. 최경회가 '죽던 날'은 임진왜란 2차 진주성전투가 벌어진 때이고, 당시 최경회의 벼슬은 경상우병마절도사 신분이었으므로 그에게 외방천첩이 있었을 개연성도 충분해 보입니다. 그렇다면 권적의 표현대로 최경회가 죽던 날 적장을 끌어안고 죽은 '천첩'은 '외방천첩'을 말하는 것일 수도 있습니다. 그때 진주관기였던 논개가 최경회의 외방천첩이었을 가능성도 큽니다.

그러다가 결국 그 천첩이 누구인지 밝혀지게 됩니다. 논개가 순국한 지 2백여 년이 지난 1800년 호남유림이 펴낸 『호남절의록』에 최경회를 논개의 남편이란 취지로 새기기 시작한 것입니다. 이 책에 기생 논개가 장수사람으로 최경회의 소실이라고 두 사람의 관계를 처음 기록했습니다. 하지만 여전히 의문점이 있기는 합니다. 둘이 언제 어떻게 만났고 논개의 문중과 가계가 어떻게 형성되고 연결되는지는 아무런 설명이 없기 때문입니다. 단지 권적이 말했던 '그의 천첩'이 후대에 이르러 논개라고 이름이 붙여지게 되었을 뿐입니다. 1839년 세상을 떠난 사대부 성해응이 남긴 『연경재전집(研經齋全集)』에도 "논개는 장수기생으로 최경회의 첩이라 한다"[論介長水妓爲崔慶會妾]라고 최경회와의 관계를 단정적으로 밝히고 있습니다.

하지만 『호남절의록』이나 『연경재전집』이 편찬, 간행되었을 그 당시에는 정작 논개의 출생지라는 장수에서도, 그녀의 순국지라는 진주에서도 논개가 최경회의 첩이라고 단정하는 말이 나오지 않았습니다. 즉 1846년 장수현감 정주석이 논개의 출생지를 기념해 세운 '촉석의기(矗石義妓) 논개(論介) 생장향(生長鄉) 수명비(竪名碑)'에도 논개가 최경회의 첩이란 이야기가 나오지 않습니다.

심지어 1861년 최경회의 후손 최익수가 펴낸 『일휴당실기』에도 최경회가 죽던 날에 논개로 추정되는 인물이 나오지만 이름은 밝히지 않은 채 '공의 천첩'[且其賤妾公死之日]이라고만 말하고 있습니다. 또한 1872년 편찬된 『교방가요』의 「의암별제 가무(歌舞)」 부분에도 마찬가지입니다. 이 책의 저술자였던 정현석 진주목사가 유몽인이 말한 순절한 기생을 '진주기 논개'로 쓰지 않고 '장수기 노은개(논개)'로 바꾸어 썼을 뿐 그녀가 최경회의 소실(첩)이라고 단정한 말은 없습니다. 단지 정현석은 노은개가 병마절도사의 소실이었다고 했지만, 그 소실이 최경회의 소실이라고 못 박아 명시하지는 않았습니다. 즉 "장수기생 노은개는 절도사의 소실이었다"[長水妓魯隱介充節度使小房]라고만 썼을 뿐입니다.

물론 정현석이 이 노은개가 어느 병마절도사의 소실인지는 분명하게 밝히지 않은 것은 아마도 2차 진주성전투 당시 진주성에서 순절한 병마절도사는 경상우병마절도사 최경회와 충청병마절도사 황진 두 사람이 있었기 때문이 아닐까 생각합니다. 또한 논개가 그들을 따라와 진주성에 들어왔고, 그들의 첩이 되었다는 이야기도 각각 존재하기 때문이었지요. 그래서 이때까지만 해도 최경회의 천첩설은 설왕설래했습니다.

그러다가 대한제국시대인 1902년 송병선이 저술한 『동감강목(東鑑綱目)』에는 논개가 바로 최경회의 첩이었다고 구체적으로 밝혀

놓았습니다. 그 책에는 "최경회의 첩 논개가 왜장을 유인해 남강중에 있는 암석 위에서 왜장을 붙잡고 물에 뛰어들어 죽게 했다"[慶會妾論介誘倭將游南江中巖石上抱倭將墮水而死]라고 쓰여 있습니다. 드디어 논개가 최경회의 첩이 되었습니다. 결국 이렇게 '최경회 천첩설'이 힘을 받기 시작한 것입니다.

따라서 논개가 누구의 첩이냐는 의견은 이제 한가지로 모였습니다. 바로 최경회의 여자라는 것입니다. 이후 최경회의 후손들은 논개를 해주최씨 문중의 할머니로 받들어 족보에 그녀를 '의암부인 신안주씨'라는 이름으로 올리고, 최경회의 부실(첩)이었다고 공식 기록했습니다. 비록 그것은 송병선의 기록보다 한참 후인 1975년 무렵부터 족보에 등재하기 시작한 것이지만 뒤늦게나마 문중에서 논개를 최경회의 첩, 즉 '작은 마님(부실)'으로 예우하고 그녀의 지위와 명칭을 공식적으로 인정한 것입니다. 이처럼 논개의 죽음을 의롭게 인정하고 문중에서 공식기록으로 삼기 시작했다는 점에서 해주최씨 족보는 최경회와 논개의 관계를 확고하게 만들고 있습니다.

그동안 논개와 최경회와의 이야기는 구전으로 전해져 오다가 온갖 설이 가미되어 하나의 서사로 완성되었습니다. 그런 과정에서 이 두 사람의 이야기뿐만 아니라 다른 사람과의 이야기도 각종 문헌기록에서 여러 가지 버전으로 수록되었고, 그러면서 논개 이야기는 더욱더 다양하게 확장됐습니다. 결국 수많은 논개 이야기 중에서도 가장 많이 구체화한 인물이 바로 최경회였던 것임을 알 수 있습니다.

이렇게 논개 이야기는 죽은 이야기가 아니라 살아있는 생생한 이야기였습니다. 그런 이유는 바로 논개 이야기가 던져주는 의미가 다른 어떤 요소보다도 더 컸기 때문은 아닐까요? 비록 사실관계가 명확하지 않지만, 앞에서 거론한 논개의 남자 6명 중 가장 이야깃거리가 풍부하게 전해진 인물이 최경회였으므로 그가 가장 보편적으로 알려진 논개의 남자임은 부정하기 어려워 보입니다.

물론 최경회도 그렇지만 그 외에 언급되는 논개의 남자들도 어떻게 보면 최경회 못지않게 밀접한 관계를 맺어왔다고 볼 수 있습니다. 1927년 나온 이능화의『조선해어화사』에 나온 기록에 따르면 논개가 장수의 옥녀봉에서 태어나 "처음에는 병사(兵使) 김천일의 수청을 들었으나 충청병영으로 따라갔다가 다시 진주병영으로 오게 되었다"라고 밝히고 있습니다. 이 기록을 보면 논개가 처음에는 김천일을 모셨으나 충청병영에 가서는 아마도 충청병사(혹시 황진이 아니었을까요?)를 모셨을 것이고, 진주병영에 왔을 때는 경상우병사였던 최경회를 모셨을 것임을 암시하고 있습니다. 그러나 김천일은 과거에 임실군수를 지낸 적은 있으나 병마절도사를 지낸 적이 없으므로 착오로 보입니다. 다만 이때 김천일에게 붙인 '병사'는 임진왜란 당시 김천일이 나라로부터 의병부대의 총지휘관이란 직책으로 수여 받은 창의사(倡義使)라는 군호(軍號)를 가리키는 '의병부대장' 정도로 보면 될 것 같습니다.

지금까지 널리 알려진 이야기에 따르면 논개는 최경회를 따라 진주성에 왔다고 하지만, 황진을 따라 진주성에 들어왔다는 이야기도 있습니다. 그러나『조선해어화사』에 따르면 첫 인연은 김천일에게 수청드는 것부터 시작하고 있고, 이 밖에도 다른 많은 이야기를 보면 김시민과 서예원 등도 등장합니다. 그렇지만 현재 논개를 첩으로 삼았다는 최경회의 이야기가 가장 큰 대세를 이루고 있으나, 1980년대 초까지만 해도 논개가 따라간 남자는 황진이었습니다. 황진을 논개의 애인으로 묘사한 예술작품이 있는데, 오페라 〈논개〉에 나오는 논개의 상대역은 최경회가 아닌 황진이었습니다. 그러므로 논개와 관계가 있는 남자들은 논개와의 사실관계를 단정적으로 확정하기는 어렵지만 그렇다고 구전과 전설, 신화와 역사라는 경계지점에 있으므로 누구의 이야기만 반드시 진실이라고 고집할 수 없습니다. 그래서 특정인만 취하거나 버리는 등 취사선택을 하기 어렵고, 반면에 무조건 최경회 한 사람만 고집하여 논개의 남자라고 우기거나 나머지를 모두 무관하다고 부인하기도 어렵습니다.

이처럼 논개와 관련되어 전해지는 남자들의 이야기는 역사적으로 객관적인 사실들에 의해 명확하게 규명되지 않았고, 그뿐만 아니라 상당수 내용도 상황논리에 맞추어 지어졌다고 볼 수밖에 없습니다. 그러므로 논개와의 연관성이 과도하게 과장되거나 부풀려지고 가공되었다는 의문까지 나오고 있습니다. 논개가 생존했을 당대에는 그녀와 관계를 맺었다는 사실을 밝혀주는 고증된 역사적 자료가 없고 모두가 희미한 기억과 구전 및 해석에 의한 것이었으므로, 그 내용도 남자마다 각기 달라 제대로 검증하기 어렵고 힘들기는 매한가지입니다.

그래서인지 혹자는 논개와 관련지어진 남자 중에서 논개를 위해 헌신한 남자가 어디 한 사람이라도 제대로 있느냐고 냉소적으로 반문하거나 힐난하기도 합니다. 심지어 6명의 남정네가 가진 과시적인 명예욕은 똑같다며 논개의 명성에 기대어 자기 자랑이나 자기 문중의 영광으로 삼기 위해 그녀를 이용했을 뿐이라며, 그놈이 그놈일 것이라고 다소 냉소적인 독설마저 퍼붓기도 합니다. 하지만 저는 이것을 사생결단하며, 논개 남자들의 모든 이야기를 역사적으로 고증되지 않은 낭설이라고 전부 부정하고 싶지는 않습니다.

비록 그놈이 그놈일지라도 논개를 향한 애틋함이나 연모의 마음은 똑같으며, 논개와 그들 남자와의 관련성을 떠나 그녀의 마음이 어떻든 논개가 보여준 충의의 마음은 민족사적으로도 소중할 수밖에 없기 때문입니다. 심지어 국적까지 초월해 일본에서조차 논개의 영혼을 모셔갈 정도로 그녀는 강렬한 흡입력을 갖고 있습니다. 그 이유는 무엇일까요? 바로 논개 이야기가 발하는 강렬한 빛과 향기 때문이고, 그 빛의 불멸성과 향기가 내포하는 순결함 때문이 아닐까요.

이 때문에 논개를 기리는 유적은 곳곳에 널려 있습니다. 맨 먼저 진주성 촉석루 밑 암벽에 의암이라고 새긴 바위가 있고 그것을 시작으로 남강변의 의암사적비, 조선 최초의 기생사당인 진주의 의기사를 비롯해 장수의 의암사와 화순의 충의사가 있습니다. 충의사 경내에는 논개의 위패와 영정을 봉안한 의암영각이 따로 건립되어 있습니다. 또한 논개의 삶과 죽음을 기념한 장소로 전북 장수에는 논개생가지가 있고 경남 함양에는 논개무덤이 있으며, 이 밖에도 곳곳에 수많은 논개에 대한 기념비석이 있습니다. 심지어 일본 후쿠오카현 히코산 중턱에는 왜장의 사당이 있는데, 논개의 가묘와 묘비까지 설치되어 있는 등 국내외적으로 논개를 기리는 유적들이 정신을 차리기 힘들 정도로 많이 산재해 있습니다. 이처럼 열렬한 논개 받들기의 열기와 현상은 무엇을 의미하는 걸까요? 또 이를 어떻게 설명해야 할까요?

그렇습니다. 논개가 발하는 빛은 미약하지도 문란하지도 천박하지도 않으며, 모든 이의 소망처럼 논개는 누구의 연인이라도 될 수 있는 넓은 빛과 깊은 향기를 동시에 가지고 있습니다. 논개가 어느 남정네와 정분난 여자라고 논란을 불러일으킨다고 해도, 혹은 누구의 여자가 되어 후취로 들어갔다고 해도, 어차피 누군가의 첩이든 애첩이든 천첩이든 소실이든 측실이든 후처이든 뒷방여인이든 그녀 자신인 논개는 상관하지 않을 것입니다. 그녀의 정신과 사랑이 천박해진 것은 논개 자신이 아니라 논개의 자유로운 영혼을 갉아먹는 우리 사회의 고리타분하고 편협하고 꽉 닫힌 이기적인 생각 때문이 아닐까요?

지난날 사대부와 백성들이 계급과 신분을 떠나 논개를 현창하기 위해 애쓴 것과는 너무나 대조적이지 않을 수 없습니다. 논개가 순국한 이후 그녀의 순국을 나라로부터 인정받는 데는 무려 147년이나 걸렸으나 그동안 진주사람들은 그 시도를 결코 포기하지 않았습니다. 그렇게 애쓴 결과 마침내 논개의 죽음이 의로운 죽음이라고 나라로부터 공인받을 수 있었습니다. 이후 논개를 현창하는 사업이 진행되어 의기사가 창건되고 의암별제가 창제된 것은 역사적으로 명백한 사실입니다. 물론 논개현창사업이 자리 잡을 수 있었던 것은 지방의 사대부나 지방의 목민관이 앞장섰기 때문이지만 진주민중의 끊임없는 염원이 있었기에 가능했습니다. 민중의 염원은 당시 지배계급이었던 사람들도 이구동성으로 '논개 살리기'에 나설 수 있었던 원동력이 되었던 것입니다.

논개에 대한 진주민중의 연모와 사랑이 너무 컸으므로 이들의 정서를 외면하기 어려웠으므로 시배계층은 관민결속과 사회통합의 상징적인 인물로 논개를 선양의 대상으로 삼은 것입니다. 비록 논개가 기생에 불과한 천민이었지만 지배계층이 민중의 정서를 반영한 결과라는 점을 간과할 수 없습니다.

그동안 논개를 둘러싸고 그녀의 남자가 누구인지 그 정체에 대해 말이 많았습니다. 도대체 그녀는 누구의 논개란 말입니까? 사실 그녀는 누구의 논개도 아닌 우리 모두의 논개입니다. 다시 말하지만, 논개의 영혼은 모든 이에게 열려 있습니다. 어떤 남자도 논개와 그녀의 서사를 독점할 수 없습니다. 논개의 역사는 민중의 역사이며 만인의 역사이며 우리 모두의 민족적 자부심이기 때문입니다. 따라서 결론은 논개는 누구의 여자도 누구의 기생도 아닌 만인의 논개입니다. 이러한 자랑스러움 때문에 많은 사람이 혹은 문중 차원에서, 또는 지역 차원에서 앞을 다투어 논개와의 인연을 맺어 자신과 연결하려고 노력한 것이 아닐까요?

예컨대 1989년 논개의 가묘를 조성한 함양군수 최낙건은 '의암 논개반장(義嚴論介返葬) 의병추모비(義兵追慕碑)'를 세우고 비문에 "민족의 애인으로 영원할 의암 혼이 충의와 정절의 그때 모습 그대로 천령 협곡에서 전해지게 하소서"라고 적었습니다. '천령'은 함양의 옛 지명을 말합니다.

그렇습니다. 논개가 누구의 애인이든 어느 문중의 부실이든 심지어 나라의 정인(情人)이든 민족의 애인이든 상관이 없습니다. 구태여 누구든지 논개를 자신의 여자라고 생각하는 사람은 그렇게 생각하십시오! 논개의 몸만이 아닌 논개의 정신까지 받아들이는 순간 여러분이 논개가 되는 것입니다. 그래서 논개는 누구의 여인이라도 될 수 있었습니다. 순종적이고 체념하는 여인이 아닌 자기 뜻을 숨기지 않고 불의에 항거하는 강인한 여성으로 보아야 하는 이유이기도 합니다.

치열했던 1~2차 진주성전투가 끝난 후 논개 이야기는 진주성전투와 함께 한 수많은 영웅호걸 그리고 이름 없이 쓰러져간 백성들과 교감하며 우리의 삶 속에 전승됐습니다. 어떤 영웅호걸도 너도 나도 앞다투어 논개와 인연을 맺고 싶어 할 정도로 그녀가 발산하는 향기는 너무나 끌리고 감미롭고 위대하지 않았나 싶습니다. 그래서 한때는 김시민의 여자로, 한때는 김천일의 여자로, 또 한때는 최경회와 황진의 여자가 되기도 했고, 더구나 논개는 패장(敗將)이었지만 진주목사 서예원을 사랑한 여인이기도 했습니다. 심지어 그녀가 수장시킨 왜장과 수백 년이 지난 후 영혼결혼을 해야 할 정도로 논개는 만인의 여인이었습니다.

물론 마지막 사례는 논개의 의지나 의사와 무관한 어떤 일본인의 과욕이 빚어낸 한심하고 어처구니없는 일이었지만 터무니없는 헛소문은 아니었습니다. 일본에 세워진 논개묘비의 비문은 그 일본인의 부탁으로 1976년 당시 주일 후쿠오카한국총영사관의 한국인 모 영사가 썼다고 합니다. 한국인 영사가 논개묘비의 비문을 쓴 것은 일본인의 논개숭배에 감격했기 때문이라는 후문이 있습니다.

아무튼 그래서인지 일찍이 한용운은 논개의 애인이 되고 싶다고 노골적으로 고백하는 시를 읊었으며, 의암별제 홈페이지에 댓글을 올린 어느 네티즌도 "이러한 여인과 사랑을 나누고 싶을 정도로 논개는 매력적인 여인"이라고 밝혔던 것입니다. 마찬가지로 '어느별님'이란 네티즌도 역시 그랬습니다. 어느별님은 의암별제 게시판에 "논개의 연인이 되어 오랜 세월 가슴으로 마주 보고 살아가기로 했다"라는 글을 올렸습니다. 그는 "매년 꼭 한번은 그렇게 어느 남정네들의, 또는 어느 처자들의 연인으로 논 낭자의 미소가 날아든다"라고 이야기했습니다.

좋습니다. 이제 논개의 남자가 누구이냐가 중요하지 않습니다. 그녀를 어떻게 받아들이냐가 중요할 뿐입니다. 6명의 남자들 이야기는 논개가 정말 사랑했던 유일한 남자가 누구인지, 그녀가 왜 죽음을 선택했는지 알려주는 것과 관계없이 논개의 삶과 죽음을 진실되게 이해하고자 하는 연모의 출발점이 될 것입니다. 그러면 그녀를 위해 무엇을 해야 할 것인지 자명해지는 것이 아닐까요?

이제 논개에 대한 독설과 흥분을 거두고 찬찬히 자신을 되돌아보는 숨고르기를 시작해야 할 사랑과 성찰의 시간이 아닐까 생각합니다. 그래서 누구든지 논개의 남자라고 거론되는 영웅이 있다고 해도 가부를 따질 필요가 없습니다. 삼장사를 기리는 제향이나 논개를 기리는 제향이 어떤 차이와 의미가 있는지 굳이 구분할 이유가 없습니다. 해방 후에도 한동안 삼장사와 논개에 대한 제향이 함께 올려졌습니다. 1957년 7월 26일 진주임란선열추모회가 올린 제향은 삼장사와 논개를 구분하지 않았습니다. 진주성전투의 영웅호걸들에 대한 제향이 "왜란 때 진주성 공방전에서 최후의 일병(一兵)까지 싸우다 마침내 낙성(落城)하여 삼장사 황진, 최경회, 김천일과 칠만 장병이 순국한 것을 추도"한 것이라면, 논개에 대한 제사는 "함성(陷城) 후 왜장을 안고 남강물 깊숙이 목숨을 바친 의기 논개의 의거를 추모하는 제향"이라고 보았기 때문입니다.

4. 논개의 죽음을 부정하다니!*

– 왜장도 전승연도 없다면 논개도 역시 없다

① 게야무라 로쿠스케도 잊으라고요?

② 7월 7일 촉석루 전승연도 버리라고요?

③ 논개의 죽음을 부정하고 모독하는 폭거

    * 제3부 제4장에서는 7개 항의 질문 중 아직 답변하지 못한 두 가지 부분인 왜장의 존재와 촉석루 전승연에 대한 문제를 짚어본다. 이에 앞서 살펴본 바와 같이 6명의 남자들이 논개와 인연을 맺고 싶어하듯 많은 사람들이 논개를 예찬하고 기려왔다. 그렇지만 이에 못지 않게 논개를 폄훼하고 모독하는 마타도어도 만만치 않게 있었다. 이미 마타도어에 대해 상당 부분을 설명했지만 그중 왜장 게야무라 로쿠스케를 잊을 수도, 7월 7일 촉석루 전승연을 버릴 수도 없는 이유는 다시 한번 설명할 필요가 있다. 이 점은 논개의 죽음을 전면적으로 부정하고 모독하는 가장 두드러진 논쟁적 사안이기 때문이다.

    이와 같은 주장은 한마디로 논개를 모독하는 '반논개적 폭거'라고 규정하고 싶다. 게야무라 로쿠스케도 잊고 촉석루 전승연도 버린다면 논개의 역동적인 서사는 만들어지기 어려울 것이다. 물론 이것이 논개 이야기를 구성하는 본질적인 내용은 아니라고 해도 그녀의 죽음을 이야기하는 데 있어야 할 필요충분한 요소임은 부인할 수 없다. 물론 이 부분이 없다고 해도 논개가 보여주었던 죽음의 의미가 달라지는 것은 아니지만 설령 있다고 해도 논개의 죽음이 폄훼되거나 역사가 심각하게 왜곡되는 것도 아닐 것이다. 그것은 논개의 죽음을 설명하는 역사적 배경으로 타당성 있는 묘사라고 볼 수 있고, 나아가 논개의 죽음은 아무도 부정할 수 없는 일이라는 점을 다시 한번 명확히 할 수 있기 때문이다.

이 글 역시 의암별제 홈페이지 게시판과 소식지 《의암별제》에 게재된 글을 바탕으로 정리한 글임을 밝혀둔다.

① 게야무라 로쿠스케도 잊으라고요?

(논개를 둘러싼 마타도어)

"게야무라 로쿠스케도 버리십시오! 논개와는 아무 관계가 없기 때문입니다."

(논개를 위한 변명)

그렇다면 논개가 죽인 왜장은 대체 누구란 말입니까? 왜장은 왜군의 장수를 말하는데 임진왜란 때는 왜적의 우두머리라고 하여 '왜추(倭酋)' 또는 '왜관(倭冠)'이라고 불렀지요. 조선 후기에 박치복은 「논개암에서」란 시를 읊었는데, 왜추가 논개를 가학적으로 학대하고 희롱하는 모습을 묘사하고 있습니다. 그 시에는 "완고한 왜추가 술상에 턱을 괴고 기댄 채 / 술에 취해 늘어져 방자하게 떠들며 희롱하도다 / 미련하고 헤픈 웃음으로 수컷의 본성을 드러내더니 / 어깨에 메고 매질을 가하는 음란함으로 욕되게 하네"라고 읊었습니다. 왜추가 웃으면서 짐승처럼 매질하는 장면은 성도착증과 가학성을 느끼게 하기에 충분한 것으로 음란함과 혐오스러움을 잘 보여주고 있습니다. 아무리 논개가 죽음을 각오하고 나선 일이라고 하지만 한 여성으로서 감당하기 어려운 수모였고 고통이었을 것입니다.

하지만 분명한 것은 논개는 한 명이지만 거론되는 왜장은 여러 명이었다는 점입니다. 조선 때 구전된 이야기에 의하면 논개가 죽인 왜장은 한두 명이 아닙니다. 그 왜장으로 청정(淸正), 평수길(平秀吉), 입화종무(立花宗茂), 석종노(石宗奴), 성종노(成終奴), 하라북(河羅北), 한아복(漢我服) 등 온갖 이름이 다 나오고 있습니다. 이 중 청정은 조선을 침략한 왜장의 선봉장이던 '왜추' 가등청정(加籐淸正)을 말하고 평수길은 조선 침략을 명령한 일본의 관백이던 '왜관' 풍신수길(豊臣秀吉)을 말하는데, 이들이 논개에게 죽음을 당하지 않았다는 것은 이미 세상이 다 아는 명백한 사실입니다. 그런데 왜 논개에게 죽었다고 이런 이름들이 나왔을까요. 아마도 조선을 도륙한 왜적에 대한 역사적 증오감과 복수심에서 이 두 우두머리를 논개가 죽인 왜장으로 만들어 원한을 갚아보려는 염원에서 비롯된 것이 아닐까 생각합니다.

심지어 이 중에는 논개가 죽인 왜장이 두 명인 이야기도 있습니다. 이를테면 성종노와 하나복(한아복)이란 두 왜장은 동시에 논개의 손에 수장당했습니다. 조선 말 〈한양가(漢陽歌)〉라는 가사작품을 보면 "논개의 거동 보소 한 손엔 종노 잡고 / 또 한손엔 나복 쥐고 사이서로 손을 잡고 / 난간으로 돌아갈 때 만경창파 저 강물에 / 아주 풍덩 사이빠져 내천 자로 누웠으니…"라고 묘사했습니다. 이 노래는 구전 및 필사 과정에서 이본이 많습니다만 어쨌든 논개가 죽인 왜장이 두 사람이라고 묘사하고 있습니다. 논개가 왜장 종노와 나복 두 명을 각각 잡아 두 손으로 움켜잡고 촉석루 난간으로 끌고 가서 이들과 함께 남강에 몸을 던졌다는 것입니다. 논개까지 세 명이 동시에 수장되어 물속에서 내천(川) 자로 나란히 드러누워 있는 모습을 아주 생생하게 노래하고 있지요.

또 근현대의 기록을 살펴보면, 논개가 죽인 왜장은 앞에서 언급한 가등청정을 비롯해 모곡촌육조(毛谷村六助), 모리수원(毛利秀元), 모리성(毛利盛), 귀전손병위(貴田孫兵衛) 등의 이름이 새롭게 나오고 있습니다. 이들도 마찬가지입니다. 앞에서 성도착증과 가학성을 느끼게 하는 왜추의 야만적인 행위를 묘사한 시를 보았지만, 개처럼 발정 난 왜장들은 논개가 던진 미끼를 덥석 물지 않을 수 없었으므로 모두가 남강에서 물고기밥이 될 운명이었습니다.

그중에서도 일제강점기에 발행된 잡지 《개벽》과 《별건곤》에는 논개가 죽인 왜장을 모곡촌육조라고 밝히고 있습니다. 일설에는 그가 일본의 전설적인 사무라이 귀전손병위, 즉 가등청정의 가신이었던 무장 '기다 마고베'라는 말도 있습니다. 그러니까 모곡촌육조를 다른 이름으로 부르는 이명이 바로 귀전손병위라는 것입니다. 이와 관련해 1923년 발행된 《개벽》 제34호의 '논개의 의열'을 보면, "일장(日將)은 '가등 모(某)'라고도 하고 '모리성'이라고도 하나 기실(其實)은 가등청정의 부장(部長) 모곡촌육조다"라고 밝히면서도 "그의 상세한 사실은 역사에 기재가 별무(別無)한 즉 차(此)를 말하기 어려우나"라고 지적했습니다. 한마디로 모곡촌육조도 논개가 죽인 왜장으로 확실히 단정하기에는 어렵다는 것입니다. 왜장 가토나 왜장 모리도 있기 때문에 이렇게 역사적으로 어려움이 많다고 솔직히 털어놓은 셈입니다. 마찬가지로 일제강점기이던 1940년 진주에서 발행된 『진주대관』에 따르면 논개가 죽인 왜장을 "모곡촌육조[여기에서는 귀전손병위가 아닌 목전손병위(木田孫兵衛)라고 병기했으나 오기로 보임]라고 하고 있으나 육조(六助)는 가등청정을 따라 출전하던 중 전사했다는 통설이 있다"라고 기술하며 다음과 같이 밝혔습니다.

"육조의 일대기[이 대목에서 그의 출생지가 일본 영언산(英彦山) 아래 대분현(大分縣)에 있다고 병기함]에 의하면 임진왜란이 끝난 후 일본으로 돌아가서 여생을 보냈다고 되어 있으므로 어찌되었건 남강에 투신해 익사한 것은 효성스럽고 용맹하다고 일컫던 육조에 대해 가짜로 꾸민 허설(虛說)[거짓말]인 것으로 생각된다."

더구나 일본 현지에서 모곡촌육조에 대해 쓴 기록을 보면 논개에게 허망하게 죽을 인물이 아닌 것으로 보입니다. 일본에서 발간된 게야무라 로쿠스케에 대한 『영언산권현실록(英彦山權現實錄)』등의 기록에 의하면, 일본의 전통극 가부키 공연으로 〈영언산권현서조검(英彦山權現誓助劍)〉이 공연된 후 게야무라의 이름은 가부키의 주인공이며 일본의 효자, 장사, 검술가로 널리 알려졌다고 보기 때문입니다. 그동안 많은 왜장이 논개에게 수장당한 것으로 나오지만, 어찌 된 일인지 정작 일본 가부키에는 게야무라가 논개의 손에 죽임을 당한 것으로 나오지 않습니다. 조선의 여인에 의해 투강(投江)되어 수중고혼(水中孤魂)이 된 수치스러운 비화를 사무라이 전통극에 넣을 순 없었기 때문이지요.

그럼에도 이들 왜장 중에서 모곡촌육조가 논개에게 죽임을 당한 왜장으로 가장 유력해 보입니다. 그 이유는 조선인 역사학자로 이름이 높던 육당 최남선도 논개가 죽인 왜장이 모곡촌육조라고 지목했기 때문입니다. 최남선은 자신이 저술한 『조선역사강화(朝鮮歷史講話)』에서 "진주성을 포위 공격하여 29일에 성이 드디어 함락하고 부사(府使)[목사(牧使)의 오기] 이하 군민(軍民) 사자(死者) 6만을 지내니 임진(壬辰) 이래의 전역(戰役) 중에 화(禍)의 참악(慘惡)이 이에서 심(深)함이 없고 우리 군용(軍容)과 사기(士氣)의 장렬(壯烈)도 여기로써 가장이라 한다. 이 역(役)에 촉석루에서 기(妓) 논개가 적장 모곡촌육조를 안고 남강으로 투사(投死)한 것은 평양 계월향의 일과 한가지 임란사상(壬亂史上)의 유명한 일대(一對) 미담(美談)이다"라고 표현했습니다.

또한 일제식민지배 당시 일본인들의 이야기를 기록한 다마카와 이치로의 『경성, 진해, 부산』에 따르면 진주소학교의 한 일본인 교사가 수업 도중에 모곡육촌조, 즉 게야무라 로쿠스케 이야기를 꺼냈는데, 학생들이 "선생님. 옛날부터 알고 있는 이야기예요. 게야무라가 기생에게 속아서 품에 안긴 채 촉석루에서 남강에 빠져 죽었다는 말씀을 하시려는 거죠?"라고 반문하며 "색골 같은 놈!"이라고 대답했다는 것입니다. 이 내용을 볼 때 게야무라 이야기는 이미 일제강점기에 널리 알려진 내용으로 보입니다.

마찬가지로 해방 후에도 모곡촌육조가 논개에게 수장당한 왜장으로 적극적으로 묘사되었기 때문이지요. 하지만 일제강점기까지만 해도 이름이 분분해 신문에 소개된 왜장은 모곡촌육조만 있었던 것이 아닙니다. 아직 모곡촌육조가 논개의 남자로 확실히 자리잡기까지는 시간이 좀 더 필요했습니다. 1927년 2월 22일자 《동아일보》는 진주명승지로 의암을 소개하면서 논개에게 죽은 왜장의 이름을 모리수원(毛利秀元)이라고 밝혔기 때문입니다. 이 모리수원의 일본어 이름은 '모리 히데모토'인데 《동아일보》의 내용은 다음과 같습니다.

"임진(壬辰) 함성시(陷城時)에 왜장 모리수원(毛利秀元)이 논개의 미용(美容)을 탐하여 음주희락(飮酒戲樂)타가 논개는 일사보국(一死報國)의 장지(壯志)를 회(懷)하고 강개처량(慷慨凄凉)한 시조(詩調)를 일음(一吟)한 후 모리의 만취(滿醉)를 승(乘)하여 기요(其屢)를 포(抱)하고 투강이사(投江而死)하였다. 후인(後人)이 논개의 절의(節義)를 포창(褒彰)하여 기암(其巖)을 의암(義巖)이라 명(名)하고 '의암' 2자(二字)를 암(巖)의 전면(前面)에 전자(篆字)로 각(刻)하였다."

"임진왜란으로 진주성이 함락될 때 왜장 모리 히데모토가 논개의 아름다운 얼굴을 탐하여 술 마시고 놀고 있다가 논개는 한번 죽어 나라에 보답하려는 장한 뜻을 품고, 의기가 북받쳐 분노스럽고 서글픔이 분분한 시조를 한번 읊은 후 모리가 만취한 틈을 타서 그 급소(남성의 음부)를 잡고 강물에 뛰어내려 죽음을 맞이하였다. 후세 사람이 논개의 절개와 의로운 공을 기려 표창하여 그 바위를 의암이라 이름 짓고 '의암' 두 글자를 바위의 앞쪽 면에 전자체로 새겼다."(필자가 한자의 뜻을 풀어서 덧붙임)

이밖에도 또 다른 왜장이 논개에 의해 죽임을 당했다는 이야기도 있었습니다. 예컨대 조선에 파병된 왜군의 대부대를 지휘한 거물 왜장인 그자는 조선에서 호랑이를 때려잡아 가죽을 벗겼다는 포악한 왜장 가등청정(加藤清正)입니다. 가등청정은 도요토미 히데요시의 심복 중 한 사람인 '가토 키요마사'를 말합니다. 도요토미에게는 오른팔과 왼팔로 쓰는 심복 부하가 둘이 있었습니다. 그중 한 사람이었던 소서행장(小西行長), 즉 '고시니 유키나가'가 있었는데, 그와 함께 가토는 조선 침공에 서로 앞을 다투며 경쟁을 벌였습니다. 가토는 한양성을 함락할 때 남대문으로 입성한 자였고 고시니는 동대문으로 입성한 자였습니다. 특히 가토는 함경도까지 진격해 피난 중이던 임해군 등 조선의 왕자 2명을 포로로 생포한 전과를 올린 왜장 중의 왜장입니다. 그런데 더 이상한 것은 2차 진주성전투에서 승리한 직후 그 가토가 남강의 바위 위에서 자살하려는 논개를 보고 그녀를 구하려고 하다가 함께 강물에 빠져 죽었다는 내용입니다. 이처럼 황당한 내용은 물론이고, 나중에는 가토의 이름이 모리의 이름을 대신했다고도 얘기합니다.

더구나 같은 신문에서 서로 다른 인물이 등장하는 이야기가 나온 것은 또 어떻게 생각해야 할까 싶습니다. 앞에서 본 1927년《동아일보》는 논개가 죽인 왜장이 모리수원이라고 했고 그는 논개의 미모에 반해 그녀와 함께 음주가무를 즐기다가 물에 빠져 죽었다

고 기술했습니다. 그러나 이듬해 《동아일보》 1928년 7월 19일자
에는 가등청정이 자살하려는 논개를 구하려고 했다가 오히려 계략
에 말려들어 그녀에 의해 수장 당했다고 하는 등 상반된 내용을 기
술했습니다. 이렇게 가토의 이름이 모리의 이름을 대신하기까지
했습니다. 그럼 그 신문내용을 한번 살펴보겠습니다.

"계사(癸巳)의 전역(戰役)에 일본인 가등(加藤), 모리(毛利)
등이 수만의 병졸을 희생시킨 후 진주성을 함락하고 촉석루 상(上)
에서 승전(勝戰)의 축연(祝宴)을 배설(配設)하였을 시(時)에 성
기(城妓) 논개는 응장성복(凝粧盛服)으로 국수(國讐)를 보(報)
하라는 계책(計策)을 회(懷)하고 암상(巖上)에 독좌(獨坐)하여
비가(悲歌)를 부르며 익사(溺死)를 도(圖)하려는 태도를 암시하
자 과연 이 계책에 농락된 가등은 그대로 앉아 볼 수 없다 하여 누
하(樓下)에 내리어 암상(岩上)의 논개를 구하고자 할 사이에 논개
는 돌연히 가등을 포옹(抱擁), 투강(投江)하였으므로 진주성을 함
락한 맹장(猛將)도 논개와 한가지로 수중(水中)의 혼(魂)이 되고
말았다."

"1593년의 2차 진주성전투에 일본인 가토 키요마사, 모리 히
데모토 등이 수만의 병졸을 희생시킨 후 진주성을 함락하고 촉석
루 위에서 승전을 축하하는 잔치를 짝지어 마련했을 때, 진주성 관
기 논개는 진한 화장과 화려한 복장으로 나라의 뼈에 사무치는 한
을 보답하려는 계책을 마음에 품고 바위 위에 홀로 앉아 구슬픈 노

래를 부르며 물에 빠져 죽으려는 태도를 암시하자, 과연 이 계책에 농락된 가등은 그대로 앉아 볼 수 없다 하여 촉석루 아래로 내려와 바위 위의 논개를 구하고자 할 사이에 논개는 돌연히 가등을 껴안고, 강물에 뛰어들었으므로 진주성을 함락한 맹장도 논개와 마찬가지로 수중의 물귀신이 되고 말았다."(필자가 한자를 풀어서 덧붙임)

이러한 주장은 신문을 보는 독자들을 헷갈리게 했습니다. 1932년 9월 산청에서 한 독자가 《동아일보》에 기고한 전설에는 논개가 껴안고 남강에서 익사시킨 왜장은 앞서 《동아일보》가 말한 모리(毛利)가 아닌 후자의 청정(清正), 즉 가등청정이라고 지목했습니다. 하지만 왜장 가토는 그때 죽지 않았습니다. 그는 임진왜란 때 조선을 침략한 선봉장으로 왜군을 이끌고 출병했는데 정유재란 이후 전쟁을 일으킨 도요토미가 죽자 철수해 일본에 돌아갔습니다. 하지만 도요토미 가문에 대해 반란을 일으킨 도쿠가와 이에야스 편에 가담했고, 도쿠가와가 승리하자 구마모토번 다이묘가 되어 1611년 여생을 마친 인물입니다. 이렇게 역사적으로 보면 그는 논개에 의해 수장된 왜장이 아니라는 사실이 확실합니다.

게다가 괴물처럼 조합된 이상한 왜장 이름도 등장합니다. 《동아일보》는 1934년 1월 2일자 기사에서 "남강 연안에 촉석루가 우뚝 서 있으나 이곳이 임진왜란 때 논개가 왜장 모리촌육조(毛利村六助)를 껴안고 투신자살한 곳!"이라고 보도했습니다. 여기에 표기된 왜장의 이름이 이상합니다. 모리촌육조는 모리수원과 모곡촌육조를 반반씩 합친 이름입니다. 즉 모리수원의 '모리'와 모곡촌육조의 '촌육조'를 합쳐 모리촌육조라는 기막힌 왜장이 탄생한 것이지요. 마치 귀신에 홀린 듯 유체이탈해 다른 육신과 합체해 새로 탄생한 기묘한 이름입니다. 그 왜장의 뒤섞인 이름은 모리수원이나 모곡촌육조 가운데 어느 하나를 착각했는지도 모르겠습니다.

어쨌든 《동아일보》가 왜장 이름에 대해 모리라고 하거나 혹은 가토나, 혹은 모리촌육조라고 하는 등 오락가락했으나 《조선일보》는 일관된 목소리를 냈습니다. 《조선일보》 1931년 8월 19일자 기사를 보면 촉석루에서 열린 논개 제사에 대해 보도하면서 민요를 하나 소개하고 있습니다. 그 가사는 "진주기생 의암(義岩)이 왜장 청정(淸正)의 목을 안고 진주 남강에 떨어졌네 에해에해 에해야…"라고 소개했는데, 특이하게도 기사 내용에 기자의 주(註)를 달았습니다. 기자는 이 노래에 대해 "사실은 청정이 아니요 다른 왜장이다"라는 주석을 달아 가토가 아님을 밝혔습니다. 또한 일제 강점기에 《조선일보》 주필을 지낸 서춘도 1936년 8월 진주를 방문하고 쓴 기행문에서 "모곡촌육조가 주장(主將) 가등청정의 부하에 속하였던 관계일는지는 모르나 이곳 사람들은 동사자(同死者)를 가등청정으로 오인하고 있다"라고 밝히며 가토가 아닌 모곡촌육조, 즉 게야무라가 논개에 의해 죽은 왜장이라고 소개했습니다.

해방 후에도 논개에 의해 죽임을 당한 왜장의 이름은 여전히 분분했습니다. 1954년 진주 의기창렬회에서 의기사 앞에 세운 '의랑 논개의 비'에는 그 왜장의 이름을 '모곡촌'이라고 새기면서도 일설에는 '석종노'라고 부르고 있다고 괄호 안에 부기해 놓았습니다. 그런데 이 비석이 세워지기 14년 전에 발간된 『진주대관』에는 논개가 죽인 왜장을 '모곡촌육조'라고 밝히면서도 이명으로 목전손병위라고 병기했습니다. 목전손병위는 일본의 가부키에도 등장하는 귀전손병위를 말합니다. 이처럼 동일한 지역에서 기술한 내용조차 왜장의 이름이 각기 달라 모곡촌이나 석종노, 목전손병위 등으로 나타나서 상당히 어지럽습니다. 너구나 논개가 태어난 장수에서도 마찬가지입니다. 1960년 장수교육감이 세운 '의암 주논개랑 생장지 사적불망비'에는 논개가 죽인 왜장 이름은 '입화종무', 즉 '다치바나 무네시게'라고 밝혔습니다. 다치바나는 임진왜란 때 경기도 벽제관전투에서 조선과 명나라 연합군과 맞붙어 싸웠던 왜장이었습니다. 그래서인지 《조선일보》 1969년 5월 13일자는 투신 직전에 논개가 자신을 겁탈하려고 달려드는 왜장을 끌어안고 죽었는데, 그자의 이름이 입화종무라고 다시 밝히기도 했습니다.

이렇듯 왜장에 대한 의견은 매우 분분한 난맥상을 보였습니다. 하지만 해방 후 소설가들이 지목한 왜장은 한 사람으로 의견이 모였지요. 모리수원이나 가등청정, 입화종무 등이 아닌 모곡촌육조, 즉 게야무라 로쿠스케라고 입을 모으기 시작했습니다. 저명한 소설가 박종화와 정비석 등은 논개가 남강물에 빠뜨려 죽인 왜장이 게야무라 로쿠스케라고 지목했던 것이지요. 그래서 이제는 최경회의 후손들도, 논개의 탄생지인 장수군도 논개가 죽인 왜장은 게야무라라고 이구동성으로 지목하고 있습니다. 그래서인지 지금까지 전해진 왜장들 가운데 가장 널리 알려진 왜장의 이름은 게야무라 로쿠스케입니다.

물론 게야무라도 일본에서는 가부키에 등장하는 사무라이로 묘사되고 있지만, 그의 죽음은 조선사망설과 일본사망설로 크게 나뉘고 있습니다. 그중에는 2차 진주성전투 때 논개에 의해 죽었다는 등 조선사망설이 가장 많습니다. 게야무라는 가토의 부하로 조선에 출병한 후 함경도에서 전사했다는 설과 혹은 울산성전투에서 전사했다는 설이 있고, 아니면 일본으로 돌아가 여생을 마치고 고향에 묻혔다는 설이 있습니다. 특히 한국에서 전해지는 바에 따르면, 게야무라가 2차 진주성전투 후 전승연 때 물에 빠져 죽었다는 설에 대해서는 더 구체적입니다.

예컨대 논개의 시신을 반장(返葬)[임시장례]했다고 보는 함양군에서는 1977년 펴낸 『의랑 논개』를 통해 논개의 무덤을 만들고, 게야무라의 시체까지 처리한 것으로 기록하고 있습니다. 당시 의병들이 최경회 장군과 논개가 순절했다는 소식을 듣고 남강 하류에서 시체를 수색한 결과 최경회와 논개, 두 사람의 시신뿐만 아니라 이와 더불어 적장 모곡촌의 시체도 발견했다고 하며 "진주 함성(陷城) 패전의 원한을 모곡촌 시체를 능지처참(凌遲處斬)[사지절단]으로 복수하고…"라고 밝히고 있습니다. 만약 죽은 게야무라의 시신을 능지처참한 것이 사실이라면 그는 진주에서 사망한 것으로 봐야 하는 것이 마땅하지만 함양의 논개무덤은 여러모로 역사적 근거와 신빙성이 없어 보이므로 게야무라의 사망지가 진주성이라고 말할 수 없습니다. 현재 함양의 논개무덤은 역사학계나 문화재 당국으로부터 공인받지 못하고 있습니다.

이처럼 게야무라의 죽음과 관련해 여러 가지 설이 전해지고 있습니다만 어느 것 하나도 확실하다고 단정하기 어렵습니다. 더구나 그가 죽었다고 전해지는 사망설이 그동안 논개가 수장시킨 왜장과는 다 무관해 보인 점도 간과할 수 없습니다. 하지만 지금은 아닙니다! 왜 그럴까요? 현재 일본에서조차 게야무라는 2차 진주성전투 때 남강에서 논개에 의해 죽었다고 보고 있으니까요. 즉 논개를 숭배하는 어느 일본인이 논개가 죽인 왜장을 게야무라라고 단정하고 그녀의 영혼을 게야무라의 사당에 모셔가기까지 했기 때문입니다. 따라서 지금은 게야무라라는 이름이 논개가 죽인 여러 명의 왜장 중 가장 대표적인 왜장의 이름으로 국내외적으로 확고하게 자리 잡고 있습니다.

그렇다면 일본에서는 게야무라와 논개의 관계를 어떻게 보고 있을지 궁금해집니다. 앞에서 언급한 바 있는 가와무라 미나토 교수는 『말하는 꽃, 기생』에서 "여기서 나는 이런 가설을 세워 보고 싶다. 위에서 살펴본 게야무라 로쿠스케의 뿌리[고대 한반도에서 건너간 조선인의 후예를 말함]가 무의식적이었다 하더라도, 조선인의 집단적 무의식의 심층에 남아있었기 때문에 논개가 죽였다는 왜장이 언제부터인가 '게야무라 로쿠스케'라는 전설로서 성립된 것이 아닐까 하는 것"이라고 밝혔습니다. 다시 말해 게야무라의 조상이 고대 한반도에서 건너간 조선인이기 때문에 그 뿌리가 무의식적이라고 해도 조선인의 무의식 속에도 남아있어 논개가 죽인 왜장이 게야무라일 것이라는 전설이 나오게 되었다는 것입니다. 이 말은 곧 나중에 일본에 있던 게야무라의 사당에 논개묘까지 만들어지게 되는 이유가 되지 않았을까요?

그런데 그대께서는 그녀가 죽인 왜장이 '게야무라 로쿠스케'가 아니라고 목소리를 높이고 있습니다. 무엇보다 그대께선 논개와 게야무라, 두 사람 간에 아무런 관계가 없다고 강하게 말하고 있지만, 이 두 사람에게는 결코 부정할 수 없는 명백한 관계가 있습니다. 바로 논개와 게야무라라는 도저히 서로를 끊어버릴 수 없는 질기고 깊은 악연으로 맺어져 있다는 점입니다. 이 두 사람의 관계는 사랑이 전제되어 있지 않은 인위적인 관계이므로 그 인연은 증오스러운 악연일 뿐입니다. 그래서 저도 이 두 사람의 관계를 당장 끊어버리고 싶고 또한 게야무라의 그림자를 논개의 영혼에서 뜯어내버리고 싶은 마음이 간절합니다.

그러나 그럴 수 없는 이유가 있다는 것을 그대께서도 잘 아시지 않습니까? 논개가 그를 수장시켰는지와 상관없이 임진왜란이 끝난 지 4백 년이 넘었는데도 아직도 그 악연은 계속되고 있다는 사실을 정말 모르시는 겁니까? 일본에 한번 가보십시오! 게야무라의 첩처럼 논개의 묘가 그의 묘비 옆에 나란히 자리 잡고 있으며, 사당 안에는 두 사람의 영정이 나란히 걸려 있지 않습니까? (1998년 8월 저는 일본 후쿠오카현 히코산에 있는 왜장 사당을 방문했는데, 이 기괴하고도 해괴한 현장을 두 눈으로 직접 확인하고, 실로 큰 충격을 받았습니다.)

그런데 왜장의 사당에서 일본인이 제향을 올리는데, 남강에서 수장된 두 사람을 위해 왜장과 논개의 원혼을 위로한답시고 추모제를 지낸다고 그럽니다. 도저히 화합할 수도, 공존할 수도 없는 두 사람을 이토록 질기게 묶어 놓고 있지 않습니까? 저는 그 누구보다도 논개와 게야무라와의 관계를 연결하고 싶지 않은 사람입니다. 그러나 현실은 그게 아니지 않습니까? 유몽인이 『어우야담』에서 논개에 의해 죽임을 당한 왜장에 대해 이름을 밝히지 않았다고 해서 일본에서 벌어진 이런 작태를 모르는 체 방관할 수는 없습니다. 그대께서는 지금 일본에서 논개의 영혼을 게야무라의 제물로 바치고 있는 이 비극적인 현실을 비켜 갈 수 있다고 생각합니까?

설령 논개가 껴안고 죽인 왜장이 게야무라가 아니라고 해도 일본에는 제2의, 제3의 수많은 왜장이 떼를 지어 기다리고 있다는 현실을 명심하십시오. 단순하게 생각하기에는 민족적인 분노가 뒤틀려 피가 역류합니다. 그대께서는 이 저주받은 현실에는 침묵하고 왜 논개가 껴안고 죽인 왜장의 이름이 확실치 않다고 하며, 거기에만 매달려 논개를 부정하고 모독하는 목소리를 계속 높이고 계십니까?

② 7월 7일 촉석루 전승연도 버리라고요?

(논개를 둘러싼 마타도어)

"7월 7일 촉석루 전승연도 버리십시오! 7월 7일은 어느 사료에도 없을뿐더러, 왜적의 촉석루 전승연 운운은 역사왜곡이기 때문입니다."

(논개를 위한 변명)

2차 진주성전투에서 왜군에 의해 진주성이 함락된 날은 1593년 6월 29일입니다. 주지하다시피 이날 진주성에 있던 모든 사람은 떼죽음을 면치 못했지요. 이때 죽은 사람들이 6만 명 혹은 7만 명이라고 합니다. 어마어마한 숫자지요. 유성룡의 『징비록(懲毖錄)』에 따르면 6만여 명의 군사와 백성이 죽었으며, 소, 말, 닭, 개까지 살아남은 것이 없었다고 기록했습니다. 물론 왜군의 학살에서 겨우 살아남았다고 해도 생존자들은 모조리 포로로 잡혀서 일본으로 끌려가 노예 신세가 되었습니다. 그 와중에 왜군이 진주성을 파괴하기 위해 성내에 불을 질렀을 때 촉석루도 함께 불에 타 소실되었다고 합니다.

그러나 의암사적비의 비문을 썼던 유학자 정식의 견해는 다릅니다. 그의 『촉석루중수기(矗石樓重修記)』에 따르면, 2차 진주성 전투 때 촉석루가 불길에 완전히 사라지는 환란은 다행히 피했다는 취지로 서술한 부분이 있는데, 그 대목은 주목할만합니다. 물론 치열했던 진주성전투로 인해 촉석루가 전혀 피해를 보지 않았다고 볼 수 없겠으나 잿더미가 될 정도로 참화를 입지 않았던 것으로 보입니다. 만약 그렇다면 왜군의 촉석루 전승연도 마련되기 어려웠겠지요. 하지만 촉석루 전승연이란 소리가 나온 것을 보면 누각이 완전히 불타 파괴되지는 않은 것 같습니다.

또 한 가지 촉석루가 완전히 불타고 무너져 폐허가 되었다고 볼 수 없는 역사적 근거가 있습니다. 충무공 이순신은 누구보다도 진주성 함락을 뼈저리게 가슴 아파했습니다. 그는 진주성의 비극이 있은 지 2년 후인 을미년(1595년) 8월에 체찰사(體察使)를 만나러 바다에서 육지로 올라와 진주성에 왔는데, 도착하자마자 직접 촉석루에 올라가 전몰장수들을 생각하고 애통함을 금치 못했다고 『난중일기(亂中日記)』에 적었습니다. 이를 볼 때 만약 촉석루가 계사년(1593년)에 완전히 잿더미가 되었다면 이순신이 촉석루에 오를 수도 없었을 것입니다. 만약 폐허가 된 촉석루를 예전처럼 복구했다고 해도 전란 중에 대규모 토목사업을 일으키기란 현실적으로 가능하지 않습니다. 게다가 부역에 동원할 백성도 물자도 여력도 없었을 뿐만 아니라 무엇보다 당시가 전쟁 중이었기 때문에 더 그렇습니다. 그래서 1722년 이준의 『도재일기(導哉日記)』 등 다수의 문헌에는 왜군의 촉석루 잔치가 있었다고 한결같이 기술하고 있습니다. 만약 그대의 주장처럼 촉석루 전승연이 없었다고 완전히 부정한다면 이 사실을 기록한 문헌들도 모두 부정해야 합니다.

또 다른 이유로는 일본의 최고 우두머리 도요토미 히데요시의 경계심 때문에 촉석루에서 전승연이 개최되기 어려웠다는 설도 있습니다. 2003년 경남의 한 향토사학자는 "주연(酒宴)을 벌였다는 촉석루는 불탔다는 기록이 있고 일본군이 주연을 벌일 만큼 넉넉하지 못했고, 풍신수길의 경계심 때문에 부대장들이 한자리에서 주연을 벌일 수 없는 처지였다"라고 주장했습니다. 이처럼 촉석루에서 주연을 벌일 수 없었다는 이유를 찾는다면 촉석루에서 전승연을 하지 못할 이유는 백 가지도 넘을 것입니다. 하지만 왜군들 또한 진주성 싸움에 너무 많은 힘을 소진했기 때문에 매우 지친 상태였습니다. 그때 가토 기요마사의 부하 중에 "진주성 관민들의 처절한 저항 때문에 일본군의 예기(銳氣)가 꺾였다"라며 병사들에게 휴식이 필요하다고 누군가가 건의했다고 합니다. 가토는 그 건의를 받아들였고, 이후 호남으로 진격을 포기하고 남해안에 머물렀다고 합니다. 결과적으로 진주성전투가 왜군의 호남진격을 중지시킨 결정적 요인이 되었다고 봐도 무방합니다.

어쨌든 전투 며칠 후에 촉석루에서는 진주성싸움의 승리를 자축하는 왜군의 술판이 대대적으로 벌어졌습니다. 이때 논개는 왜장을 유혹해 그를 껴안고 의암에서 물속으로 뛰어들었는데, 이날이 바로 칠석날이라고 합니다. 물론 논개의 투신 사실을 최초로 기록한 『어우야담』을 근거로 기록 대부분은 음력 6월 29일 진주성이 함락될 때 논개가 죽은 것으로 봅니다. 그러나 함락 당일 곳곳에 널린 피비린내가 진동하는 시체들 옆에서 잔치판을 벌일 분위기는 아니었을 겁니다. 그래서 어느 정도 성내가 정리된 후 전승연을 벌였고, 만약 칠석날인 음력 7월 7일에 촉석루 전승연이 벌어졌다면, 이날이 바로 논개가 순국한 날이라고 할 수 있습니다. 그래서 장수군에서는 이 칠석날을 논개의 순국일로 기려 의암제를 개최하고 있습니다. 이 같은 이야기를 그대께서는 역사왜곡이라고 전면부정하고 있습니다.

그러나 논개 이야기는 그 자체가 살아있는 신화이며 서사인 동시에 역사입니다. 그래서 멀리는 임진왜란 후 유몽인이 최초로 논개전설을 수집해 글을 썼고, 조선의 수많은 시인묵객이 찬양했으며, 가까이로는 한용운과 변영로가 시를 읊었고, 이 외에도 많은 소설가와 예술가들이 영감을 받아 그녀를 주제로 헤아릴 수 없이 수많은 작품을 만들었습니다. 논개 신화는 당대의 대중정서와 염원을 깔고 있었고 시대정신을 밑바탕에 두고 있었기에 가능했습니다. 그래서 그녀의 죽음을 둘러싸고 다양한 이야기가 전해 오는 것입니다.

논개에 대한 최초의 기록인 『어우야담』에는 "논개가 그 왜놈을 껴안고 곧바로 강물에 뛰어들어 함께 죽었다"[論介遂抱持其倭直投于潭俱死]라고 그녀의 행위를 매우 간략하면서도 핵심적으로 표현하고 있지요. 하지만 그 대목을 묘사하는 부분은 좀 더 구체적이고 역동적입니다. 즉 "마침내 진주성이 함락되어 짓밟히고 패하고 백성들이 모두 죽게 되자 논개는 분단장을 곱게 하고 촉석루 아래 강물에 우뚝 솟은 바위 위에 서 있었으니 바위 아래는 깊은 강물이었다. 왜병들은 멀리서 바라보며 좋아했지만, 감히 벼랑 가까이 접근하지 못했는데, 유독 한 왜장이 혼자 당당하게 앞으로 나아가니 논개는 미소를 머금고 그를 맞이했다. 왜장 하나가 혼자 나서서 그녀에게 다가오자 논개도 웃음을 흘리면서 왜장을 맞이했다. 왜장은 수작을 걸면서 논개를 끌어당기자 그녀도 왜장을 힘껏 끌어안았다. 그리고 바위 아래로 몸을 던져, 둘 다 함께 깊은 물 속에 떨어져 죽었다"라고 논개의 거사를 실감 나게 묘사하고 있습니다.

이처럼 논개 이야기는 없었던 일을 처음부터 억지로 만든 것은 아니었습니다. 누군가 그녀의 죽음을 현장에서 지켜보지 않았다면 알 수 없는 부분이기 때문입니다. 유몽인은 그녀의 투신을 직접 목격한 사람으로부터 전해들은 이야기를 『어우야담』에 기록했습니다. 이처럼 많은 논개 이야기가 『어우야담』을 근거로 하여 기록되었습니다. 모두 한결같이 논개의 애국혼을 기리기 위해 미사여구가 첨가되었으면 첨가되었지, 그녀를 폄하시키기 위해 전개된 이야기는 하나도 없습니다. 1593년 6월 29일 진주성이 왜군에 의해 함락된 후 만약 촉석루에서 있었다는 전승연 같은 이야기가 없었다면 논개의 죽음은 참혹한 전란 중에 벌어진 수많은 비극에 묻힌 이름 없는 죽음일 수도 있고, 남강에서 비명횡사한 수많은 에피소드 중 하나에 불과했을 수도 있습니다.

사실 어떤 전쟁이라도 어렵게 이긴 싸움이라면 승리를 자축하는 술자리를 마련하고 병사들의 노고를 다독이고 사기를 북돋우기 위해 약탈한 전리품을 상으로 나누어주고 유흥을 벌여주는 것이 승리자가 취하는 흔한 모습이라고 할 수 있습니다. 그래서 일제강점기에 발행된 잡지 《별건곤》에도 "적군들이 촉석루에 모여들어 전승 축하하느라고 술을 먹고 뛰어놀며…"라고 묘사했습니다. 이와 함께 1932년 9월 산청의 한 독자가 《동아일보》에 기고한 논개전설을 보면 논개가 술자리에서 왜장을 껴안고 남강에 뛰어들 때 준비했던 것은 은가락지 10개였고, 이를 손가락마다 끼고 왜장을 붙잡아 수장시켰다고 밝혔습니다.

이처럼 논개의 가락지 이야기도 그녀의 죽음을 좀 더 극적으로 만들기 위한 것으로, 전승연과 마찬가지로 볼 수 있는 일종의 예술적이고 문학적인 장치입니다. 남강에 떨어진 왜장이 논개를 뿌리치지 못하고 강물에서 헤엄쳐 나오지 못한 이유는 여인의 완력보다 더한 강력한 장치가 있었을 것이라고 누군가 생각할 수 있지 않을까요? 해방 후 소설가 정비석은 『명기열전』에서 "논개의 시체는 그로부터 십여 일 후에 남강 하류에서 발견되었는데 그때까지도 논개는 게야무라의 시체를 부둥켜안은 그대로였다"라고 전하며, 그 이유는 "논개는 게야무라가 품 안에서 빠져나갈 것을 염려하여 깍지 낀 손가락이 풀리지 않도록 손가락마다 굵다란 반지를 끼고 있었기 때문이었다"라고 설명하고 있습니다.

일설에 의하면 이때 남강물에 떠내려온 시체들이 얼마나 많았으면 하류에 있는 강변에서는 오랫동안 아낙네들이 빨래를 하지 못했다고 합니다. 가락지 이야기는 그런 상황 논리를 설명해주는 일종의 문학적 장치이고 예술적 도구일 뿐입니다. 논개의 가락지는 한국문학사의 거대한 성과이며 위대한 업적으로 평가되는 대하소설 『토지』에도 나옵니다. 소설가 박경리가 쓴 『토지』를 보면 "임진 왜란 때 논개는 열 손가락에 반지를 끼고서 왜장을 껴안았다. 그리고 물속에 빠졌다. 그런 말들을 하더군요"라고 묘사했습니다.

그러므로 논개의 가락지에 대한 사실 여부를 다투거나, 가락지를 끼었니, 안 끼었으니 하며 논쟁하거나, 한 개 끼었니, 두 개 끼었니, 혹은 열 손가락에 다 끼었으니 하며 가락지가 몇 개인지 다투는 것도 큰 의미가 없습니다. 그러니 과학을 운운하거나 굳이 역사나 사실관계를 따지지 마십시오. 믿고 싶지 않다면 믿지 않아도 되지만 어떤 주장을 한다고 해도 논개가 수장한 왜장은 결코 남강에서 되살아나오지 못한 것만은 분명한 사실이니까요. 그녀의 투신이 미숙하든 능숙하든 우발적이든 계획적이든 상관없이, 왜장이 누가 되었든 간에 그는 죽을 운명이었습니다. 그녀의 투신은 거창한 이유가 있는 것이 아니라 먼저 죽은 그리운 누군가와 함께하고 싶었던 것은 아니었을까요?

아무튼 임진왜란이 끝난 후 진주성에는 논개를 기리는 제사를 지내기 위해 조선에서 처음 생긴 기생사당으로 '의기사'라는 사당이 세워지게 되었지요. 만약 임금으로부터 의기라는 정려를 받지 못했다면 어림도 없는 일이었지요. 사당을 세운다는 점은 각별한 의미를 주고 있습니다. 조선시대의 사당건립과 배향은 특별한 의미가 있습니다. 기생사당은 국가에서 논개의 죽음을 순국으로 보고 의열로 인정한다는 공적인 의미를 갖는 추모시설이기 때문입니다. 아울러 의암사적비에는 고귀한 비석을 보호하기 위해 비각을 건립하여 '의기논개지문(義妓論介之門)'이라는 현판도 내걸었습니다. 이렇게 논개의 순절은 단순한 전설에서, 다양한 증거로 보완되어 역사의 전면에 등장하였습니다. 무엇이든 사건이 있으면 서사가 있기 마련입니다. 촉석루 전승연은 사건의 장소에서 필연적으로 마련되는 서사이며 이를 완성시키는 미장센의 무대장치가 아니었을까요? 비록 『어우야담』에는 왜장들이 술판을 벌이던 중에 논개가 거사한 것으로 기록하진 않았지만, 그것이 논개의 죽음을 폄훼할 만큼 그렇게 중요하지 않습니다.

거듭 말하지만 논개의 죽음에 대한 서사를 설명하는 배경으로 술판이 있었을 뿐이라는 개연성을 고려한다면 다채로운 이야기 속에 구성된 서사적 내용이 논개 이야기에 더 많아졌다고 봐야 할 것 같습니다. 이와 관련해 다른 예를 하나 더 들어보겠습니다. 영조 때의 학자 박태무의 『의기전(義妓傳)』에는 술상이 아니라 거문고가 나옵니다. 『의기전』에 따르면 논개가 의암에 올라가 거문고를 켜며 노래를 부르던 중 왜장과 함께 춤을 추다가 그를 끌어안고 강에 뛰어들어 죽었다고 기록하고 있습니다.

그런데도 그대는 왜적의 촉석루 전승연 운운은 역사왜곡이라고 계속 목소리를 높이고 있습니다. 그 말속에는 당시 진주성이 함락되었을 때 7만 민관군뿐만 아니라 개돼지까지도 모조리 몰살되었는데 어떻게 논개만 살아 남았느냐는 의심이 있어 보입니다. 사방에는 칼에 찔리고 총에 맞고 불에 타 죽은 조선인들의 시체가 헤아릴 수 없이 많이 쌓여 있었지만, 진주성이 함락될 때 모든 조선인이 몰살되진 않았습니다. 《조선일보》 1963년 5월 5일자에 따르면 당시 왜군은 진주성을 "함락시킨 후 관병, 의병, 민간인 가리지 않고 사상 유례없는 대학살을 감행하였다"라고 기술하면서도 "그래도 그들은 소수의 아녀자를 남겼는데, 그 속에 관기였던 논개도 끼어 있었던 모양이다"라고 밝힌 적이 있습니다. 하지만 이때 사로잡힌 사람들은 남녀노소 가리지 않고 일본으로 끌려갔다고 합니다. 실제로 당시 일본 교토 근처의 요도강에 있던 섬에는 이때 끌려온 조선인들이 머무른 격리지역이 있었는데, 진주에서 끌려온 조선인들이 격리된 섬이라고 하여 '진주도(晉州島)'라는 이름이 붙여졌을 정도라고 합니다.

또한 왜군의 방화로 모든 것이 불에 타 초토화되어 촉석루도 폐허가 되었는데 어떻게 불타고 없는 촉석루에서 전승연을 벌일 수 있냐고 보는 견해도 있는 것 같습니다. 그렇다면 촉석루에서 왜적의 술판이 벌어졌다는 것은 물론 논개가 거문고를 연주하고 춤추다가 동반투신한 행동도, 손가락에 낀 가락지로 왜장을 껴안고 강물에 몸을 날린 것도 당연히 말도 안 되는 소리라고 하겠지요. 특히 가락지는 더 그렇겠지요. 하지만 가락지는 기생의 필수품이란 사실을 모르는 것입니까? 평소에도 가락지는 기생이 몸단장하는 데 빼놓을 수 없는 아름다움의 요소였는데, 물론 이때는 멋을 부리기 위한 것보다 다른 용도가 있었습니다. 논개가 손가락에 가락지를 낀 것은 힘이 달려 왜장을 놓칠까 봐 이를 미연에 방지하기 위한 '신의 한 수'였습니다.

《조선일보》주필을 지낸 언론인 선우휘는 "나약한 논개의 두 손에는 손가락 마다에 반지가 끼어 있었는데 그것은 육조가 껴안은 논개의 팔을 뿌리치지 못하도록 굳게 깍지를 끼기 위한 처절한 여자의 일념에서 나온 묘안이었던가 보다"라고 말했습니다. 그렇다면 그것은 왜장이 논개로부터 빠져나가지 못하게끔 단단히 움켜쥐기 위한 비장의 무기이며 목숨을 건 응징의 장치입니다. 그래서 머리에 꽂은 비녀와 손가락마다 낀 반지는 단순한 여인의 장신구일 수만은 없었습니다. 그녀는 가락지를 낀 이상 자신도 왜장으로부터 빠져나올 수 없다는 사실을 잘 알고 있었습니다.

현재 남강을 가로지르는 남강다리(진주교)의 난간에는 논개의 쌍가락지 모형을 형상화한 조형물이 설치되어 있습니다. 그것은 바로 논개 이야기에 착안한 것이고 그녀를 기리기 위한 의미와 미적 요소라고 볼 수 있습니다. 이를 두고 교량을 설계한 건축가가 역사를 왜곡했느니 몰역사적이니 하며 말을 함부로 내뱉으며 몰아붙일 수가 있겠습니까? 만약 그걸 고집하겠다면 이는 예술적 상상력과 건축적 영감의 빈약함을 드러내는 것이나 다름없습니다. 또 장수군에 세워져 있는 논개동상을 보면 그녀의 양손 가락마다 가락지가 끼워져 있는데, 그 역시 마찬가지겠지요. 물론 진주로 들어오는 관문인 남해고속도로 진주톨게이트 입구에 설치된 논개 가락지 조형물도 그렇겠지요.

사실 기생이 얼굴에 분을 바르고 곱게 단장하여 호젓한 곳에서 누군가를 기다렸다는 것은 무엇을 말합니까? 사랑하는 이를 위한 몸단장일 수도 있겠지만 이때 논개의 몸단장은 죽음을 결심한 몸단장이었으므로 일종의 미인계라는 미끼를 던진 필살계(必殺計)를 쓴 것이기도 합니다. 일단 매혹적인 모습으로 보여 왜장의 눈길을 끌어야 그에게 접근할 수 있는 게 아니겠습니까? 그래서 논개가 열 손가락에 단단히 낀 가락지는 바로 보이지 않는 비수였던 셈이지요. 특히 미인계에 따르는 것이 바로 유흥을 돋우는 술판이고, 거기에 노래도 춤도 음악도 자연스럽게 따르는 것이 아니겠습니까? 따라서 『어우야담』에 왜군이 질펀하게 술판을 벌인 것이 기록되지 않았다고 촉석루에서 전승연이 없었다고 단정하고, 논개의 가락지도 지어낸 허구라고 몰아붙인다면 저로서는 더는 할 말이 없습니다. 제발 술자리에서 빈곤한 상상력을 드러내고 판을 깨듯이 술상을 뒤엎는 소리를 그만하시길 바랍니다.

예컨대 조선왕조실록이나 승정원일기 등에 논개 이름이나 그녀의 이야기가 기록되지 않았다고 해서 논개의 실존 자체를 부정한다면 그것이야말로 민중의 역사를 외면하고 역사적 상상력을 빈곤하게 만들 뿐만 아니라 논개의 죽음을 일종의 해프닝으로 보는 편협한 시각이 아닐까요? 처음에는 단순한 사건이었으나 많은 사람의 생각과 이야기가 덧붙여져 공감대가 형성되고 나중에는 위대한 역사적 서사가 이루어졌기 때문에 오래도록 과거의 시간과 공간을 뛰어넘어 전승될 수 있었습니다. 이것이야말로 민중의 보편적인 이야기가 아닐까요? 조선시대는 물론 어느 시대건 간에 왕만 존재한 것이 아니지 않습니까? 왜 그대께서는 민중의 역사와 그 배경이 되는 역사적 구전과 설화에는 얼굴을 돌리며 외면합니까? 어찌 보면 역사의 거대한 흐름도 민중의 이야기로 만들어진 극적인 서사가 있어야만 시작될 수 있었던 것은 아니었을까요? 잘 생각해 보시기 바랍니다.

③ 논개의 죽음을 부정하고 모독하는 폭거

앞에서 제가 논개에 대해 제기한 갖가지 논쟁적인 질문에 대해 답변하면서도 문득 질문자에게 꼭 묻고 싶은 말이 있었습니다. "그대께서는 왜 논개의 죽음이 영화처럼 드라마틱하게 전개되는 게 그렇게도 싫은지요?" 이 질문을 꼭 하고 싶었습니다. 왜 그토록 싫어하는지 모르겠습니다. 사실 논개 이야기는 어쩌면 영화보다 더 드라마틱하고 역동적입니다. 역사적 근거가 없다는 이유만으로 전설을 모조리 부정한다면, 이 세상에서 논개를 다룬 영화나 연극, 드라마, 소설, 시, 음악, 만화 등은 모두 다 폐기되어야만 합니다. 그대 주장대로라면 역사기록에 반하기 때문에 전부 수거해서 분서갱유시키고 땅에 파묻어 없애버려야 하며, 모두 금기시해야 합니다. 이처럼 야만적으로 소설적 상상력을 억압하고 모두 없애버려야만 비로소 논개가 빛나 보인다고 할 수 있는 건가요?

만약 논개의 죽음을 폄하하기 위해 나쁜 의도를 갖고 논개 이야기가 각색되었다면 논개의 숭고한 정신에 반하는 것이므로 질문한 그대의 주장처럼 집요하게 진실을 찾아내 밝혀야 하고 내쳐야 합니다. 실제로 논개가 폄하되고 통속화되었다면 논개 이야기는 대중적 관심에서 벗어나 기껏해야 하나의 소일거리로 인구에 회자되는 야담 수준의 잡설 같은 이야기밖에 되지 못했을 것입니다. 그랬다면 어떻게 조선의 선비들이 줄기차게 조정에 정려를 요구하며 기생의 사당까지 세울 생각을 다 했겠습니까? 무조건 막무가내로 반대한다고 해서 달라지는 것은 아무것도 없습니다. 사실 논개는 다릅니다. 바로 논개 이야기 자체가 시대정신을 반영하는 것이고 의로운 죽음 자체가 역사로 되살아났기 때문입니다. 이러한 경위와 사실을 아셔야 논개를 제대로 이해하는 것입니다.

예를 들면 효종 때 사대부 오두인이 쓴 「의암기」를 보면 진주성이 함락되던 날 성 안의 사람들은 모두 자신의 머리를 왜적에게 내놓으며 살려주기만을 바랐는데, 천한 신분의 관기였던 논개는 달랐다고 기록하고 있습니다. 그녀는 맹세코 굴종을 거부하고 왜적과 함께 살 수 없다고 생각했으며, 그렇기에 당연히 애걸복걸하며 목숨을 구걸하고 싶지도 않았습니다. 그래서 그녀는 죽음을 결심하고 왜장을 죽이기 위해 대담하게 홀로 거사에 나서지 않았을까요? 이러한 대장부 같은 일을 이룬 논개의 결기에 대해 오두인은 당시 사대부 양갓집 부인들을 모두 부끄럽게 만들었다고 밝혔지요. 맞습니다! 논개의 위대성은 바로 여기에서 출발합니다. 그녀에겐 유교적 명분이나 충성이나 정절 따위를 지켜야 할 신분적 의무도 없었지만, 결과적으로는 그렇게 했습니다.

관기라는 신분이 진주성의 벼슬아치를 시중 드는 천한 역할이었으니, 설령 진주성 함락으로 주인이 바뀐 왜군의 술자리에서 왜장에게 시중을 든다고 해도 아무도 논개를 비난할 수 없었습니다. 그녀는 지배계급이던 사대부나 양갓집 여인이 아닌 당시 천대받고 지배받던 명백한 천민인 관기였을 뿐이었으니까요. (1722년 경종이 내린 임금의 교지에도 논개의 신분은 관기라고 표현되어 있습니다) 하지만 그녀는 천한 신분과는 달리 행동하였고, 그래서 많은 사람이 논개의 결연한 행동에 많은 의미를 부여하며 찬사를 보내고 있습니다. 그렇게 해석하는 데에는 의도적인 부분이 많지만, 본질은 하나입니다. 그녀는 살육을 일삼는 왜장이 끔찍이도 싫었고, 그녀는 단지 마음이 이끄는 대로 행동했을 뿐입니다. 그러니 복잡하게 의미를 부여하거나 아전인수격으로 자기 생각만이 옳다고 고집할 이유가 하나도 없습니다.

그래서 진주사람들은 한 여인의 화끈한 파이팅이 멋지다며 논개를 좋아했는지도 모릅니다. 평소에 백성들에게 군림하며 근엄한 척하던 사대부나 양갓집 규수들이 왜적의 잔인무도한 살육에 벌벌 떨면서(물론 다는 아니었겠지만) 마냥 눈물을 흘리며 살려달라고 애원하는 비굴한 광경이 떠오릅니다. 그래서 사람들은 당당하게 자신을 표현하고 싸우던 논개의 투혼을 자신의 마음에 더 감정이입했던 것 아닐까요? 불의와 비겁함과 부정과 비굴함이 지배하는 시대에 논개의 행동은 실로 놀라운 것이었습니다.

이 같은 현상은 신분 계급을 초월한 의로움으로 간주되었고 진주의 모든 계층의 마음을 사로잡았습니다. 특히 나라를 지키지 못했던 지배계급층은 매우 부끄러웠을 것입니다. 따라서 그들은 논개를 추앙하는 진주민중의 염원을 재빨리 알아차리고 백성들을 대변해 논개를 현창하기 위해 오랫동안 노력했습니다. 결국 1721년 진주의 양반과 사대부들은 경상우병사에게 청원서를 올려 논개의 순절에 대한 국가적인 공인과 포상을 해달라고 요청했습니다.

 그해 유학자 정식은 우병사 최진한에게 논개에 대한 포상문제를 조정에 알리고 조치해줄 것을 요청했습니다. 우병사가 임금에게 장계를 올린 것은 논개의 거룩한 행위에 대해 포상해 줄 것을 바라는 모든 진주사람의 절실한 염원을 외면할 수 없었기 때문입니다. 우병사가 이 염원을 반영하여 조정에 보고하자 조정에서는 논개의 의로운 죽음을 증명할 사실관계를 파악할 수 있는 근거나 문헌을 조사해 보고하라고 지시했습니다. 그러나 논개가 순절한 지 오래되었고 문헌상 기록도『어우야담』에 불과해 명백한 증거를 내놓는 데는 어려움이 많았습니다. 하지만 이들은 포기하지 않았습니다. 1722년 정식이 지은 비문을 비석에 새기고 그해 남강 변에 의암사적비를 세웠는데, 물론 비문의 내용은 유몽인이 지은『어우야담』에 의해 전해진 내용을 바탕으로 했습니다.

 그리고 1740년 우병사 남덕하가 또다시 조정에 장계를 올려 논개에 대한 정표(旌表)를 조치해달라고 요청했고, 조정에서는 여러 가지 문헌과 사료를 검토한 끝에 마침내 정려(旌閭)를 내리기에 이르렀습니다. 결국 논개의 순국을 임금이던 영조가 인정하고 기존의 열녀 대신에 새로운 범주를 설정해 의기라는 정표를 특명으로 내린 것입니다. 그런데 왜 열녀가 아니었을까요? 왜 열녀 대신에 새로운 정표로 의기라는 것을 특별히 만들어 내려주었을까요. 아마도 기생은 기적에 매여 있는 관비와 같은 존재였으므로 특정한 지아비가 없었고 어떤 벼슬아치에게도 정과 몸을 나누어줘야 하는 '계집종'의 처지였기 때문에 애초부터 순결한 열녀의 본보기나 정숙한 여인의 모범이 될 수 없었습니다. 그렇다면 논개는 왜 또 충신으로도 인정받지 못했을까요? 논개가 남성이 아니고 벼슬아치가 아니어서 그랬을까요? 좌우지간 기생은 아무리 정절을 지키고 충열을 보인다고 해도 열녀도 충신도 될 수 없는 운명인가 봅니다. 엄격한 성리학의 나라 조선에서 보여주는 진정한 충열이란 도대체 무엇인지 반문하지 않을 수 없습니다.

이러한 점을 윤국형의 『문소만록(聞韶漫錄)』을 보면 유추할 수 있습니다. 특히 관비나 관기가 아무리 한 남자를 위해 수절한다 해도 정숙한 여자로 인정받지 못한 이유를 말해줍니다. 즉 진주의 저명한 유학자이며 도덕군자로 이름이 높았던 남명 조식이 아직 성년이 되지 않았을 때의 이야기입니다. 그는 아버지가 벼슬아치로 있던 함경도 단천에서 한 관비와 정을 나눈 적이 있었습니다. 그런데 그때 젊고 영민한 조식 도령과 정을 나누었던 이 관비가 조식을 잊지 못해 수절했음에도 정표를 받지 못하였습니다. 왜냐하면 그녀가 조식을 만나기 전에 다른 사람을 먼저 만났다는 이유 때문이었습니다. 다음 내용은 조식이 아버지를 따라 단천을 떠난 후 그를 그리워하며 그녀가 수절했지만, 정표를 받지 못했다는 것을 보여줍니다.

"한 관비가 단천 군수의 아들이었던 남명 조식과 17세 동갑으로 함께 정이 들었다가 5년 만에 작별하였다. 그 뒤에 찰방(察訪)[역참관리]이 가까이하려 하므로 거짓 미친 체하며 벌거벗고 달아났다. 그 후로 다시 남자를 가까이 않고 남명을 생각하다가 이내 미친병이 들었는데, 지금은 조금 나았다. 그녀는 조남명이 지은 것을 손뼉 치며 노래 불렀다. (중략) 단천 관비는 남명을 만나기 전에 사람을 겪었다 하여 정표는 하지 않았다. 변방의 천기(賤妓)가 절개를 지킨 것도 가상하거니와 관가(官家)에 매인 계집들이 수절하기란 더욱 어려운 일이다."(조광국의 『기녀담 기녀등장소설연구』에서 인용함)

어찌 되었든 임진왜란 후 편찬한 『동국신속삼강행실도(東國新續三綱行實圖)』에는 수많은 충신과 열녀들의 사례가 다 실리고 소개되었지만, 논개는 제외되었습니다. 이 책은 임진왜란 이후 충신, 효자, 열녀 등의 사례를 수록된 책입니다. 이 책에는 심지어 노비의 사례까지 실렸는데도 정작 적장을 처단한 엄청난 충열을 보인 논개가 실리지 못한 것은 기생이란 신분 때문이었습니다. 같은 노비라도 기생은 다른가 봅니다. 기생은 아무 남자에게나 안기는 천한 신분이었으므로 비록 왜장을 처단하는 대단한 충열을 보였을지라도 삼강윤리에 반한다는 것입니다. 정말 웃기지도 않습니다.

그러함에도 진주사민(晉州士民)들의 노력은 끈질기게 계속되었고 마침내 결실을 보아 국가가 공식적으로 논개의 죽음을 거룩한 순국으로 인정하는 정표를 내린 것입니다. 그래서 이듬해부터 논개의 신분은 단순하게 '관기'가 아닌 거룩한 '의기'로 불리게 되었고, 이후부터는 '의기 논개'로 호칭하게 되었습니다. 논개에 대한 정표로 의기가 내려지고 기생의 사당인 의기사가 만들어진 것은 조선 5백 년 역사에서 전무후무한 사례일 정도로 대단한 일입니다.

물론 논개를 위해 기생사당이 건립된 것은 역사상 처음 있는 일이지만 기생에게 정려가 내려진 경우가 있긴 있었습니다. 숙종실록에는 병자호란 때 성천기생 금옥이 청나라 군대를 피해 숨었으나 적병에게 붙잡히자 절벽에서 몸을 날려 낭떠러지 밑으로 추락해 숨진 일로 정려를 받았다는 기록이 있습니다. 이러한 성천기생의 행동은 절개를 지킨 것이라고 하여 조정에 보고되었는데 임금은 자결을 선택한 금옥에게 붉은 정려문을 세워 기리도록 했다고 합니다. 그러나 적에게 욕을 보기 전에 투신 자결한 금옥의 정절과는 달리 오히려 적장을 껴안고 함께 죽음을 선택한 충절은 그 강렬함과 놀라운 결과에 대해서는 질적인 차이가 있습니다. 그래서 진주의 사민들은 논개에 대한 정려를 받자마자 의기사 건립을 추진한 것입니다.

　아무튼 논개에 대한 평가가 공식적으로 '의기'로 바뀌게 되자 진주사람들은 이 의기 정려에 따라 1741년 봄에 정려각을 건립한 데 이어 논개의 신위를 모신 사당을 만들어 의기사를 창건하게 되었습니다. 이를 기점으로 논개의 남자들이 하나둘씩 나타나기 시작했고 논개의 출생지와 집안도 나타나기 시작했습니다. 참으로 아이러니하지 않을 수 없습니다. 만약 논개가 국가공인을 받기 전에 나타났더라면 진정성 있고 더 로맨틱하고 좋아 보이지 않았을까요.

　한편 논개의 성씨와 관련해서는 오랫동안 시비가 있어왔는데, 2000년대에 들어온 이후에도 계속되었습니다. 그동안 논개에 대한 불필요한 논쟁이 격화되었을 뿐만 아니라 날로 심해져 오늘날(2024년 현재)까지도 여전히 수그러들지 않고 있습니다. 논개의 성씨나 신분을 둘러싸고 "성씨가 있다거나 없다거나, 기생이니 아니니" 하는 아전인수격인 의견이 대립하며 충돌하고 있는데, 그것은 매우 비생산적이고 소모적인 논쟁이 아닐 수 없습니다.

그래서인지 논개의 성씨 논쟁이 한창 벌어질 때인 2001년, 이를 보다 못한 진주의 어느 네티즌은 의암별제 홈페이지 게시판에 이러한 논쟁을 성토하는 글을 올렸습니다. 거기에는 논개의 성이 주씨가 되었든 조씨가 되었든 심지어 논개의 성을 부정하는 사람과 똑같은 성씨가 되었든 어떤 성씨라도 상관없는 일이니 제발 그만두라고 호소했습니다. 저 역시 이를 지켜보다가 참지 못하고 나선 것입니다. 그리고 이 한심한 논쟁에 종지부를 찍기 위해 성씨 논쟁에 대해 좀 더 부연 설명하는 취지에서 이렇게 다시 글을 쓰고 있는 것이 아니겠습니까?

그렇습니다. 논개의 성씨 문제는 '있다, 없다'의 문제가 아닙니다. 꼭 성씨에 대한 논쟁을 벌여야겠다면 '있다, 없다'라는 논쟁이 아니라 아무개 씨, 혹은 주씨가 아니냐는 식으로 전개되어야 하지 않을까요? 논개의 성씨를 둘러싸고 '있다, 없다'라는 식으로 전개되는 논쟁이 되어서는 곤란합니다. 그것은 논개의 뿌리와 죽음을 부정하고 모독하는 폭거입니다. 또 논개가 기생이었으면 어떻습니까?

사실상 논개의 이른바 '의암정신'을 기리는 데는 성씨와 신분은 별로 중요하지 않다는 뜻이겠지요. 어떻게 보면 더 낮고 천한 신분이었기에 높고 어려운 일을 했던 그녀의 죽음과 정신이 더 숭고했던 것입니다. 그러므로 논개의 성씨를 어떤 누가 차지하고 어느 누가 논개 때문에 명예를 누리는지 그건 별로 중요하지 않습니다. 어느 남자이든 모두 그렇습니다. 어떤 문중이고 어느 지역이든 모두가 논개를 잘 모시려고 하지 않습니까? 그렇게까지 논개를 사랑하고 기리는 마음가짐이 중한 것이라면, '의암정신'이 무엇인지 아는 것이 그 본질이 아닐까요? 논개에 대한 논란이 클수록 그녀에게 도움이 되는 것은 하나도 없습니다. 성씨가 무엇인지 신분이 무엇인지 누구의 첩인지 온갖 희한한 논란거리가 계속된다면 과연 그녀의 사랑과 숭고한 삶이 제대로 남아있겠습니까? 그런 논란은 죽음에 대한 순결성을 난도질한다는 것 외에 무슨 의미가 있는 것인지도 도통 모르겠습니다.

오래전부터 진주사민들은 논개의 순절을 의암사적비에 담아 이렇게 표현했습니다. 1722년 건립한 의암사적비에는 논개의 죽음에 대한 시구가 다음과 같이 새겨져 있습니다. 얼마나 아름답고 멋있습니까?

"그 바위 홀로 섰고, 그 여인 우뚝 섰네
여인은 이 바위가 아닌들 어찌 죽을 곳을 찾았고
바위는 이 여인이 아닌들 어찌 의로운 소리 들으랴
남강의 높은 바위, 꽃다운 그 이름 만고에 전해지리"

또 논개가 죽음을 결행한 날을 떠올리며 묘사한 대목도 인상 깊습니다. 1846년 장수현감이던 정주석은 장수에 '촉석의기논개생장향수명비'란 비석을 세우고 비문에 "거사 당일을 생각해 보면 서릿

발 같이 차고 고추 같이 매운 그 기개가 하늘의 해와 별 같이 빛났으니 이 어찌 장하다 아니 할 수 있으리오"라고 표현했습니다. 마찬가지로 1868년 의암별제를 창제한 진주목사 정현석도 논개의 순절을 기리는 가무제에 대해 기록한 『교방가요』에서 이렇게 표현했습니다. "무진년 6월에 단을 만들어 향불을 피워 3백 명의 기녀들이 정성으로 제를 올리니 논낭자의 충의의 영혼이 내려오는 듯하구나." 이렇게 정현석은 논개의 영혼을 부르는 초혼의식과 장엄한 제전의 모습을 감격적으로 묘사했습니다. 이 얼마나 아름다운 광경인지 그 장면이 눈에 선하게 그려집니다.

일제강점기에도 논개예찬은 시인묵객에 의해서 계속됩니다. 이미 앞에서 언급했지만, 대표적으로 시인 변영로가 지은 시 「논개」가 있고, 그 당시 신문도 논개예찬에 열을 올리기는 마찬가지였지요. 《동아일보》 1921년 7월 13일자는 퇴락한 '논개사'를 진주기생들이 발기하여 대대적으로 수리한다는 기사에서 "선조(宣祖) 임진(壬辰)에 일개(一個)의 홍군(紅裙)으로서 순절(殉節)한 의기 논개"라고 표현했습니다. 이때 사용한 '홍군'은 붉은 치마라는 뜻으로, 아름다운 예기나 미인을 일컫는 말이었습니다. 비록 논개에게는 왜장을 수장시킨 대범한 일로 인해 열혈투사처럼 무서운 여전사의 이미지가 없지 않았지만 원래 그녀는 아름다움과 뛰어난 기예를 가진 예기였습니다. 바로 홍군이란 표현은 그와 같은 점을 강조한 말이었지요.

갑자기 좀 뜬금없는 제 생각인데요. 황당한 가정을 하나 들겠습니다. 대한제국 말 일본제국주의의 선봉장이자 침략자의 수괴였던 이토 히로부미를 응징한 항일의사 안중근의 성씨가 밝혀지지 않은 채 이름만 구전되었다고 합시다. 그렇다면 '중근'만 문헌에 기록되었다고 해서 그의 성씨가 있다, 없다 혹은 안씨인가 아닌가 하는 논쟁으로 안중근의 순국을 사소하게 만들 수 있겠습니까? 안중근의 순국은 단순히 안씨 집안만의 일이 아닙니다. 씨족 중심으로 생각하기에는 그가 보여준 죽음의 의미가 너무나 큽니다. 시소하고 지엽적인 논쟁은 그의 죽음을 왜소하게 만드는 것이지요.

사실 안중근이 사용한 권총의 기종이 무엇이냐 하는 것이라든지, 또는 이토 히로부미가 총알을 몇 발 맞고 몇 분 만에 죽었는가 하는 것이 논쟁의 중심이 된다면 이 얼마나 우스운 꼴입니까? (혹시 이조차 논란이 될까 봐 굳이 밝힌다면 당시 안중근이 사용한 권총은 1907년 벨기에 FN사가 제작한 '브라우닝 M1900' 모델이었으며, 1910년 하얼빈역에서 이토를 향해 발사한 4발 중 3발이 그의 몸에 명중되었습니다. 단지 파괴력이 지금의 권총처럼 높지 않아 총알이 관통하지 못하고 모두 몸에 박혔지만, 이토는 손 쓸 틈도 없이 그 자리에서 즉사했습니다. 이렇게 이야기하니 이제 속이 시원하십니까.)

마찬가지입니다. 논개의 죽음에서 가장 중요한 것은 죽음을 결행한 용기입니다. 그녀는 자신의 비천한 신분을 가리고 의로움을 인정받기 위해 투신한 것이 아니기 때문입니다. 자신이 가치 없는 신분이기 때문에 목숨을 내던진 것이 아닙니다. 거창한 명분이나 이유를 떠나 그냥 이웃과 가족을 도륙하는 왜군이 싫고 미웠으며, 그랬기에 자신의 소중한 것을 지키기 위해 저항하고 응징했을 뿐입니다. 그녀가 소중히 여긴 것은 자신을 지키기 위한 보호일 수도, 이웃에 대한 연민일 수도, 그리운 님에 대한 사랑일 수도, 우리나라에 대한 충혼일 수도 있습니다.

이를 행동에 옮긴 논개의 결행은 바라보는 시각에 따라 사건을 미리 계획했다는 그녀의 사전계획설과 현장에서 우발적으로 대응했다는 우발설이 있습니다. 많은 사람이 전자를 투신의 이유로 들고 있지만, 우발설도 있습니다. 우발설에 따르면, 예컨대 일제강점기에 발행된 《별건곤》에는 논개가 우발적으로 왜장을 죽인 것으로 묘사되었습니다. 《별건곤》을 보면 논개는 진주성이 함락되고 삼장사는 물론 많은 사람이 죽은 것을 보고 혼자 살아남은 것에 회의감이 들어 남강의 큰 바위에 올라가 자신도 투신자살할 생각이 있었다는 것입니다. 그런데 그때 '풍덩 빠져 죽으려고 머뭇머뭇'하던 논개를 보고 몰려온 왜군 중에 한 왜장이 다가와 수작을 걸면서 우연하게도 일이 벌어졌는데, 그때 왜장이 그녀와 함께 강물에 떨어지는 바람에 둘 다 익사했기 때문에 지금으로 치면 사고사나 논개의 과실치사라고 할 수도 있겠습니다.

그렇다면 또 다른 우발설로 논개의 투신은 자신을 범하려고 달려드는 짐승 같은 왜장을 응징하기 위한 반사적 행동으로 나온 우연한 결과라는 설도 있습니다. 이런 경우라면, 당연히 정당방위라고 해야 할지 모르겠습니다. 『어우야담』에는 "임진년 전쟁 때에 관기가 왜놈을 만나 욕을 당하지 않으려 죽은 이들을 다 기록할 수조차 없는데, 논개 한 사람에만 그치지 않는다(壬辰之難官妓之遇倭不見辱而死不可勝記非止一論介)"라고 표현하고 있습니다.

여기서 욕을 당하는 것이란 치욕을 의미하는 것이며, 여자를 강간하여 욕보인다는 능욕(凌辱)을 말합니다. 그래서 조선 후기의 『청구야담』에 따르면 논개는 자신을 겁탈하려고 덤벼드는 왜장에게 몸을 허락하지 않으려고 저항하다가 오히려 왜장의 허리를 잡아끌어 강물로 뛰어들었다고 표현하고 있습니다.

　그것은 그자가 왜장이라는 적장이었다는 점도 있지만 이런 점도 있었습니다. 관기는 신분에 따른 역할 상 여러 명의 벼슬아치를 모시지 않을 수 없었지만, 함부로 인격을 무시하며 폭력적으로 대하고 겁탈하려는 경우에는 항거하는 모습을 보여주었기 때문이지요. 기생 월하선의 이야기를 담은 조선 후기의 한글소설 『월하선전』을 보면 그녀가 "예부터 충신과 열녀는 귀천상하간이 없사오니 소인이 비록 천인이오나 정절은 가졌사오니 죽기를 아끼지 아니하나이다"라고 말한 대목이 그렇습니다. 옥에 갇혀 고문당하면서도 끝까지 수청을 거부한 춘향의 이야기도 마찬가지입니다. 혹시 왜장을 껴안고 투신한 논개의 마음도 그러하지 않았을까요?

　이러한 점은 해방 후 박종화의 단편소설 『논개』를 보면 더욱더 명확해지는데, "이 깨끗한 조상의 피를 차마 왜놈의 성욕에 짓밟혀 곰팡 슬고 녹슬게 할 수는 없구나!"라는 논개의 독백을 통해 확인할 수 있습니다. 또한 《조선일보》 1969년 5월 13일자에 따르면 "논개는 투신 직전에 겁탈하려 드는 왜장 입화종무를 끌어안고 죽었다. 즉 애국적 의식을 갖고 왜장을 죽였다기보다는 우발적인 인간적 반항으로 함께 죽었다는 편이 자연스럽다"라고 밝혔습니다. 이처럼 논개의 죽음이 왜장의 겁탈에 저항하다가 일어난 우발적

사건이라고 주장하는 우발설도 있습니다.

그러나 논개의 투신이 그렇게 우연히 일어난 돌발적인 일이었다면, 우리가 이토록 그녀의 죽음을 민감하게 받아들였을까요? 한국학을 전공한 노르웨이 오슬로대학 박노자 교수의 해석은 이렇습니다. 그는 논개의 죽음이 "그저 '왜군'으로 묘사되던 '강간범'을 '왜장'으로 승격시키고, 강간범으로부터 자신을 지키려 했던 논개를 의도적으로 왜장을 유혹해 투신해 전공을 세운 여성 의사(義士)로 그려낸다"라고 해석함으로써 논개의 자기방어를 마치 전공을 세우기 위한 것으로 만들어냈다고 주장했습니다. 과연 그랬을까요. 그녀의 죽음은 무력한 죽음이 아니라는 점을 생각해야 합니다.

어찌 되었든 논개가 사전에 계획하고 벌인 거사이든 우발적인 현장대응으로 감행한 일이든 전공을 세우기 위한 것이든 진실은 하나입니다. 분명한 것은 조선을 침략하고 무고한 사람들을 학살하고 아녀자를 강간한 왜장을 자신의 손으로 과감하게 처단했다는 사실입니다. 그동안 이 왜장, 저 왜장 등 온갖 '잡놈들의 왜장'이 다 나타나 색에 굶주린 색마 같이 달려들며 논개에게 못된 수작을 걸었지요. 다마카와 이치로의 『경성, 진해, 부산』을 보면, 왜장이던 게야무라가 기생에게 속아서 남강에 빠져 죽은 것을 "색골 같은 놈"이기 때문이라고 이야기했습니다. 이렇게 왜장들이 완력으로 덤벼들더라도 논개는 두려워하지 않았고 그때마다 그녀는 신출귀몰하게 이들을 모두 죽음의 심연으로 잡아끌며 단호히 응징했습니다.

이 엄연한 역사적 사실 앞에 어떤 증거가 필요하며 무슨 해석이 더 필요합니까? 논개는 고분고분하지 않은 성정과 사랑하는 사람들의 죽음을 애달파하는 연민을 갖고 있었습니다. 이러한 연민의 정이 없었다면 결코 이런 엄청난 일을 혼자 결행할 수는 없었을 것입니다. 그녀는 사람들의 아픔을 함께 느끼는 순수한 마음의 소유자였던 것 같습니다. 평소 그러한 생각으로 그러한 삶을 살았기에 그렇게 영혼이 이끄는 대로 갔던 것이 아닐까요? 그러한 마음이 진정으로 절실한 선택을 낳았고 기꺼이 죽음을 선택하게 만들었던 것은 아니었을까요?

논개의 죽음은 결코 국가나 윤리의 잣대로만 재단하기 어렵습니다. 꼭 그렇게만 보지 말고 그녀가 가진 인간 본성에 대한 사랑과 그러한 마음에서 나온 행동으로 봐주시면 안 되겠습니까? 어느 누가 논개에게 왜장을 껴안고 죽으라고 강요한 것은 아닙니다. 그녀에게 윤리적 부채나 도덕적 의무가 있었던 것도 아닙니다. 아무도 논개에게 그것을 요구할 권리가 없습니다. 혹시 논개가 그러한 의무감이나 부담감으로 어쩔 수 없이 투신한 것이라면 정말 안타까운 일이지요. 만약 그게 아니라면 왜 그랬을까요? 답은 명확합니다. 바로 그녀는 자기 정신과 자기 몸의 주인으로서 스스로 결정해 죽음을 선택한 것이었기 때문입니다. 그러니 이제 그녀의 죽음을 둘러싸고 더는 자기 편의적으로 생각하여 함부로 해석하지 맙시다.

앞으로 논개의 순국을 사소하게 만드는 성씨나 신분논쟁을 한다든지, 심지어 일개 천민인 기생이 나라를 위해 복수함으로써 사대부도 못할 일을 했다든지, 혹은 첩으로서 남편을 위해 복수를 대신함으로써 본처도 못할 일을 했다든지 하는 식으로 해석한다든지 고집하지 않으면 좋겠습니다. 또는 겁탈당하는 위기에서 왜장을 붙잡고 '너 죽고 나 죽자' 하는 자포자기 심정으로 투신했다는 선정적인 해석도 하지 마십시오. 특히 왜장과 춤추고 놀다가 술에 취해서 술김에 우발적으로 서로 붙잡고 강물에 빠지는 바람에 함께 죽었다고 하는 얼토당토않은 식으로 논개의 죽음을 모독하는 해석은 절대로 하지 마십시오.

논개의 목숨을 건 결행은 자기 자신을 위해 했든 나라를 위해 했든 누구를 위해서 했든 분명 숭고한 일입니다. 그것은 개인적이지만 거악에 홀로 맞선 한 여인의 대담한 용기였으며 장엄한 죽음이었습니다. 그녀가 온몸으로 보여준 결연한 몸짓이면서도 동시에 위대한 거역의 행동이었습니다. 논개의 투신은 복수하고 싶어 하는 민중의 욕구와 나라를 지키지 못한 지배계급의 부끄러움을 상쇄시키는 면피적 이해관계가 맞아떨어진 것이 아닌가 생각됩니다. 모두가 속수무책으로 당하던 대세를 한꺼번에 되돌려놓은 위대한 결단이었기 때문입니다.

그러니 제발 쓸데없는 논쟁은 그만두기를 바랍니다. 멋대로 해석하여 그녀의 죽음의 본말을 전도하거나 본질을 호도하는 망언으로 논개의 죽음을 부정하고 모독하는 폭거를 제발 멈추기 바랍니다. 인제 그만 좀 오버했으면 좋겠네요. 이제는 이런 일로 시간과 감정을 낭비하지 맙시다. 구천에서 이 한심한 논쟁을 지켜볼 논개를 먼 훗날 우리가 저승에 갔을 때 만나게 된다면 어쩌려고 그러십니까? 정말 부끄럽기가 그지없습니다. 그냥 있는 그대로 그녀의 죽음을 바라보면 좋겠습니다.

굳이 한 가지만 더 헤아려본다면, 오늘을 살아가는 우리에게 그녀의 죽음이 어떤 가치와 의미를 주는지 그것만 생각하고 행동한다면 남강에 스민 논개의 영혼은 섭섭해하지 않을 것입니다. 역사의 교훈을 엄중하게 생각하고 진실의 힘을 조금이라도 두려워한다면 이런 비생산적인 시비와 끝없는 논쟁은 당장 그만두어야 합니다. 모두 논개의 용기 있는 죽음에 대해 숙연해질 필요가 있습니다.

이즈음 최은애 시인의 시편이 하나 떠오릅니다. 아무리 논개의 신분이 문제 된다고 해도 그녀의 투신은 계속될 것입니다. 넘을 수 없는 광기의 시대와 불행을 넘고자 땅을 박차고 뛰어오르는 힘찬 도약은 어두웠던 과거를 밀어내고 있지만, 또 다른 언덕이 기다리고 있습니다. 설령 그 어떤 죽음의 언덕을 넘어가더라도 다시금 고난의 언덕이 연이어 나올진대, 오로지 변치 않을 것이 있다면 무엇일까요. 아마도 그녀가 투신한 바위의 의연함과 도도하게 흐르는 남강의 강물뿐임을 보여주듯 최 시인은 그녀의 죽음을 이렇게 노래하고 있습니다. (『영화시편21-논개』에서 일부 인용함)

"관기의 시대를 넘어
양반집 규수의 시대를 넘어

그녀의 신분,
다음 언덕은 무슨 이름의 언덕일까

(중략)

그녀는 관기
그 전생은 무슨 언덕으로 포르르 포르르
날다가 투신했을까"

5. 논개의 부활*

– 결론을 대신하여

① 논개의 죽음과 그녀의 독백
② 논개 이야기가 전하는 메시지
③ 논개를 알면 진주를 알고 역사를 안다

* 논개의 죽음과 그녀의 독백, 그녀의 이야기가 들려주는 메시지는 무엇인가? 우리 삶과 스토리텔링에 논개가 살아있다는 것은 그 존재의 의미가 살아있다는 것을 말해준다. 이 글은 제3부에 수록된 총 5개 단락 중 다섯 번째로, 「논개의 부활」이라는 제목으로 쓴 마지막 글이다. 제5장의 글은 제3부의 제1장부터 제4장의 글을 종합하고 총정리한다는 점에서 논개 이야기의 결론에 해당한다. 논개의 죽음과 그녀의 이야기가 전해주는 메시지를 되새겨보면서 논개 이야기가 담고 있는 스토리텔링과 그녀의 죽음이 가진 의미와 불멸성에 관해 이야기하고자 한다. 논개를 알면 진주를 알고 역사를 안다고 할 것이다.

이렇게 해서 「논개를 위한 변명」으로 구성한 제3부는 마무리 글까지 함께 실음으로써 논개편의 구성을 모두 완성했다. 제3부를 마치면서 이 책도 함께 마무리하게 되었음을 밝힌다.

① 논개의 죽음과 그녀의 독백

2003년 경남의 한 향토사학자가 논개는 실존 인물이 아니라는 취지로 「논개는 없다」란 제하의 논문을 발표한 적이 있습니다. 그는 "논개가 실제 인물이라고 증언할 사적이 없으며 조선 국민들을 위로하기 위해 의도적으로 만든 창작"이라고 주장했습니다. 또 이미 앞에서 살펴보았지만, 진주의 한 향토사학자도 일부 문중과 지방자치단체가 추진하는 논개선양에 대해 비판하며 논개에 대해 7가지 질문을 공개적으로 제기한 적이 있습니다. 이에 대해서는 《의암별제》에서 제가 일일이 답을 했는데, 그 과정에서 많은 생각을 하게 되었습니다. 특히 그녀의 주위를 배회한 6명의 남자에 대해 정리할 때마다, 논개 이야기를 접하면 접할수록 한가지 생각이 깊이 들었습니다. 그것은 빛이 강할수록 그림자도 짙기 마련이라는 점입니다. 논개가 발산한 빛이 너무 강렬했기에 그녀의 주위에 드리워진 어둠도 진했던 것이 아닐까 하고요.

그렇다면 논개에게 드리워진 명암은 무엇일까요. 그녀를 둘러싸고 나오는 마타도어의 진실은 과연 무엇인지 궁금합니다. 이에 대해 앞에서 소개한 박노자 교수는 논개와 관련해 전해진 이야기는 진실이 아니라고 말합니다. 박 교수는 논개가 왜장 게야무라 로쿠스케를 껴안고 투신한 것도, 전북 장수가 고향이라는 것도, 본관이 신안주씨라는 것도, 그 외의 인적 사항도 모두 후대에 조작된 것들이라고 보고 있습니다. 그는 2007년 3월 연세대에서 열린 학술대회에서 발표한 「임진왜란과 의기(義妓) 전승 – 전쟁, 도덕, 여성」이란 제하의 논문을 통해 이렇게 주장했습니다.

어쨌든 사실여부를 떠나 빅노지 교수의 주장처럼 논개의 죽음에는 수많은 정치적 미화가 곁들여져 있다는 점을 부정하지 않겠지만 사실 미스테리한 점은 한두 가지가 아닐 것입니다. 그래서 논개는 참혹한 전쟁과 학살의 한가운데에 혜성처럼 강렬하게 나타났다가 적장을 껴안고 강물에 뛰어들어 흐르는 물과 함께 홀연히 사라진 미스터리한 여인인지도 모릅니다. 이렇게 논개 이야기의 신비로움이 강할수록 죽음의 의미를 둘러싼 여러 가지 논란도 생길 수밖에 없었던 것 같습니다.

이번 단락에서는 제3부의 마지막을 정리하는 결론적인 의미로 논개 이야기와 그녀의 죽음이 말하는 메시지가 무엇인지를 종합적으로 살펴보고 글을 마치고자 합니다.

우선 조선 후기에 박치복이 읊은 시 「논개암에서」를 보면, 논개의 죽음이 말하는 의미는 미미한 존재의 한 여성이 단순히 왜장을 한 명 죽였다는 개인적 차원의 복수행위를 넘어서는 것으로, 승리에 도취해 비웃는 왜적들의 간악한 웃음을 일순간에 침묵시킨 역사적인 사건이었음을 보여주고 있습니다.

"많은 사람들이 왜장을 하나 죽인 일로 그 죽음을 인정하고 있지만 / 오히려 현명한 사람들은 왜장을 하나만 죽였다고 보고 있지는 않네 / 작고 보잘것없는 여인이 왜장 하나를 죽인 것이라고 하고 있지만 / 왜장의 죽음은 장차 왜적들을 더 이상 웃지 못하게 만들었네"

이처럼 논개의 거사는 개인적 행위가 아닌 진주성전투에서 순절한 수많은 조선인의 죽음을 대속(代贖)하기 위한 숭고한 결단이었습니다. 그러나 후손들은 역사의 교훈을 망각했고 논개가 목숨을 바쳐 항거한 죽음의 의미도 제대로 지켜내지 못했지요. 임진왜란 이후 나라는 다시 왜적의 후예들에게 송두리째 넘어갔습니다. 경술국치가 그것입니다. 그래서 일제강점기에 들어와서는 논개의 죽음은 더 구체적인 의미로 묘사되었습니다. 1927년《별건곤》에 실린 자칭 논개라는 필명을 사용한 어느 필자의 글을 원문 그대로 인용해보겠습니다. 이 인용문에 나오는 '진양성(晋陽城)'은 진주성의 옛말이고, '일위지(一位地) 모곡(毛谷)'은 왜군의 일등장수 게야무라 로쿠스케를 뜻합니다. 다음 인용문은 논개가 독백으로 하는 혼잣말입니다.

"계사(癸巳) 유월 삼십일에 삼장사가 절사(節死)하고 진양성(晋陽城)이 함락될 때 가련한 만흔 동포 일시에 함몰하니 내 비록 천인(賤人)이나 무슨 면목(面目) 혼자 살냐. 황천(黃泉)을 우르러서 일장통곡(一場痛哭) 한 연후에 녹의홍상(綠衣紅裳) 들처 입고 최후 단장(丹粧)하얏섯다. 남강 머리 큰 바위에 놉피놉피 올나

가서 발 구르며 눈 감고서 풍덩 빠저 죽으랴고 머뭇머뭇하엿더니 때 마츰 적군들이 촉석루에 모혀 드러 전승축하(戰勝祝賀) 하느라고 술을 먹고 뛰여 놀며 고라고라 부르다가 내 얼골을 한번 보고 정신들이 다 빠젓다. 기중(其中)에도 날낸 놈이 내 압흐로 뛰여와서 성명을 통하는데 제 일위지(一位地) 모곡(毛谷)이다. 내 허리를 끼여 안고 내 손목을 잡을 때에 괫심하고 분하지만 그 한놈을 잡아죽여 여러 웬수 갑푸랴고 업는 우슴 절로 웃고, 실은 노래 또 햇구나. 제 허리는 내가 안고 내 허리는 제가 안어, 청룡황룡(青龍黃龍) 뒤틀니듯 춤을 추며 도라가다 한참 흥이 겨운 판에 가는 허리를 꽉 껴안고 춘풍의 낙화처럼 깁푼 물로 뛰여드니 제 아모리 장사인들 어복고혼(魚腹孤魂) 면할 소냐. 나도 역시 죽엇지만 장쾌하기 짝이 업섯다." (원문 일부에 한자 독음 덧붙임)

어떻습니까? 그녀가 독백으로 직접 들려주는 듯한 모습이 느껴집니다. 논개의 독백을 듣고는 식민지의 후손들은 무슨 생각을 했을까요? 이야기를 찬찬히 들어보면 어떤 식으로 논개 이야기가 스토리텔링화되어 가는지 짐작할 수 있습니다. 사실 논개의 스토리텔링에는 임진왜란이란 역사적인 큰 사건이 있었습니다. 그 시대적 상황을 배경 삼아 당시 활약했던 역사적 영웅호걸들이 조연 이상의 주연급으로 등장해 주연 여배우인 논개와 호흡을 맞춰 열연했습니다. 그녀의 상대배역들이 만들어내는 갖가지 이야기는 각자의 개성에 맞게 흥미진진하게 만들어졌습니다. 그것은 후대에 내려올수록 다양한 장르의 소재로 활용되어 소설이나 시 또는 희곡이나 뮤지컬, 영화, 드라마, 노래로 계속 각색되고 반복되어 전해져 왔지요. 역사와 전설의 인물로서 만인으로부터 그리움의 대상이 된 캐릭터는 논개만 한 사람이 없기 때문입니다.

예컨대 김별아 작가의 장편소설『논개』는 논란이 분분한 논개라는 인물을 지고지순한 사랑 하나로 무도하고 횡포한 세상에 맞선 한 사람의 여인으로 재조명했습니다. 이 책은 논개가 반가의 신분을 버리고 기생으로 위장해 왜장과 투신한 최경회의 여자로 묘사했습니다. 김 작가는《국민일보》2007년 7월 7일자에서 "조선시대에 충(忠)은 여자에게 요구되는 덕목이 아니었고 절개는 기생이 감히 범접할 수 없는 것이었는데도 논개는 기득권을 버리고 관기가 돼 복수했다"며 "논개를 통해 복잡했던 당시 상황과 충정 등의 이데올로기를 살펴보려 했다"라고 설명했습니다.

반면에 수많은 논개 관련 책 중에서 김지연 작가의『소설 논개』(정은출판, 2017)는 가장 뒤에 단행본으로 나온 장편소설입니다. 이 책 3부작에서는 새로운 논개의 남자가 등장합니다. 그동안 논개의 남자로 알려진 6명이 아닌 진주의 '강(姜) 아무개'(강동찬)라는 의병장과의 사랑을 새롭게 논개 이야기에 추가하고 있습니다. 또이 소설에서는 논개가 장수 출신이 아닌 진주 출신의 기생으로 설정하고 있습니다. 그러나 이 소설의 백미는 논개가 왜장을 붙잡고 죽을힘을 다해 강물 쪽으로 밀어붙일 때 외쳤던 대목입니다. 죽음이 두렵지 않다는 걸 이미 알고 있었던 것일까요. 바로 "네 놈을 죽이려고… 내가 못 죽었나니!"라고 소리치는 대사는 김지연 소설에서 그녀의 죽음이 무엇을 의미하는지 말해주는 핵심 열쇠 말이 될 것입니다. 이처럼 논개를 둘러싼 이야기의 전개는 무궁무진하며 그 소설적 상상력의 전개와 설정 범위는 한계가 없어 보입니다.

　그러면 스토리텔링으로 전해지는 또 다른 예를 하나 들어보겠습니다. 유명한 성리학자 퇴계 이황의 이야기입니다. 이황이 사랑한 기생에 대한 스토리텔링인데 옛 문헌 등에 나오는 역사적 혹은 문헌적 기록은 없으나 소설가 정비석이 해방 후 지방에서 전해진 전설을 취재해 저술한 『명기열전』에서 처음 나옵니다. 그 이야기에 따르면 조선 때 충청도 단양기생 두향은 단양군수를 지내던 이황을 모신 관기였는데, 그가 임기를 마치고 풍기군수로 떠나자 평생 수절하며 그리워하다가 이황이 세상을 떠났다는 소식을 듣고 강선대에 올라가 금강에 투신해 삶을 마감했다고 합니다. 오늘날 단양시에서는 이황과 두향의 사랑을 기려 그녀의 무덤이 내려다보이는 장회나루 언덕에 스토리텔링 공원을 조성해 놓고 있습니다.

　하지만 두향에 대한 내용을 보면 애틋한 사랑 이야기 같지만, 역사적 사건을 기반으로 한 논개의 숭고한 이야기와는 질적으로 차이가 나는 개인적 연분(緣分) 관계에 불과합니다. 한 남자를 잊지 못한 기생이 그를 위해 수절하다가 죽었다는 단순한 이야기이기 때문입니다. 어쨌든 이황이나 앞에서 언급했던 조식의 사례를 보듯 스토리텔링할 만한 기생의 이야기는 주변에 널려 있습니다.

　그래서 논개의 스토리텔링은 특별합니다. 이와 관련해 논개 스토리를 하나 더 들어보겠습니다. 일제강점기인 1927년 신문에 소개된 극본 「논개」에 묘사된 장면은 매우 적나라하고 선정적이기까지 합니다. 매우 농염하고 에로틱합니다. 논개가 의암에 앉아 술자리를 갖고 왜장을 유혹하는 모습에서 '절세의 요희(妖姬)' 또는 '한 마리의 인어(人魚)'처럼 묘사되었습니다. 음력 보름날 밤의 달빛에 비친 논개의 모습은 남강의 수정(水精)으로 표현된 '물의 정령(精靈)'이었습니다. 다음은 《조선일보》 1927년 11월 30일자에 연재된 논개연극의 막일극(幕一劇) 7편에서 묘사된 내용의 원문을 인용한 것입니다.

"그날밤– 십오야월(十五夜月)이 촉석루 다락에 불붙는 듯이 쨰듯이 비치고 있는데 바로 다락 아래에는 야영하는 적의 군영(軍營)에서 밤불이 반딧불 모양으로 각금 번뜩이며 강변죽림(江邊竹林)으로는 옥통소(玉筒簫)의 애음(哀音)이 마디마디 애끗나게 흘러들린다. 논개는 지금 강가의 바위(의암)에 어떤 장군과 마주 앉아 술을 권하는데 몸에는 열분 초록치마로 겨우 하반신을 가리었을 뿐 희여멀끔한 젓가슴이나 녹을 듯한 아래 허리를 놀랄만치 낭자하게 내어놓았고 얼굴에도 연지와 분으로 어떻게 유혹적으로 화장을 하였는지 절세의 미인이라기 보다 절세의 요희(妖姬) 또는 한 마리의 인어(人魚)라 함이 좋겠다. 더구나 머리칼도 흩어지고 외씨같은 하얀 발이 마구 내밀어 남강의 수정(水精)이 아닌가 하리만치 몸가짐이 난잡하다." (원문 일부에 한자 독음 덧붙임)

이렇게 하여 절세의 미인이며 요희이며 한 마리의 아름다운 인어가 되어 사람의 마음을 어떻게 사로잡는지 논개의 요염한 자태에 대해 치밀하게 묘사한 스토리텔링이 만들어졌습니다. 그렇지만 현재 그녀의 스토리텔링은 아직도 그 내용이 완성되지 않았고 여전히 진행 중입니다. 1980년 홍연택이 작곡해 국립오페라단에 의해 국립극장 무대에 올려진 오페라 〈논개〉에 대해 《조선일보》 가 1980년 6월 8일자에 소개한 기사에 따르면 "임진왜란 당시의 진주기생 논개 이야기를 오페라로 만든 이 작품은 지난 75년 광복 30주년 기념작품으로 공연되었으며 이번 재공연은 작곡사 홍 씨가 대폭 수정한 것"이라고 보도했습니다. 1975년 초연된 〈논개〉 오페라는 무대에 선보인 지 5년 만에 리바이벌되어 1980년 무대에 다시 올려지는 등 논개 이야기는 고착화되거나 정형화되지 않고 시대의 흐름에 따라 각색되면서 다양한 장르로 나타나고 있음을 보여주고 있습니다.

사실 논개 이야기는 수많은 버전으로 전승되어 오면서 온갖 상상의 나래를 펼치고 있습니다. 논개의 남자들뿐만 아니라 비근한 예로 이러한 논개와 함께 임진왜란의 의기로 유명한 평양기생 계월향 이야기도 마찬가지입니다. 이 두 기생은 오랫동안 조선의 의기로 추앙받아 왔는데, 각각 영화로도 만들어져 대중문화의 유용한 소재로 주목받았지요. 그래서 이들을 가리켜 조국을 위기에서 구한 프랑스의 성녀 잔다르크에 곧잘 비유되곤 합니다. 하지만 단순한 비유가 아닌 다른 해석도 있습니다. 일제강점기에 시인 김동환은 《조선일보》 1927년 12월 9일자 '가정평론'에서 서양의 잔다르크나 유데잇트가 두 의기, 계월향과 논개와 어떻게 다른지 이렇게 비교해 강조했습니다.

"우리는 계월향이나 논개를 서양의 잔다르크, 혹 유데잇트보다 몇 곱절 낫게 그 가치를 지는[지닌] 것이니, 그것은 (즉) 잔다르크는 무슨 신계(神啓)를 받았느니 또는 무슨 암시(暗示)를 받았느니 하여 종교적 의미로 일어나 싸운 것이다. 그러나 우리의 누나에 이르러는 결코 그러한 혼미하기 짝이 없는 의식에서 출발을 지은 것이 아니고 목전(目前)에 수만의 평양시민이나 진주시민이 적군의 칼날 앞에 추풍낙엽 같이 떨어지는 것을 보고, 즉 현실적 사실을 보고서 의분(義憤)을 못잊어 제 몸을 탄환으로 하여 가지고 궐기(蹶起)한 것이다. 얼마나 인간적이며 얼마나 현실적인가. 실로 조선은 이 두 여성을 가졌으므로부터 약 3백년은 생명을 연장하였던 것이다."(원문 일부에 한자 덧붙임)

김동환의 해석이 예사롭지 않습니다. 이처럼 논개 이야기는 하나같이 의견이 모두 분분하고 이야기가 진행될수록 살이 덧붙여졌습니다. 마치 『이솝우화(寓話)』처럼 후대에서 덧붙여지고 채색되어 조합된 것과 같은 황당한 것도 많습니다. 단지 이솝의 이야기와 다른 것은 논개 이야기가 역사적 사건에 기반하고 있고, 그녀의 이야기가 살아있는 활물처럼 나날이 새롭게 탄생하고 있다는 점입니다. 조선시대의 홍길동이나 춘향을 비롯해 흥부와 놀부, 심청이 만들어진 인물이라면 논개나 임꺽정은 역사적 인물들입니다. 그래서 논개의 전설이 탄생한 것은 사건의 진실성 여부를 떠나 그 자체만으로도 충분한 의의가 있기 때문이라고 보아야 합니다. 다음 글은 1996년 부산 경성대 김철범 교수가 발표한 논문 「한시문(漢詩文)

을 통해 본 '논개' 사적(事蹟)의 문학적 연변(演變)」에서 인용했습니다. 수많은 시인묵객이 논개에 대해 읊은 한시문의 의의가 무엇인지 밝히고 있습니다.

"이러한 이야기들은 대부분 위급한 상황이어서 정확히 기록해 두었던 것이 아니다. 그 뒤 기억이나 구전에 의해 문헌으로 정착되기 마련이어서, 그 과정에서 더러 와전되기도 하고 과장되기도 하였다. 그래서 삼장사의 구성원이나 논개 사적의 사실 여부를 놓고 더러 논란이 있기도 하였던 것이다. 그러나 이러한 사적의 진실성이나 신빙성을 위해 학문적으로는 세세한 사항도 중요한 문제가 될 수 있지만, 그 사적이 지니는 의의는 또한 별개의 것일 수 있다. 물론 사적의 진실성이 그 의의를 좌우하는 중차대한 관건이 되겠지만, 위급한 조국을 위해 목숨을 바쳤다는 그 사실이 조작이 아니라면, 세세한 내막의 진실성 여부를 떠나 그 자체만으로도 충분한 의의를 갖게 되는 것이다."

마찬가지로 소설가이며 부산 경성대 교수인 조갑상 작가는 논개 이야기에 대해 역사적 사실과 소설적 진실의 관계를 문학적으로 고찰한 적이 있었습니다. 조 작가는 1996년 발표한 논문 「논개의 소설화 작업에 대한 고찰」에서 "소설가는 역사가처럼 과거를 증거하거나 정리하기 위해 글을 쓰는 게 아니라, 이야기를 들려주기 위해 글을 쓴다"라고 말했습니다. 소설 등 문학적 작업은 과거의 역사를 증명하는 것이 아니라 과거의 이야기를 들려주기 위한 것에 이유가 있다고 밝힌 것입니다. 바로 메시지의 전달을 문학의 주된 목적과 기능으로 삼은 것은 아닐까요. 다음에 인용한 글은 그가 부산 경성대 학술총서 『논개 사적 연구』에 실은 논문에서 발췌한 내용입니다.

"궁극적으로 소설에 나타난 논개와 그의 시대는 그럴듯하게 재창조된 인물이며 시대이다. 그것은 역사에 맞서는 문제이거나 역사에 종속되는 문제와는 하등 관계가 없는 역사와는 또 다른 문학적 진실에 대한 발견의 노력일 뿐이다. 일반적 사실과는 달리 논개를 황진과 관계시키거나 김시민과 관련짓는다고 해도 그러한 해석과 설정의 참된 의미는 소설 그 자체의 형상력과 역사적 의미 해석의 가치에 평가되어야 할 것이다."

이와 같은 해명에도 불구하고 논개 이야기에는 많은 논란이 있었고 설왕설래 말이 많았습니다. 반면에 이러한 논란에 대한 반박도 계속되었습니다. 저도 2000년대 초반 《의암별제》에 논개의 마타도어에 대해 비평한 글을 틈나는 대로 썼지요. 그러나 오랫동안 역사적 논란은 수그러들지 않고 끊임없이 반복되어 왔습니다. 지금도 논개 이야기의 허구성을 들며 사이비 역사나 창작 소설로 보는 사람들이 적지 않습니다. 그렇다고 『어우야담』을 믿기 어려운 이야기라고 주장해도 처음부터 없었던 사실을 있었던 것처럼 조작한 위서(僞書)라고 단정하기 어렵습니다. 유몽인이 논개 이야기를 조작해 내겠다는 저의를 갖고 엄청난 거짓말로 논개라는 허구의 인물을 창조하고 그녀를 진짜처럼 보여주고자 『어우야담』을 썼다고 할 수 없기 때문입니다.

광해군이 세자였을 때 그의 스승이던 유몽인은 임진왜란이 끝난 후 격전지를 순회한 적이 있습니다. 그는 전쟁의 참화를 당한 민중의 마음을 어루만지고 위안해줄 일화를 수집할 목적으로 민간에서 떠도는 이야기를 모아 야담집을 썼습니다. 그래서 『어우야담』에 수록된 논개 이야기는 그 행간에 깃든 은유적 표현과 함의를 잘 파악해서 읽어야 하는 것이고, 그 속에서 당대의 사회상과 그녀의 죽음에 대한 시대정신을 찾아야 하는 것입니다. 이를 결코 국수주의적 과대망상이나 잡스러운 요설로 볼 것이 아니라 잃어버린 우리 역사와 문화의 원형질을 찾아내 복원하는 과정으로 이해해야 할 것입니다.

② 논개 이야기가 전하는 메시지

논개에 대한 마타도어가 심할수록 이를 해명하는 노력도 계속되었습니다. 그렇기에 향토사학이든 제도권 사학이든 논개에 대한 논란을 규명하기 위해 소통의 노력을 계속할 수 있었고, 사계의 전문가들이 논개를 설명한 글과 해명을 많이 내 놓을 수 있었던 것입니다. 그중에서도 몇 가지는 논개의 죽음에 관한 글로써 단연 돋보였습니다. 먼저 언론계의 해석을 들어봅니다. 《조선일보》 주필을 지낸 선우휘는 논개의 죽음을 이렇게 평가했습니다. (《조선일보》 1963년 5월 5일자)

"의암에서 적장을 껴안고 몸을 던진 논개는 그 순간 무엇을 생각하였을까. 비운(悲運)의 나라에서 비운을 당하지 않을 수 없는 가엾은 백성이 한결같이 느껴야 하는 서러움이었을까. 또는 겨레와 사랑하는 사람을 잃고 터져나간 가슴을 가눌 길 없는 비탄과 사랑하는 사람을 죽어서 뒤따르려는 애절한 그리움의 정이었을까. 푸른 물결이 눈앞에 확대되는 순간, 논개가 찰나적으로 뇌리에 스친 것은 아마 그러한 갖가지 비운에 대한 끝없는 '한'이었으리라."

하지만 이런 감상적인 평보다 좀 더 냉철한 평가도 나옵니다. 그동안 많은 사람이 논개를 찾는 이유와 논개를 추모하는 현상을 설명하려는 시도가 있었는데, 특히 역사학계에서 나온 설득력 있는 견해를 몇 가지 소개하고자 합니다. 먼저 박노자 교수는 냉혹하게 평가했습니다. 즉 진주의 유생과 사대부들이 진주를 충절의 고향으로 승격시키기 위해 논개의 신격화에 매달렸다고 설명합니다. 그래서 이후 일제강점기를 거치면서 민족주의적 요소까지 덧씌워지면서 논개가 민족의 영웅으로 추앙받기에 이르렀다는 것입니다. 이처럼 박 교수는 《경향신문》 2007년 3월 27일자에서 논개의 행동을 민족주의, 국가주의적 시각에서 바라보는 데 대해 의문을 제기하고 있습니다. 그렇지만 분명한 한 가지는 "논개가 설령 국가와 임금 혹은 민족을 생각하지 않았다 하더라도 자신을 지킨 행동이 폄훼되는 것은 아니다"라고 밝혔습니다.

이어 한국학중앙연구원 장서각의 정해은 연구원의 평가가 있습니다. 정 연구원이 2011년 펴낸 『조선의 여성 역사가 다시 말하다』에 수록된 논개편을 보면 "기녀였기에 국가로부터 '의열(義烈)'을 떨친 인물로 인정받지 못하다가, 시대가 변하자 한 지역을 빛낸 구국의 인물로 추앙되고 다시 순애보를 간직한 여인으로 변모하는 논개를 통해 '과거'의 역사란 그 시대 사람들이 되살리려고 애쓰는 이야기라는 것을 알 수 있다"라고 밝혔습니다. 그래서 정 연구원은 논개편의 소제목을 '역사의 진실 그리고 덧붙여진 이야기, 논개'라고 달았던 것입니다. 그렇습니다. 논개는 아무도 부정할 수 없는 역사의 진실이었고 논개의 스토리텔링은 역사의 진실에 덧붙여진 이야기였습니다.

또 서울대 규장각한국학연구원 이숙인 책임연구원은 《한겨레》 2019년 3월 8일자에 밝힌 글에서 "충렬로 나라의 승인을 받은 논개는 대부분의 역사 인물이 그렇듯 각색되고 첨가되는 과정을 거친다. 최초의 기록 『어우야담』에서 진주기생이던 논개는 전북 장수 출신의 주논개로 보완된다. 진주성 삼장사의 한 사람인 황진을 따라왔다고도 하고, 의병장 최경회의 후처 또는 첩으로 함께 왔다고도 한다. 최근 해주최씨 종회에서는 최경회 장군의 부실 '주논개 부인'으로 확정하고 있다"라고 밝혔습니다. 그러면서 "지역이든 문중이든 논개를 자신들 가까이 두려는 것은 그녀를 '소유'함으로써 얻게 될 이익도 이익이려니와 그녀가 전하는 메시지가 귀중하기 때문일 것"이라고 당시에 일종의 신드롬을 일으켰던 '논개현상'에 대해 설명했습니다. 정말 명쾌한 해명이라는 생각이 듭니다. 그렇다면 과연 논개가 전하는 메시지란 무엇일까요?

물론 논개가 전하는 메시지에는 정해은 연구원의 말처럼 의열을 떨친 인물이나 구국의 인물로 추앙받는 면도 있고, 이숙인 연구원의 해석처럼 나라와 지아비를 위해 바친 충성과 절개에 대한 면도 있습니다. 하지만 이런 거창한 이유보다 다른 이유를 든다면, 예컨대 더 많은 사람을 사로잡고 열광하게 만든 그 무엇인가가 있지 않았을까 생각해 봅니다. 아마도 1차 진주성전투에서 승전한 싸움이 2차 전투에서 속절없이 무너져내릴 때 아무도 나서지 못한 참담함 속에서도 천한 신분의 연약한 여성이 혜성처럼 나타나 우악스러운 왜장을 단번에 죽임으로써 한 줄기 희망을 주었기 때문일 것입니다. 왜군의 무자비한 학살과 납치로 소중한 가족을 잃고 삶의 의미를 찾지 못하던 사람들이 논개의 죽음 이후 삶의 희망을 찾을 수 있었습니다.

당시 논개가 스스로 결행한 선택은 자신의 운명이 벼랑 끝에 몰려서 어쩔 수 없이 선택해야만 했던 소극적 행위가 아니라, 왜장을 처단하기 위해 나선 적극적 행위라는 점에서 여느 희생과는 성격을 완전히 달리합니다. 그녀가 남강에 몸을 던진 것은 단순한 투신자살이 아닌 것입니다. 그래서 그녀의 죽음에 대해 여러 가지 해석과 이유를 들어 공감할 수 없는 부분이 다소 있다고 해도 한가지는 분명하게 공감할 수 있지 않겠습니까. 가장 크게 공감대를 형성할 수 있는 것이라면 그녀가 비주체적으로 무력하게 삶을 마감하지 않았다는 점일 것입니다. 당시 시대적 산물인 기생은 신분에 따른 제약과 한계로 인해 스스로 주체적인 삶을 살기란 어려웠습니다.

그러나 그녀가 기생으로서 자신의 의지대로 사는 방식을 결정하지 못했을지라도 죽는 방식만큼은 스스로 선택하고 결정했다는 점은 특별했습니다. 신분제에 묶여 종속적으로 살아온 노예적 삶이었지만 적장을 껴안고 몸을 던진 결단은 일순간에 자기 몸과 정신을 지배한 주인으로서 주체적인 삶을 완성했다는 것이지요. 짧았지만 논개의 인생은 약자의 삶이 아닌 강자의 삶으로 마무리 지어졌으니까요. 바로 그 점이 아닐까요? 그녀가 보여준 용기 있는 모습은 절망의 나락에 떨어진 조선의 백성들을 위로하고 전투의지를 각성시키는 데 결정적인 요인이 되었습니다. 야만적인 왜적으로부터 자신과 가족을 지키는 힘은 도망친 왕조나 위선적인 지배층인 사대부들이 아닌, 이 땅을 일구고 지켜온 무지렁이들이란 점을 깨달은 것이 아니었을까 싶습니다. 이들은 논개의 죽음을 자신의 문제와 분리해 생각할 수 없었을 것입니다. 논개가 천민의 신분이었으므로 그녀의 투신은 더 빛나 보이는 것입니다.

이러한 점은 이미 김수업 교수의 『논개』에서도 이야기되었지만, 경상국립대 역사교육과 김준형 명예교수의 주장에 의해서도 같은 취지로 다시 한번 강조됩니다. 김준형 교수는 진주가 아닌, 다른 지역에서는 논개를 양갓집 규수로 보며 그녀의 순절에 대해 자기 고을의 자랑으로 활용하는데, 이를 다른 관점에서 봐야 그녀가 보여준 순절의 의미를 제대로 파악할 수 있다고 밝혔습니다. 다음 글은 2023년《문화고을 진주》제16호에서 인용한 김 교수의 글입니다.

"다른 지역에서는 논개를 억지로 양갓집 규수로 끼워 맞추어 자기 고을 자랑을 하는 경우도 있었다. 그러나 논개가 나라에서 천대받는 관기였다는 관점에서 바라보아야 나라를 위한 그의 순절이 더욱더 의미가 있다고 할 수 있다. 양갓집 규수가 자신의 몸을 더럽히지 않기 위해 죽음을 택한다는 것은 조선시대의 양반사족 가문에서는 당연한 것으로 여겨졌기 때문에, 그런 사례들이 많았다. 그러나 아무나 성적 노리개처럼 여기는 천한 관기는 그럴 의무도 없었고, 또 국가에서는 이들에게 외적에 맞서서 순절하라고 강요하기도 어려웠다. 논개는 비록 관기에 지나지 않지만, 당시 죽음을 무릅쓴 진주 주민의 저항 분위기에 동참해 자신도 순절을 택했다고 보는 것이 더 큰 의미가 있을 것이다."

그렇습니다. 관기의 예속적 삶과 그들의 신분적 처지를 헤아려 보아야만 논개의 죽음과 그 의미를 제대로 이해할 수 있습니다. 논개의 투신은 양반을 위한 것이 아니라 자신과 같은 천한 이들을 위한 것이 아니었을까요? 천민도 양반 못지않은 충열을 보여줄 수 있는 사람임을, 겨레와 나라의 당당한 사회구성원임을 보여준 것이지요. 그러나 논개 사후에도 지배층에 의해 착취당하던 천민들의 삶이나 관기들의 삶은 조금도 달라지지는 않았습니다. 조선 말 갑오개혁으로 노비제가 혁파되었음에도 별로 변한 것이 없이 대한제국 시대까지도 그 유제는 계속 남아있었지요.

이인직의 신소설 『혈의 누』에서 "소인 같은 상놈들은 제 재물, 제 목숨 하나를 위할 수가 없이 양반에게 매였으니 나라 위할 힘이 있습니까?"라고 부르짖는 처절한 외침이 허투루 들리지 않은 이유가 무엇인지 느껴집니다. 결국 역사를 망각한 대가는 반복되듯 조선은 다시 일본의 침략으로 망하지 않았습니까? 어쨌든 이렇게 지배층이 망쳐놓은 나라를 이미 수백 년 전에 있었던 이민족의 침략에 맞서 미천하기만 했던 한 관기가 나섰으니 그들을 부끄럽게 만들지 않을 수 없었던 것입니다. 일부나마 최소한의 양심은 남아있었던 것이지요. 그래서 논개의 투신은 위대하고 대단하며 숭고합니다.

이런 논개의 깊은 뜻과는 별개로 희한하고 의아한 일이 하나 더 있습니다. 나라 밖 먼 곳의 일이지만 일본에서도 논개를 모시고 있다는 사실입니다. 비록 왜적 장수의 사당이지만 이곳에서 논개의 묘가 만들어지고 영정을 모신 것을 한일양국의 화해를 위한 친선

차원이라고 이야기하고 있습니다. 민족감정과 역사적 논란은 별론으로 한다고 치더라도 논개를 향한 마음으로 그녀를 모시기 위해 일본인조차 이러는데, 논개가 보여준 가치와 순절의 의미에 대해서 가타부타할 것 없이 그녀는 어디에 있다고 해도 변치 않습니다. 그렇다면 논개 논쟁은 그녀를 둘러싸고 서로 입장차이만 확인할 뿐 근본적인 답은 없습니다. 그것은 끊임없이 소모적인 갈등과 대립으로 감정을 소모하고 상처를 내는 것에 지나지 않습니다.

누구라도 절대로 논개에게 어떤 선택을 하라고 강요할 수 없습니다. 논개의 죽음이 국가와 민족을 위한 숭고한 희생이든지, 나라를 위해 충절을 보여준 표상이라든지, 또는 남편의 원수를 갚고자 순절했다든지, 심지어 자신의 정조를 지키기 위한 불가피한 선택이었다고 해도 무슨 상관이 있겠습니까? 그럴듯하게 해석하고 포장한 이유를 수만 가지나 댄다고 해도 정확한 답은 나오지 않습니다. 논개의 죽음에 대한 답은 한 가지가 아니기 때문에 누구든지 자기의 생각과 다르다고 상대방을 비난하거나, 다른 사람에게 자기의 생각을 강요하거나 주입하려고 해서는 안 됩니다.

그러니 제발 그녀의 죽음을 모독하거나 반대로 광신하거나 혹은 기생이라고 성적 대상화로 희롱하거나 상처 내는 2차 가해와 같은 짓은 그만두어야 합니다. 심지어 논개의 존재 자체를 부정하는 폭거와 같은 야만적인 짓도, 그녀의 삶을 무화시키는 자해행위도 당장 멈추어야 합니다. 맹목적 믿음이든, 단순한 사실판단이든, 기생에 대한 고질적인 편견이든 모두가 논개에 대한 무지와 오해에서 비롯된 것이고, 이로부터 야기된 불신이 끝없는 논쟁과 갈등만 유발하고 있습니다. 그동안 일각에서는 논개가 동반 자살한 것에 불과한 전설을 확대해석해 역사적 의미를 부여하고 거기에 맞게끔 온갖 '썰(說)'을 과도하게 풀어내 허구의 이야기를 사실인 양 키운 것이라고 악의적인 모욕과 비하를 멈추지 않고 있습니다.

　자기 얼굴에 침 뱉는 격입니다. 만약 논개의 죽음에 대해 본질적인 의미만 생각한다면, 또 허구와 진실의 차이를 넘어 서로를 이해하고 따뜻이 보듬어줄 아량만 있다면 어떤 간격도 오해도 불화도 줄일 수 있습니다. 또 갈등을 풀어갈 어떤 공통적인 분모도 충분히 이끌어낼 수 있을 것으로 봅니다. 제가 생각하는 그 공통 분모는 논개의 죽음이 전하는 메시지에 대한 공감이라고 봅니다. 그것이 놀라운 기적이건, 불멸의 사랑이건, 감출 수 없는 그리움이건, 혹은 끝없는 갈망이건, 어쩔 수 없는 정(情)이건, 지울 수 없는 한(恨)이건, 그 무엇이라도 개의치 않습니다.

③ 논개를 알면 진주를 알고 역사를 안다

해방 후 처음에는 논개의 이야기가 정치적으로 이용된 면이 없지 않았습니다. 예컨대 1946년 해방의 기쁨과 독립의 기대가 충만할 때 한국의 정치지도자 두 사람이 진주를 각각 방문해 논개에 관해 이야기합니다. 그런데 매우 대조적입니다. 미군총사령관 맥아더의 도움으로 미국에서 귀국한 이승만 박사는 진주를 방문해 "조선 윤리 도덕의 최고봉인 논개(의기)의 애국혼"이라고 추커세우며 조선 부인계의 일대 궐기를 촉구했습니다. 반면에 미국의 반대로 중국에서 개인 자격으로 조용히 귀국한 임시정부 김구 주석은 "진주로 가서 애국 기녀 논개의 옛 혼을 위로하는 마음으로 촉석루를 시찰하였다"라고 『백범일지』에 경건하게 적었습니다. 이 두 사람의 논개에 관한 생각과 위령하는 태도를 보듯이 둘은 상반된 정치노선을 걸었고 정치적으로 반목한 끝에 유명을 달리했습니다.

사실 논개를 찾은 이들은 정치가뿐만이 아닙니다. 해방이 되자 수많은 문학가와 예술가들이 논개를 찾고 너도나도 그녀의 순국을 찬양했습니다. 시인과 극작가, 소설가, 음악가들이 논개를 찬양하는 작품을 만들었습니다. 그런데 그중에는 아주 불순한 사람도 있었습니다. 자신의 죄를 덮으려는 듯 느닷없이 친일부역자들이 논개를 본받자고 나선 것입니다. 대표적으로 한 사람을 들면 친일 시인 모윤숙이 있습니다. (여기에서 군이 그녀의 친일 행위를 말하진 않겠습니다. 꼭 알고 싶은 분은 『친일인명사전』을 보시기 바랍니다) 일단 그녀의 산문시 「논개의 밤」을 보겠습니다.

"남강(南江)은 소녀(少女) 같은 얼굴이었다.

(중략)

진주성(城) 사람들은 천개(千個)도 넘는 등(燈)을 남강 물 위쪽에 켜 놓았다.

등은 찬란히 물을 타고 내려간다.

논개의 웃음, 논개의 꿈, 논개의 승리(勝利)다.

언덕과 기슭에는 갓 쓰고 조끼 입은 많은 사람이 서 있다. 조용히.

그들은 혹시 현대(現代) 한국인(韓國人)이 아닌 옛날에서 부활한 사람들인가?

진실(眞實)로 오래간만에 보는 한국의 밤이다.

이방인(異邦人) 하나 없는 진주의 밤! 등불 어린 강과 검은 대숲과 멀리 이순신 장군의 긴 한숨과 논개의 울음소리로만 차 있는 향토(鄕土)의 밤, 핏속에 피가 안식(安息)할 수 있는 우리들의 밤이다. 불행(不幸)히도 내 손에는 등이 없다.

구경(求竟)하는 서울 사람들은 다 이 밤에 바칠 등을 마련하지 못했다. R도 K도 L도 P도.

그러기에 이런 사람들이 사는 서울에선 아름다운 슬픔을 추억

(追憶)게 하는 아무러한 차림도 베풀어질 수 없는 것이다.

　치마꽃밭처럼 강 위에 떴다.
　풍더덩 굴러진 채 목메어 울어댔다.
　물기둥 백척(百尺) 위에 그 몸이 뜨거워
　물을 가르고 바람을 문질러 원수의 살을 찢었다.
　오늘도 논개여!
　원수들은 먼 성밖에 뭉쳐 있는데."

　그녀의 세 치 혀가 논개만이 아닌 이순신 장군의 이름까지 들먹이고 있습니다. 자신이 저지른 친일반민족행위에 대한 일말의 사죄도 반성도 없이 아무 일이 없었다는 듯 논개의 죽음이 깃든 거룩한 강물에 슬픔을 위무하는 등불을 밝히려는 태도가 뻔뻔하기 그지없다는 생각이 들지 않나요? 이 가증스러운 시를 보고 있노라면 분노의 피가 역류하는 것을 느끼지 않을 수 없습니다. 그러나 논개는 말이 없습니다. 사실 논개를 이용한 정치가의 선동이나 친일부역자의 역겨운 찬양과는 달리 일반 민중들의 논개에 관한 생각과 태도는 오히려 자유롭고 유연합니다. 그들은 논개의 이야기를 윤리 도덕이나 정치 논리로만 해석하지 않았고 단지 흘러가는 강물처럼 막힘없는 풍부한 상상력으로 이야기를 풀어냈습니다. 이런 점 때문에 사람들에게 전승된 이야기가 지금까지 사라지지 않았던 것이 아닐까요. 그러면 논개 이야기가 어떻게 다양한 작품으로 나오는 것인지 살펴보겠습니다.

우선 논개 이야기의 핵심을 들여다보면, 그 자체가 구전설화의 형태를 띤 살아있는 이야기라는 점을 알 수 있습니다. 즉 움직이는 생물처럼 사람들의 입에 오르내리며 계속 만들어지는 이야기라는 점에서 현재 진행형입니다. 그녀의 이야기는 자체적인 생명력으로 사람들의 입을 통해 만들어지고 퍼져나가는 특징과 속성을 갖고 있습니다. 하나의 활물처럼 살아있는 구전설화가 되고 있습니다. 문헌으로 처음 기록된 책은 『어우야담』이지만 지금까지 나온 수많은 논개 이야기는 한번쯤 일어났을 수도 있고, 혹은 일어나지 않았을 수도 있는 우리 주변의 이야기라고 할 수 있습니다.

　그렇지만 논개 이야기는 역사가 놓친 부분을 채워놓는 감초 같은 중요한 역할을 하고 있으므로, 숱한 가정과 상상력이 가미되며 누대에 걸쳐 형성되어 스토리텔링이 되어왔습니다. 어찌 보면 영원한 전설이고 오랜 세월 동안 만들어져온 위대한 서사시(敍事詩)이며 불멸의 신화라고 볼 수 있습니다. 논개 이야기는 여러 가지 극적요소가 혼재되거나 결합하여 숱한 시간 속에 전승되는 동안 창작과 윤색이란 과정이 덧붙여져 변화무쌍하고 풍부한 이야기로 전해져 오늘에 이르게 된 우리의 소중한 문화적 자산입니다.

　이러한 특성을 생각한다면 다채로운 논개 이야기에서 보이는 상이한 차이와 이야기 속에 등장하는 인물들의 불일치와 내용상의 오류도, 온갖 이설(異說)들도 심지어 논개를 둘러싼 정치적 이용도 역사적 논쟁도 그다지 큰 걸림돌이 되지 않을 것입니다. 이 이야기는 김시민의 이야기도, 김천일의 이야기도, 최경회의 이야기도, 황진의 이야기도, 서예원의 이야기도, 게야무라의 이야기도 아닙니다. 바로 그 어떤 누구의 남성적인 영웅담이나 무용(武勇)도 아닌, 논개 자신의 이야기니까 말입니다. 그러므로 논개 이야기가 우리 역사를 보완하는 귀중한 서사가 될 수 있었고 더 많은 이야기가 만들어지는 바탕이 될 수 있었습니다.

앞에서 언급한 것처럼 논개 이야기는 하나의 서사 구조를 가졌지만 이러한 서사적 물음에 대해 반드시 이유를 찾거나 답을 해야 할 필요는 없습니다. 그녀의 이야기는 비련한 여인의 신파극도, 어느 여성의 처절한 복수극도, 어떤 기생의 피맺힌 한풀이도, 어느 천민이 자신의 신세를 한탄하는 넋두리도 아닙니다. 오히려 포악한 이민족의 침략으로 인해 모든 민족구성원이 죽임을 당할 위기에서 운명에 맞서 항거한 한 조선여성의 당당한 죽음에 관한 서사가 깃든 기록이기 때문입니다.

그러므로 '전설이 된 여인' 논개의 이야기를 팩트가 아닌 그럴듯하게 꾸며낸 수사나 상상의 나래를 편 소설에 불과하다고 치부해도 그녀의 이야기는 언제나 소중하기만 합니다. 그런 점에서 논개의 이야기를 설명하는 데 이보다 더 알맞은 말은 없을 것 같습니다. 시인이기도 한 도서출판 곰단지 이문희 대표가 "그녀는 정체불명의 여인이다 / 그녀 자체가 소설이다 / 소설을 쓴 것이라기보다 소설을 살고 있는 여인이다"라고 표현한 것처럼 논개에게 대입할 적당한 말을 찾기란 어려워 보입니다. 이문희 대표는 "별거 아닌 이야기가 소설가의 펜을 거치면 엄청난 사연이 된다"라고 말했듯이 논개 이야기는 별것 아닌 것 같은 전설이었지만 수많은 문필가와 시인의 손을 거치면서 지금은 엄청난 사연을 가진 거대한 스토리텔링이 되었습니다.

그렇습니다. 별것 아니라고 느끼는 순간부터 논개 이야기는 위력을 발휘합니다. 이를테면 연극을 예로 들어보겠습니다. 해방 이듬해인 1946년 10월 서울에서 제1회 공연예술로 국제극장의 무대에 올려진 연극 〈의기 논개〉(조령출 작, 안영일 연출)는 해방의 감격과 논개에 대한 찬사가 격렬하게 이어지는 열광의 무대였습니다. 이 연극의 캐치프레이즈는 "애국선열의 일점(一點) 명화(名花), 촉석루 푸른 물에 왜장을 안고 옥쇄한 의기 논개의 사기(史記)는 조선여성사에 가장 빛나는 한 페−지!!"였습니다. 이후 논개 이야기는 수많은 장르로 나타났는데, 오늘날 처음처럼 다시 연극으로 돌아왔습니다.

2023년 한국여성연극협회가 창립 30주년 기념으로 서울 대학로의 연극무대에 올린 〈우리는 논개의 얼굴을 모른다〉(김지식 작, 왕정민 연출)에는 시대와 공간을 초월해 세 명의 논개가 등장합니다. 그녀들은 임진왜란 때의 '조선논개', 일제강점기의 '독립논개', 현재의 MZ(20~30대)세대인 '오늘의 논개'를 말합니다. 이 세 여성이 말하는 이야기를 통해 논개의 스토리텔링이 어떻게 만들어지는지 다시 한번 그 진가를 엿볼 수 있습니다. 친일화가가 그린 옛 논개영정이 아닌, 다시 그려진 그림으로 내걸린 새로운 논개영정 아래 세 명의 논개가 모여 이야기하는 장면에서부터 호기심을 자극하고 상상력을 불러일으킵니다.

사실 그녀의 신분은 관기였지만 약하거나 순하거나 위축되거나 길들지 않았습니다. 그녀가 어떤 남자를 좋아했든 어떤 남자를 따라왔든 어떤 남자의 애인이었든 어떤 남자의 첩이 되었든 모두가 자신의 선택이었습니다. 논개는 누구에게나 한없이 선한 천사나 성녀도 아니었고 표독스러운 독기만 남은 마녀도 광녀도 악녀도 창녀도 아니었습니다. 논개는 거대한 역사의 격랑에 의해 자신의 삶이 산산이 부서지고 유린당했지만, 겁에 질리지도 비루하지도 초라하지도 기회주의적이지도 무력하지도 공포에 사로잡혀 있지도 않았습니다. 비록 논개가 선택한 죽음은 자신의 삶을 송두리째 바꾸어 놓았으나 그녀는 죽음을 위엄 있게 맞이했고 결과적으로 그녀를 불멸의 여인으로 만들었습니다. 이제 우리나라에서 논개를 모르는 사람은 아무도 없게 되었습니다.

처음에 논개는 그냥 논개였을 뿐입니다. 오로지 그녀는 미소로만 기억되지만, 그 미소는 잊히지 않습니다. 최초의 기록인 『어우야담』에는 "유독 한 왜장이 혼자 당당하게 앞으로 나아가니 논개는 미소를 머금고 그를 맞이했다"[獨一倭挺然直進論介笑而迎之]라고 묘사하고 있습니다. 그때 논개는 입가에 웃음을 띠었습니다. 그녀가 죽음을 앞두고 마지막으로 빙긋이 웃음 짓는 그 미소는 과연 무엇을 말하는 것일까요? 믿기지 않은 비현실적 상황에 직면하자 자신도 모르게 냉소적으로 피식하며 헛웃음이 나온 것일까요? 그게 아니라면 짧은 삶에 대한 미련일 수도, 이루지 못할 사랑에 대한 회한일 수도, 왜장을 죽일 절호의 기회를 잡았다는 회심의 미소일 수도 있습니다.

분명하게 말할 수 있는 것은 이렇게 죽어야만 한다는 허망한 생각에 자신도 모르게 터져 나온 실소는 결코 아니라는 점입니다. 비록 그녀가 최후의 순간에 보여준 냉정한 모습과 대담한 투신을 보면 여성성이나 인간성이 사라진 비정한 표정으로 비치지만 죽음을 앞둔 미소는 결코 가식적일 수 없습니다. 그녀의 미소는 진실하고 확신에 찬 미소였습니다. 마지막에 보여준 웃는 표정은 진정한 승자의 암시였고 승리의 메시지였습니다. 짧았지만 용기 있는 자가 남긴 긴 여운의 빛나는 미소였습니다. 이렇게 논개의 의미심장한 웃음은 영원히 정지된 화면처럼 우리의 뇌리에 새겨진 채 불멸의 기억으로 남게 되었습니다.

그동안 논개의 죽음에 대해 많은 의미와 가치가 부여되면서 그녀의 투신은 단순한 죽음이 아니게 되었습니다. 비록 논개는 죽었지만, 그녀의 영혼은 죽지 않고 부활할 수 있었던 이유가 됐던 것입니다. 논개의 죽음을 기억하는 방식에 따라 여러 가지 스타일의 그림이 그려졌고, 그 결과 그녀는 다양한 모습으로 되살아났습니다. 그동안 논개신화에 대해 온갖 마타도어가 있어 왔고 논개 죽이기에 혈안이 된 면도 없지 않았으나 이렇게 되살아난 논개 이야기는 조금도 죽지 않았습니다. 오히려 불굴의 사연으로 부활하여 잊히지 않고 시간이 갈수록 더욱 드라마틱하게 전승되어 호흡이 긴 목숨처럼 강한 생명력으로 다시 끈질기게 살아남아 영원한 신화가 되었습니다. 그래서 일찍이 진주를 '역사(歷史)와 가현(歌絃)의 도시(都市)'로 예찬한 시인 김동환이 일제강점기에 진주를 찾아와 논개의 가치에 관해 이야기했던 말이 그냥 지나치는 말로 들리지 않습니다. 다음 말은 의미심장하고 지금 들어봐도 시사하는 바가 적지 않습니다.

"아무튼 론개를 아는 것은 진주(晉州)를 아는 것이요, 진주를 아는 것은 근세(近世) 조선사(朝鮮史)를 아는 것이니 이 땅을 생각하는 사람에게는 진주가 만흔 박력을 가지고 차저들 것이다. 이에 사람들은 가튼 고도(古都)면서 서울에서 살다가 평양(平壤)에 와서 꿈꾸다가 진주에 이르러 비로소 크게 생각하게 된다 할가. 이토록 이 땅은 시(詩)와 사기(史紀)의 소재로 가득찬 곳임을 일견(一見)에 알 수 잇겟다."(김동환이 발행한 잡지 《삼천리》 1929년 6월 창간호에서 원문을 인용하고 일부에 한자를 덧붙임)

이러한 사실은 무엇을 말하는 것일까요. 김동환의 표현처럼 논개를 알게 되는 것이라면 "꿈꾸다가 진주에 이르러 비로소 크게 생각하게 된다"라는 것입니다. 무엇보다 분명한 것은 논개 이야기가 진주이야기를 넘어 우리 민족의 정서와 정체성을 가진 서사시처럼 운명적으로 전승됐다는 점입니다. 그러므로 그녀의 이야기를 한 고장의 이야기로만 묶어둘 것이 아니라 민족 고유의 전통적 자산으로 보존하고 발전시켜야 하는 이유와 가능성을 충분히 갖고 있다고 할 것입니다. 그 대표적인 논개 이야기의 문화사적 성과가 바로 의암별제라고 할 수 있습니다. 논개 이야기는 수많은 문화현상을 낳게 했고 끊임없이 발전해온 역사와 문화의 동력이라는 점에서 더욱 그렇습니다. 앞으로도 논개 이야기는 역사의 희망과 영원한 사랑의 스토리텔링으로 남을 것이며, 그 가치는 더욱 커질 것입니다. 인류의 역사상 사랑만큼 사람들을 사로잡는 보편적 가치가 어디 있을까 싶습니다. 비단 논개의 이야기만 해당하는 것은 아닐 것입니다.

　이제 더는 논개논쟁에 대한 저의 답변은 없을 것입니다. 따라서 '논개 죽이기'의 시즌2도 당연히 없습니다. 마지막으로 한용운의 시 「논개의 애인이 되어서 그의 묘(廟)에」를 다시 한번 음미해 봅니다. 우리를 부끄럽게 만들었던 그의 시 한 대목을 되새기면서 논개에 관한 이야기를 모두 마칩니다.

"용서하여요 논개여
금석(金石)같은 굳은 언약을 저버린 것은
그대가 아니오 나입니다

(중략)

나의 가슴에 '사랑'의 글자를
황금으로 새겨서
그대의 사당에 기념비를 세운들
그대에게
무슨 위로가 되오리까"

우연한 계기로 만들어진 운명적 산물

2023년 도서출판 곰단지에서 소설가 정동주 작가의 『정동주의 진주문화사 이야기』를 펴낸 것을 계기로, 출판사는 우리가 사는 지역의 이야기를 담은 지역 콘텐츠를 개발하기 위해 진주이야기 시리즈를 출판하기로 방향을 잡았다. 곰단지는 이 사업을 의욕적으로 추진하기 시작해 새로운 출판 아이템을 찾고 있었다. 그때 마침 진주문고 여태훈 대표의 소개로 오래전에 절판된 필자의 옛 책 『진주이야기 100선』(진주문화원, 1998)을 증보하여 곰단지에서 발행하게 되었다. 그리하여 2024년 1월 실로 25년 만에 『듣도 보도 못한 진주역사, 김경현의 진주이야기 100선』을 발간하게 되었다.

이 책은 부제 '듣도 보도 못한'이란 말처럼 미처 들어보지도, 두 눈으로 확인하지도 못한, 알려지지 않은 진주이야기를 담아 내용을 대폭 보완하고 확장했다. 그 결과 튼실하게 책으로 묶어 완전히 새롭게 만든(물론 보완되지 못한 부분이나 미흡한 부분이 남아 있지만) 단행본을 출간할 수 있었다. 이와 더불어 필자는 2024년 1월 31일 진주문고 여서재에서 열린 작가초청강연회 및 출판기념회에서 받은 많은 성원과 격려를 잊을 수 없다.

그러면 이 책을 내게 된 계기는 무엇이었을까. 필자는 2023년 가을에 『진주이야기 100선』의 증보판 출판을 협의하기 위해 곰단지를 방문해 이문희 대표와 성수연 편집장을 만나 이야기를 나누었다. 그때였다. 갑자기 성 편집장이 『진주이야기 100선』 외에 발표하지 못한 나머지 이야기들도 지면에 내보자며 다짜고짜 월간지 《곰단지야》에 연재해 줄 것을 강하게 권유하기 시작했다. 느닷없는 제안에 좀 당황했지만 설령 제안에 동의한다고 해도 선뜻 받아들이기가 어려웠다. 현재 필자는 진주에 살고 있지도 않고 예전처럼 집필할 여건이나 사정도 안 된다고 핑계를 댔다.

무엇보다 그 이면에는 지금 쓴다고 해도 과거에 썼던 글의 수준을 넘어서지 못하는 구태의연하고 진부한 글이 될 것이라는 일종의 두려움이 있었다. 사실 글의 참신성은 둘째치고라도 언어의 조탁이나 절제성은 물론 논리성이나 새로운 자료의 발굴에서도 모두 부족할 것 같았고, 동시에 촌철살인이나 사이다 같은 청량감이나 유머감각도 없는 식상한 글이 될 것 같다는 생각도 들었기 때문이다. 무엇보다 역사·문화에 대한 글은 현장감이 생명임에도 불구하고 현장에 있지 못해 아무리 잘 쓴다고 해도 한계를 넘기 어렵다고 보았다.

이런저런 이유를 들어 완곡히 고사했는데도 어느새 이문희 대표까지 나서서 압박하며 끈질기게 협공하는 바람에 무 자르듯 냉혹하게 거절하기 어려워 원고집필 대신에 한 가지 대안을 내놓았다. 즉 예전에 신문 등에 썼던 진주역사 및 문화와 관련한 칼럼과 글들이 있다고 이야기한 것이다. 결국 그 말이 계기가 되어 이번에 그 글들을 모아 책으로 발간하게 되었다.

이렇게 하여 또 하나의 진주이야기는 새롭게 생명을 얻었고, 마침내 강력한 제목을 붙이고 새로운 구성으로 이른바 '김경현의 진주 죽이기'란 다소 도발적인 취지를 담은 특별한 책이 만들어지게 되었다. '김경현의 역사·문화·논개 비평'이라고 부제를 붙인 『진주 죽이기』란 이 책을 말한다. '죽이기'라는 표현은 보는 이에 따라 자극적이기는 하지만 진주시민의 입장을 대변한 것으로 생각한다. 하지만 이 책은 기존에 나온 『진주이야기 100선』의 연장선상에 있으면서도 표현의 방식과 내용의 구성에서 결코 같다고 볼 수 없다. 예컨대 전자가 답사기 형식을 띤 글이라면 이 책은 비평적 형식을 띤 글이기 때문이다. 특히 논개에 대한 이야기는 매우 비평적인데, 결론적으로 말하자면 의도적으로 쓴 글이기에 더 그렇다.

　아무튼 필자는 이 책을 펴내는데 한 가지 원칙을 분명히 했다. 제3부 논개 이야기처럼 이 책의 제1부와 제2부에 들어가 있는 기존의 칼럼도 모두 뜯어고치고 싶었지만 그럴 수가 없어 이렇게 하기로 방침을 세웠다. 즉, 과거에 쓴 글을 기계적으로 모아서 펴내는 단순한 '재탕' 작업은 하지 않기로 한 것이다. 그냥 글모음에 그치는 것이 아니라 각 칼럼과 글을 들여다보고, 필자가 가진 현재의 생각과 느낌, 연관성, 미래의 희망과 가능성 등을 보태 새롭게 정리하고 재해석하여 책을 펴내기로 한 것이다. 필자가 이 책에서 덧붙이는 설명이 사족이 아니라 진주역사와 문화의 부족함을 채우고 빈약한 부분과 공백을 메꿔주는 또 하나의 진주이야기와 같은 역할을 하도록 유도했다. 쉽게 하기 힘든 결정이었지만 과감하게 손을 댔다.

그래서 처음 생각처럼 필자의 비평글이 과거의 칼럼을 나열하는 데 그치지 않게 하려고 해제와 같은 설명문을 달게 되었다. 또한 논개에 대한 글을 상당히 보완한 것도 마찬가지 이유에서 비롯된다. 필자의 글이 우리 사회의 뜨거운 이슈였던 논개에 관한 오해와 마타도어를 해소하는 데 조금이나마 이바지하길 바랐다. 여러 가지 여건과 사정상 수월한 작업은 아니었지만, 원고를 손에서 놓지 않고 틈나는 대로 글을 달았으며 내용을 손질해 붙였다. 그 이유는 필자가 탁월한 이야기꾼이 아니기 때문에 이렇게라도 해야만 마음이 놓였기 때문이다.

그러던 차에 때마침 이문희 대표가 이 책의 원고가 2024년도 경남문화예술진흥원의 지역출판사 지원사업에 선정되었다는 소식을 전해 왔다. 이를 계기로 『진주이야기 100선』 때문에 우연히 시동이 걸린 작업이 더욱더 속도를 내기 시작했다. 처음에는 기존의 원고를 한 자리에 묶는 단순한 작업에 불과했지만, 작업을 할수록 욕심을 부려 나도 모르게 자꾸만 일을 키우고 말았다. (나중에는 차고 넘친 원고의 상당 부분을 빼고 솎아내는 고충도 감수했다.)

이렇게 책에 들어갈 해제문을 각 칼럼에 달고 논개에 대해 전면적으로 다시 쓰기 시작하면서 작업량은 엄청난 분량으로 커지기 시작했다. 과도한 욕심으로 판을 너무 키운 것은 아닐까. 생각하면 할수록 내심 후회하는 마음도 없지 않았다. 그러나 이미 손을 뗄 수 없는 상황이었다. 결국 본격적으로 노동강도가 높아지자 그동안 시작한 일을 중단하거나 대충 끝내서는 안 된다는 이유와 반드시 발간해야 한다는 목적이 더욱 분명해지고 강렬해졌다. 비록 이 책 제목이 겉으로는 『진주 죽이기』라고 타이틀을 잡았지만, 사실은 진주를 살리는 이야기를 써야 한다는 당위성을 갖게 되었다. 그래서 필자는 진주 죽이기를 진주 살리기로 바꾸기 위해 죽기 살기로 이 책을 만들기에 이르렀다.

이와 같은 분위기가 무르익어 마침내 '김경현의 역사·문화·논개 비평'이란 부제를 단 『진주 죽이기』가 나오게 되었다. 참으로 우연하고도 운명적이다. 이 책은 『김경현의 진주이야기 100선』의 연장선상에 있는 것이다. 큰 맥락에서 보면 『김경현의 진주이야기 100선』의 뒤를 잇는 후속편이라고 할 수 있다.

『진주 죽이기』를 펴내면서 신문에 칼럼을 처음 썼을 때가 생각난다. 지금도 그때의 느낌과 열정을 분명하게 기억한다. 그러나 칼럼의 내용을 좀 더 뜯어보면 칼럼이 보여줘야 할 논리적 정합성에서는 많이 부족하고 수준에 미치지 못했다는 생각이 든다. 그렇지만 진주의 역사와 문화 및 논개 등을 주제 삼아 여러 해 동안 고심하며 글을 썼다는 점에서 필자에게는 한 꼭지 한 꼭지가 모두 소중하다.

비록 이 책이 칼럼과 비평의 성격을 갖고 있고 거창하게 국내외 정세나 세계사적 의미도 일부 보여주고 있다고 하지만 그렇다고 해서 절대로 심오하거나 탁월한 이야기는 아니다. 여기에 수록된 글이 칼럼 쓰기와 비평을 전문으로 하는 칼럼니스트나 비평가의 글이라고 보기는 어렵지만 나름 필자의 능력이 미치는 한 최선을 다해 쓴 것이라고 말할 수 있다. 그렇지만 이 글에는 익지 않은 날것 같은 점과 거칠게 쓴 면도 없지 않다고 솔직히 인정하겠다. 다만 그 부족함을 해제와 설명을 통해 채우고자 했다.

당시 필자는 역사·문화 칼럼을 쓸 때 주로 진주의 역사와 문화에서 소재를 찾고 그 기반 위에서 쉽게 쓰고자 했으므로 여기에 수록된 글은 우리가 사는 이 땅의 이야기로 볼 수 있다. 그래서 진주의 이야기인 동시에 우리나라 이야기라는 점에서 이 칼럼은 역시 진주이야기임이 틀림없다고 생각한다. 거기에다 역사·문화·논개에 대한 필자의 생각을 풀어서 설명하는 글을 해제문에 서술해 놓음으로써 진주이야기의 구성을 더욱 폭넓게 확장하고 풍부하게 만들었다고 생각한다. 아울러 이 자리에서 꼭 말씀드리고 싶은 것이 있다. 이 책의 원고를 세심하게 살펴보고 추천의 글을 써주신 조세열 민족문제연구소 상임이사에게 감사의 말씀과 송구스러운 마음을 전하며, 늘 필자에게 자극이 되어주는 김주완 작가와 이영수 시인, 이우기 작가의 조언은 이 책의 완성도를 높이는데 기여했음을 밝힌다.

이 책의 출간을 계기로 언젠가는 『진주이야기 100선』의 후속편으로 150선이든 200선이든 심지어 1,000선이든 꼭 써야겠다는 부담을 갖지 않을 수 없었다. 한때 필자는 '진주의 천일야화(千一夜話)'를 쓰겠다는, 말도 안 되는 꿈을 꾼 적이 있다. 제대로 된 진주이야기가 없다고 보고 실현 불가능한 희망 사항이었지만 꿈이라도 꾸어보았기 때문이다. 그래서 유구한 진주 역사·문화에서 얼마든지 진주이야기를 캐내고 찾아낼 수 있다는 치기 어린 생각도 했는데, 너무나 쉽게 생각한 안이한 발상이었는지도 모른다. 하지만 1,000선이 안 된다고 하더라도 후대를 위해 괜찮은 진주이야기 책한두 권쯤은 꼭 필요하다고 보았다. 그래서 진주이야기를 재미있고 흥미롭게 써야 한다는 마음만은 절실해 필생의 꿈으로 생각했다.

아마도 그것은 『진주이야기 100선』이라는 책이 이미 오래전에 나온 바 있었고, 나아가 이를 대폭 보완하고 손질한 『듣도 보도 못한 진주역사, 김경현의 진주이야기 100선』이란 증보판도 최근에 나왔기 때문에 더 그랬는지도 모른다. 그렇지만 한편으로 일단 진주이야기 집필에 들어가면 무겁게 짓누르던 부담스러움도 눈 녹듯이 사라지고 다시금 행복해질 것 같은 예감이 드는 것은 또 무슨 까닭일까. 이것 역시 도무지 알 수 없는 사람의 마음일 것이다.

진짜로 '진주이야기 1,000선'이라도 쓰게 되는 것일까. 이문희 대표의 언명처럼 "진주, 여름보다 강렬한 창작의 햇살 넘치고 겨울보다 따스한 스토리가 빛나는 곳!"이지 않았던가. 설령 진주의 천일야화를 완성해 내지 못한다고 해도 상관없지만, 그 노력과 시도 자체는 이미 야화와 전설로 남을 일이다. 『진주이야기 100선』처럼 『진주 죽이기』도 지역에서 발굴한 좋은 역사문화 콘텐츠가 되길 바란다. 한물간 콘텐츠와 유사한 콘텐츠가 난립하고 있는 요즘에 그 흔해 빠지고 식상한 벤치마킹이 아닌, 지역 특성을 살린 진주만의 독특한 콘텐츠 개발을 위한 아이디어가 되었으면 한다. 지역콘텐츠를 찾아내고 스토리텔링을 만들어내고자 한다면 지금 시작하는 것이 좋을 것이다.

부정하긴 어렵겠지만 이렇게라도 희망고문을 받는다는 생각이 들면 갑자기 스트레스 지수가 올라가는 것이 아닐까? 하지만 오히려 그 순간만큼은 행복해지지 않을까 하는 생각이 든다. 어차피 필자의 '역사보따리'는 이미 오래전부터 준비하지 않았던가. 보따리

속에 들어있는 온갖 잡동사니가 또 다른 진주이야기를 만들어내는 진짜 역사자료가 될 것이라고 믿고 있다. 이렇게라도 믿는 구석이 있었던 것일까. 아니면 과욕이 부른 자기도취이거나 자기만족, 혹은 자기최면일까. 그래도 마냥 태평스럽기만 하다.

어쨌든 모든 게 잘 될 것 같다고 생각하고, 우선 보따리를 풀기 전에 이 책으로 준비운동을 해보는 것도 괜찮다 싶었다. 운동을 하기 전에는 긴장을 풀기 위해 일단 몸을 가볍게 풀어야 하지 않겠는가. 글쓰기도 마찬가지이다. 그런 점에서 이 책의 출간이 유의미하다면 그런대로 괜찮은 예열이고 준비이지 않을까.

우리는 불확실한 시대를 살고 있다. 그런 시대일수록 절망이 희망을 향해 속삭이듯 꿈을 이야기해야 한다. 그 꿈은 먼 옛날이야기에서 가져올 수도 있고 지금 만들어진 이야기에서 가져올 수도 있다. 그렇게 사방에서 꿈이 모락모락 피어오르게 된다면 어느 때나 충분히 꿈을 꿀 수 있고, 더 나은 세상을 향해 더 좋은 미래로 나아갈 수 있다. 길을 잘 몰라 헤맨다고 해도, 혹은 넘어진다고 해도 괜찮다. 살면서 뜻하지 않게 넘어지는 일은 흔하게 일어난다. 그러나 사방으로 튀려고 하는 원심력이 작동해도 오뚝이 같은 복원력은 항상 있다.

운명의 파도에 맞서 언제든지 일어설 힘이 있다면, 다치지 않는 균형감을 유지할 수 있다면, 쉽게 굴하지 않는 회복력이 있다면 인간성과 근원적 가치는 반드시 복원된다. 이제 할 수만 있다면, 눈을 크게 뜨고 직립할 수만 있다면 발을 넓게 벌리자. 스스로 신발끈을 단단히 맬 수 있다면 시작이 반이다. 그러면 몸뚱이에 달린

사지는 힘차게 활갯짓을 할 것이고, 뛰는 심장은 힘찬 동력을 전달하며 펌프질을 할 것이다. 그리고 언제든지 꿈을 꿀 수만 있다면 일단 안심이 되고, 고된 하루를 기분 좋게 마감할 수 있다. 그러면 편하게 숙면에 들어가고 꿈꾸지 않을까.

자 그럼, 지금부터라도 꿈꾸자. 늘 잠이 부족해 몽롱했던 바쁜 일상에서 잠시 벗어나 제대로 한번 실컷 자보면 그런 꿈은 시작된다. 무슨 꿈을 꾸어도 좋다. 꿈보다 해몽이 좋다라는 소리를 들어도 상관없다. 한 번도 따뜻한 꿈을 꾸어보지 못한 사람들은 이런 기분을 모른다. 꿈이 얼마나 포근하고 위안을 주는지를 말이다. 누구의 말처럼 꿈꿀 때가 가장 행복하지 않은가. 이 세상에서 나쁜 꿈은 없으며 단지 나쁜 세상이 있을 뿐이다. 나쁜 꿈은 나쁜 세상의 데자뷰로 두려움의 가위눌림이라고 본다면 좋은 꿈을 꾸기 위해서는 좋은 세상에서 즐겁고 행복한 심정으로 잠들 필요가 있다. 좋은 세상을 위해 조금이라도 노력을 기울였다면 백일(百日)이든 천일(千日)이든 심지어 만일(萬日)이든 언제든지 틈나는 대로 꿈을 꾸자. 잠꾸러기라는 소리를 들어도 좋다. 몽상가라는 말을 들어도 괜찮다. 길몽이 아니어도 상관없다. 보란 듯이 꿈꾸고 싶지 않은가.

그저 소박하지만 당찬 꿈을 실현할 우리 지역의 '야화(夜話)'를 찾아보자. 진주에서 야화는 얼마든지 널려 있지 않은가. 한마디로 진주는 역사적 자산과 문화적 자원이 차고 넘치는 역사·문화의 보고로, 보물처럼 빛나는 이야기들이 무수히 많이 깔려 있다. 앞에서 인용한 바 있는 시인 김동환은 논개 이야기가 있는 진주를 가리켜

"이 땅은 시(詩)와 사기(史紀)의 소재로 가득 찬 곳"이라고 했다. 그의 명징한 말처럼 진주는 시와 역사가 가득 찬 고장이었다.

이처럼 숨은 이야기를 캐낼 만한 조건이 충분하다면 답은 이미 나온 것이나 다름없다. 그렇지만 아무리 좋은 보물이라도 캐내지 않으면 보물이 아닌 고물일 뿐이고 어떠한 것도 빛나지 않는다. 이 보물을 캐내는 것이 바로 필자가 꿈꾸는 소박한 바람이자 거창하다면 거창한 꿈이고 아울러 꿈을 잃지 말라며 응원해야 할 충분한 이유가 된다. 그래서 이 책은 우연한 계기로 시작된 것이지만 지금은 운명적 작업의 산물로 그동안 희미하기만 했던 신비한 꿈이 윤곽을 드러내는 데 하나의 증거가 되고 있다.

미국 작가 셸리 리드가 쓴 소설 『흐르는 강물처럼』에 나오는 "앗아간 모든 것은 이야기가 되어 우리 가슴에 남고, 그렇게 우리라는 존재를 형성한다"라는 대목이 떠오른다. 필자는 사라진 전설을 찾아 남강의 물살을 헤치며 수몰지 위를 거슬러 올라 의암을 휘감고 흐르는 거친 역사의 물줄기부터 진양호의 심연에 잠긴 수몰된 마을까지 운명적인 사람들의 사연을 건져내려고 한다.

앞으로 진주사회도 좀 더 맑고 밝은 세상으로 나아가고, 그럴 때마다 매일 밤 꿈꾸듯 재밌고 따뜻한 동화가 들려주는 위안과 같이 행복을 느낄 것이라고 상상해본다. 그래서 우리는 여전히 진주이야기를 기다리고 있다.

필자 소개

김경현(金俓顯)

　경북 안동에서 태어나 대구를 거쳐 광주에서 자랐고 경남 진주에서 살다가 서울과 세종에서 활동했던 이른바 '전국구 시민'이지만 진주를 가장 사랑한다. 경상국립대학교 사회학과를 졸업하고 같은 대학원에서 사회학과 박사과정을 수료했다. 1990년대 초반부터 지역의 역사와 문화를 찾아 진주의 구석구석을 누비며 현장을 답사하고 취재하며 자료를 수집했다. 이를 토대로 2000년대 초중반 진주의 역사·문화·논개에 대해《경남도민일보》《진주신문》《경상대신문》《의암별제》등에 칼럼 및 비평글을 쓰고 발표했다.

　옛《진주신문》에서 기자로 일했고, 『명석면사』『친일인명사전』『경상남도사』 집필위원을 비롯해 친일반민족행위진상규명위원회 조사3팀장, 행정안전부 과거사관련업무지원단 전문위원 등을 지냈다. 임종국상(학술부문)을 수상했다. 저서로『진주이야기 100선』『명석면사』『일제강점기인명록I−진주지역 관공리·유력자』『민중과 전쟁기억−1950년 진주』『김경현의 진주이야기 100선』이 있다. 편찬한 책으로『친일반민족행위진상규명보고서 보유편』이 있고, 기획·작성한 책으로『과거사 관련 국가소송 판결 및 헌법재판 결정 자료집』(전5권)이 있으며, 공저로『구술사로 읽는 한국전쟁』등이 있다.

p. 233~234

『난중일기(亂中日記)』(이순신) : 진주성의 비극이 있은 지 2년 후인 을미년(1595년) 8월에 체찰사(體察使)를 만나러 진주성에 왔다가 촉석루에 올라가 애통함을 적음. p. 425

『논개』(김별아, 문이당, 2007) : 감성적인 언어와 상상력으로 논개 이야기를 묘사, 논개의 기생설을 부정. p. 373, p. 458

『논개』(김수업, 지식산업사, 2001) : 논개의 신분이 천민이라 그녀의 죽음이 더 빛난다고 표현. p. 364, p. 470

『논개』(박종화의 소설, 1946) : 논개의 남자로 김시민이 등장. pp. 370~371, p. 447

「논개(論介)」(변영로의 시, 1923년 4월). pp. 426~427, p. 444

〈논개〉(홍연택 작곡, 국립극장 공연, 1980) : 1975년 초연, 오페라. 논개의 애인으로 황진이 나옴. p. 375, p. 400, p. 461

『논개』(전병순의 소설, 1979) : 논개의 성을 주씨라고 말함. p. 351

『논개』(정한숙의 소설, 1969) : 논개의 남자를 황진으로 묘사. p. 375

『논개 사적 연구』(조갑상) : 논문「논개의 소설화 작업에 대한 고찰」실음. p. 463~464

논개비(해방 후, 설창수 씀) : 의기사 앞에 세워짐. '의로운 낭자'라는 뜻을 지칭해 '의랑'이라고 이름 지음. p. 310

「논개암에서」(박치복의 한시 번역). p. 305, p. 308, p. 409, p. 455

「논개의 밤」(모윤숙의 시). pp. 475~476

「논개의 애인이 되어 그의 묘에서」(한용운의 시). p. 405, p. 427,

p. 483

『논개의 환생(還生)』(김동인) : 소설에서 진주목사 서원례 언급. p. 376

『논개평전』(정동주, 한길사, 1998) : 논개가 기생이 아니라 의병장의 아내였다고 함. p. 373

『대동기문(大東奇聞)』(강효석, 1925) : 논개와 김천일의 일화가 나옴. p. 371~372

『도재일기(導哉日記)』(이준, 1722) : 촉석루 전승연 기술. p. 425

『동감강목(東鑑綱目)』(송병선, 1902) : 논개가 바로 최경회의 첩이라고 밝힘. p. 397

『말하는 꽃, 기생』(가와무라 미나토) : 왜장 게야무라가 진주로 향한 것은 고대 한반도에서 일본에 건너간 선조를 잊지 못하는 '유전자' 때문이라고 말함. p. 379, p. 421

『명기열전(名妓列傳)』(정비석) : 논개의 가락지 이야기가 나옴. p. 373, p. 429, p. 459

『모곡촌육조』 : 일본의 야담집. 논개가 죽인 왜장 게야무라 로쿠스케의 기록. pp. 377~378

〈뮤지컬 논개〉 : 극단 '현장'이 2003년 공연. p. 229

『백범일지』(김구) : "진주로 가서 애국 기녀 논개의 옛 혼을 위로하는 마음으로 촉석루를 시찰하였다"라고 적음. p. 474

『소설 논개』(김지연, 정은출판, 2017) : 기존에 알려진 6명의 남자 외에 새로운 인물 '강동찬'이라는 의병장을 등장시켜 논개의 이야기를 재구성. p. 458

걸렸음. p.304, p.325, p.436

의암별제(義嚴別祭) : 1868년 진주목사 정현석의 주도로 진주기생들이 주체가 되어 진주성 촉석루에서 창제 후 일제강점기에 단절되었다가 1992년 운창 성계옥 선생에 의해 복원. pp.349~350, p.402, p.444, p.482

의암사적비 : 1722년 정식이 지은 비문을 비석에 새기고 진주 백성들이 논개를 기려 세운 비석. 최초의 논개 행적을 기록한 사적비. p.307, p.311, pp.348~349, p.401, p.424, p.430, p.438, p.443

의암 주논개랑 생장지 사적불망비 : 1960년 장수교육감이 세운 비. p.419

『장수현읍지(長水縣邑誌)』(1872) : 조선 말 펴낸 사찬서. 논개를 '장수현 임현내면 풍천사람'으로 소개. 논개와 최경회의 관계를 기록. p.344, p.354

『재조번방지(再造藩邦志)』(신경, 효종 때) : 김천일과 '늙은 기생'의 일화 소개. p.372

『조선의 마음』(변영로, 1924) : 1922년 《신생활(新生活)》 4월호에 발표한 시 「논개」를 실음. p.232

『조선역사강화(朝鮮歷史講話)』(최남선) : 논개가 적장 모곡촌육조를 안고 남강으로 투사(投死) 한 것을 기록. p.413

『조선의 여성 역사가 다시 말하다』(정해은, 2011) : 논개편 '역사의 진실 그리고 덧붙여진 이야기, 논개' 소개. p.467~468

『조선해어화사(朝鮮解語花史)』(이능화, 1927) : 관기로서 논개가

『태상시장록(太常諡狀錄)』(권적, 1750) : 논개가 최경회의 첩이
　　라고 암시하는 최초의 기록이 나옴. p.395

『토지』(박경리) : 의암을 이헤미 바위로 표현, 논개의 이야기가 부
　　분적으로 등장, 특히 논개의 가락지 모티브를 사용하여 그녀의
　　의지를 상징적으로 표현. p.306, p.429

『혈(血)의 누(淚)』(이인직 신소설) : 신분 차별을 다룬 문학 작품.
　　p.324, p.471

『호남읍지(湖南邑誌)』 : 조선 말 펴낸 사찬서. 논개를 '장수현 임
　　현내면 풍천사람'으로 소개. p.354

『호남절의록』(호남유림, 1800) : 「최경회 조(條)」에서 논개와 최경
　　회의 관계를 언급한 기록. p.334, pp.343~344, p.373, p.396

※신문, 잡지, 홈페이지

《개벽(開闢)》(제34호, 1923) : '의랑암시(義娘巖詩)'라고 소개.
　　논개의 성씨와 이름을 정리. p.309, p.352, p.354~355, p.411

《경향신문》(1947년 5월 18일자) : 최상수의 민간전설 「의랑암」에
　　서 일본의 두 장수를 껴안고 투신했다고 표현. p.345

《경향신문》(1965년 8월 11일자) : 김주연의 「진주기행문」에서 '장
　　수에서 온 논개' 기록. p.337

《경향신문》(2007년 3월 27일자) : 박노자 교수가 논개의 행동에
　　대해 평가. p.467

《국민일보》(2007년 7월 7일자) : 김별아 작가는 "논개는 기득권을

버리고 관기가 돼 복수했다"라고 설명. p. 458

《대한매일신보》(1907년 3월 27일자) : 애국부인회를 고동치게 만든 '논개씨'와 '계월향씨' 언급. p. 91

《동아일보》(1921년 7월 13일자) : 퇴락한 '논개사'를 진주기생들이 발기하여 수리한다는 기사. p. 444

《동아일보》(1921년 9월 19일자) : 논개를 '임실군 관기'라하고 최경회의 첩으로 표기. p. 337, p. 347

《동아일보》(1927년 2월 22일자) : 진주명승지로 의암을 소개하면서 논개에게 죽은 왜장의 이름을 모리수원(毛利秀元)이라고 밝힘. p. 414

《동아일보》(1928년 7월 19일자) : 가등청정이 자살하려는 논개를 구하려다가 수장 당했다고 기술. p. 416

《동아일보》(1931년 1월) : 의암을 의랑암이라고 표기. p. 309

《동아일보》(1931년 8월) : 의암을 신성한 성소로 의미 부여. p. 306

《동아일보》(1932년 9월) : 산청에서 한 독자가 기고한 전설에는 논개가 껴안고 남강에서 익사시킨 왜장은 모리(毛利)가 아닌 청정(淸正), 즉 가등청정이라고 지목. 전승연과 가락지 이야기도 등장. p. 417, p. 429

《동아일보》(1934년 1월 2일자) : "촉석루가 임진왜란 때 논개가 왜장 모리촌육조(毛利村六助)를 껴안고 투신자살한 곳!"이라고 보도. p. 417

《동아일보》(1984년 9월 26일자) : 논개란 이름의 유래를 사갑술

7편에서 논개의 스토리텔링. p. 460~461

《조선일보》 1927년 12월 9일자 : 일제강점기 시인 김동환은 '가정평론'에서 서양의 잔다르크나 유데잇트가 두 의기, 계월향과 논개와 어떻게 다른지 비교. p. 461

《조선일보》(1931년 8월 19일자) : 논개 제사를 보도하면서 "의암(義岩)이 왜장 청정(清正)의 목을 안고 진주 남강에 떨어졌네"라는 민요 소개. 주석을 달아 왜장이 가토가 아님을 밝힘. p. 418

《조선일보》(1963년 5월 5일자) : 논개를 장수의 미천한 집안의 딸로 표현. p. 364, p. 431

《조선일보》(1963년 5월 13일자) : 논개를 관비로 표현. pp. 338~339

《조선일보》(1969년 5월 13일자) : 논개가 죽인 왜장을 압화종무라고 기록. p. 419, p. 447

《조선일보》가(1980년 6월 8일자) : 오페라 〈논개〉 공연 보도. p. 461

《조선중앙일보》(1933년 8월 24일자) : 논개 제사 보도. p. 210

《진주평론》(창간호, 2020) : 유영희 진주검무 보유자가 성계옥 여사의 교방문화 발굴, 전승에 대해 인터뷰. pp. 292~293

《타임》(1973년 5월) : 미국 시사주간지. 일본군 장군을 껴안고 몸을 던진 '개논' 언급. pp. 298~299, p. 302, p. 357

《한겨레》(2019년 3월 8일자) : 이숙인은 신드롬을 일으켰던 '논개 현상'에 대해 설명. p. 468

※인물

※용어

을 모신 사당. p. 306

논개 제향 : 매년 6월 29일 의암에서 열렸던 제향 행사, 논개의 충절을 기리는 행사로, 진주시에서 주관. 장수군은 7월 7일 의암제를 지냄. p. 34, p. 210

논개투신재현 : 〈의기 논개〉 뮤지컬에서 보여준 퍼포먼스. p. 273

순창기생 의암이 : 전남 곡성지역 구전 민요에서 '순창기생 의암이' 표현. p. 337

스토리텔링 속 논개 : 역사적 사실을 넘어 문학, 예술 등에서 재창조된 논개의 이미지. p. 460, pp. 464~472

아미(娥眉)와 아미(蛾眉) 논쟁 : 2005년 6월과 7월 사이, 논개시비의 시어를 두고 《진주신문》 서성룡 기자와 《경남일보》 강동욱 기자가 소속 신문에 서로의 주장을 게재. p. 232~235

의암곡(義岩曲) : 일제강점기에 촉석루에서 진주기생들이 논개를 기리는 제사를 모실 때 부르던 논개의 노래. p. 309

의암사중수기성회(義岩祠重修期成會) : 일제강점기 논개사당 중수공사 추진단체. p. 306

정려(旌閭) : 남덕하가 조정에 장계를 올려 논개에 대한 정표(旌表)를 요청했고, 조정에서는 마침내 정려(旌閭)를 내림. 논개의 순국을 임금이던 영조가 인정하고 의기라는 정표를 특명으로 내림. p. 438

진주논개제 : 2002년 제1회 제전을 개최했고, 2024년 제23회째 열림. p. 269